일제의 의료정책과 조선 지배

일제침탈사연구총서

사회

31

일제의 의료정책과 조선 지배

동북아역사재단 일제침탈사 편찬위원회 기획

박윤재 지음

동북아역사재단
NORTHEAST ASIAN HISTORY FOUNDATION

| 발간사 |

일본이 한국을 침탈한 지 100년이 지나고 한국이 일본의 지배로부터 벗어난 지 70년이 넘었건만, 식민 지배에 대한 청산은 이루어지지 못하고 있다. 일본의 독도영유권 주장은 도를 넘어섰다. 일본은 일본군'위안부', 강제동원 등 인적 수탈의 강제성도 인정하지 않고 있다. 일본군'위안부'와 강제동원의 피해를 해결하는 방안을 놓고 한·일 간의 갈등은 최고조에 이르고 있다. 역사문제를 벗어나 무역분쟁, 안보위기 등 현실문제가 위기국면을 맞고 있다.

한·일 간의 갈등은 식민 지배의 역사를 어떻게 볼 것인가 하는 역사인식에서 기인한다. 역사는 현재와 과거의 대화이며 이를 기반으로 미래로 나아갈 수 있다. 과거 침략의 역사를 미화하면서 평화로운 미래를 말하는 것은 불가능하다. 식민 지배와 전쟁발발의 책임을 인정하지 않고 반성하지 않으면 다시 군국주의가 부활할 수 있고 전쟁이 일어날 위험성도 배제할 수 없다. 미래지향적 한일관계를 형성하고 나아가 동아시아의 평화와 번영의 기틀을 조성하기 위해 일본은 식민 지배의 책임을 인정하고 그 청산을 위해 노력해야 할 것이다.

식민 지배의 역사를 청산하기 위해서는 식민 지배는 어떻게 이루어졌는지 그 실상을 명확하게 규명하는 일이 긴요하다. 그동안 일본제국주의에 맞서 조국의 독립을 위해 헌신한 독립운동가들의 활동을 찾아내고 역사적으로 평가하는 일에는 상당한 성과를 거두었다. 반면 일제 식민침탈의 구체적인 실상을 규명하는 일에는 충분한 노력을 기울이지 못했다. 제국주의가 식민지를 침탈했다는 것은 너무나 당연한 사실로 여겨졌기 때문에, 굳이 식민 지배에서 비롯된 수탈과 억압, 인권유린을 낱낱이 확인할 필요가 없었는지도 모른다. 그러는 사이 일본은 식민 지배가 오히려 한국에 은혜를 베푼 것이라고 미화하고, 참혹한 인권유린을 부인하는 역사부정의 인식을 보이는 데까지 이르고 있다. 일제의 통치와 침탈 그리고 그 피해를 종합적으로 조사하고 편찬할 필요성이 여기에 있다.

일제침탈사를 체계적으로 정리하는 일은 개인이 감당하기 어렵다. 이에 우리 재단은 한국학계의 힘을 모아 일제침탈사 편찬위원회를 꾸렸다. 편찬위원회가 중심이 되어 일제의 식민지 침탈사를 정치·경제·사회·문화 모든 방면에 걸쳐 체계적으로 집대성하기로 했다. 일제 식민침탈의 실체를 파악하기 위해 2020년부터 세 가지 방면으로 사업을 추진하고 있다. 하나는 일제침탈의 실상을 구체적이고 생생한 자료를 통해서 제공하는 일로서 '일제침탈사 자료총서'로 편찬한다. 다른 하나는 이들 자료들을 바탕으로 연구한 결과물을 '일제침탈사 연구총서'로 간행한다. 그리고 연구의 결과를 대중들이 이해하기 쉽게 '일제침탈사 교양총서'를 바로알기 시리즈로 간행한다. 자료총서 100권, 연구총서 50권, 교양총서

70권을 기본 목표로 삼아 진행하고 있다.

'일제침탈사 연구총서'는 일제침탈의 실태를 정치·경제·사회·문화 분야로 대별한 뒤 50여 개 세부 주제로 구성했다. 국내외 학계 전문가들이 현재까지 축적된 연구 성과를 반영하면서 풍부한 자료를 활용하여 집필했다. 연구자뿐만 아니라 교육 현장에서도 활용되고 일반 독자들도 이해할 수 있도록 집필하기 위해 노력했다. 연구총서 시리즈가 일제침탈의 역사적 실상을 규명하고 은폐된 역사적 사실을 기억하고 왜곡된 과거사에 대한 인식을 바로 잡음으로써 역사인식의 차이로 인한 논란과 갈등을 극복하는데 기여하는 디딤돌이 되기를 바란다.

2023년

동북아역사재단 이사장

| 편찬사 |

1945년 한국이 일제 지배로부터 해방된 지 78년의 세월이 지났다. 그럼에도 불구하고 일본 사회 일각에서는 여전히 일제의 한국 지배를 합리화하고 미화하는 주장이 나오고 있으며, 최근에는 한국 사회 일각에서도 일제 지배를 왜곡하고 옹호하는 주장이 나오고 있다. 이는 한국과 일본 사회, 한일관계와 동아시아 국제관계의 미래를 위해서도 결코 바람직하지 않은 일이다.

이에 동북아역사재단은 일제의 한국 침략과 식민 지배에 대한 학계의 연구 성과를 총정리한 '일제침탈사 연구총서'를 발간하기로 하였다. 이에 따라 2019년 9월 학계의 전문가를 중심으로 편찬위원회를 구성하였으며, 편찬위원회는 학계의 연구 성과를 토대로 정치·경제·사회·문화 부문에서 일제의 침탈이 어떻게 이루어졌는지 정리하여 연구총서 50권을 발간하기로 하였다.

주지하듯이 1905년 일제는 러일전쟁에서 승리한 뒤, 한국에 군대를 주둔시키면서 한국의 외교권을 빼앗고 통감부를 두어 내정에 간섭하였다. 1910년 일제는 군사력으로 한국 정부를 강압하여 마침내 한국을 강제 병합하였다. 이후 35년간 한국은 일제의 식민통치를 받았다.

일제는 한국의 영토와 주권을 침탈하였을 뿐만 아니라, 군사력과 경찰력으로 한국을 지배하면서, 정치·경제·사회·문화의 모든 부문에서 한국인의 권리와 자유, 기회와 이익을 박탈하거나 제한하였다. 정치적으로는 군사력과 경찰력, 각종 악법을 동원하여 독립운동을 탄압하고, 한국인의 정치활동을 억압하고 참정권을 박탈하였으며, 집회와 결사의 자유를 억압하였다. 경제적으로는 일본 자본이 경제의 주도권을 장악하고, 일본인 위주의 경제정책을 수행했으며, 식량과 공업원료, 지하자원 등을 헐값으로 빼앗아 갔고, 농민과 노동자 등 대다수 한국인의 경제생활을 어렵게 하였다. 사회적으로는 한국인들을 차별적으로 대우하고, 한국인의 교육의 기회를 제한하고, 한국인으로서의 정체성을 박탈하여 결국은 일본의 2등 국민으로 만들고자 하였다. 문화적으로는 표현과 창작의 자유, 종교와 사상의 자유를 억압하고, 한글 대신 일본어를 주로 가르치고, 언론과 대중문화를 통제하였다. 중일전쟁, 아시아태평양전쟁을 도발한 뒤에는 인적·물적 자원을 전쟁에 강제동원하고, 많은 이들을 전장에 징집하여 생명까지 희생시켰다.

'일제침탈사 연구총서'는 침탈, 억압, 차별, 동화, 수탈, 통제, 동원 등의 단어로 요약되는 일제의 침략과 식민 지배의 실상과 그 기제를 명확히 밝히고자 하였다. 이를 통해 일제의 강제 병합을 정당화하거나 식민 지배를 미화하는 논리들을 비판 극복하고, 더 나아가 일제 식민 지배의 특성이 무엇이었는지, 식민통치의 부정적 유산이 해방 이후에 어떤 영향을 미쳤는지를 밝히고자 하였다.

편찬위원회는 연구총서와 함께 침탈사와 관련된 중요한 주제들에 관하여 각종 법령과 신문·잡지 기사 등 자료들을 정리하여 '일제침탈사 자료총서'도 발간하기로 하였다. 아울러 일반인과 학생들이 보다 쉽게 읽을 수 있는 '일제침탈사 교양총서'를 바로알기 시리즈로 발간하기로 하였다.

일제의 한국 침략과 식민 지배의 역사는 광복 후 서둘러 정리해 냈어야 했지만, 학계의 연구가 미흡하여 엄두를 내기 어려웠다. 이제 학계의 연구가 어느 정도 축적되어 광복 80주년을 맞기 전에 이와 같은 작업을 할 수 있게 된 것을 다행으로 생각한다. 한일 양국 국민이 과거사에 대한 올바른 역사인식을 갖고 성찰을 통해 미래를 향해 함께 나아갈 수 있기를 기대하면서 삼가 이 책들을 펴낸다.

2023년
동북아역사재단 일제침탈사 편찬위원회

차례

서론

1. 연구의 목적

1910년 일제는 한국 병탄을 앞두고 의료가 수행할 역할에 대해 다음과 같이 평가했다.

> "일본의 완고한 시골 사람들이 명치 정부의 새로운 정치에 감복한 이유 중 하나가 서양 의술의 효용과 병원 보급에 있었다. 한국에서도 위와 같은 일로 점차 일본인 기술에 감복하는 자가 많아질 것이므로 통감 정치의 곤란도 점차 감소할 것이다."[1]

조선인들이 식민 지배를 수용하는 데 서양의학이 긍정적 역할을 할 수 있다는 것이다. 의료는 식민 지배를 정당화할 수 있었다. 폭력적이기보다 시혜적이었고, 파괴적이기보다 건설적이었기 때문이다.[2] 일제는 서울과 지방에 의료기관을 설립하였고, 제한적이었지만 무료 진료를 실시하였다. 순회진료, 공의 배치 등을 통해 의료기관이 포괄하는 범위도 넓혀갔다. 식민 지배의 포괄 범위 역시 넓어졌다.

방역 역시 조선인이 식민 지배를 수용하는 통로였다. 일제는 방역에 노력을 기울였다. 방역이 "국가의 융성과 번창을 가져오는 데 제일 급무"라는 판단이 있었기 때문이다.[3] 조선인들은 방역에 노력하는 일제의 모습

---

1 『同仁』 45호, 1910, 18쪽.

2 David Arnold, 1988a, "Introduction," *Imperial medicine and indigenous societies*, Manchester University Press, p.3.

3 井上龜太郎(함경남도위생과장), 1923, 「傳染病豫防の急務を論じて衛生教育に及ぶ」,

을 보고 "총독정치를 환영하는 마음이 점차 우러날 수 있게 되었고, 인심 또한 점차 완화할 수 있었"다.[4]

방역을 통해 식민권력을 체험하는 모습은 조선에만 국한된 것은 아니었다. 일본 점령지역의 중국인 중 거의 모두가 방역을 통해 의료를 경험하였다.[5] 의료는 조선인들이 식민권력을 경험하는 통로였다.

의료는 경험적 차원을 넘어 이론적 차원에서도 식민 지배를 안정화할 수 있었다. 문명화였다. 문명의 구현은 지배의 중요한 도구였다. 서양의 세균학자들은 선교사가 그렇듯이 자신들이 북아프리카의 낙후된 국가를 근대문명으로 바꿀 수 있다고 자평하였다.[6] 영국은 정신병에 걸린 유럽인들이 식민지의 거리를 방랑하는 모습을 막고자 정신병원을 설립하였다. 방랑은 미개의 표현이었고, 유럽인이 비문명화된 모습을 보이는 것은 식민 지배의 정당성을 해친다고 생각했기 때문이다.[7] 의료는 문명을 위한 수단이었다.

일제도 마찬가지였다. 일제의 조선 침략과 지배과정에서 문명화의 사명은 중요했다. 일제는 조선을 통치하는 데 위생시설과 질병치료를 등한시하는 것은 문명국으로서 하나의 치욕이라는 생각을 하고 있었다.[8] 의료,

---

『警務彙報』 214호, 26쪽.

4 『朝鮮統治秘話』, 1993, 형설출판사, 82쪽.

5 Ruth Rogaski, 2010, "Vampires in Plagueland – The Multiple Meanings of Weisheng in Manchuria," *Health and Hygiene in Chinese East Asia: Policies and Publics in the Long Twentieth Century*, Durham and London: Duke University Press, p.137.

6 Pratik Chakrabarti, 2014, *Medicine and Empire*, Palgrave macmillan, p.176.

7 Waltraud Ernst, 1988, "The European insane in British India, 1800–1858," *Imperial medicine and indigenous societies*, Manchester University Press, p.30.

8 『水野博士古稀記念 論策と随筆』, 1937, 東京: 水野練太郎先生古稀祝賀會事務所, 369쪽.

구체적으로 일제가 활용한 서양의학에는 문명이라는 요소가 가미되어 있었다. 문명은 다른 기능도 가지고 있었다. 혐오와 멸시이다. 인종주의에 바탕을 둔 멸시와 혐오가 일제의 조선 지배를 떠받치고 있었다.[9] 일제는 자신의 지배를 정당화하기 위해 조선이 비위생적이라는 낙인을 찍었다.

의료가 식민권력을 체험하는 통로이자, 식민 지배를 안정화하는 도구로서 역할을 했다면, 그 천착은 식민지를 이해하는 유효한 방법이 될 것이다. 즉, 일제의 지배가 가지는 식민성을 확인하는 데 의료는 유효한 수단이다. 이 글은 그 확인을 목적으로 한다.

---

9 이기훈 외, 2021, 「식민지근대성론의 역사와 현재」, 『역사비평』 136호, 49쪽.

2. 연구의 대상

일제의 지배가 가지는 식민성을 확인하기 위해 이 글은 의료정책을 분석하고자 한다. 이 글에서 이야기하는 의료정책이란 구체적으로 병원, 방역, 법률, 교육, 한의학 등을 포괄한다.

일제가 설립한 관공립병원은 조선인이 식민 지배를 실감하는 구체적인 공간이었다. 많은 경우 의사는 일본인이었고, 그들은 조선인에게 익숙하지 않았던 서양의학을 활용하였다. 일제는 관공립병원이 가지는 생소함을 없애기 위해 무료 진료 등 시혜적 조치를 취해 나갔다. 지방에 설치되었던 자혜의원이 대표적 공간이었다. 관공립병원은 실제로 구현된 식민지 의료정책의 내용을 알 수 있다는 점에서 의미가 있다.

방역 역시 조선인이 식민 지배를 실감하는 구체적인 공간이었다. 주기적으로 반복되는 예방접종을 통해 식민 지배를 체험하는 조선인의 수는 늘어 갔다. 급성전염병, 예를 들면, 페스트나 콜레라가 유행할 때는 해당 지역을 넘어서는 포괄적인 방역이 실시되었다. 방역의 실패는 체제의 동요로 이어질 수 있었기 때문이다. 방역은 식민 지배의 안정화를 위해 일제가 구체적으로 어떤 노력을 기울였는지 알 수 있는 소재이다.

법률은 식민지 의료체계의 토대에 해당한다. 법률은 의료정책의 근거이자 내용이었다. 법률로 반포됨으로써 의료정책은 지속적인 적용과 활용이 가능해졌다. 조선인이 일제의 의료정책을 수용하게 만드는 근거도 법률에 있었다. 나아가 법률의 제정과 개정, 그리고 폐지는 그 자체가 의료정책의 변화를 알려준다. 식민지 의료정책의 내용을 확인하기 위해 법률에 대한 검토는 중요하다.

교육은 의료정책을 넘어 의료체계의 지향을 알 수 있는 소재이다. 일제는 식민 지배를 시작하면서 관립 의학교육기관의 지위를 강습소로 격하시켰다. 이후 전문학교로 승격되었지만 임상의 양성이라는 교육의 목표는 지속되었다. 변화는 대학의 설립으로 나타났다. 전문적인 연구를 지향하는 교육기관이 공식적으로 설립된 것이었다. 진료를 의료의 양, 연구를 의료의 질로 구분할 수 있다면, 의료정책의 변화를 질적 측면에서 확인할 수 있는 소재가 교육이다.

한의학은 전통의학이라는 점에서 일제의 의료정책이 가지는 성격을 알려준다. 문명은 보편을 전제로 하였다. 문명화란 보편성의 추구와 연결되었다. 특수성은 인정되지 않았다. 특수성을 인정할 경우 식민 지배의 정당성과 확산 범위는 제한될 수밖에 없었다. 서양의학이 의료에서 보편이었다면 한의학은 그에 대비되는 특수였다. 한의학은 일제가 자신의 지배를 의료의 측면에서 어떻게 정당화시켰는지 확인할 수 있는 소재이다.

이 글은 식민지 시기를 셋으로 구분하였다. 의료정책의 기초가 형성되는 1910년대, 기초가 확대되는 1920~1930년대 중반, 그리고 전시 동원이 이루어진 1937~1945년이다.

1910년대 관립 의료기관이 서울과 지방에 설립되고 의료인과 전염병 관련 법령이 반포되는 등 의료정책의 기초가 마련되었다. 정책 수행을 위한 수단으로 위생경찰제도가 성립되었고 그 제도의 기반 위에서 페스트와 독감 등 급성전염병에 대한 방역이 이루어졌다. 이 시기에 마련된 의료정책의 기초는 전시체제기에 변형이 이루어졌지만 성격이 전환될 정도는 아니었다. 즉, 1910년대 마련된 일제의 의료정책은 식민지 시기 전체를 관통하며 활용되었다.

1920~1930년대 중반 일제의 의료정책에 변화와 확대가 동시에 이

루어졌다. 3·1운동은 변화의 계기였다. 이전 의료정책의 중심이었던 헌병과 군의의 역할을 지방관과 민간 의사가 담당하기 시작하였다. 그 상징으로 자혜의원이 도립의원으로 전환되었다. 경성제국대학 의학부의 설립은 식민지 의학교육의 목적을 연구 차원으로 상승시켰고, 지방에 공립 의학교육기관이 설립되어 의사 양성의 기반이 확대되었다.

1937~1945년은 일제의 의료정책이 전쟁 동원이라는 목표에 집중된 시기였다. 식민권력의 의료에 대한 개입이 가장 강력하게 나타난 시기였다. 후생국(厚生局)이 신설되었고, 의료인력을 동원하기 위한 법령이 반포되었다. 결핵 대책이 강조된 이유도 청장년 건강 보호, 즉 전쟁 동원이라는 목표에 있었다. 부족한 의료공급 문제를 해결하기 위해 이전 시기에 이어 한의학에 대한 장려가 이루어졌다. 한약약국방 제정은 한의학에 대한 일제의 시각 변화를 상징하는 조치였다.

이 글은 일제의 의료정책을 위의 시기 구분에 맞춰 서술하지만, 소재에 따라 뒤 시기의 내용이 앞에 서술되거나 앞 시기의 내용이 뒤에 서술되는 경우가 있다. 예를 들면, 우두(牛痘)는 1920~1930년대 시기에 서술되었지만 식민지 전체 시기의 내용을 포괄하고 있고, 결핵의 경우 1930년대 후반 시기에 서술되었지만 간략하나마 1910년대를 포괄하고 있다. 식민지 시기를 장절로 구분하여 서술하면서 생긴 불가피한 선택이었다.

3. 연구의 방법

일제의 식민 지배는 다른 제국주의 국가에 비해 시기적으로 늦었다. 지리적으로는 인접한 국가를 식민지로 지배했다. 서양 제국주의와 다른 성격을 가질 수밖에 없는 조건이었다. 이 글의 목적은 일제의 조선 지배가 가지는 식민성의 특징을 찾아내는 데 있다.

식민 의학은 의료기반의 확대보다 전염병을 대상으로 한 방역에 중점을 두었다.[10] 영국은 인도를 지배하는 과정에서 정치적으로 중요한 질병, 즉 외국이 관심을 가진 콜레라나 식민 지배에 영향을 미친 말라리아와 같은 질병 이외의 것에 큰 관심을 갖지 않았다.[11] 일제는 아니었다. 일제는 급성전염병뿐 아니라 결핵이나 한센병을 넘어 다른 만성전염병에도 관심을 기울였다. 폐디스토마가 예가 될 것이다. 영국은 자기 주민이 걸리지 않는다는 점에서 아프리카의 주혈흡충을 무시했다.[12] 하지만 일제는 개입했다. 에메틴 주사가 그 예이다.

그러나 피식민인에게 접근하는 방법은 유사했다. 개입의 범위가 넓었음에도 불구하고 방법은 다른 식민의학과 유사했다. 백신 위주의 접근이었다. 백신은 위생개혁 없이도 건강을 보호하는 방법이었다.[13] 심지어 의

---

10 Hans Pols, 2018, *Nurturing Indonesia-Medicine and Decolonization in the Dutch East Indies*, Cambridge University Press, p.236.

11 Mark Harrison, 1994, *Public Health in British India*, Cambridge University Press, p.165.

12 John Farley, 1988, "Bilharzia: a problem of 'Native Health', 1900-1950," *Imperial medicine and indigenous societies*, Manchester University Press, p.193.

13 Mark Harrison, ibid, 1994, p.71.

료 전문가나 관료의 개입 없이 진행할 수 있는 제한적이고 기능적이며 생물학적인 절차였다.[14] 피식민인의 생활에 개입하는 정도가 적다는 점에서 식민권력에 부담이 덜한 개입의 방법이었다.[15] 일본도 마찬가지였다. 대규모 접종은 식민지 의료정책의 중심에 있었고, 백신은 위생 활동의 주요한 방식이었다.[16]

따라서 일제의 의료정책이 가지는 제국주의적 일반성과 특수성을 동시에 고려할 필요가 있다. 예를 들면 강제성이다. 식민지에서는 식민 모국에서 이루어지기 힘든 사회적 통제가 가해지기 마련이었다.[17] 조선도 마찬가지였다. 식민지에서 사전적, 예방적 조치는 우선순위가 아니었다. 사후적이고 치료 위주의 조치가 취해졌다.[18] 따라서 조치는 단기적이고 급격하게 이루어질 가능성이 높았다. 강제성도 함께 할 가능성이 높았다. 하지만 정도의 차이가 있었다. 인도에서는 저항에 대한 우려로 강제적인 예방접종이나 방역이 자제되었다.[19] 조선은 아니었다. 그렇다면 조선에 대규모의 방역이 나타난 이유에 대한 설명이 필요하다.

강제성에 대한 일방적인 비판도 적절하지 않다. 강제성이 이루어진 배경에 대해 고찰이 필요하다. 페스트나 콜레라 같은 급성전염병의 경우 강

---

14 Alison Bashfod, 2003, *Imperial Hygiene: A Critical History of Colonialism, Nationalism and Public Health*, palgrave macmillan, p.22.

15 John Farley, 1988, ibid, p.196.

16 Ruth Rogaski, 2010, ibid, pp.148 - 149.

17 Maryinez Lyons, 1988, "Sleeping sickness epidemics and public health in the Belgian Congo," *Imperial medicine and indigenous societies*, Manchester University Press, p.107.

18 Roger Jeffery, 1988, *The Politics of Health in India*, University of California, p.19.

19 Mark Harrison, 1994, ibid, p.146.

제적인 방역이 효과를 발휘할 수 있었다. 검역과 격리는 전염병의 확산을 막는 유효한 방법이었다. 건강이나 청결의 확보는 폭력이나 강제의 결과일 수 있었다.[20] 백신이나 치료제의 수준이 높지 않던 식민지 시기 세균학의 수준을 고려할 필요도 있다. 1930년대 후반에 이르러서도 디프테리아, 유행성 뇌척수막염, 성홍열 등은 면역혈청요법으로 치료되는 경우가 있었지만, 그 밖의 전염병은 대증요법 내지는 자연치유를 기대할 수밖에 없는 상황이었다.[21]

나아가 식민 통치에 대해 적절한 비판이 필요하다. 왜 전염병이 줄지 않느냐는 질문에 대해 경기도 당국자는 "우리로서는 할 대로 하엿는데 그러케 되어 죄송하다"라고 답변했다.[22] 최선을 다했다는 대답이었다. 그 대답은 책임을 회피하려는 목적에서 이루어졌겠지만, 조금의 진정성도 담겨 있지 않다고 재단할 필요는 없다. 그 진심에도 불구하고 식민지이기에 가질 수밖에 없었던 문제점을 지적할 필요가 있다. 재정 부족 문제가 예가 될 수 있을 것이다.

일제는 의료의 개선에 재정적 뒷받침이 필수 불가결하다는 사실을 알고 있었다. 의료시설의 완성을 위해서는 첫째로 돈이 필요하고, 다음으로 사람이 필요하다는 사실이었다.[23] 하지만 제국주의 국가들은 식민지의 건강에 관심을 가졌을지 모르지만, 재정 지원은 적게 하고 있었다.[24] 영국은

---

20 Ruth Rogaski, 2010, ibid, p.156.

21 전종휘, 1994, 『남기고 싶은 이야기 醫窓夜話』, 의학출판사, 30~31쪽.

22 「효자정 공설시장은 지가고로 예정 변경」, 『朝鮮日報』, 1940.3.14.

23 『朝鮮文化と警察』, 1930, 朝鮮警察新聞社, 302쪽.

24 J. N. Hays, 2003, *The Burdens of Disease*, Rutgers University Press, p.187.

식민지 의료정책에 소요되는 재정적 지출을 강하게 제한하고 있었다.[25]

일제도 마찬가지였다. 총독 스스로 의료시설에 사용할 "금액의 한도"를 언급하고 있었다.[26] 나아가 조선은 같은 식민지였던 타이완에 비해 의료공급이 부족했다. 최대 원인 중 하나는 두 식민권력의 재원조달능력에서 차이였다.[27] 조선은 타이완에 비해 재정능력이 부족했다. 이 부족이 식민성의 형성에 어떻게 영향을 미쳤는지 고찰이 필요하다.

일제의 의료정책이 가지는 모순적인 모습에도 주목할 필요가 있다. 일제는 문명화를 수단으로 조선에 대한 지배의 명분을 구축하였다. 하지만 현실에서는 낙후의 상징으로 간주한 한의학을 이용하였다. 조선을 비위생적이라 비판하면서도 재정 부족을 이유로 기반 시설의 확대는 늦추었다. 식민 지배를 안정화, 영구화시킨다는 점에서 일관성을 보였을지 모르지만, 구체적 정책 수행에서는 모순적 모습을 보였다. 나아가 의료정책은 시간에 따라 유동하였으며, 따라서 그 정책의 성격을 역동적으로 파악할 필요가 있다.[28]

식민성에 대한 고찰은 식민 지배의 결과 만들어지는 피식민인의 특성을 이해하는 데 도움이 된다. 식민성은 계승되기 때문이다. 식민 정책의 결과가 무엇이었는지에 대한 고민이 필요한 것이다. 의료의 근대성은 지배자의 자비에서 나오는 것이 아니라 건강한 국민의 양성을 통한 국가 발

---

25 脇村孝平, 1997,「植民地統治と公衆衛生」,『思想』878호, 41쪽.

26 「警務部長に對する總督訓示」,『朝鮮彙報』, 1917, 3호, 2쪽.

27 문명기, 2013,「식민지 '문명화'의 격차와 그 함의: 의료부문의 비교를 통해 보는 대만·조선의 '식민지근대'」,『한국학연구』46호, 고려대학교 한국학연구소, 47쪽.

28 Michael Shiyung Liu, 2009, *Prescribing Colonization: The Role of Medical Practices and Polices in Japan-Ruled Taiwan, 1895-1945*, Association for Asian Studies, INC., p.15.

전과 연결될 때 나타난다.[29] 의료가 국가의 중요한 구성 요소라는 인식은 대한제국 시기에 이미 형성되어 있었다. 국가는 백성으로 구성되기에 백성이 피로하면 나라가 약해지고 백성이 건강하면 나라가 강해진다는 인식이었다.[30] 건강이 국가 부강을 위한 방법으로 주목받은 것이었다.

그렇다면 식민지 시기 조선인이 부강의 주체로 인식되었는지 고찰해 볼 필요가 있다. 당시 피식민인의 건강과 국력 사이의 관계가 고려되지 않은 것은 아니었다. "국민 보건의 성공 여부는 국력 소장을 좌우한다"라는 인식이 있었다.[31] 그 인식이 식민 모국을 넘어 식민지에까지 실질적으로 관철되었는지 확인할 필요가 있다. 타이완의 경우 의료정책의 결정 과정에서 주민들이 원하는 요청은 무시되곤 했다. 의료정책은 전문가의 요구에 의해 결정되었다.[32] 같은 식민지였던 조선도 비슷했을 것이다.

식민지 시기 조선인이 부강의 주체가 되기 힘들었다면, 질문은 객체였다는 사실을 넘어 주체로 전환이 가능했느냐로 나아갈 필요가 있다. 전환의 계기가 마련되고 있었는지, 전환을 위한 노력을 전개하였는지 확인이 필요하다. 그 확인을 통해 식민성의 내용을 파악할 수 있다.

식민 지배를 통해 변해 간 조선의 의료에 대해서도 고민해 보아야 한다. 식민지 시기 문명화라는 이름 아래 서양의학이 조선에 확산해 갔다. 서양의학은 식민 지배를 위해 사용된 방법이었고, 일제의 우월성을 보여

---

29 酒井シツ, 1982,『日本の醫療史』, 東京書籍, 510쪽.

30 劉秉珌, 1906,「行政의 衛生」,『대한자강회월보』11호, 44쪽.

31 「高楠榮博士頌壽記念會に於ける總督頌詞(1941.3.15)」,『朝鮮總督諭告 · 訓示集成』5, 2001, 綠蔭書房, 382쪽.

32 劉士永, 2001,「臺灣における植民地醫學の形成とその特質」,『疾病 · 開發 · 帝國醫療』, 東京: 東京大學出版會, 245쪽.

주는 수단이었다. 서양의학을 보급하면서 전통의학은 비판하였다. 조선에 대한 비판이기도 했다. 하지만 식민의 수단이라고 하여 서양의학을 반대하는 것은 어려웠고, 무시하는 것은 더욱 어려웠다.[33]

19세기 인도는 과학에 집착했다. 과학은 객관적인 관찰과 이성적 추구를 자산으로 성장하고 있었다.[34] 식민지 조선도 마찬가지였을 것이다. 과학의 이름 아래 서양의학을 수용할 수밖에 없었을 것이다. 과학은 식민지의 사회적이고 문화적인 공간에 침입하는 수단이었고,[35] 따라서 일제의 식민권력도 자연스럽게 조선을 잠식해 갔을 것이다. 그렇다면 그 결과에 대한 고민이 필요하다. 식민지 시기 누적된 결과는 새로운 시대를 만드는 재료가 될 수밖에 없었기 때문이다.

일제의 의료정책이 해방 후 대한민국에도 계승되었다면, 비판에 공정함을 유지해야 한다. 즉, 그 의료가 식민지 시기에 구현되었기 때문이 아니라 그 의료가 식민성을 가지고 있기에 비판해야 한다. 같은 정책이었음에도 시기적으로 식민지 시기에 시행했다는 이유로 비판을 한다면, 그 비판은 공정하다고 평가할 수 없다. 나아가 식민은 근대에 대한 열망을 낳는다.[36] 그 열망은 새로운 의료체계를 만드는 동력이기도 했다. 식민 유산과 새로운 의료체계의 관계에 대한 고민이 필요하다.

---

33 Deepak Kumar, 1997, "Unequal contenders, uneven ground: medical encounters in British India, 1820–1920," *Western Medicine as contested knowledge*, Manchester and New York: MANCHESTER UNIVERSITY, p.186.

34 David Arnold, 1993, *Colonizing the Body*, University of California Press, p.21.

35 Robert Peckham, 2016, *Epidemics in Modern Asia*, Cambridge University Press, p.219.

36 Michael Adas, 2009, *Dominance by Design*, The Belknap Press of Harvard University Press, p.271.

4. 선행 연구의 정리

한국근대의료사에 대한 연구는 1990년대부터 본격적으로 이루어지기 시작했다. 최근 정리에 따르면 식민지 시기에 국한해도 그동안 700편이 넘는 연구가 이루어졌다.[37] 이 연구를 통해 식민권력이 자신의 지배를 안정적으로 유지하기 위해 의료를 어떻게 활용하였는지에 대한 확인이 이루어졌다.[38] 나아가 이 연구들은 의료와 사회의 관계에 주목했고, 즉 정치사, 경제사와 구분되는 느슨한 의미에서 사회사적 관점을 강화하였고, 민족주의적 이분법을 넘어 각 소재를 복합적 요소의 결합이나 다양한 분화로 접근하는 시도를 하였다.[39]

대상을 의료정책으로 집중하면, 관련 연구의 시작은 교육이었다. 일제가 설립한 관공립교육기관에 관한 연구가 이루어지는 가운데 그 중심에 있던 경성제국대학에 관한 연구가 이어지고 있다.[40] 이 연구들을 통해 의

37 신동원, 2023, 「한국 근대 시기 대상 의사학 연구의 지형: 신체 · 위생 · 방역 · 병 · 의(醫) · 한의 · 약 전반을 대상으로」, 『한국과학사학회지』 45권 1호, 168쪽.

38 박윤재, 2010, 「한국 근대 의학사 연구의 성과와 전망」, 『醫史學』 19권 1호, 60쪽.

39 박윤재, 2020, 「한국근현대의료사 연구동향과 전망(2010~2019)」, 『醫史學』 29권 2호, 433~440쪽.

40 奇昌德, 1995, 『韓國近代醫學教育史』, 아카데미아; 馬越徹, 2001, 『한국 근대대학의 성립과 전개』, 교육과학사; 愼蒼健, 2007, 「경성제국대학에 있어서 한약연구의 성립」, 『사회와 역사』 76호; 김옥주, 2008, 「경성제대 의학부의 체질인류학 연구」, 『醫史學』 17권 2호; 정준영, 2009, 『경성제국대학과 식민지 헤게모니』, 서울대 사회학과 박사논문; 정준영, 2010, 「식민지 의학교육과 헤게모니 경쟁」, 『사회와 역사』 85호; 정준영, 2012, 「피의 인종주의와 식민지의학 - 경성제대 법의학교실의 혈액형인류학」, 『醫史學』 21권 3호; 김근배, 2014, 「일제강점기 조선인들의 의사되기: 해방 직후 북한의 의과대학 교원들을 중심으로」, 『醫史學』 23권 3호; 마쓰다 도시히코, 2014, 「시가 기

학 연구가 어떻게 이론적 차원에서 식민 지배에 이바지했는지, 나아가 중립적이라 간주하는 의료가 권력의 의지를 어떻게 얼마나 담고 있는지 밝혀지고 있다.

병원 역시 일제가 설립한 관공립병원을 중심으로 연구가 이루어졌다.[41] 병원은 진료가 이루어지는 공간이라는 점에서 일제의 의료정책이 가지는 현실적 의미를 파악할 수 있다. 예를 들면, 초기부터 무료진료를 지향했던 자혜의원, 그 후신인 도립의원이 그렇다. 그동안 연구는 이 병원들이 시기가 내려오면서 그 숫자가 늘어났지만, 무료 진료로 상징되는 의료혜택은 축소되었음을 밝혔다.

지방에 관한 연구도 이루어졌다.[42] 지방은 일제의 의료정책을 구체적으로 확인할 수 있는 소재이다. 그동안 연구가 서울을 중심으로 이루어졌다면, 지방에 관한 연구는 소재의 확대를 넘어 의료가 구체적인 단위에서 어떻게 구현되었는지 확인시켜 준다. 이 연구들을 통해 지방의 농민들은 병원과 같은 공간이 아니라 방역사업이나 계몽사업을 통해 위생과 질병에 대한 지식을 습득하고 있었음이 밝혀졌다.

요시(志賀潔)와 식민지 조선」, 『한림일본학』 25호; 박지영, 2019, 「통계와 식민의학: 식민지 시기 조선인 결핵 실태를 둘러싼 논란을 중심으로」, 『醫史學』 28권 2호.

41 박윤재, 2009, 「조선총독부의 지방 의료정책과 의료 소비」, 『역사문제연구』, 21호; 김병인, 2010, 「'慈惠醫院 계승론'과 대학 '開校紀年' 조정 문제」, 『호남문화연구』, 48호; 최규진, 2016, 「후지타 쓰구아키라의 생애를 통해 본 식민지 조선의 의학/의료/위생」, 『醫史學』 25권 1호; 이방원, 2021, 「일제시기 도립의원(道立醫院)의 설립과 운영(1925~1945)」, 『이화사학연구』, 63호; 이방원, 2022, 「사이토 총독 시기 신설 도립의원에 관한 지정학적 고찰」, 『醫史學』 31권 2호.

42 마쓰모토 다케노리, 2011, 「식민지 시기 조선 농촌에서의 위생·의료사업의 전개」, 『조선 농촌의 식민지 근대 경험』, 논형; 마쓰모토 다케노리 외, 2018, 「호남 지역의 위생·의료문제: 일제 '위생규율'의 식민지 지역사회에 대한 침투와 한계」, 『醫史學』 27권 3호; 이정, 2019, 「제국 신민의 전염병 도시 경성」, 『梨花史學硏究』 58호.

질병에 관한 연구는 양적인 면에서 가장 많은 숫자를 차지하고 있다. 한국사 전반을 대상으로 전염병 역사를 개관하는 연구가 제출되었고,[43] 구체적으로 급성전염병인 독감,[44] 두창,[45] 장티푸스,[46] 콜레라,[47] 페스트,[48] 만성전염병으로 결핵,[49] 성병,[50] 정신병,[51] 폐디스토마,[52] 한센병에 관한 연

---

43 대한감염학회, 2009, 『한국전염병사』 1, 군자출판사; 대한감염학회, 2018, 『한국전염병사』 2, 군자출판사.

44 LIM Chaisung, 2011, "The Pandemic of the Spanish Influenza in Colonial Korea," *Korea Journal*, Vol. 51. No. 4; 김택중, 2017, 「1918년 독감과 조선총독부 방역정책」, 『인문논총』, 74권 1호.

45 박윤재, 2012, 「조선총독부의 우두정책과 두창의 지속」, 『醫史學』 21권 3호.

46 백선례, 2019, 「1928년 경성의 장티푸스 유행과 상수도 수질 논쟁」, 『서울과 역사』 101호; 백선례, 2020, 「전시체제기 전염병 예방접종의 강화 - 장티푸스를 중심으로」, 『역사문제연구』 43호.

47 Park Yunjae, 2005, "Anti - Cholera Measures by the Japanese Colonial Government and the Reaction of Koreans in the Early 1920s," *The Review of Korean Studies*, Vol. 8, No. 4; Park Yunjae(2010a, "Sanitizing Korea: Anti - Cholera Activities of the Police in Early Colonial Korea," *Seoul Journal of Korean Studies*, Vol. 23, No. 2; 백선례, 2011, 「1919 · 20년 식민지 조선의 콜레라 방역활동: 방역당국과 조선인의 대응을 중심으로」, 『사학연구』,101호.

48 박윤재, 2000, 「1910年代 初 日帝의 페스트 防疫活動과 朝鮮 支配」, 『韓國史의 構造와 展開』, 혜안; Sihn Kyu - hwan, 2009, "Unexpected Success: The Spread of Manchurian Plague and the Response of Japanese Colonial Rule in Korea, 1910 - 1911," *Korea Journal*, Vol. 49, No. 2; 신규환, 2012, 「제1 · 2차 만주 폐페스트의 유행과 일제의 방역행정(1910 ~ 1921)」, 『醫史學』, 21권 3호; 김영수, 2015, 「일본의 방역 경험 축적을 통해 본 조선총독부의 방역사업: 1911년 페스트 유행 대응을 중심으로」, 『한림일본학』 26호.

49 박윤재, 2008, 「조선총독부의 결핵 인식과 대책」, 『한국근현대사연구』, 47호; 최은경, 2013, 「일제강점기 조선총독부의 결핵 정책(1910 ~ 1945)」, 『醫史學』 22권 3호.

50 박정애, 2016, 「조선총독부의 성병예방정책과 〈화류병예방령〉」, 『사림』 55호.

51 이방현, 2012, 「일제의 정신질환자에 대한 인식과 태도」, 『이화사학연구』 45호; 이방현, 2013, 「식민지 조선에서의 정신병자에 대한 근대적 접근」, 『醫史學』 22권 2호.

52 신규환, 2009, 「지방병 연구와 식민지배: 1927년 영흥 및 해남지역 에메틴 중독사건

구가 이루어졌다.[53] 국가의 역할이 국민의 건강과 생명의 보호라고 할 때 일제의 의료정책에 대한 평가는 질병에 대한 대처, 즉 방역의 성과 여부에 따라 달라질 수 있다. 질병, 나아가 방역에 관한 연구는 일제의 방역 조치가 급성전염병 분야에서는 진전된 성과를 보였지만, 만성전염병의 경우 제한적인 성과만 보였음을 밝혔다. 나아가 방역의 중심에 있던 기구는 경찰이었다. 의료인이 아닌 경찰이 방역을 주도한 것이었다. 그런 점에서 질병, 구체적으로 방역은 일제의 의료정책이 가지는 강압성을 확인할 수 있는 소재이다.[54]

일제는 서양의학을 자신의 지배를 정당화하는 수단으로 활용하였다. 그 활용은 의학을 넘어 다른 영역에서도 이루어졌다. 예를 들면, 간호학,[55] 제약업,[56] 치의학 등이다.[57] 나아가 한의학은 서양의학에 대비되는 영역이

을 중심으로」, 『醫史學』 18권 2호; Park Yunjae, 2010b, "The 1927 'Emetine Injection Incident' in Colonial Korea and the Intervention of Korean Western-Trained Doctors," *Korea Journal* Vol. 50, No. 1.

53 정근식, 1997b, 「한국에서의 근대적 나구료의 형성」, 『보건과 사회과학』 1호; 김기주, 2011, 「소록도 자혜의원 나환자정책의 성격」, 『역사학연구』 44호; 김미정, 2012, 「나환자에 대한 일반대중의 인식과 조선총독부의 나병정책: 1930~40년대 소록도 갱생원을 중심으로」, 『지방사와 지방문화』 15권 1호; 국립소록도병원, 2017, 『한센병 그리고 백년의 성찰: 역사편』, 국립소록도병원; 서기재, 2017, 「한센병을 둘러싼 제국의학의 근대사-일본어 미디어를 통해 본 대중관리 전략-」, 『醫史學』 26권 3호; 김재형, 2019a, 「부랑나환자 문제를 둘러싼 조선총독부와 조선 사회의 경쟁과 협력」, 『민주주의와 인권』 19권 1호; 김재형, 2019b, 『한센인의 격리와 낙인·차별에 관한 연구』, 서울대 사회학과 박사논문.

54 이이지마 와타루, 2008, 「의료·위생사업의 제도화와 근대화」, 『동아시아와 한일교류』, 아연출판부.

55 이꽃메, 2002, 『한국근대간호사』, 한울아카데미.

56 양정필, 2006, 「한말-일제초 근대적 약업 환경의 대두와 한약업자의 대응: '매약' 제조업자의 등장과 성장을 중심으로」, 『醫史學』 15권 2호.

57 신재의, 2004a, 『한국근대치의학사』, 참윤퍼블리싱; 신재의, 2004b, 「일제강점기의

라는 점에서 상대적으로 많은 연구가 이루어진 소재이다.[58] 이 연구들을 통해 일제가 조선의 전통의학인 한의학을 비판하고 소외시켰다는 사실, 하지만 1930년대에 접어들어 의료공급 문제를 해소하려는 목적에서 보다 광범위하게 활용하였다는 사실 등이 밝혀졌다.

비교 연구도 이루어졌다. 연구대상의 성격을 명료히 하는 방법 중 하나는 비교이다. 비교를 통해 분석대상이 가지는 특성이 더욱 분명히 드러나기 때문이다. 비교는 식민 전후의 차이나 선교의학을 대상으로 이루어졌다.[59] 이 연구들을 통해 대한제국이 수립하려고 했던 의료체계와 식민지의 그것이 어떻게 달랐는지, 선교의학과 식민권력이 공유한 가치는 무엇이고 차이를 보이는 지점은 어디였는지 등이 밝혀졌다. 다른 지역과 비교도 이루어졌다. 같은 일제의 식민지였던 타이완,[60] 서양의학의 수용이

치의학과 그 제도의 운영」, 『醫史學』 13권 2호; 이주연, 2006, 『한국 근현대 치과의료체계의 형성과 발전』, 혜안.

58 신동원, 2002, 「1910년대 일제의 보건의료 정책 -한의학 정책을 중심으로-」, 『韓國文化』 30호; 신동원, 2003, 「조선총독부의 한의학 정책: 1930년대 이후의 변화를 중심으로」, 『醫史學』 12권 2호; 金南一, 2006, 「醫書의 刊行을 중심으로 살펴본 日帝時代 한의학의 학술적 경향」, 『醫史學』 15권 1호; 박윤재, 2008, 「일제의 한의학 정책과 조선 지배」, 『醫史學』 17권 1호; 박지현, 2019, 「식민지기 醫生 제도와 정책의 운영」, 『대동문화연구』 106호.

59 정근식, 1997a, 「'식민지적 근대'와 신체의 정치: 일제하 나(癩) 요양원을 중심으로」, 『한국사회사학회논문집』 51호; 박윤재, 2004, 「한말·일제 초 방역법규의 반포와 방역체계의 형성」, 『일제의 식민지 지배와 일상 생활』, 혜안; 조형근, 2009, 「일제의 공식의료와 개신교 선교의료간 헤게모니 경쟁과 그 사회적 효과」, 『사회와 역사』 82호.

60 문명기, 2013, 앞의 글; 문명기, 2014a, 「일제하 대만 조선 공의(公醫)제도 비교연구-제도 운영과 그 효과」, 『醫史學』 23권 2호; 문명기, 2014b, 「일제하 대만·조선 공의제도에 대한 비교사적 접근-제도외적 측면을 중심으로」, 『한국학논총』 42호; 최규진, 2014, 「대만과 조선의 종두정책을 통해 본 일본 제국의 식민 통치」, 『국제고려학』 15호.

라는 점에서 유사한 궤적을 보이던 중국이 그 대상이었다.[61]

일제가 시행한 의료정책을 특정 시기에 집중하여 분석한 연구도 이루어졌다.[62] 이 연구들을 통해 일제가 위생을 명분으로 강압적인 방역·청결 사업을 추진하는 동시에 자신의 지배를 정당화하였고, 의료가 조선인에게 이해나 권리의 개념이 아니라 지배나 통제의 도구로 인식되었음이 밝혀졌다.

의료의 규율화에 주목한 연구도 이루어졌다.[63] 이 연구는 근대가 가지는 규율적인 측면에 주목하면서 규율이 개인의 신체에 어떻게 관철되었는지, 식민권력이 자신의 안정적인 지배를 위해 어떻게 개인의 신체를 통제하고 훈육했는지 밝혔다.

이 글은 일제의 의료정책을 병원, 방역, 법률, 교육, 한의학 등으로 분리하여 분석하는 동시에 그 정책이 종합적으로 가지는 성격을 파악하고자 한다. 선행 연구와 차이를 가지는 지점이다. 즉, 이 글은 일제의 의료정책 전체를 포괄적으로, 나아가 종합적으로 검토하고자 한다. 일제 지배정책이 가지는 식민성을 의료 분야에 집중하여 검토한다는 점에서 이 글은 식민지 시기 연구의 영역을 확대하는 결과를 낳을 수 있을 것이다.

이 글에서 의료는 포괄적인 의미로 사용되었다. 진료라는 제한적 의미

---

61 辛圭煥, 2007, 「20世紀前半, 京城と北京における衛生·醫療制度の形成と衛生統計」, 『歷史學硏究』 834호.

62 신동원, 1997, 『한국근대보건의료사』, 한울; 박윤재, 2005, 『한국 근대의학의 기원』, 혜안; 정혜경·김혜숙, 2005, 「1910년대 식민지조선에 구현된 위생정책」, 『일제의 식민지 지배정책과 매일신보』, 두리미디어; 이형식, 2012, 「1910년대 식민지제국일본의 전염병 방역대책 – 조선전염병예방령을 중심으로 –」, 『일본학보』 92호.

63 조형근, 1997, 「식민지체제와 의료적 규율화」, 『근대주체와 식민지 규율권력』, 문화과학사.

를 넘어 때에 따라 위생을 포함하는 단어로 사용되었다. 위생이 지금과 다른 범위로 사용되기도 했고, '의료·위생'이라 서술할 때 번잡스럽다는 생각 때문이었다. 예를 들면, 제목에 사용된 의료정책은 위생정책을 포함한다. 하지만 본문에서는 가능하면 의료와 위생을 구분하여 사용하였다. 구체적인 조치에서 차이를 보였기 때문이다. 거칠게 구분하면, 본문에서 의료는 진료, 위생은 방역으로 대치할 수 있다.

이 글에서는 가능한 당시 용어를 사용하였다. 예를 들면, 전염병이다. 코로나19를 겪으며 감염병은 일상의 용어로 정착되었다. 하지만 식민지 시기에 일상적인 용어는 전염병이었다. 지금은 감염병보다 좁은 의미로 쓰이지만, 당시의 시대성을 보여준다는 점에서 이 글에서는 전염병이라는 용어를 감염병 대신 사용하였다. 위생 역시 마찬가지이다. 위생은 현재의 보건 개념과 유사하다. 하지만 식민지 시기 위생은 보건보다 일상적이고 방어적인 용어였다. 따라서 이 글에서는 보건 대신 위생이라는 용어를 사용하였다. 물론 차이도 존재했다. 역사적으로 볼 때, 보건은 예방의학과 건강의 증진이라는 측면이 강조되었던 반면, 위생은 방역의 측면, 특히 사후 방역의 측면이 강했다. 다만 이 글에서 그런 구분은 시도하지 않았다. 이 책에 실려 있는 사진은 연세의대 동은의학박물관의 도움을 받았다.

제1장

식민지 의료체계의 형성(1910~1919)

1. 관립 의료기관의 설립과 운영

1) 조선총독부의원의 설립과 시혜적 치료

① 설립

대한제국 후기 서울에는 대한의원이, 지방에는 자혜의원이 설립되었다. 대한제국의 이름을 빌렸지만, 일제 주도로 설립된 병원들이었다. 일제는 이 병원들의 설립 배경을 "모두 민생을 돌보고 도와주고자 하는 자혜"에서 찾았다.[1] 의료 혜택을 받지 못하던 조선인을 위한 배려가 위 병원들을 설치한 이유라는 설명이었다. 총독부의원과 자혜의원은 자혜 구제의 사업으로 설립된 것이었다.[2] 20세기 초는 국가가 건강과 복지에 책임감을 느끼는 시기였다.[3] 의료는 식민권력의 효용성을 확인시켜 주는 수단이었다.

하지만 일본인 이주민을 위한 배려 역시 중요했다. 다른 제국주의 국가와 달리 일제는 상대적으로 대규모의 자국민을 식민지에 이주시켰다. 그들이 안정되게 정착할 수 있도록 환경을 조성할 필요가 있었다.[4] 그중에서도 의료환경은 중요했다. 의병항쟁 등 무장투쟁이 약화한 상황에서

---

1 「讀 統監의 諭告 續」, 『每日申報』, 1910.9.2.

2 中野有光, 1916, 「朝鮮ノ警察」, 『朝鮮總督府道府郡書記講習會講義錄』, 朝鮮總督府, 285~286쪽.

3 Alison Bashfod, 2003, *Imperial Hygiene: A Critical History of Colonialism, Nationalism and Public Health*, palgrave macmillan, p.117.

4 山根正次, 1910, 「併合後の急務は衛生施設」, 『朝鮮』 31호[琴秉洞 編, 1999, 『資料 雜誌にみる近代日本の朝鮮認識』 4, 緑蔭書房, 266쪽].

일본 이주민들의 가장 큰 관심은 의료기관의 유무에 있었다.[5] 일제는 의료시설을 완비하여 이주한 일본인이 "비참한 운명"에 빠지지 않도록 할 필요가 있었다.[6]

1910년 총독부가 설치되면서 통감부 시기에 설립된 대한의원은 조선총독부의원(朝鮮總督府醫院, 이하 총독부의원)으로 이름이 바뀌었다. 의료기관이 지니는 정치적 의미는 공식적인 식민지배가 시작되면서 다시 강조되었다. 의료기관을 설치하여 질병을 치료하는 것이 "민심을 새로운 정치에 돌아오게 하는 일대 원인", 즉 식민지배를 조선인들이 수용하게 하는 주요 요소가 된다는 것이었다.[7]

총독부의원에서는 민심을 확보하는 방법으로 외과적 질환에 대한 치료가 이루어졌다. 전통적인 한의학이 소홀히 했던 분야였다. 예를 들면, 코가 없던 여인에게 코를 만들어주었다. '신기한 의술'이 펼쳐진 것이었다. 당사자는 물론 그 부모도 감동했다.[8] 종래 조선인이 고칠 수 없다고 간주해 왔던 질환도 치료 회복되었다.[9] 그 소문이 퍼지면서 자연스럽게 총독부의원의 위상은 올라갔다. 병에 걸리면 서울의 경우 총독부의원에서, 지방의 경우 자혜의원에서 치료받으면 된다는 홍보가 이루어졌다.[10]

---

5 「醫師試驗規則에 對ᄒᆞ야」, 『每日申報』, 1914.7.23.

6 『水野博士古稀記念 論策と隨筆』, 水野練太郎先生古稀祝賀會事務所, 1937, 369쪽.

7 「總說」, 『朝鮮總督府救濟機關』, 1913, 朝鮮總督府.

8 「무비(無鼻)미인의 유비(有鼻)」, 『每日申報』, 1912.3.30.

9 『朝鮮總督府施政年報(1911)』, 1913, 353쪽.

10 「一般醫師及病者에게 大加 注意」, 『每日申報』, 1912.5.11.

② 진료

총독부의원에서는 무료 환자치료인 시료(施療)가 이루어졌다. 일제의 지배정책이 한편에서 무단적인 성격을 가졌다면, 한편에서는 인자한 측면이 필요했다. 의료는 인(仁)의 직접적 표현으로 의미가 있었다.[11] 시료는 구체적인 표현이었다. 따라서 조선인은 일본인보다 혜택의 범위가 넓었다. 일본인은 입원을 원하면 경찰서의 빈곤증명서를 제출해야 했지만, 조선인의 경우 자신의 요청으로 시료 혜택을 받을 수 있었다.[12]

관립병원, 즉 총독부의원과 자혜의원의 무료 진료 확대를 위해서는 재정 확보가 중요했다. 일제는 제생원 자금을 활용했다. 1912년 4월 조선의원급제생원특별회계(朝鮮醫院及濟生院特別會計)를 만들었다.

특별회계는 조선총독부특별회계에 있던 총독부의원 및 자혜의원을 분리하고 여기에 제생사업을 위해 설립된 제생원을 더하여 하나로 만든 것이었다. 특별회계의 수입은 정부지출금, 자금에서 생기는 수입, 의원 수입, 기부금, 기타 수입 등이었다.[13] 통합의 이유는 세 기관이 모두 자혜 구제를 목적으로 한다는 데 있었다.[14] 1911년 설립된 제생원은 고아 및 맹아자의 교육, 정신병자의 구호를 담당하고 있었다.[15] 구료라는 면에서 관립병원과 유사한 측면이 있었다.

하지만 제생원이 특별회계에 포함된 이유는 보유한 자금에 있었다. 제생원은 한일병합 때 하사받은 임시은사금 중 3,355,800원을 기금으로 축

---

11 『芳賀榮次郎自敍傳』, 1950, 254쪽.

12 『朝鮮總督府施政年報(1911)』, 1913, 354쪽.

13 「朝鮮醫院及濟生院特別會計法」, 『朝鮮總督府官報』, 1912.4.4.

14 「慈惠及救恤」, 『朝鮮彙報』 9호, 1915, 42쪽.

15 「濟生院」, 『每日申報』, 1911.6. 25.

〈그림 1-1〉 조선총독부의원 갑호병실

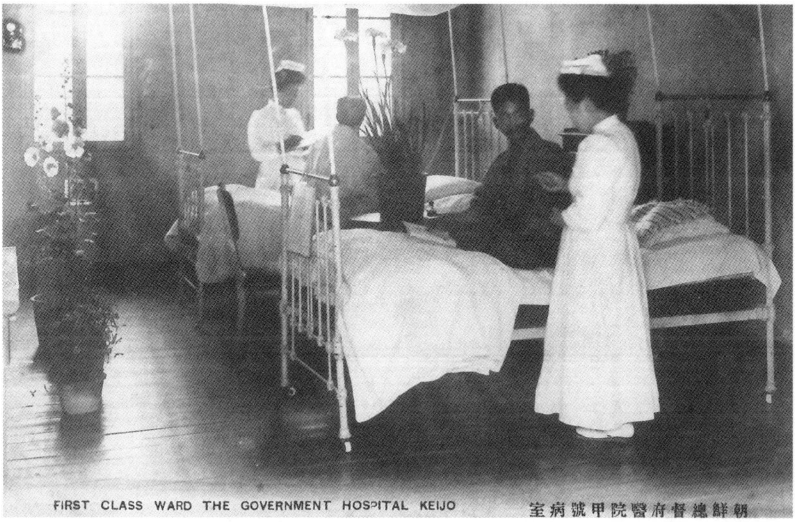

적하고 있었다. 일제는 그 기금을 시료 환자 진료에 충당하였다. 제생원은 단순히 자금을 가지고만 있고 그 자금으로부터 생기는 이자수입은 모두 특별회계에 기부하도록 한 것이었다.[16] 그 결과 1914년 3월 현재 특별회계 수입은 일반빈민 구료자금 3,093,919원, 나병원 자금 300,000원, 정신병자 구료자금 150,000원, 제생원 자금 333,446원, 계 3,877,365원이었다.[17] 총독부의원이나 자혜의원에서 사용할 수 있는 빈민 구료자금은 총예산의 79%였다.

시료는 조선인에게 혜택이었다. 하지만 무료 치료는 시료부라는 제한

16 「朝鮮總督府濟生院の概況」, 『朝鮮彙報』, 1915, 8호, 71쪽.

17 『朝鮮施政ノ方針及實績』, 1915, 朝鮮總督府, 105~106쪽.

된 공간을 중심으로 이루어졌다. 1910년 8월 총독부의원은 무료환자만을 대상으로 한 시료부를 별관으로 이전하여 별도로 설립하였다. 혼잡으로 인해 청결 유지나 감염 방지에 어려움이 있다는 이유 때문이었다. 병실도 보통환자와 시료 환자로 구분하였다.[18] 시료부에는 조선어에 정통한 의사가 배치되었다. 설비도 조선인의 관습에 적합하게 바뀌었다.[19] 일본인도 치료하지만 시료부가 조선인 위주로 운영되었음을 알 수 있다.

시료부에서 받는 진료는 공식적으로 무료였지만, 환자들은 비공식적인 대가를 감수해야 했다. 학생들의 임상 실습 대상이 된 것이었다. 실습이 진료분과별로 이루어지다 보니 시료부도 그에 따른 구분이 만들어졌다. 그 결과 시료부는 본관에 있는 전문분과의 출장소와 같은 역할을 담당하게 되었고, 사실상 조선총독부 부속 의학강습소의 부속의원으로 변했다.[20] 시료는 공짜가 아니었다.

나아가 1916년부터 시료부 환자들도 적지만 진료비를 부담하게 되었다. 빈곤자의 경우 계속 무료진료를 받지만 그렇지 않은 경우 저렴한 요금을 지불하게 되었다. 일제는 병원의 업무가 늘어나면서 관련 경비가 증가했다는 점과 함께 계속 무료 진료를 할 경우 환자들의 의뢰심이 조장된다는 점을 이유로 들었다.[21] 그 결과 총독부의원의 수입에서 진료 수입이 증가하였다.

---

18 「衛生 - 朝鮮總督府 救療機關」, 『朝鮮總督府月報』 1권 4호, 1911, 65~66쪽.

19 『朝鮮總督府施政年報(1911)』, 1913, 353쪽.

20 佐藤剛藏, 1956, 『朝鮮醫育史』, 茨木: 佐藤先生喜壽祝賀會, 54~55쪽.

21 『朝鮮衛生事情要覽』, 1922, 朝鮮總督府, 10쪽.

〈표 1-1〉 1915~1919년 총독부의원 수입(단위: 엔)

연도	1915	1916	1917	1918	1919
의원 수입	151,256	180,339	192,528	243,131	306,781
총수입	283,078	297,944	311,277	378,584	477,230
의원 수입 / 총 수입	53.4%	60.5%	61.9%	64.2%	64.3%

출처: 「第四十二會 帝國議會說明資料」, 『朝鮮總督府 帝國議會說明資料』 12, 1998, 163~164쪽

위 표에 따르면, 1915년부터 1919년 사이 총수입에서 의원 수입이 차지하는 비중은 53.4%에서 64.3%로 증가하였다. 의원 수입은 진료 수입을 의미할 것이다. 그 증가는 일제에게 반가운 소식이었다. 총독은 총독부의원의 환자가 증가하고 수입이 배가되는 상황을 "기뻐할 일"이라고 평가하였다.[22]

시료에 도움을 주던 조선의원급제생원특별회계의 지원도 계속되지 않았다. 특별회계 자체가 일제의 부담을 줄이고 점차 관립병원들이 독립 경영할 수 있도록 하는 데 목적이 있었기 때문이다.[23] 처음부터 총독부 지원 금액에 한도를 정한 이유이기도 하다. 총독부의원의 경우 재정이 특별회계에 속하면서 "수지 균형에 유의"하고 있었다.[24] 특별회계의 지원이 일시적인 점을 인지하고 있었던 것이다. 특별회계는 1924년도를 종점으로 폐지되었다. 특별회계에 속했던 자금, 세입 잔금 및 채권 채무는 조선

22 「官立醫院長會議に於ける總督訓示(1922.11.4)」, 『朝鮮總督諭告 · 訓示集成』 3, 2001, 綠蔭書房, 184쪽.

23 『帝國議會日本衆議員議事速記錄(朝鮮關係拔萃)』 2, 1991, 太山, 308쪽.

24 『朝鮮總督府醫院第三回年報(1914 ~ 1915年)』, 1917, 2쪽.

총독부특별회계에 귀속되었다.[25]

③ 결과

시료는 총독부의원 설립 초기 시행된 단기적 조치였다. 이후 총독부의원으로 상징되는 관립의원은 일반 병원과 같은 수익 중심의 운영을 추진하였다. 종로에서 총독부의원까지 전차선을 부설한 이유도 환자의 편의 도모와 함께 의원의 수입 증가에 있었다. 총독부의원의 수익 위주 경영은 일본인 개업의에게 위협을 줄 정도였다.[26]

총독부의원의 진료가 식민지배와 관련하여 가지는 다른 의미는 문명화였다. 일제는 한일병합의 목적이 조선의 개발과 지도에 있다고 표명하였다. 문명의 관점에서 조선을 진보시키는 일에 자신이 성의를 다하겠다고 하였다.[27] 문명을 성취하는 데 의료시설은 필수였다. 의료시설이 부족하고 민중에 대한 질병 치료가 이루어지지 않는다면, "문명국의 정치로서, 인도상의 하나의 오욕"이었다.[28] 문명을 이야기할 경우 의료시설의 강화는 정해진 수순이었다.

의료에서 문명을 전파하는 방법 중 하나로 총독부의원은 서양의학에 기초한 전문화 경향을 강화해 나갔다. 처음 개원할 당시에는 진료 분과로 내과·외과·안과·산과·부인과·소아과·이비인후과를 두었는데, 1910년 11월 피부과를, 다음 해에는 치과를 신설하였다.[29] 1913년에는

---

25 「조선의원급제생원특별회계법 폐지」, 『朝鮮總督府官報』, 1925. 4.1.

26 佐藤剛藏, 1956, 앞의 책, 45쪽.

27 小松綠, 1920, 『朝鮮併合之裏面』, 東京: 中外新論社, 252쪽.

28 『水野博士古稀記念 論策と隨筆』, 1937, 水野練太郎先生古稀祝賀會事務所, 369쪽.

29 「朝鮮總督府醫院 事務分掌規程」, 『朝鮮總督府官報』, 1910.10.1.

종래 제생원이 담당하던 정신병자 구료사업을 계승하여 새롭게 정신병과를 설치하였다. 1917년 5월에는 외과의 분과로 정형외과를 신설하고, 1920년에는 내과를 제1내과와 제2내과로 분리하였다.[30]

치료와 관련해서는 1912년 수치료실(水治療室)의 설비를 갖추고 정신질환 치료에 이용하였다. 악성종양 등 수술을 하기 어려운 환자에게는 라디움요법을 실시하였다.[31] 1917년에는 최신 치료요법 중 하나인 이화학적 요법을 응용하는 시설을 설치하였다.[32] 서양의학적 분류기준에 입각하여 진료 분과의 영역을 세분화시켜 전문성을 강화하고, 첨단 의료기술의 수용을 통해 중앙 의료기관의 위상을 제고해 나갔던 것이다.

나아가 총독부의원은 1916년 5월 전염병지방병연구과(傳染病地方病研究科)를 설치하여 조선에 고유한 전염병이나 지방병 예방을 위한 연구를 진행하였다.[33] 조선의 위생상태가 좋지 않기 때문에 그 개발과 향상을 위해서는 조선의 풍습과 전염병의 관계 그리고 조선 특유의 지방병을 연구할 필요가 있다는 이유 때문이었다.[34] 전염병지방병연구과의 설치는 종래 진료가 주목적이던 총독부의원의 성격을 "진료 및 전염병·지방병의 조사 연구"로 변경시킬 만큼 큰 의미를 지녔다.[35]

특별히 강조된 질병은 페디스토마와 성홍열이었다. 전파 범위가 넓고

---

30 『朝鮮總督府醫院第十四十五回年報(1927~1928年)』, 2~3쪽.

31 『朝鮮總督府施政年報(1912年)』, 375쪽; 「大正元年度總督府醫院醫務狀況」, 『朝鮮總督府月報』 3권 12호, 1913, 88쪽.

32 『朝鮮總督府施政年報(1917年)』, 320쪽.

33 『朝鮮總督府施政年報(1916年)』, 324쪽.

34 『朝鮮總督府醫院二十年史』, 1928, 朝鮮總督府醫院, 28쪽.

35 「朝鮮總督府醫院官制改正」, 『朝鮮總督府官報』, 1916.4.25.

증상이 격렬하기 때문이었다. 만성 질환인 폐디스토마는 지방에 따라 10명 중 8~9명이 환자인 경우가 있을 정도로 만연해 있었다. 총독부의원은 풍토병인 폐디스토마의 박멸을 목적으로 동물학과 세균학 박사를 각각 기사로 임용하였다.[36] 전염경로 파악 등 전문적인 연구를 위한 조치였다. 성홍열의 경우 증상이 격렬할 뿐 아니라 원인이 명료하게 규명되지 않았다.[37] 그만큼 위험한 질병이었다.

이후 전염병지방병연구과는 1920년 10월 건물이 완공되면서 총독부의원 부속 연구실로 개편되었다. 내부에 지방병 연구실 · 병리실 · 세균실 · 화학실 · 생리실을 두는 등 조직을 확대해 나갔고, 조선 내 주요한 질병의 발생현황 · 원인 · 예방방법 등에 관한 연구를 진행했다.[38]

2) 지방 의료기관의 설립과 조선인 의료의 확대

(1)자혜의원

① 설립

총독부의원이 서울을 담당한 관립의원이라면 자혜의원은 지방에 설립되어 그 지역의 의료를 담당했다. 역할도 같았다. "빈민 환자를 구제"함과 동시에 "문명의 은택"을 입게 하는 것이었다.[39] 그중에서 더욱 강조된

36 佐藤剛藏, 1956, 앞의 책, 72쪽.

37 『朝鮮總督府施政年報(1916)』, 1918, 324쪽.

38 『朝鮮總督府醫院第八回年報(1921年)』, 3쪽.

39 「慈惠醫院官制制定件」,『奏本』 13, 1998, 494쪽.

목적은 구료(救療)였다. 구료사업은 자혜의원의 가장 중요한 임무였다.[40] 빈민을 진료하는 기관이었기에 원칙적으로 진료는 무료였다.[41] 총독부의원이 그랬듯이 무료 진료를 통해 일본의 시혜성을 부각시키는 역할을 담당한 것이었다.

자혜의원의 예산과 관련해서 1909년 8월 자혜의원특별회계법이 반포되었다. 자혜의원의 운영은 의원 수입과 정부지출금으로 충당하며, 정부지출금은 매년 45,000원의 한도 내에서 지원된다는 내용이었다.[42] 이 중 정부지출금은 회계에서 절대적인 비중을 차지하였다. 1909년에는 자혜의원의 지출 비용 68,163원 중 진료를 통해 생긴 수입은 2,250원으로 3%에 불과했다.[43]

1912년 조선의원급제생원특별회계가 만들어지면서 자혜의원을 포함한 지원금은 계속 증액되었다. 1919년에는 71만 원, 1920년에는 92만 원, 1921년에는 114만 원, 1922년에는 126만 원으로 증액되었다.[44] 구료가 목적이었던 만큼 진료 수입을 기대할 수 없었고 자혜의원 수도 증가하고 있었기 때문이다. 그 증가에 따라 정부지출금 역시 증가하는 것은 불가피했다.[45]

---

40 「道慈惠醫院長に對する訓示」, 『朝鮮彙報』 4호, 1917, 3쪽.

41 「慈惠醫院官制」, 『官報』, 1909.8.24.

42 「慈惠醫院特別會計法」, 『官報』, 1909.8.31.

43 「慈院預算」, 『皇城新聞』, 1909.9.3.

44 「조선의원급제생원특별회계법 개정」, 『朝鮮總督府官報』, 1919.3.15; 「조선의원급제생원특별회계법 개정」, 『朝鮮總督府官報』, 1920.8.9; 「조선의원급제생원특별회계법 개정」, 『朝鮮總督府官報』, 1921.4.4; 「조선의원급제생원특별회계법 개정」, 『朝鮮總督府官報』, 1922.4.1.

45 「제42회 제국의회 설명자료」, 『朝鮮總督府 帝國議會說明資料』 12, 1998, 東京: 不二

자혜의원은 전주, 청주, 함흥 3곳에 먼저 설치되었다. 청주, 전주는 1909년 12월, 함흥은 1910년 1월이었다.[46] 이미 설치한 3곳의 효과가 현저하다는 판단 아래 1910년에는 9개가 증설되어 모두 12곳에 자혜의원이 설치되었다. 경기 수원, 충남 공주, 전남 광주, 경북 대구, 경남 진주, 황해 해주, 강원 춘천, 평남 평양, 평북 의주, 함북 경성이었다.[47] 수적으로 각도에 1개 정도의 자혜의원이 설치된 것이었다.

다만, 소재지가 도청이어서 의료공급 범위가 제한적이라는 문제가 있었다. 교통이 불편한 지역의 주민은 혜택을 입을 수 없었다. 그 결과 1912년 5월 전남 제주, 경북 안동, 평북 초산, 강원 강릉, 함북 회령의 5개소에 자혜의원이 증설되었다. 교통이 가장 불편하지만 구료의 필요는 절실한 곳이었다.[48]

자혜의원의 증설은 1920년대에 접어들어서도 계속되었다. 1919년 3·1운동 후 관제가 개정되고 민심을 위무할 필요가 생겼기 때문이다.[49] 그 목적을 위해 1920년 계속비 250만 원에 다시 459만여 원이 추가되었다.[50] 예산이 한정된 상황에서 특정 분야에 지원이 증가하면 다른 분야는 축소될 수밖에 없었다.

"당시 각 도 장관으로부터 요구가 있던 도청사의 개축, 관사의 건축

出版, 162쪽.

46 『朝鮮道立醫院槪況』, 1930, 朝鮮總督府, 1~2쪽.

47 「慈惠醫院官制中改正의 件」, 『奏本』 14, 1998, 342쪽.

48 『朝鮮總督府施政年報(1912)』, 1914, 337쪽.

49 『朝鮮道立醫院槪況』, 1930, 朝鮮總督府, 4쪽.

50 『朝鮮總督府施政年報(1918~1920)』, 1922, 280쪽.

등 예산은 대부분을 삭감당했다. 철도예산까지 영향을 받아 철도는 부설사업을 1개년 연기하는 소동이 일어났다."[51]

일제가 판단할 때 자혜의원 증설은 관공서의 신축이나 철도의 부설을 연기시킬 만큼 중요했다. 의료는 이전부터 그런 역할을 담당했지만, 3·1운동 이후 조선인의 민심을 달래는 데 더 중요한 역할을 맡게 되었다.

증개축을 통해 협소한 공간이나 불완전한 설비 문제를 해소하는 동시에 1920년부터 6개년 계속 사업으로 자혜의원 13개소와 출장소 2개소의 증설이 이루어졌다.[52] 그 위치는 경기도 개성, 황해도 사리원·해주, 평북 선천, 충남 대전, 전남 순천, 전북 남원, 전북 군산, 함남 북청·혜산진, 함북 성진, 강원도 원주·철원, 경남 부산·마산이었다.[53]

자혜의원의 진료범위는 한반도를 넘어 중국 북만주지역인 간도 및 훈춘까지 확대하였다. 처음에는 조선 내에 설치된 자혜의원이 해당 지역에 순회진료를 시행하였다. 국경 소재지에 위치한 평북 초산 및 함북 회령 자혜의원이 주체였다. 이 의원에 소속된 의사들이 두만강과 압록강을 넘어 순회진료를 시행하였다. 훈춘지방의 경우 개업의에게 비용을 지불하는 방식으로 구료를 진행하였다.

1918년 4월에는 간도 용정 및 연길에 자혜의원을 증설하고 훈춘 두도구(頭道溝) 백초구(百草溝)에 촉탁의를 배치하였다.[54] 해당 지역에 조선인

---

51 『芳賀榮次郎自敍傳』, 1950, 254쪽.

52 『朝鮮衛生事情要覽』, 1922, 朝鮮總督府, 11쪽.

53 이방원, 2021, 「일제시기 도립의원(道立醫院)의 설립과 운영(1925~1945)」, 『이화사학연구』, 63호, 89쪽.

54 「1935년 제69회 제국의회 설명자료」, 『朝鮮總督府 帝國議會說明資料』 1, 1994, 東

이주자가 많고 의료기관이 적은 사정이 이유였다. 하지만 중국 관립병원, 선교병원에 대항할 목적이 내재되어 있었고,[55] 따라서 의료 차원에서 제국의 팽창을 도모한 증설과 배치였다.

② 역할

자혜의원의 역할은 다양했다. 해당 지역의 중앙의료기관으로 공의 및 일반 개업의의 모범이 되어야 할 뿐 아니라 그 계발 지도를 담당해야 했다. 일반적인 위생상태의 개선에도 노력해야 했다.[56] 위생계몽과 관련해서는 1911년 내무부 지방국 위생과의 주도로 자혜의원에 위생환등기계를 발송하였다. 자혜의원에서는 그 기계를 이용하여 위생과 관련된 환등회와 강연회를 개최하였다.[57] 하지만 중심은 진료였다.

진료의 대상으로 조선인에 대한 배려가 이루어졌다. 일본인에게는 저렴한 진료비를 징수하였지만, 조선인은 무료 진료의 대상이었다.[58] 일정한 자산을 가진 경우에도 혜택을 입었다. 진료비를 납부할 수 있는 조선인이라도 진료비는 일본인의 반액만 지불하면 되었다.[59] 민족차별을 피하려는 조치도 취해졌다. 일본인을 먼저 진료하고 조선인을 나중 순서로 할 경우 문제가 발생한다는 판단 아래 먼저 도착한 환자를 먼저 진료하는 선

京: 不二出版, 168쪽.

55 「제44회 제국의회 설명자료」, 『朝鮮總督府 帝國議會說明資料』 11, 1998, 東京: 不二出版, 42쪽.

56 「各道慈惠醫院長ニ對スル訓示(1914.10.14)」, 『總督訓示集』 第二輯, 1916, 朝鮮總督府, 99쪽.

57 「各道 衛生幻燈講話會」, 『每日申報』, 1911. 7. 6.

58 「無料診療と衛生幻燈講話會」, 『警務月報』 16, 1911, 269쪽.

59 「충청남도고유제이호」, 『朝鮮總督府官報』, 1910.9.20.

착순 진료가 시행되었다.[60]

자혜의원의 진료에서 조선인들이 인상 깊게 느낀 것은 역시 외과적 치료술이었다. 환자 중 가장 많은 수는 내과 질환을 겪는 사람들이었지만 환자들이 가장 신뢰한 분과는 외과였다. 수술의 효과가 현저했기 때문이다. 불구자와 기형자가 내원하여 치료를 구하는 경우가 적지 않다는 평가를 받고 있었다.[61]

자혜의원의 설립 목적은 서양의학의 보급이기도 하였다.[62] '신의약(新醫藥)'이라고 지칭된 점에서 알 수 있듯이 서양의학은 새로운 의학이었고 발전된 의학이었고 문명의 의학이었다. 총독부의원이 그랬듯이 자혜의원도 문명을 강조하였다. 식민 지배를 합리화하려는 일제의 의도에 부합하는 활동이었다.

문명 혜택의 대상은 환자를 넘어 의료인까지 포함하였다. 자혜의원이 지도에 힘쓴 의료인은 한의사, 즉 의생이었다. 그들은 각 지방에서 실질적인 치료와 위생업무를 담당하고 있었지만, 서양의학 지식이 부족했다. 따라서 의생들을 지도, 인도할 필요가 있었다.[63] 경무부 위생사무촉탁인 자혜의원장들이 각종 의생교양강좌가 실시될 때 협의에 참가한 이유였다.[64]

자혜의원은 지방민에 대한 진료범위를 확산시키는 방법으로 순회진료를 진행하였다. 순회진료는 구료라는 자혜의원의 목적에 부합하였다. 환자가 찾아오기를 기다리기보다 찾아가는 방식이었기 때문이다. 교통이

---

60 「衛生 - 朝鮮總督府 救療機關」, 『朝鮮總督府月報』 1권 4호, 1911, 66쪽.

61 「衛生」, 『朝鮮總督府月報』 1권 2호, 1911, 91쪽.

62 「慈惠醫院의 成績」, 『每日申報』, 1912.10.11.

63 「傳染病에 就ᄒᆞ야」, 『東醫報鑑』 2호, 1916, 7쪽.

64 白石保成, 1918, 『朝鮮衛生要義』, 發行者不明, 50쪽.

불편한 지역에 거주하는 주민에게 순회진료는 반가운 소식이었다. 비용은 일본 천황이 하사한 은사금이 활용되었다.[65] 은사금 중 약 285만 원을 구료자금에 충당하였고 순회진료는 그 이자를 재원으로 하였다.[66]

순회진료는 1912년 8월부터 시작되었다. 자혜의원의 의원(醫員)과 조수가 관내 부군청 소재지에 파견되었다. 1912년에 순회진료를 시행한 자혜의원은 모두 11곳이었다. 18곳 중 11곳이면 61%였다. 순회 횟수는 연 1~2회였다. 대체로 여러 군에 하나의 진료소가 설치되었고 자혜의원은 순회의 순서, 개소(個所), 기일 등을 미리 공지하였다. 순회를 한 진료소는 19곳을 최다로 하여 평균 11곳이었다. 진료 일수는 지역의 상황에 따라 달랐지만, 대개 1~3주일이었다.[67]

③ 결과

자혜의원은 주민의 호응을 얻었다. 그동안 진료의 혜택을 입지 못했던 주민들이 새로운 의학, 즉 서양의학의 혜택을 받을 수 있었을 뿐 아니라 진료비가 무료였기 때문이다. 10~20리나 되는 거리에서 자혜의원을 찾는 환자들이 늘어 갔다.[68] 그동안 진료에 소극적이었던 여성 환자들도 자혜의원을 찾았다.[69] 외과수술을 받는 환자도 증가하였다.[70] 수십 년 동안

65 「제44회 제국의회 설명자료」, 『朝鮮總督府 帝國議會說明資料』 11, 1998, 東京: 不二出版, 47쪽.

66 「寺內總督訓示」, 『每日申報』, 1912.7.16.

67 『朝鮮總督府施政年報(1912)』, 1914, 379~380쪽.

68 「자혜의원의 好況」, 『每日申報』, 1910.10.29.

69 「평양 자혜의원의 近況」, 『每日申報』, 1911.2.7.

70 「자혜의원 대수술」, 『每日申報』, 1912.7.7.

폐인이었던 환자가 '완전한 사람'이 되기도 하였다.[71]

그 결과 자혜의원의 진료환자 수는 증가하였다. 1910년 하루 평균 70여 명이었던 진료환자 수는 1911년 평균 294명으로 증가하였다. 무료환자 수는 108만 명을 헤아렸다.[72] 12개 의원에서 매일 진료했다고 가정하면 하루에 246명의 무료환자를 진료한 것이었다. 진료환자의 83%였다.

자혜의원의 활동은 같은 서양의료기관인 선교병원에 위협이 될 정도였다. 자혜의원은 선교병원에 비해 상대적으로 더 넓은 공간, 보다 충분한 재정적 지원을 받고 있었기 때문이다. 나아가 자혜의원의 경우 "동양인이 동양인을 위해 동양적인 스타일"로 진료함으로써 더 이상 선교병원이 저렴하고 효율적이라는 평가를 받기 어렵다는 판단까지 나왔다.[73]

대한제국 후기 통감부의 지원 아래 지방에 일본인 의사들을 파견할 때만 해도 선교병원은 위협적이었다. 강원도 춘천에서 개원한 일본 의사는 그 지역의 선교병원이 활발히 활동하고 있으며, 따라서 "소생과 같이 자산이 없고 경험과 배움이 없는 자는 달리 방법이 없이 다만 방관할 뿐"이라고 고백한 바 있었다.[74] 선교병원과 경쟁에서 이길 수 없다는 고백이었다. 하지만 식민 지배가 공식적으로 시작되면서 위협을 느끼는 쪽은 오히려 선교병원이 되었다.

---

71 「慈惠醫院과 人民感泣」, 『每日申報』, 1912.3.27.

72 『朝鮮總督府施政年報(1910)』, 1912, 335쪽; 『朝鮮總督府施政年報(1911)』, 1913, 355쪽.

73 R. K. Smith, 1917, "Medical Practice in Chosen," *Korea Mission Field*, Vol 13, No. 5, p.120.

74 小林義一, 1909, 「춘천통신」, 『同仁』 40호, 15쪽.

④ 비판

자혜의원의 효과는 분명했다. 자혜의원은 지방 민심의 융화 및 한일간 화친에 "예상외의 좋은 영향"을 주고 있었다.[75] 경쟁 상대였던 서양 의료 선교사의 평가도 나쁘지 않았다. 많은 일본의사들이 조선에 와서 위생개혁과 의료사업에 참여하고 있다고 판단했기 때문이다.[76]

하지만 조선인의 호의적 평가가 자발적으로 이루어졌다고 말할 수는 없다. 진료를 받은 환자는 감사를 강요받기도 하였다. 일제가 지방민에 대해 펼친 성의가 깊은 만큼 반대로 "일반 인민은 의(宜)히 감복"해야 했다.[77] 그 대상은 총독부를 넘어 천황에게 닿았다.

> "항상 폐하의 적자임을 잊지 않고 능히 신체의 건강을 보호 유지하고 질병을 사전에 막으며 식산흥업에 정진하고 자기의 책무를 다하여 일찍이 없었던 넓은 은혜에 보답하는 것은 즉 효자인 일본 신민의 본분이 될 것이다."[78]

천황은 일본인을 넘어 조선인의 부모가 되었다. 무료 진료도 자식을 사랑하는 천황의 무궁한 은혜와 혜택 덕분이었다.[79] 조선인은 자혜의원의 진료를 받으면서 피식민인을 넘어 천황의 적자로 자리매김되었다. 적자

---

75 『朝鮮總督府施政年報(1909)』, 1911, 222쪽.

76 J. D. Van Buskirk, 1914, "Christian Medical Education, its Place and Opportunity", *Korea Mission Field*, Vol. 10, No. 7, p.213.

77 「慈惠醫院의 現況」, 『每日申報』, 1913.1.23.

78 「衛生講話大要」, 『警務彙報』 70호, 1914, 2~3쪽.

79 「雜錄 - 道慈惠醫院長會議」, 『朝鮮總督府月報』 4권 7호, 1914, 92쪽.

가 되었다면, 그에 걸맞은 역할도 수행해야 할 것이었다. 자혜의원의 의료는 조선인에게 공짜가 아니었다. 자혜의원은 무료 진료를 통해 식민 지배를 조선인에게 확대 강화하는 데 기여하고 있었다.

자혜의원에서 이루어진 진료의 질이 우수했다고 평가할 수도 없다. 우선 진료가 이루어지는 공간이 부실했다. 서둘러 설립과 증설을 추진한 데다 경비까지 절약해야 했던지라 다른 가옥의 일부를 빌리거나 임시로 집을 지어 진료를 개시한 곳이 적지 않았다.[80] 여러 자혜의원의 공간이 좁았고, 병실의 배치 역시 적절하지 않았다. 설비까지 충분하지 않아 진료에 여러 불편을 겪어야 했다.

초창기에 불가피하게 가질 수밖에 없는 문제라고 할 수도 있지만, 심한 곳은 환자를 수용할 병실을 갖추지 못하였다. 상대적으로 좋은 건물을 갖춘 자혜의원은 농인의원 건물을 이이받은 대구와 평양, 위술병원 분원을 활용한 회령 정도였다.[81] 1930년대에 이르면 다수 의원이 "이미 쇠퇴한 상황"이라는 평가가 나왔다.[82]

의료기관의 핵심이라고 할 수 있는 의사들에게도 문제가 있었다. 충분한 의사 확보가 이루어지지 않았다. 각 의원의 내과, 외과 등에 한 명씩의 의관(醫官)만이 배치되어 산부인과 같은 경우 의관이 아닌 의원이 진료를 하거나 다른 담임 의관이 겸무하는 등 전문성이 발휘되지 않았다.[83]

나아가 과도한 업무가 각 의사에게 부과되었다. 진료 이외에도 격일로 숙직 근무를 했으며, 이외에 출장 진료·왕진 등 원외 업무를 담당해야

---

80 「衛生－朝鮮總督府 救療機關」,『朝鮮總督府月報』1권 4호, 1911, 70쪽.

81 「衛生」,『朝鮮總督府月報』1권 1호, 1911, 119쪽.

82 『朝鮮道立醫院概況』, 1930, 朝鮮總督府, 3～4쪽.

83 『朝鮮道立醫院概況』, 1930, 朝鮮總督府, 32쪽.

〈그림 1-2〉 초산 자혜의원

했다. 기타 종두인허원 양성 교육, 위생강화회, 경찰 의무(醫務) 및 감옥 의무 역시 자혜의원 의원들에게 부여되었다.[84] 1911년 4월 의학교육을 진행하던 평양과 대구 자혜의원이 스스로 교육을 포기한 이유도 진료사무가 번잡하고 바쁘기 때문이었다.[85] 초창기 불완전한 자혜의원 13개소가 1911년에만 어떻게 8,500여명의 환자를 입원시켰으며, 어떻게 13만 2천여 명의 외래환자를 진료할 수 있었는가 하는 질문이 나오는 것은 당연했다.[86] 적절한 진료가 이루어지기 어려운 조건이었다.

---

84 『朝鮮總督府救療機關』, 1912, 朝鮮總督府, 29쪽.

85 佐藤剛藏, 1956, 앞의 책, 20쪽.

86 李如星 外, 1933, 『數字朝鮮硏究』, 4호, 世光社, 156쪽.

수속이 복잡하여 진료받기 불편하다.[87] 자혜의원의 의사와 직원들이 불친절하다는 비판도 있었다. 사무원 중에 횡포한 조치를 하는 자가 적지 않다는 비판도 있었다.[88] 특히 하급 직원이 환자를 친절하게 대하지 않아 종종 비난의 소리가 들렸다. 총독조차 "심히 유감스러운바"라고 비판하였다.[89] 불친절한 이유에 대해 명백한 설명을 찾기는 어렵지만, 환자의 입장에서 자혜의원이 편한 장소가 아니었던 것은 분명하다.

그럼에도 자혜의원이 진료받지 못하던 지방 주민들에게 의료 혜택의 범위를 확산시킨 것은 분명하다. 조선인을 중심으로 의료혜택이 이루어지다 보니 일본인 중에는 자혜의원을 조선인만 진찰 치료하는 곳으로 오해하는 사람까지 나올 정도였다.[90] 반대의 경우도 있었다. 자혜의원은 일본인의 치료기관에 불과하고 조선인에게는 하등 이익을 도모할 수 있는 곳이 아니라는 비판도 있었다.[91]

통계가 보여주는 것은 표면적으로는 전자가, 실질적으로는 후자가 맞는다는 것이다. 자혜의원의 민족 별 이용률을 분석할 때 자혜의원은 조선인의 구료기관인 동시에 일본 식민이주자를 위한 병원으로 활용되고 있었다.

87 「정무총감 진술(속)」, 『東亞日報』, 1921.10.2.

88 「관립의원장회의」, 『朝鮮』 12호, 1922, 168~170쪽.

89 「官立醫院長會議に於ける總督訓示」, 1922.11.4, 『朝鮮總督諭告·訓示集成』 3, 2001, 綠蔭書房, 185쪽.

90 「慈惠醫院 近狀」, 『同仁』 62호, 1911, 26쪽.

91 「조선의사의 쇠퇴」, 『每日申報』, 1910.11.20.

〈표 1-2〉 1910~1918년 자혜의원 민족 별 이용 환자 수

		1910	1911	1912	1913	1914	1915	1916	1917	1918
일본인	입원	317	2,046	3,112	4,220	3,151	3,110	3,521	3,953	4,733
	외래	10,011	34,510	51,471	63,142	56,131	57,944	61,608	67,749	66,052
	총계	10,328	36,556	54,583	67,362	59,282	61,054	65,129	71,702	70,785
조선인	입원	258	3,566	3,561	5,912	2,848	2,795	2,915	3,234	3,394
	외래	52,598	166,513	171,190	182,983	276,011	109,820	290,958	302,958	262,846
	총계	52,856	170,079	174,751	188,895	278,859	112,615	293,873	306,192	266,240

출처: 각 연도별『朝鮮總督府統計年報』

〈표 1-2〉에 따르면 1911년에 총인구 대비 일본인 17.4%, 조선인은 1.2%가, 1918년에는 일본인 21%, 조선인은 1.1%가 자혜의원을 이용했다. 일본인이 조선인보다 대체로 14배에서 20배나 많이 자혜의원을 이용했다. 1920년대 초에 이르면 일본인 대 조선인 환자의 비례는 1대 2.53으로 조정되었다.[92] 조선인의 이용 비율이 높아진 것이다. 하지만 인구 대비 이용률은 여전히 일본인이 높았다.

시간이 지남에 따라 조선인에게 시행했던 시료의 혜택도 축소되었다. 1910년부터 1915년 사이 보통 환자와 시료 환자의 구성비를 보면 다음과 같다.

92 「제44회 제국의회 설명자료」,『朝鮮總督府 帝國議會說明資料』 11, 1998, 東京: 不二出版, 46쪽.

〈표 1-3〉 1910~1915년 자혜의원 이용 환자 종류

		1910	1911	1912	1913	1914	1915
입원	보통	303	1,610	3,205	4,611	3,544	3,483
	시료	272	3,335	3,473	5,530	2,468	2,432
	시료/보통	90%	207%	108%	120%	70%	70%
외래	보통	10,158	37,971	60,967	76,207	71,016	75,138
	시료	52,451	160,566	161,765	170,221	261,393	92,814
	시료/보통	516%	422%	265%	223%	368%	124%

출처: 각 연도별『朝鮮總督府統計年報』

입원환자의 경우 1911년 보통 환자에 대해 207%였던 시료 환자의 비율은 1915년에 이르면서 70%로 축소하였다. 3분의 1정도의 축소다. 축소 경향은 외래환자가 더 강했다. 1910년 보통 환자에 대해 516%였던 시료 환자의 비율은 1915년에 124%로 4분의 1 이상으로 축소하였다.

진료비도 인상되고 있었다. 이전까지 월급여가 50원 이하인 환자는 진료비를 50% 할인받았다면, 1913년에 이르면 일반 환자와 같은 비용을 납부해야 했다. 다른 일반 환자의 경우는 이전보다 20% 인상된 진료비를 지불해야 했다.[93] 1910년대 중반에 이르면 진료비 징수가 불가피하다는 주장이 제기되고 있었다. 이 주장은 무료 진료는 예산이 감당할 수 없을 뿐 아니라 남발될 경우 민중이 가진 "근면 저축의 정신이 엷어질 폐해가 생길 것"이라는 염려에 근거를 두고 있었다. 환자들의 진료비 부담을 정당화시킬 수 있는 염려였다.

93 「平南慈惠醫院 移轉期」,『每日申報』, 1913.1.15.

대안은 진료비 부담이 가능한 환자와 그렇지 않은 환자를 구분하는 것이었다.[94] 그 구분에 따라 1916년부터 자산이 상당히 있는 조선인은 실비를 지불하게 되었다.[95] 결과는 일제가 원하는 바였다. 1917년 총독은 1916년 진료성적을 검토한 결과 보통 환자는 일반적으로 증가하고 시료 환자는 현저히 감소했다고 평가하였다.[96]

자혜의원의 진료 수입은 증가하였다. 1915년부터 1919년까지 자혜의원의 수입에서 진료 수입이 차지하는 비중을 살펴보면 다음과 같다.

〈표 1-4〉 1915~1919년 자혜의원 수입(단위: 엔)

		1915	1916	1917	1918	1919
자혜의원	의원 수입	160,528	190,294	223,076	300,121	421,302
	총수입	677,641	702,771	711,872	837,238	1,131,704
	의원 수입 / 총 수입	23.7%	27.1%	31.3%	35.8%	37.2%

출처: 「第四十二會 帝國議會說明資料」, 『朝鮮總督府 帝國議會說明資料』 12, 1998, 163~164쪽

1915년부터 1919년 사이 자혜의원의 총수입에서 의원 수입이 차지하는 비중은 23.7%에서 37.2%로 증가하였다. 그 비중은 계속 증가하였고, 자혜의원의 운영은 수입 위주로 바뀌어 갔다.[97] 1925년은 자혜의원의 변화가 확정된 해였다. 이 해 자혜의원은 도립의원으로 개칭되었다. 이 개칭은 자혜의원의 성격이 일반 병원과 동일한 것으로 변화했음을 상징적

94 「慈惠醫院長會議」, 『朝鮮彙報』 8호, 1916, 173쪽.

95 『朝鮮總督府施政年報(1916)』, 1918, 325쪽.

96 「訓示」, 『朝鮮總督府官報』, 1917. 6.1.

97 佐藤剛藏, 1956, 앞의 책, 43쪽.

으로 보여준다.

⑤ 군의(軍醫)의 의료체계 장악

자혜의원 설립을 계기로 군의들이 의료체계의 중심으로 부상했다는 점은 식민지 시기 의료와 관련하여 특별한 의미를 지닌다. 일본이 전쟁을 통해 자신의 패권을 확장해 나갔다고 할 때 군대의 역할, 그중에서도 부상병 치료를 담당하던 군의의 역할은 커질 수밖에 없었다. 군의는 단순히 군진의학을 활용, 확장하는 차원을 넘어 위생학·세균학·외과학을 시작으로 하는 임상의학, 나아가 위생행정의 추진력으로 작용하였다. 그 역할은 동경제국대학과 함께 일본 의학의 근대화에 지울 수 없는 족적을 남기고 있었다.[98]

군의 중심의 의료체계 운영 기조는 총독부의원부터 관철되었다. 일제는 총독부의원을 설립하면서 이전 대한의원의 인원을 대폭 교체하였다. 그중 신설된 피부과, 이비인후과, 외과의 각 부장 및 약국장에 현역 군의와 약제관이 부임하였다. 한 평가에 따르면, 이러한 교체는 경비 절약이라는 목적과 함께 새로이 총독부의원이 출발하면서 신선미를 보이기 위한 것이었다.[99]

하지만 이 조직 개편은 병합 후 유휴 인력이 된 군의를 활용하는 목적에서 이루어졌다. 1911년 현재 시료부를 포함한 8개과 중 군의가 의관으로 임명된 과는 4개과였다.[100] 이후 각과 부장은 군의 경력을 가진 자가

98 神谷昭典, 1979, 『日本近代醫學のあけぼの』, 東京: 醫療圖書出版社, 140쪽.

99 佐藤剛藏, 1956, 앞의 책, 45쪽.

100 『朝鮮總督府醫院第一回年報(1911年)』, 1913, 16~19쪽.

대부분을 차지하였다. 심지어 서무과장까지 군 관계자였다.[101] 조선에 대한 군사적 지배를 의료적 측면에서 관철시키는 모습이었다.

군의의 부상은 자혜의원에서 더욱 분명하게 드러났다. 자혜의원의 설립 자체가 일본군의 지원 덕분에 가능했다. 조선주차군이 보관하고 있던 약 5만 원 상당의 의약품과 의료기계·기구를 무료 불하받았다. 한국주차군이 통감부에게 이양하고, 다시 대한제국 정부가 불하받는 식이었다.[102]

의사는 군의가 담당하였다.[103] 군의 배치는 불가피한 측면이 있었다. 자혜의원이 교통이나 문화적으로 소외된 지역에 위치한 만큼 일반 의사들이 지원할 가능성은 적었다. 군의들은 많은 급여를 요구하지도 않았다.[104] 규율을 중시한다는 점도 장점이었다. 상하 관계가 분명하고 직무에 충실했다. 그 결과 "일반 환자의 신뢰를 받고 있다"라는 평가도 있었다.[105]

하지만 군의 채용은 비판의 대상이 되었다. 진료 범위가 협소하다는 비판이었다. 군인은 청년 남성인 경우가 대부분이었다. 따라서 군의의 경우 부인과, 소아과는 경험이 적을 수밖에 없었다.[106] 군인 이외에 일반인이 자혜의원을 찾는다고 하면, 군의는 적절한 의료인이 되기 힘들었다. 외과 중심의 진료 역시 문제였다. 전시에 사상자를 치료하는 데 장점이 있

101 京城帝國大學創立五十周年記念誌編纂委員會, 1974, 『紺碧遙かに』, 京城帝國大學同窓會, 118쪽

102 『朝鮮道立醫院概況』, 1930, 朝鮮總督府, 1~2쪽.

103 「韓國 慈惠醫院 新設」, 『同仁』, 1910, 51호, 24쪽.

104 小松綠(1920, 『朝鮮併合之裏面』, 東京: 中外新論社, 251쪽.

105 『朝鮮統治三年間成績』, 1914, 朝鮮總督府, 67~68쪽.

106 『朝鮮關係 帝國議會議事經過摘要』, 1915, 朝鮮總督府, 89쪽.

을지 모르지만, 일반 내과 질환도 치료할 수 있을지 의문이 제기되었다.[107] 따라서 1910년대부터 군의 중심의 자혜의원 운영방식에 대해 비판적인 의견이 제시되고 있었다. 일본 중의원 위원회는 "도 자혜의원장은 군의에 한정하지 말고 일반적으로 널리 적임자를 구할 것"을 희망한다는 의견을 제시하였다.[108]

무엇보다 중요한 점은 군의들의 자혜의원 배치로 인해 통감부 시기 민간 협조 아래 성립되고 있었던 식민 의료의 내용이 군대와 경찰의 주도로 변화되었다는 것이다. 자혜의원의 창립은 군의부장이던 후지타 쓰구아키라(藤田嗣章)의 계획에 의한 것이었다. 후지타는 1910년 총독부의원이 설립되면서 초대 원장에 취임하기도 하였다. 이 과정에서 1910년대 조선의 의료체계 형성에 발언권을 행사하고 있던 야마네 마사쓰구(山根正次)가 배제되었다. 대한제국 정부의 내부 위생국에 고문격으로 활동하던 야마네는 "자혜의원 신설에 대해서는 한마디도 듣지 못했다"라고 전해진다. 후지타가 내부 위생국을 방문하여 자혜의원 설립을 협의할 경우 비밀리에 담당 기사만 바깥으로 불러 협의를 했기 때문이다.[109]

같은 맥락에서 통감부 시기 의료체계 형성에 적극적 역할을 담당했던 동인회가 배제되었다. 상징적인 사건은 평양과 대구에서 주요 의료기관으로 발전하고 있던 동인의원이 자혜의원에 의해 대체된 것이었다. 1910년 9월 동인의원이 폐쇄되고 그 설비를 자혜의원이 인계받았다.[110] 식민 의료체계 형성에서 민간의 개입 여지는 줄어들었다.

---

107 「조선의사의 쇠퇴」, 『每日申報』, 1910.11.20.

108 『朝鮮關係 帝國議會議事經過摘要』, 1915, 朝鮮總督府, 69쪽.

109 佐藤剛藏, 1956, 앞의 책, 39~40쪽.

110 박윤재, 2005, 앞의 책, 261~264쪽.

공식적인 식민 지배가 시작되면서 군의를 제외한 다른 의료인은 식민지 의료체계 형성에서 주요한 역할을 담당할 수 없게 되었다. 1910년대 일제의 지배정책을 무단적이라고 칭한다면, 그 성격은 의료에서도 동일하게 관철되었다. 그 중심에 군의가 있었다.

(2) 공의(公醫)제도의 실시와 지방 의료의 확대

① 배경

자혜의원의 증설로 관립병원이 포괄할 수 있는 의료의 범위는 넓어졌다. 의료 공급에서 소외되었던 지방민이 받는 혜택은 확대되었다. 하지만 지역적인 제한은 여전히 존재했다. 자혜의원이 주로 각 도청이나 군청 소재지를 중심으로 설치되었기 때문에 관립병원이 포괄하지 못하는 의료의 소외지역이 남아 있었다. 공의는 그 공백을 메우려는 식민권력의 목적 아래 설치 운영되었다.

공의제도는 1914년 4월 시작되었다. 공의규칙이 반포되면서 통감부 시기 배치되었던 경찰의를 대신하여 공의가 배치되었다. 모두 137명이었다.[111] 다만, 공의가 기존 경찰의가 배치된 모든 곳을 대체한 것은 아니었다. 그 사이 일반의사가 개업하거나 경찰 사무가 많은 곳은 예외였다.[112]

일제는 공의 배치와 관련하여 "가장 소외지역으로 의료기관도 가장 결핍된 곳을 선정"했다.[113] 자혜의원이 그렇듯이 조선인에 대한 배려라고

111 『朝鮮衛生要覽』, 1929, 朝鮮總督府, 36쪽.

112 『朝鮮總督府施政年報(1914)』, 1916, 242쪽.

113 「江原道に於ける公醫巡廻診療に關する件」, 『警務彙報』 275호, 1929, 57쪽.

해석할 수 있지만 실제는 일본 식민이주자가 배려의 대상이었다. 군청 및 헌병·경찰관서 소재지 중 비교적 인구가 많고 의료기관이 결핍하지만 일본 이주민이 많은 곳에 공의가 배치되었다.[114]

행정이나 상업의 중심지가 아닌 지방 산간벽지의 경우 의료공급의 부족 문제는 심각하여 일본 이주민들의 안정적인 주거를 곤란하게 만들고 있었다.[115] 더구나 조선인들은 한의학에 대한 신뢰감이 깊어 일본의사들이 시행하는 서양의학에 대해 불신감을 가지고 있었다. 따라서 일본의사들은 주로 일본인들이 다수 거주하는 대도시 지역에 개업하고 있었다.[116] 의료기관이 부재함에 따라 지방 순찰에 나섰다가 발병한 도장관이 제대로 치료받지 못해 사망하는 사건이 발생할 정도였다.[117]

따라서 처음 배치된 공의의 국적은 일본이었다.[118] 공의를 모두 일본인으로 충당할 방침을 세운 이유도 거기에 있었다.[119] 공의제도는, 적어도 초기에는, 일본 이주민 중 의료시설이 부족한 지방 거주민을 위해 실시하였다.

공의제도의 원형은 타이완에 있었다. 공의는 타이완의 아편정책을 감독하기 위해 마련된 제도였다. 하지만 공의의 역할은 그 수준을 넘어섰다. 타이완의 의료정책을 총괄한 고토 신페이(後藤新平)에 따르면, 공의는 일

---

114 『朝鮮總督府施政年報(1914)』, 1916, 242쪽.

115 白石保成(1918,『朝鮮衛生要義』, 發行者不明, 53~54쪽.

116 「公醫配置の現狀」,『朝鮮彙報』4호, 1916, 129쪽.

117 山根正次, 1914,「衛生ニ就テ」,『朝鮮總督府道府郡書記講習會講義錄』, 朝鮮總督府, 322쪽.

118 「朝鮮統治の一轉機」(1921.9.1,『朝鮮總督諭告·訓示集成』2호, 2001, 綠蔭書房, 352쪽.

119 「鮮人公醫の好評」,『朝鮮彙報』1호, 1916, 135쪽.

종의 선교사였다. 서양 의료선교사가 서양에 대해 그러하듯이 일본의학, 나아가 일본을 선전하는 역할을 담당해야 했다. 따라서 공의는 진료뿐 아니라 사회위생을 증진하는 데 도움을 주어야 했다.[120]

타이완에서 공의의 활동범위는 공중위생, 방역, 법률 사무까지 넓어졌다.[121] 지방 위생을 책임졌고, 지방 의료를 충실하게 만들었다. 일제는 공의제도의 효과를 확인하고 그 숫자를 늘려나갔다. 1920년대 후반에 이르면 타이완인 공의가 일본인 공의 수를 능가하게 되었다.

타이완과 같이 조선에서 공의의 진료범위 역시 확대되었다. 지방 벽지에 배치된 공의들은 자혜의원의 순회진료와 연계를 가지면서 지방민의 진료를 담당하였다.[122] 조선인에 대한 진료 혜택을 넓히려는 총독부의 시도였다.[123] 따라서 공의에게는 치료 시 환자를 친절·온화하게 응대하여 신뢰감을 얻을 것이 요구되었고, 그런 응대는 총독부 시정에 공헌하는 길로 해석되었다.[124]

다만, 조선에서 공의는 타이완보다 통제성이 강했다. 경찰이 개입하고 있었기 때문이다. 타이완은 공의를 민정국장이 지정하고, 지사(知事)·도사(島司)가 감독하는 데 비해, 조선에서는 공의의 배치나 구역을 경무총장이 결정하고 감독했다. 공의는 경무총감부의 보조기관이었다.[125] 경찰이

---

120 Michael Shiyung Liu, 2009, *Prescribing Colonization: The Role of Medical Practices and Polices in Japan-Ruled Taiwan, 1895-1945*, Association for Asian Studies, INC., p.61.

121 문명기, 2013, 앞의 글, 38쪽.

122 「雜錄-道慈惠醫院長會議」,『朝鮮總督府月報』, 1914, 4권 7호, 93쪽.

123 「寺內總督의 訓示」,『每日申報』, 1914.6.14.

124 白石保成, 1918,『朝鮮衛生要義』, 發行者不明, 58쪽.

125 이형식, 2012,「1910년대 식민지제국일본의 전염병 방역대책-조선전염병예방령을 중심으로-」,『일본학보』92호, 299~300쪽.

주도하는 의료체계의 특징이 공의제도에서도 마찬가지로 나타났다. 나아가 조선의 공의가 타이완만큼 지역사회에 안착했는지도 의문이다. 절대 수가 부족했기 때문이다.

② 활동

공의는 규정상 관청의 지휘하에 의료위생행정 사무에 종사하였다.[126] 업무는 포괄적이었다. 전염병 예방, 지방병 조사, 우두 시행, 학교 위생, 공장 위생, 예기·창기·작부 등의 건강검진, 사체 검안, 행려병자 및 빈민 환자 치료, 기타 공중위생 및 의료에 관하여 특별히 지명된 사항 등이었다.[127] 지역민에 대해서는 질병의 원리와 치료방법, 전염병 예방방법을 설명해야 했다. 미신적 치료방법의 타파도 업무 중 하나였다.[128] 일제가 시도하는 문명화, 즉 서양의학의 확산에 기여해야 했다.

공의의 활동은 서양의학의 확대라는 측면에서 효과가 있었다. 서양의학 진료가 계속되면서 종종 십여 리를 멀다 하지 않고 내원하는 환자가 생겼고, 스스로 치료를 원하는 여성 환자도 나타났다.[129] 지역에 의사가 없고 오직 의생 몇 사람밖에 없어 "일반이 유감으로 생각할 뿐"이라는 기사는 지방민들이 서양의학의 영향권 아래 편입되었음을 알려준다.[130] 의생조차 없는 상황도 문제였지만, 설사 의생이 활동한다 해도 이제 지방민들은 한의학만으로는 만족할 수 없게 되었다. 공의는 "지방의 가장 중요한 의료기

---

126 『朝鮮總督府施政年報(1913)』, 1915, 214쪽.

127 白石保成, 1918, 『朝鮮衛生要義』, 發行者不明, 53~54쪽.

128 「江原道に於ける公醫巡廻診療に關する件」, 『警務彙報』, 1929, 275호, 57쪽.

129 『朝鮮道立醫院要覽』, 1941, 朝鮮總督府警務局衛生課, 8쪽.

130 「고원에 공의」, 『東亞日報』, 1933.5.9.

관으로 그 자질은 지방 주민에게 지대한 영향"을 끼치고 있었다.[131]

공의는 이름에 걸맞은 공적인 일에만 종사할 수 없었다. 공의가 배치된 곳은 통상 의료의 소외지역으로 일반의사가 개업을 통한 수익을 기대할 수 없는 곳이다. 문제는 공의가 사실상 개업의였다는 것이다. 따라서 일제는 수당을 통해 부족한 수입을 보충해 주고, 진료와 함께 그 지방의 공중위생업무에 관여시켰다.[132] 개업의처럼 환자를 진료하되 다른 업무를 부가한 것이다.

문제는 수당이 높지 않다는 데 있었다. 수당은 30원에서 90원 사이로 정해졌다.[133] 일제는 수당이 적지 않다고 주장했다. 기존 경찰의의 경우 대학 출신도 30원 정도의 수당을 받았던 것에 비해 공의는 자격이 부족해도 80원의 고액을 받는 경우가 있었기 때문이다.[134] 하지만 총독부 내부에서도 공의에게 "정말 빈약한 수당"이 주어진다는 비판이 있었다. 타이완에 비해서도 1/2에 불과했다.[135]

나아가 공의는 이 수당에서 진료와 관련된 비용을 지출해야 했다. 경찰의무를 담당한다 해도 약품이나 기기는 자비로 마련해야 했다. 관사도 제공되지 않았다. 다만 빈민환자 치료에 사용된 약품 비용만 지방비에서 지급받았다.[136] 따라서 여러 면이 함께 가외의 수당을 보조하거나 공의가

131 『朝鮮衛生要覽』, 1929, 朝鮮總督府, 18쪽.

132 赤池濃, 1921, 「朝鮮の衛生概觀」, 『朝鮮』 10호, 22쪽.

133 白石保成, 1918, 『朝鮮衛生要義』, 發行者不明, 53~54쪽.

134 中野有光, 1916, 「醫療機關の完備が第一」, 『朝鮮及滿洲』 105호, 73쪽.

135 문명기, 2014b, 앞의 글, 342쪽.

136 白石保成, 1918, 『朝鮮衛生要義』, 發行者不明, 54쪽.

거처할 집을 무료로 대부해 주기도 하였다.[137]

공의가 다른 관료들과 갈등하는 상황도 만들어졌다. 자혜의원장과 공의 사이에 충분한 소통이 이루어지지 않아 순회진료가 준비 진행되는 과정에서 "공의의 감정을 해치는 일"이 있었다.[138] 감독책임을 맡고 있는 경찰이 공의를 대하는 태도 역시 만족스럽지 않았다. 통감부 시기부터 근무조건이나 급여의 차이로 인해 의사와 경찰 사이는 원만하지 않았다. 그러한 관계는 지속되어 총독부시기에 접어들어서도 공의와 경찰의 사적인 충돌이 일어났고, 공의가 사퇴하는 일이 생기고 있었다.[139] 공의는 인기 있는 직업이 아니었다.

공의가 처해 있던 상황이 열악하다는 점은 1916년 공의의 의사자격 취득 배경을 통해서 알 수 있다.

〈표 1-5〉 1916년 공의 의사자격 취득 배경

출신	의과 대학 의학과	제국 대학 별과	고등 중학 의학부	의학 전문 학교	부현립 의학교	의사 시험 합격	구(舊) 의사 시험 합격	종래 개업의	대한 의원 의학과	평양 동인의원 의학교	총수
공의 수	2	1	4	42	20	106	5	3	1	1	185
비율	1%	0.5%	2%	23%	11%	57%	3%	2%	0.5%	0.5%	100%

출처: 『朝鮮彙報』 4호, 1916, 130쪽.

137 村田昇清, 1923, 「傳染病豫防と保健衛生に就て」, 『警務彙報』 212호, 22~23쪽.

138 「도위생과장회의」, 『警務彙報』 192호, 1921, 116쪽.

139 山根正次, 1914, 「衛生ニ就テ」, 『朝鮮總督府道府郡書記講習會講義錄』, 朝鮮總督府, 323쪽.

공의 중에는 정규 의학교에서 교육을 받은 사람보다 의사시험에 합격한 사람들이 많았다. 전체 공의의 60%였다. 공의의 근무조건이 열악함에 따라 상대적으로 좋은 조건으로 취직할 수 있는 의학교 졸업자들보다 일반 시험합격자들의 수가 많았다.

대안으로 1915년 7월부터 조선인 공의가 채용되기 시작했다.[140] 조선인 공의의 수는 증가했다. 1928년 공의 통계가 그 사실을 알려준다.

〈표 1-6〉 1928년 12월 현재 공의 출신별 인원수

출신	대학 의학과	고등 중학교 의학과	관공립 의학 전문 학교	조선 관공립 의학 전문학교	사립 의학 전문 학교	의사 시험 (일본)	조선 의사 시험	외국 의학교	지정 의학교	한지 의사	종래 개업의	총수
공의 수	6	3	37	120	1	28	50	0	18	34	13	310
비율	2%	1%	12%	39%	0.3%	9%	16%	0%	6%	11%	4%	100%

출처: 『朝鮮衛生要覽』, 1929, 36~37쪽.

민족별 구분이 이루어지지 않았지만, 조선에서 교육받거나 시험에 합격한 의사들의 숫자가 전체 공의의 50%를 넘어서고 있었다.

조선인 공의는 조선인들에게 환영받았다. 일본어 해독이 힘든 조선인 환자가 통역만으로 일본인 의사와 충분히 소통할 수는 없었기 때문이다. 자신의 불편과 고통을 호소하는데 모국어만큼 편리한 언어는 없었다.[141] 조선인들이 조선인 공의의 파견을 요구하는 것은 당연했다.[142] 물론 반대의 경우도 가능했다. 일본인 입장에서도 언어 소통이 가능한 일본인 공의

140 「鮮人公醫의 嚆矢」, 『每日申報』, 1915.8.5.

141 「鮮人公醫の好評」, 『朝鮮彙報』 1호, 1916, 135쪽.

142 「연산공의 문제」, 『東亞日報』, 1936.6.6.

가 파견되는 것이 편리했다. 따라서 그들 역시 일본인 공의를 파견해달라고 당국에 진정하였다.[143]

공의는 증가하였지만 부족함을 호소하는 목소리는 여전히 들리고 있었다. 1920년대 후반까지도 1군에 1~2명 정도의 공의밖에 없었고, 따라서 "한 번 병에 걸리면 매우 곤란하다"라는 평가가 나오고 있었다.[144] 대안 중 하나는 한지의사의 고용이었다. 한지의사는 5년 이내의 기한과 활동할 지역이 한정된 채 의료활동에 종사하는 비정규 의사였다.[145]

일제는 예산이 허락되는 범위 내에 공의를 두는 동시에 한지의사를 공의로 채용하였다.[146] 위의 표에서 한지의사는 11%를 차지하고 있다. 나아가 국비가 지급되는 공의 외에 도지방비로 운영되는 도공의를 배치하였다.[147] 그 결과 1914년 130명이던 공의는 1941년 628명으로 4.8배 증가했다.[148] 대체로 1개 군에 3명의 공의가 배치된 셈이었다. 일부 지방에서 주장하는 1면 1공의가 실현되기 위해서는 여전히 시간이 필요하지만,[149] 공의는 지속적으로 증가하고 있었다.

③ 의미

공의는 총독부에서 수당을 받기는 했지만, 기본적으로 수익을 취하는

---

143 「겸이포 공의」, 『東亞日報』, 1933.7.13.

144 小松茂(경무국, 1928, 「朝鮮の醫療機關普及と其の養成(上)」, 『警務彙報』 269호, 87쪽.

145 「大正三年に於ける朝鮮」, 『朝鮮總督府月報』 1호, 1915, 18쪽.

146 「1935년 제69회 제국의회 설명자료」, 『朝鮮總督府 帝國議會說明資料(1994)』 1, 東京: 不二出版, 173쪽; 『朝鮮總督府施政年報(1927)』, 1929, 394~395쪽.

147 「도 지방비로 공의 오명 증치」, 『中外日報』, 1928.5.7.

148 『朝鮮總督府施政年報(1941)』, 1943, 407~408쪽.

149 「이원에 공의」, 『東亞日報』, 1934.6.3.

개업의였다. 자신을 찾아온 환자에게 진료비를 지불할 수 있는지 묻는 공의에게 공의로서 책임과 의무에 태만하다고 비판할 수는 있었지만,[150] 개업의인 공의에게 일방적인 희생을 강요할 수도 없었다. 개업을 한 입장에서 무한정 무료 진료를 할 수는 없었다.[151] 공의는 자선사업가가 아니므로 공의가 지방민에게 제공하는 진료는 제한적일 수밖에 없었다.

그럼에도 공의는 식민지배의 정당성을 확보하는 데 중요한 역할을 하였다. 지방민의 고통을 구제함으로써 "그들을 감화 융합하는 데 지극히 유리한 지위"에 있었기 때문이다.[152] 1924년 동아일보가 경성의학전문학교의 협조 아래 순회진료를 진행하려 하자 일제는 반대하였다. 반대 이유는 지역에 의료시설이 충분하다는 데 있었다. 각 도에 자혜의원이 있고 각 군에 공의가 있으니 별도로 순회진료를 실시할 필요가 없다는 이유였다. 만약 실시할 필요가 있다면 스스로 시행하겠다고 말했다.[153] 공의는 일제가 시행한 주요한 지방의료정책이었고, 자신의 지배를 관철하는 수단이었다.

---

150 「아리(我利)에 몰두한 곡산 하도면 공의」, 『東亞日報』, 1926.1.18.

151 「농민은 민족의 근원」, 『朝鮮日報』, 1979.10.4.

152 「公醫講習會」, 『朝鮮彙報』 7호, 1916, 161쪽.

153 「警務局 干涉과 巡廻班中止顚末」, 『東亞日報』, 1924.7.14.

2. 의료 관련 법제의 정비와 공권력 강화

1) 의료인 관련 법령의 반포와 의료인 배출

(1) 의사

① 의사규칙

1913년 의료인 관련 규칙의 핵심이라 할 수 있는 의사규칙이 제정되었다. 의사규칙은 의사의 자격을 확정하였다. 일본에서 의사로 인정된 자, 조선총독이 지정한 의학교를 졸업한 자, 조선총독이 정한 의사시험에 합격한 자 등이었다.[154] 의사규칙 반포 이전, 일제에 따르면 의사에 대한 규정은 없었다. 자신이 의사라고 하면 누구나 의사로 인정되는 상황이었다.[155] 하지만 규정은 있었다.

1900년 대한제국은 의사규칙을 반포한 바 있었다. 의사에 대한 규정이 만들어졌다. 다만, 여기서 규정된 의사는 한의사였다. 서양의학을 배우는 의학교가 만들어지면서 변화가 예상되었지만, 대한제국은 한의사를 의사로 인정하였다.[156] 일제가 원하는 방향과 맞지 않았다. 1913년 의사규칙은 서양의학 학습자를 의사로 규정함으로써 식민지 조선에 서양의학 위주의 의료체계를 위한 법적 계기를 마련했다.

---

154 「醫師規則」, 『朝鮮總督府官報』, 1913.11.15.

155 「醫師規則發布(一)」, 『每日申報』, 1913.11.22.

156 박윤재, 2005, 앞의 책, 138~142쪽.

의사자격에 대한 구체적인 규정이 마련되면서 무자격 의사에 대한 단속이 가능하게 되었다. 당시 조선에서 활동하던 일본의사 중에는 무자격 의사들이 있었다. 일부 시험과목에 합격했을 뿐 정식 의사면허를 취득하지 못한 사람들이 그 예였다.[157] 다양한 이력의 사람들이 의사로 자처하며 활동하는 상황에서 의사규칙은 구체적인 자격기준을 마련했다는 긍정적인 의미를 가졌다.

의사규칙은 일본 내에서 계열화된 체계를 식민지 조선에 도입하는 계기이기도 했다.[158] 사립 의학교 학생이 졸업과 동시에 의사면허를 받던 관례가 폐지되었기 때문이다.[159] 의료선교사들이 운영하던 세브란스의학교 졸업생들은 졸업과 함께 자동으로 의사면허인 의술개업인허장을 받고 있었다. 하지만 식민 지배가 시작되면서 그 혜택이 종료되었다. 대신 일제가 수립한 조선총독부의원 부속의학강습소 졸업생들이 졸업과 동시에 의사면허를 받게 되었다. 식민 지배 이전 의사면허 부여에 사립과 관립 사이에 차별이 없었다면 의사규칙 반포 이후 관립 위주의 의학교육체계가 만들어진 것이다.

의사규칙은 이전까지 천시받던 의사의 위상을 높이는 결과를 낳았다. 그동안 의사에 대한 법적 규정이 마련되지 않음에 따라 의학지식이나 의료기술이 부족한 사람도 자의적으로 의사를 자칭하며 의료행위를 할 수 있었다. 의사라고 하지만 인명을 구하기보다 손상하는 경우가 있었다. 의사가 존경보다 멸시 혹은 무시당하는 상황도 생기곤 했다. 하지만 의사규

157 五味敎友, 1906,「韓國新義州通信」,『同仁』2호, 21쪽.

158 이흥기, 2010,『한국 근대 의사직의 형성과정』, 서울대 국사학과 박사논문, 96~97쪽.

159 『朝鮮總督府施政年報(1914)』, 1916, 241쪽.

칙이 제정됨에 따라 "상당훈 자격과 상당훈 지식으로 상당훈 술법을 행훈면 수(誰)가 능가(凌駕)훈리오"라는 지적처럼 의사에 대한 대우나 처지가 향상할 수 있었다.[160]

의사규칙의 더 큰 의미는 식민지 조선에 서양의학 우위의 의료체계를 만들었다는 데 있었다. 의사규칙은 한의사와 자격이 있는 의사, 즉 서양의사 사이의 경계를 명백히 하였다.[161] 의사의 범주에서 한의사를 제외한 것이다. 서양의학 학습자에게 면허장을 부여하여 서양의학 중심의 의료체계를 만드는 방식은 이미 일본에서 시행한 바 있었다.[162] 식민 지배를 시작하면서 일제는 그 방식을 식민지 조선에 그대로 활용하였다.

의사규칙이 "조선의 의술을 절멸"하려는 목적, 즉 한의학을 없애려는 목적에서 반포되지 않았다는 설명도 있었다. 한의학의 장점도 취사선택하려 한다는 설명도 이어졌다. 하지만 방향은 분명했다. 미래를 꿈꾸는 청년이라면 서양의학을 배워 의사면허를 받아야 했다.[163] 한의사는 "기년(幾年)에 불과(不過)훈야 멸망"할 것, 즉 몇 년 안에 사라질 것이었다. 한의학을 공부한다는 것은 "시간만 허비훈고 심력(心力)만 도로(徒勞)"하는 일이었다.[164]

식민지 조선의 의료체계가 서양의학 위주로 재편될 것은 분명했다. 일제는 그 재편이 보편성을 추구하는 것이라고 옹호하였다. 의학에 서양의학도 동양의학도 일본의학도 조선의학도 없다는 것이었다. 의학의 목적

160 「醫師規則發布(一)」, 『每日申報』, 1913.11.22.

161 『朝鮮總督府施政年報(1913)』, 1915, 210쪽.

162 村上陽一郎, 1996, 「前史としての戰前の醫療」, 『醫療』, 讀賣新聞社, 23쪽.

163 「新醫法에 對훈 解惑」, 『每日申報』, 1913.11.20.

164 「醫師界에 對훈 希望」, 『每日申報』, 1913.11.21.

은 고유한 진리를 연구하고 치료에 응용하여 인명을 구하는 데 있을 뿐이었다.[165] 한의학이 조선 혹은 동양 고유의 의학임을 강조하는 데 대한 대응논리였다. 나아가 서양의학이 보편적 진리를 구현한 의학이라는 논리였다.

② 의사시험규칙

의사규칙은 의학교 졸업 이외에도 의사가 될 수 있는 다른 방법을 마련해 두었다. 시험을 통한 방법이었다. 의사 수를 늘리는 가장 정통적인 방법은 의학교육을 통한 양성이었다. 문제는 예산이었다. 의학교 증설은 일제에 재정적으로 부담스러운 과제였다. 조선총독부의원 부속의학강습소 외 의사양성기관을 증설하는 것은 당시 상황에서 실행 곤란하다는 결론이 내려졌다. 의학교육기관의 증설은 미래의 문제였다.[166]

일본의사의 이주를 기대하기도 어려웠다. 개업을 통한 생활 유지, 나아가 성공의 가능성이 높지 않았기 때문이다. 조선인을 대상으로 개업을 해서 "만족스런 생활을 영위할 수 있는가"라는 질문에 대해 일본의사 스스로 "특별한 재원을 가지지 않는 한 지독한 바보" 취급을 받을 수밖에 없다고 생각하고 있었다.[167] 일본의사에게 조선에서 개업은 바람직하지 않은 선택이었다.

대신 일제가 의사 수 증가를 위해 채택한 방법은 시험을 통한 의사 배출이었다. 의사시험은 전국적으로 개업의를 증가시키고[168] 많은 의사 수

---

165 「醫師規則發布(一)」, 『每日申報』, 1913.11.22.

166 「醫師試驗」, 『朝鮮彙報』 4호, 1915, 196쪽.

167 木島新之助, 1907, 「金泉通信」, 『同仁』, 8호, 17쪽.

168 「醫師試驗規則에 對ᄒᆞ야」, 『每日申報』, 1914.7.23.

를 확보하여 의료기관을 충실하게 할 수 있는 방법이었다.[169] 일본에서 시험을 보기 위해 조선에 오는 경우도 기대할 수 있었다. 조선에서 시험규칙을 반포한 그해 일본의 의사시험규칙이 개정되었기 때문이다. 일본인 지원자가 의외로 많을 것이라는 전망까지 나오고 있었다.[170]

일제는 의사시험 지원을 독려하기 위해 정통적인 교육을 받지 않아도 된다고 강조하였다. 개인 의원에 근무하면서 약을 지어주거나 보조역할을 하면서 의학서를 스스로 학습하고 환자의 진료에 참여하다가 의사시험에 응시하면 되었다.[171] 다만, 개업의에게 배웠을 때는 실제로 가르친 의사의 증명서가 필요했다.[172] 의사시험은, 정통적인 방법은 아니지만, 의사 수를 증가시키는 하나의 방법으로 활용되기 시작했다.

1914년 7월 의사시험 시행을 위한 법률로 의사시험규칙이 반포되었다. 수험 자격은 수업연한 4년 이상의 의학교를 졸업하거나 5년 이상 의술을 습득한 자에게 주어졌다. 시험은 매년 2회 서울에서 시행되며, 기초와 임상과목을 4부로 나누어 1부부터 차례대로 치러졌다.[173] 구체적으로 1부부터 3부까지가 학술시험, 4부는 임상시험이었다.

의사시험규칙의 수험 자격조건은 일본에 비해 완화된 것이었다. 일본의 경우 1906년 의사법의 제정과 함께 의사시험에 응시할 수 있는 자격기준을 강화하였다. 즉, 지정의학교(졸업과 함께 자동적으로 의사면허를 받을 수 있는 의학교)를 제외한 나머지 의학전문학교 졸업자, 외국 의학교에서

169 『朝鮮總督府施政年報(1914)』, 1916, 241쪽.

170 「醫師試驗의 良績」, 『每日申報』, 1914.10.15.

171 「醫師界에 對흔 希望」, 『每日申報』, 1913.11.21.

172 「질의응답」, 『朝鮮彙報』 3호, 1916, 178쪽.

173 「의사시험규칙」, 『朝鮮總督府官報』, 1914.7.20.

4년 이상 의학과정을 수료한 자만이 시험 응시자격을 가졌다.[174] 일정한 학력을 취득하지 않으면 의사가 될 수 없었다. 반면에 조선에서는 정규 의학교육과 무관하게 의사시험 응시가 가능한 제도를 채택하였다.

자격조건은 일본에 비해 완화된 것일 수 있지만, 4부의 시험을 한 번에 합격하는 일은 쉽지 않았다. 한 번에 합격하지 않으면 합격한 어느 한 부분의 결과도 다음 시험에서 활용할 수 없었다.[175] 시험은 쉽지 않았다. 이 규정은 일본에서도 1913년에 제정된 최신의 것이었다. 조선의 상황에 적용하기 어려운 엄격한 규정이었다. 의사 수의 증가가 목적이라면, 합격 조건도 완화할 필요가 있었다.

1918년 일제는 의사시험규칙을 개정하였다. 기존 4부 시험을 3부로 나누었다. 그 구분보다 더 중요한 개정의 목적은 합격 효력에 있었다. 1부 또는 2부 시험에 합격한 경우 2년 반의 기간에 한해 그 효력을 유지할 수 있었다.[176] 1928년 합격조건은 더 완화되었다. 1부와 2부의 합격 효력이 영구적으로 인정되었다. 나아가 과목보류제가 실시되었다. 각 부 전체과목 중 1~2과목이라도 합격점 60점 이상에 달하면 과목합격증명서를 발부하여 다음 시험에 그 과목만 생략할 수 있도록 하는 제도였다.[177]

과목보류제의 목적은 이중적이었다. 수험자의 편익을 도모한다는 목적이었지만, 과목당 60점 이상을 받아야 한다는 조건은 부담이 될 수 있었다. 이런 부담을 지운 이유는 일본 상황에 있었다. 일본에서 의사시험

---

174 『醫制百年史(記述編)』, 1976, 東京: 厚生省 醫務局, 73~74쪽.

175 「質疑 應答」, 『朝鮮彙報』 3호, 1915, 196쪽.

176 「醫師試驗規則の改正」, 『朝鮮彙報』 1호, 1918, 134쪽.

177 石川登盛, 1928, 「醫師, 藥劑師, 齒科醫師試驗規則改正に就て」, 『警務彙報』, 262호, 14~15쪽.

제도가 폐지되면서 조선의사시험 지원자가 급증할 가능성이 있었다. 합격자의 소질을 향상시킬 필요가 생긴 것이었다.[178] 일제는 1920년대를 거치면서 시험을 통해 의료인 수를 늘리는 동시에 일정하게 합격자의 질을 관리하려는 노력을 병행하고 있었다.

그 결과 1914년 첫 의사시험이 치러진 이래 시험에 합격하는 인원은 시기가 지나도 그 숫자가 급증하지 않았다. 1930년대 후반에 이르러서야 30명대에 이르렀다.

〈표 1-7〉 의사시험 합격자 수

시험일시	수험인원	최종 합격자수
1회 1914.9·10	28(조선인 20, 일본인 8)	13(조선인 8, 일본인 5)
2회 1915.5·6	38(조선인 11, 일본인 27)	17(조선인 7, 일본인 10)
3회 1915.11·12	29(조선인 5, 일본인 24)	7(일본인 7)
4회 1916.4·5	25(조선인 11, 일본인 14)	7(조선인 5, 일본인 2)
5회 1916.11·12	18(조선인 4, 일본인 14)	7(조선인 2, 일본인 5)
6회 1917.4·5	29(조선인 12, 일본인 17)	12(조선인 8, 일본인 4)
7회 1917.11·12	20(조선인 5, 일본인 15)	5(조선인 2, 일본인 3)
8회 1918.5	41(조선인 12, 일본인 29)	11(조선인 7, 일본인 4)
9회 1918. 10	30(조선인 7, 일본인 23)	4(조선인 3, 일본인 1)
10회 1919.5	34(조선인 3, 일본인 31)	7(조선인 1, 일본인 6)
11회 1919.10	27(조선인 3, 일본인 24)	4(조선인 0, 일본인 4)
12회 1920.5	46(조선인 16, 일본인 30)	4(조선인 2, 일본인 2)

178 「1935년 제69회 제국의회 설명자료」, 『朝鮮總督府 帝國議會說明資料』 1, 1994, 東京: 不二出版, 174쪽.

13회 1920.10	42(조선인 13, 일본인 29)	4(조선인 2, 일본인 2)
14회 1921.5	56(조선인 19, 일본인 37)	7(조선인 1, 일본인 6)
15회 1921.10	64(조선인 32, 일본인 32)	11(조선인 7, 일본인 4)
16회 1922.5	60(조선인 23, 일본인 37)	7(조선인 3, 일본인 4)
17회 1922.10	74(조선인 42, 일본인 32)	17(조선인 13, 일본인 4)
18회 1923.5	73(조선인 18, 일본인 55)	4(조선인 1, 일본인 3)
19회 1923.10	72(조선인 22, 일본인 50)	5(조선인 0, 일본인 5)
20회 1924.5	90(조선인 35, 일본인 55)	5(조선인 2, 일본인 3)
21회 1924.10	91(조선인 28, 일본인 63)	13(조선인 3, 일본인 10)
22회 1925.5	146(조선인 63, 일본인 83)	14(조선인 6, 일본인 8)
23회 1925.10	130(조선인 56, 일본인 74)	11(조선인 3, 일본인 8)
24회 1926.5	187(조선인 96, 일본인 91)	13(조선인 6, 일본인 7)
25회 1926.10	152(조선인 85, 일본인 67)	23(조선인 15, 일본인 8)
26회 1927.5	200(조선인 99, 일본인 101)	16(조선인 6, 일본인 10)
27회 1927.10	186(조선인 102, 일본인 84)	16(조선인 7, 일본인 9)
28회 1928.5	285(조선인 166, 일본인 119)	11(조선인 5, 일본인 6)
29회 1928.10	295(조선인 158, 일본인 137)	9(조선인 6, 일본인 3)
30회 1929.5		9(조선인 2, 일본인 7)
31회 1929.10		7(조선인 5, 일본인 2)
32회 1930.5		12(조선인 6, 일본인 6)
33회 1930.10		6(조선인 4, 일본인 2)
34회 1931.5		6(조선인 1, 일본인 5)
35회 1931.10		11(조선인 6, 일본인 5)
36회 1932.5		13(조선인 9, 일본인 4)
37회 1932.10		15(조선인 5, 일본인 10)

38회 1933.5		19(조선인 9, 일본인 10)
39회 1933.10		16(조선인 9, 일본인 7)
40회 1934.5		23(조선인 14, 일본인 9)
41회 1934.10		22(조선인 16, 일본인 6)
42회 1935.5		19(조선인 12, 일본인 7)
43회 1935.10		14(조선인 8, 일본인 6)
44회 1936.5		25(조선인 17, 일본인 8)
45회 1936.10		14(조선인 9, 일본인 5)
46회 1937.5		24(조선인 16, 일본인 8)
47회 1937.10		18(조선인 9, 일본인 9)
48회 1938.5		32(조선인 25, 일본인 7)
49회 1938.10		37(조선인 30, 일본인 7)
50회 1939.5		30(조선인 23, 일본인 7)
51회 1939.10		86(조선인 68, 일본인 18)
52회 1940. 5		70(조선인 51, 일본인 19)
53회 1940.10		44(조선인 36, 일본인 8)
54회 1941. 5		62
55회 1941.10		107
56회 1942.5		18(조선인 14, 일본인 4)
57회 1942.10		30
58회 1943.5		35(조선인 33, 일본인 2)
59회 1943.10		
60회 1944.5		45(조선인 41, 일본인 4)

출처:「지방통신」,「매일신보」, 1914.9.15;『매일신보』, 1914.9.30;『朝鮮衛生要覽』, 1929, 48~50쪽;『조선총독부관보』 중 매년 의사시험 합격자 관련 기사

합격자에 대해서도 불신이 제기되고 있었다. 특히 기초의학에 어둡다는 비판이 제기되고 있었다. 병원이나 개인 의원에서 일종의 견습생으로 의학을 배웠고, 따라서 "기초의학에 어두운 감"이 있다는 비판이었다.[179] 구체적으로 1915년 시험관리위원장이던 총독부의원장은 성적에 불만을 표시하였다. 수험생의 학술시험 성적이 좋지 않았기 때문이다.[180] 체계적으로 기초의학을 배우지 못한 결과였다.

하지만 견습만으로 의사가 되는 길 역시 넓지 않았다. 1927년 의사면허철을 분석한 결과에 따르면, 순수하게 의사 조수로 일하며 독학으로 의사시험에 합격한 사람은 10명 중 3명이었다. 체계적인 학습을 거치지 않고 의사시험에 합격하는 일은 쉽지 않았다.[181]

학술시험 성적을 올리면서 의사 수를 증가시킬 수 있는 방법 중 하나는 수험생을 위한 교육을 시행하는 것이었다. 일종의 의학강습소를 설립하는 것이었다. 일본이 그랬다. 수험생들은 사립의학강습소에서 반년이나 1년 정도 수업을 들으면서 실제 임상 등 제반 응시를 준비하고 있었다. 그 결과 시험성적이 "비교적 양호"했다.[182]

하지만 식민지 조선에는 이런 강습소가 없었다. 대신 수험생은 학술실력도 갖춘 믿을만한 의사를 찾아가 강습을 받아야 했다. 야간이라도 좋았다. 개인적으로 의사시험 준비를 해야 한다는 이야기였다. 일제는 강습소를 설립할 의지가 없었다. 대신 민간 유력자의 지원을 주문하였다. 민간

179 小松茂(경무국 위생과), 1928, 「朝鮮の醫療機關普及と其の養成(下)」, 『警務彙報』, 270호, 61~62쪽.

180 「장래의 의사수험생에게」, 『每日申報』, 1915.6.4.

181 이흥기, 2010, 앞의 책, 133~134쪽.

182 「장래 의사시험에 응흔 자에게」, 『의약월보』 2권 5·6호, 1915,82쪽.

이 나서서 강습회나 강습소를 열라는 주문이었다.[183] 민간 차원에서 의학 강습소가 설립된 때는 1920년대였다. 중앙 차원의 재정적 지원은 없었다.

의사시험은 의료공급의 부족 문제를 해결하는 방법 중 하나였다. 해결은 아니어도 일부나마 해소할 수 있는 방법이었다. 다만, 그 방법은 미봉적이었다. 이미 당시부터 의사의 자질에 대해 의문이 제기되었기 때문이다. 의사시험을 통한 의사 수 증가도 제한적이었다. 1920년대 후반 1년 동안 증가한 의사 수는 2백 명을 넘지 못했다. 당시 평가에 따르면, 일본만큼 조선의 의사 수를 증가시키려면 1만여 명이 더 필요했다. 2백 명씩 증가시켜 그 숫자에 도달하는 것은 "백년하청"이었다.[184] 너무 시간이 오래 걸렸다. 일제가 판단했을 때도 충분한 의사 수의 확보는 지난한 과제였다.

(2) 한의학에 대한 비판과 의생제도 수립

① 비판

일제는 한의사나 한의학에 대해 비판적이었다. 이 판단은 다른 제국주의 국가가 가진 전통의학에 대한 인식과 유사했다. 세균학이 발달하기 이전까지 서양은 비서양의 전통의학에 대해 관심이 있었다. 영국의 경우 자신과 다른 피식민국의 기후에 관심이 있었고, 따라서 그 기후에 대응으로

183 「의사수험자를 위ᄒᆞ야」, 『每日申報』, 1918.5.23.

184 小松茂(경무국 위생과), 1928, 「朝鮮の醫療機關普及と其の養成(下)」, 『警務彙報』, 270호, 62~63쪽.

발전한 전통의학에 대해 경의를 표하고 있었다.[185]

하지만 세균학의 발달은 변화를 가져왔다. 열대질병, 즉 말라리아, 황열, 콜레라 등에 대한 정복 가능성을 높였기 때문이다. 서양의학의 승리였다. 서양의학이 질병에 대해 힘을 가지면서 서양 제국의 팽창은 정당화되었다.[186] 질병 극복은 제국에 자신감을 불어넣었다. 그 자신감을 일제도 가지고 있었다.

일제에 따르면 한의사는 지식이 부족했다. 『본초강목(本草綱目)』이나 『의방활투(醫方活套)』 몇 권을 읽고 스스로 의사라 자처하고 있었다. 겸손하지도 않았다. 한의사들은 스스로를 명민고수(明敏高手)라 칭하며 방자하게 환자를 대했다. 병의 원인이나 심화 정도, 약의 성질에 대한 고려 없이 극약 처방을 하였다. 한의학의 고유한 방법이 아니라 서양의사의 처방을 모방한 독약 처방도 하였다. 그 결과 환자를 위험에 빠뜨리는 경우가 적지 않았다.[187]

상업적 이익도 과도하게 추구하였다. 약재가 오래되거나 부패해도 사용했고, 가격도 싸지 않았다. 정가는 원래 없었고 친한 정도에 따라 약재의 양이 달라졌다. 이런 모습은 상인이 손님을 속이는 행위였고, "신성흔 자혜사업을 일개 모리장(謀利場)으로 간주"하는 행위였다.[188]

한의원 설비의 불완전함도 비판의 대상이었다. 한의사들은 약을 놓아둔 공간에서 환자를 치료하였고, 그곳에 음식, 쓰레기 등도 함께 두었다.

---

185 飯島涉 外, 2001, 「近代アジアにおける帝國主義と醫療·公衆衛生」, 『疾病·開發·帝國醫療』, 東京: 東京大學出版會, 81쪽.

186 J. N. Hays, 2003, *The Burdens of Disease*, Rutgers University Press,, p.181.

187 『朝鮮總督府施政年報(1912)』, 1914, 375쪽.

188 「권고 개업의」, 『每日申報』, 1910.11.23.

청결 유지는 쉽지 않았다. 약품이 불결해지는 것은 당연했다.[189] 개선이 필요했다. 각종 방법을 "문명적으로 이행"하여야 했다.[190]

② 인정

일제의 한의사와 한의학에 대한 평가는 비판적이다 못해 무시하는 수준까지 나아갔다. 한의사가 발행한 처방전에 근거하여 한약을 지을 때 그 행위를 법률에서 규정하는 조제로 간주하지 않았다.[191] 단속의 대상으로 삼지 않은 것이었다. 의료행위로 인정하지 않았다고 말할 수 있다. 일제에 따르면, 한의학에서 활용하는 음양오행은 공허한 이론에 불과하였고, 치료방법은 수천 년 동안의 경험을 집적한 데 불과했다.[192] 한의학을 인정하지 않았다는 평가까지 가능하다.

이런 평가를 받는다면 한의사는 의료인으로 인정받을 수 없었다. 제국주의 국가에게 의학은 과학이 아니라 이념이었다.[193] 전통의학에 대한 태도는 의학 그 자체를 넘어 정치적 이해관계와 연결되어 있었다.[194] 일제가 서양의학 위주의 의료체계를 구성하는 과정에서 한의학은 방해가 되

189 「舊醫藥界에 對하여」, 『每日申報』, 1912.4.26.

190 「八面鋒」, 『每日申報』, 1912.3.8.

191 「법령」, 『의약월보』, 1916, 2권 14·15호, 72쪽.

192 小串政治, 1921, 『朝鮮衛生行政法要論』, 自家出版, 278쪽.

193 Andrew Cunningham and Bridie Andrews, 1997, "Introduction," *Western Medicine as contested knowledge*, Manchester and New York: MANCHESTER UNIVERSITY, pp.2-3.

194 Deepak Kumar, 1997, "Unequal contenders, uneven ground: medical encounters in British India, 1820-1920," *Western Medicine as contested knowledge*, Manchester and New York: MANCHESTER UNIVERSITY, 183쪽.

었다. 서양의학의 우월함, 즉 자신이 선차적으로 수용한 문명의 우월함을 강조하는데 방해가 되었다. 일제에게 한의학의 실제 치료 효과는 부차적인 것이었다.

하지만 현실은 달랐다. 의료인력이 부족했기 때문에 일제는 한의사의 존재를 인정할 수밖에 없었다. 당시 소수였던 서양의사의 숫자를 감안할 때 그들로 의료수요를 감당한다는 것은 불가능했다.[195] 서양의사를 증가시키기 위해서는 재정 투여가 필요했지만 일제는 여유가 없었다. 한의사의 존속은 본질적으로 "재정의 관계"에서 접근할 수밖에 없었다.[196]

수천 명의 한의사들이 직업을 잃는다면 사회가 불안정해질 가능성도 있었다.[197] 민중 일반의 불안과 불평을 가져올 가능성도 높았다.[198] 의료행정을 책임지고 있던 총독부 경무국장은 한의사가 조선의 의료기관으로 아주 중요한 지위에 있다고 인정했다.[199]

하지만 한의사의 존속 배경을 서양의사 수라는 양적인 측면에서만 찾는 것은 적절하지 않다. 식민지 조선의 의료인식이라는 질적인 요인도 있었다. 조선인이 한의학을 선호하고 있었다. 한의사들은 조선에서 의료기관으로 상당히 중시되고 있었다.[200] 한의학을 확신한 환자는 자혜의원에서 순회진료를 시행하자 한의학이 아니면 진료를 받지 않겠다고 저항

195 「醫師規則發布(二)」, 『每日申報』, 1913.11.23.

196 『朝鮮衛生要覽』, 1929, 朝鮮總督府, 37~38쪽.

197 小串政治, 1921, 앞의 책, 279쪽.

198 『京城醫師會二十五年誌』, 1932, 94쪽.

199 三矢宮松, 1926, 「축사」, 『東西醫學(續刊)』 1권, 11쪽.

200 『朝鮮衛生要覽』, 1929, 朝鮮總督府, 38쪽.

〈그림 1-3〉 의생의 가옥

(イ216) THE HOUSE OF A DOCTER OF A CHINESE SCHOOL, 屋家の醫法漢 (俗風鮮朝)

했다.[201] 한의사의 진료를 받다가 사망해도 만족한다는 환자도 있었다.[202]

한의학의 대한 신뢰는 특히 내과 분야를 중심으로 형성되었다. 총독부 의원장은 자신이 직접 들은 한의학에 대한 이야기를 다음과 같이 전해 주고 있다.

> "내과에 관해서 서구 의술이 광물질의 약품을 쓰는 점이 특히 마음에 들지 않는다. 우리는 한방을 좇아 초근목피, 모두 식물성을 사용하므

201 「巡廻診療의 實施」, 『每日申報』, 1913.3.11.

202 小松茂(경무국), 1928, 「朝鮮の醫療機關普及と其の養成(上)」, 『警務彙報』, 269호, 86~87쪽.

로 잘 인체에 적응하여 치병의 효과를 거둘 수 있다. 이 점에서 서양의사보다 훨씬 낫다."[203]

서양의학의 경우 내과 진료에서 화학약품을 사용하는 데 반해 한의학은 식물성 약재를 사용하고 있고, 따라서 인체에 더 잘 맞아 치료 효과가 높다는 이야기이다. 한의학의 내과 진료에 대한 신뢰가 높다 보니 총독부의원 내과에서 근무했던 일본의사는 자신을 찾아온 환자를 보고 기뻐했다. 내과 진료에서도 "우리 의술을 신뢰하는데 이른 것은 진실로 기뻐할 현상"이었다.[204]

내과를 신뢰하는 데는 이론적인 배경이 있었다. 풍토론과 체질론이었다. 서양의학에 신기한 효험이 있는 것은 사실이었다. "족히 인(人)을 경(驚)"하게 할, 즉 사람을 놀라게 할 정도였다.[205] 하지만 조선의 풍토가 서양과 다르고 조선인의 체질도 서양인과 다르기에 조선인은 서양의학이 아닌 한의학으로 진료받아야 했다.[206] 다음과 같은 더 자세한 설명이 있었다.

"조선은 기후·수토(水土)도 피(彼)와 상이ᄒᆞ거니와 특별히 거처는 온돌을 용(用)ᄒᆞ야 풍한서습이 인체의 적의(適宜)키 난(難)ᄒᆞ며 음식은 산함신고(酸鹹辛苦) 등 물(物)을 편끽(便喫)홈으로 비부(肥膚) 장부(臟腑)가 강경ᄒᆞ야 약간 화학적 제조ᄒᆞᆫ 약품으로는 내과의 관ᄒᆞᆫ 병기(病

203 『芳賀榮次郎自敍傳』, 1950, 263쪽.

204 森安連吉, 1936, 「衛生思想の普及」, 『朝鮮統治の回顧と批判』, 62쪽.

205 「醫士硏鑽會」, 『每日申報』, 1913.5.29.

206 「舊醫藥界에 對하여」, 『每日申報』, 1912.4.26.

機)를 발제(撥除)치 못홈으로 부득불 재래의 사용ᄒᆞ던 초근목피, 금류(金類), 석질(石質) 등 약품을 직접으로 탕복ᄒᆞ어야 其(기) 강경ᄒᆞᆫ 장부에 근기(根基)ᄒᆞᆫ 병원을 타파홀지라."[207]

이 설명에 따르면, 조선인은 신체적 차이를 넘어 음식 섭취방식도 서양인과 달랐다. 시고 짜고 맵고 쓴 음식을 좋아했다. 그 결과 장부가 단련되어 서양의학에서 활용하는 약재로 내과 질환을 고칠 수 없었다. 전통적인 한의학의 약재를 사용해야 근원적인 치료를 할 수 있었다.

풍토론, 체질론은 서양의학의 도입 이래 한의학이 자신의 영역을 방어하기 위해 찾아낸 논리였다. 전통의학이 일반적으로 활용하는 논리이기도 했다.[208] 일본에서 활동하던 한의사의 주장도 유사했다. 일본에서 한방의 존속을 찬성하던 사람들은 그 이유를 동양이 서양과 인종, 풍토, 의식주 등이 다르기 때문에 병감(病感), 병정(病情)에서 차이가 있다는 점에서 찾았다.[209]

③ 의생규칙

1913년 11월 한의사에 대한 법률 규정인 의생규칙이 반포되었다. 의생, 즉 한의사를 현실적인 의료인으로 인정을 한 것이었다. 일제는 불가피함을 지적하였다. 조선인에 대한 의료기관으로 한의사를 존속시킬 수밖

---

207 「한의학계에 취(就)ᄒᆞ야」, 『每日申報』, 1917.11.18.

208 Sunitha B. Nair, 2001, "Social History of Western Medical Practice in Travancore," *Disease and Medicine in India*, Indian History Congress, p.228.

209 川上武, 1965, 『現代日本醫療史』, 勁草書房, 159쪽.

에 없는 '부득이한 것'이 있다는 것이었다.[210]

의생규칙은 의사규칙과 함께 발표되었다. 본래 의사규칙은 변호사규칙과 함께 반포될 예정이었다. 변호사규칙이 반포된 시기는 병합이 이루어지고 4개월 뒤인 1910년 12월이었다. 하지만 의사규칙은 1913년 11월에 반포되었다. 실제 상황이 매우 복잡하여 변호사규칙에 비교할 수 없다는 판단 때문이었다.[211] 의사와 대비되는 한의사를 어떻게 평가하고 활용할 것인지에 대한 논의가 조속히 결정되지 않았기 때문이었을 것이다.

의생규칙은 의생의 자격을 규정하였다. 20세 이상의 조선인 중에 2년 이상 의업에 종사한 자였다. 소위 영구의생(永久醫生)이었다. 단서 조항으로 의생에게서 3년 이상 의업을 습득한 조선인은 5년 이내의 기한을 두어 의생 면허를 부여하였다.[212] 소위 한년의생(限年醫生)이었다. 기한은 연장이 가능했다. 현실적 조건을 살펴 허가할 필요가 있을 때 다시 연한을 연장해 주었다.[213] 재연장을 통해 영구적인 활동도 가능했다.

의생규칙의 내용은 같은 식민지였던 타이완과 달랐다. 타이완의 경우 단속의 필요성 때문에 1901년 7월 타이완의생면허규칙이 제정되었다. 한의사의 무분별한 약품 사용을 규제하고자 한 것이었다. 식민지 조선과 같은 이유였다. 차이는 의생의 재생산에 있었다. 타이완은 1901년 이후 새로운 면허를 부여하지 않았다.[214] 의생의 활용 정도에서 조선은 타이완과 달랐다.

---

210 白石保成, 1918,『朝鮮衛生要義』, 發行者不明, 47~48쪽.

211 「朝鮮醫師規則」,『每日申報』, 1911.9.22.

212 「醫生規則」,『朝鮮總督府官報』, 1913.11.15.

213 「醫生規則 等에 對ᄒᆞ야」,『每日申報』, 1913.11.18.

214 『臺灣衛生要覽』, 1925, 臺北: 臺灣總督府警務局, 140~141쪽.

이론적으로 한의학을 비판하면서 현실적으로 한의사를 활용하는 모습은 의료가 이념적인 이상과 현실적인 지배의 공간 내에서 작용한다는 사실을 알려준다.[215] 일제가 한의학을 폐지시키고 싶다는 지향을 두고 있어도 현실에서 그 목표는 달성하기 어려웠다.

한의사를 활용해야 한다는 필요성은 의생면허 부여과정에서도 관철되었다. 규칙이 반포되기 전 예상했던 숫자보다 더 많은 한의사가 면허를 받았다. 의생규칙이 반포될 당시 의생면허는 "상당ᄒᆞᆫ 의술상 기량이 유(有)ᄒᆞᆫ 자"에게만 부여되며, 따라서 1913년 당시 한의사로 파악된 1,800여 명 전부에게 의생면허가 부여되지는 않을 것이라고 예상되었다. 하지만 결과적으로 의생면허를 부여받은 한의사는 1913년 말 현재 5,827명이었다.[216]

의생을 활용하려는 일제의 의도는 법률 개정을 통해서도 이루어졌다. 1921년 12월 의생규칙이 개정되었다. 의생면허를 부여할 때 지역을 정한다는 내용이었다.[217] 한지의생(限地醫生)의 탄생이었다. 이유는 지역적 차이에 있었다. 면허를 취득한 의생들이 주로 도시에 개업을 하고 있었고, 그 결과 다른 지역은 여전히 의료공급에서 소외되었다. 일제의 선택은 활동지역을 제한한 의생을 두는 것이었다. 의료공급을 확대하기 위해 활동지역을 한정한 의사를 두듯이 지역적 제한을 둔 의생을 만든 것이었다. 한지의생은 지역이 제한된 만큼 다른 곳으로 이주하여 활동할 수 없었다.[218]

---

215 David Arnold, 1993, *Colonizing the Body*, University of California Press, p.8.

216 「漢方醫界의 注意」, 『每日申報』, 1913.11.30; 『朝鮮施政ノ方針及實績』, 1915, 朝鮮總督府, 95쪽.

217 「醫生規則 改正」, 『朝鮮總督府官報』, 1921.12.3.

218 「衛生」, 『朝鮮』 1호, 1922, 163쪽.

④ 결과

한의학은 살아남았다. 한의사 역시 의생이라는 새로운 이름으로 살아남았다. 하지만 서양의학과 우열은 분명했다. 의생규칙은 "유자격 의사"와 "재래 한법의(漢法醫)"를 구분하는 법령이었다. 의사라는 범주에서 한의사를 제외하기 위해 반포된 법령이었다.[219] 차별은 면허의 발행 주체에서도 나타났다. 의사와 치과의사의 면허 발급 주체는 총독인 데 비해 의생은 경무총감이었다. 지위가 낮았다.

실력도 인정받지 못했다. 경찰은 의생이 발급한 사망진단서를 신뢰하지 않았다. 의생들이 서양의학이 아니라 "모두 신농의 흐름", 즉 전통 한의학의 흐름을 이어받았기 때문이다. 한의학적 판단을 인정할 수 없다는 것이었다. 실력을 인정하지 않으니 진단서의 최종 판단은 경찰이 했다. 사망진단서를 판별해야 했기에 경찰은 의생 이상의 의학상식이 필요했다.[220] 경찰은 의료인 이상의 의학지식을 요청받았다. 불신은 더 나아가 의생 면허장을 모르핀 혹은 아편을 팔아 샀다는 비난이 있었다.[221] 돈을 주고 면허를 샀는데, 그 돈마저 나쁜 돈이라는 것이다. 의생에 대한 불신이 극에 달한 비난이었다. 그만큼 한의학은 불신의 대상이었다.

한의학은 보존되었지만, 의생은 서양의학을 배워야 했다. 시대가 변했기 때문에 변화한 시대에 적응해야 했다. 서양의학 학습을 통해 한의학의 단점을 보충하고 자신의 자격을 높여야 했다.[222] 새로운 시대에 맞는 새로운 의학을 배워야 했다. 그 결과 "신구참작의 한방을 건설흘 필요"가 있

219 『朝鮮總督府施政年報(1913)』, 1915, 215쪽.

220 「朝鮮警察の今昔」, 『朝鮮』 12호, 1934, 149쪽.

221 村田昇清, 1923, 「傳染病豫防と保健衛生に就て」, 『警務彙報』 212호, 24쪽.

222 「고(告)의생대회」, 『每日申報』, 1915.10.27.

었다.[223]

배워야 할 대상은 많았다. 지식과 법규, 진료를 망라하였다. 구체적으로 생리학 및 위생학 대의(大意), 일반 전염병 및 지방병의 특징과 예방법, 소독약의 종류 및 응용, 의생규칙, 약품취급 및 전염병 예방에 관한 법규, 우두술, 구급법, 붕대법 및 기타 간이한 기술, 주의해야 할 침구술, 교정해야 할 미신적 치료법 및 위험한 치료법 등이었다.

그렇다고 관련된 모든 내용을 배워야 하는 것은 아니었다. 이론적 내용은 가급적 피하고 실제 활용되는 측면에 집중해야 했다. 법령 역시 실제 진료활동에 활용할 내용을 배워야 했다. 서양의학을 배우지만, 그 학습이 양약의 사용이나 서양식 진료로 나아가지 않도록 주의할 필요도 있었다. 의료기술은 종래 폐해의 교정 그리고 위험하지 않은 것으로 제한되었다.[224]

궁극적으로 배워야 할 지식은 방역 분야였다. 일제는 의생이 전염병에 관련된 지식을 알아야 한다고 강조하였다.[225] 방역활동에 활용하기 위해 한의학을 인정했다는 평가가 있을 정도였다.[226] 의생은 전염병 환자의 조기 발견 등 방역활동을 보조하는 역할을 담당하게 되었다. 한 예로, 의생 단체로 출범한 동서의학연구회는 창립을 선포하면서 의생은 9종 전염병 예방법과 소독법을 상세히 습득하여 의생이 된 책임을 다할 것을 다짐하였다.[227] 방역은 한의사들이 생존하기 위해 체득해야 했던 첫 번째

223 「일신(日新)의학과 한방」, 『每日申報』, 1916.5.12.

224 白石保成, 1918, 『朝鮮衛生要義』, 發行者不明, 49~50쪽.

225 「위생은 문명의 척도」, 『每日申報』, 1917.10.17.

226 『朝鮮總督府施政年報(1915)』, 1917, 311쪽.

227 「동서의학연구회 취지서」, 『東西醫學硏究會月報』 1호, 1923, 29쪽.

요목이었다.

의생들이 서양의학을 배우기 위해 활용한 교재는 『의방강요(醫方綱要)』였다. 1917년에 경무총감부 위생과에서 간행한 『의방강요』는 4장으로 구성되었는데, 그중 하나가 전염병학이었다. 관련 지식의 전수를 통해 방역활동에 활용하기 위해서였다. 하지만 『의방강요』에는 의생들이 관심을 가질만한 해부 및 생리, 약물학, 진료술도 있었다.[228]

일제가 전염병에 관심이 있었다면, 의생은 약물학에 관심을 두고 있었다. 진료현장에서 활용할 양약 지식이 필요했다. 일제도 그 활용을 막을 수 없었다. 막을 경우 오히려 오남용으로 위험을 증폭시킬 가능성도 있었다. 약물학의 추가는 관련 지식의 공급을 통해 "위험을 방지"하는데 목적이 있었다.[229]

방역지식을 익혔지만, 의생은 여전히 불신의 대상이었다. 의생은 세균학 지식이 부족했을 뿐 아니라 전염병 환자에 대한 신고 의무를 혐오하는 경향이 있다고 평가되었다. 실제로 콜레라가 유행할 당시 의생의 오진으로 초기 사망자들을 확인 없이 그냥 장사지내지는 일이 벌어졌다.[230] 따라서 중요한 환자는 서양의사에게 이송해야 했다. 의생의 지식이 서양의사에 미치지 못했기 때문이다.[231]

의생은 전염병에 대한 지식이 거의 없어 "방역상 그 존재는 하등 효과

228 『醫方綱要』, 1917, 朝鮮總督府警務總監部衛生課.

229 「醫生ノ敎養ニ關スル件」, 『警務彙報』 149호, 1917, 66쪽.

230 伊藤賢三 外, 1917, 「大正五年朝鮮ニ於ケル虎列拉流行ニ就テ」, 『朝鮮醫學會雜誌』, 7권 20호, 31쪽, 41쪽.

231 「의생에게 대훈 일의견」, 『의약월보』 2권 14 · 15호, 1916, 121 ~ 122쪽.

가 없다고 해도 과언이 아니다"라는 평가까지 받았다.[232] 이 평가는 의생의 입장에서 억울한 것이었다. 전염병 지식은 쉽게 습득할 수 있는 대상이 아니었다. 콜레라의 경우 서양의사도 유행 상태와 유행지의 교통관계를 모르면 오진을 하는 경우가 있었다. 병이 빈발하고 확산해야 비로소 콜레라라는 것을 알고 "크게 낭패한 적"도 있었다.[233] 일제의 한의학 그 자체에 대한 불신이 강했다고 평가할 수 있다.

의생들도 일제가 가진 불신을 알고 있었다. 그들은 총독이 한의학을 "과도시대의 응급수단"이라고 평가한 사실에 주목하였다. 의생들이 판단할 때, 응급수단이란 서양의학이 발전하기 전 임시로 남겨둔다는 의미였다.[234] 자혜의원장 회의나 위생과장 회의에서 의생을 새롭게 허가하지 말자는 논의가 진행되기도 하였다.[235] 한의학의 전망은 어두웠다. 폐지를 전망하면서 청소년들이 의생을 지원하는 것은 시대착오라는 의견이 나오는 것도 당연했다.[236]

그러나 열악한 환경 속에서도 한의학은 생존과 성장을 위해 변화를 모색했다. 그중 하나는 표준화였다. 의생들은 자신들의 의료활동에 일정한 규약이 없어 종종 폐단이 야기된다고 판단했다. 의생규약이 만들어질 필요가 있었다. 구체적인 내용은 비용의 표준화였다. 그 결과 왕진료, 치료진단서, 부상진단서, 사망진단서 발급 비용, 처방전 비용이 결정되

232 『大正九年コレラ病防疫誌』, 1921, 朝鮮總督府, 152쪽.

233 伊藤賢三 外, 1917, 「大正五年朝鮮ニ於ケル虎列拉流行ニ就テ」, 『朝鮮醫學會雜誌』, 7권 20호, 40~41쪽.

234 「會中記事」, 『東醫報鑑』 1호, 1916, 64쪽.

235 佐藤剛藏, 1956, 앞의 책, 34쪽.

236 早田愛泉, 1927, 「조선직업안내기(육)」, 『朝鮮社會事業』, 5권 10호, 42쪽.

었다.[237]

일제는 의생규칙의 반포를 통해 한의학의 폐해를 교정하는 동시에 상당한 보호막을 제공했다고 평가하였다.[238] 자의적인 평가지만 의생제도로 인해 한의학이 자신의 정체성 강화와 독자성 지향으로 나아갈 수 있었다는 평가는 가능하다. 인도에서 의료법은 돌팔이를 배제함으로써 전통의학을 고수하는 의사들의 찬성을 받은 바 있었다.[239] 의생규칙의 반포를 통해 의생들은, 조선시기에 비하면 낮은 지위에 불과했지만, 정규 의료인으로 인정받았다. 적어도 비정규의학이라는 오명은 듣지 않게 되었다. 의생들에게 닥친 과제는 도전이었다. 정규의학이라는 주어진 지위를 넘어 자신의 의학을 강화할 필요가 있었다. 강화는 서양의학이라는 경쟁자가 있어 더 필요했다.

나아가 그 환경을 일제, 즉 식민 지배자가 조성했다는 점도 나쁜 것만은 아니었다. 전통의학의 개혁은 의학 그 자체를 넘어 전통에 대한 관심 증대라는 정치적인 효과를 거둘 수 있었기 때문이다.[240] 전통에 관심을 가지는 사람들은 자연스럽게 한의학의 보존과 강화에 주목하게 되었다. 그 주목이 한의학에게 불리했다고 판단하기는 어렵다. 일제는, 의도한 것은 아니었지만, 한의학이 자신을 강화하는 방향으로 변화할 수 있게 그 환경을 조성했다.

---

237 「醫生規約」, 『每日申報』, 1914.7.25.

238 『朝鮮總督府施政年報(1913)』, 1915, 215쪽.

239 J. C. Hume, 1977, "Rival Traditions: Western Medicine and Yuna-i Tibb in the Punjab, 1849-1889," *Bulletin of the History of Medicine*, Vol. 51, p.224.

240 Deepak Kumar, 1997, ibid, p.183.

(3) 약품 관련 법령의 반포와 한약 단속

① 배경

한의학에 대해 그랬듯이 전통적인 조선 제약계에 대한 일제의 평가도 비판적이었다. 비판을 넘어 무시를 하는 수준이었다.

> "의약이 하물(何物)인지 부지(不知)ᄒᆞᄂᆞᆫ 자가 기갈(飢渴)에 박(迫)ᄒᆞ면 필(必) 기봉(幾封)의 약낭(藥囊)을 배부(背負)ᄒᆞ고 기(其) 증세의 여하ᄂᆞᆫ 불계(不計)ᄒᆞ고 내치(內治)ᄒᆞᆯ 자도 차(此)를 용(用)ᄒᆞ며 외치(外治)ᄒᆞᆯ 자도 차를 용ᄒᆞ야 약가만 편취(騙取)ᄒᆞ니 생사관계가 유(有)ᄒᆞᆫ 의약을 엇지 차(此)와 여(如)히 방기ᄒᆞ얏ᄂᆞ뇨 … 조선 기백년간에 의약으로 유(由)ᄒᆞ야 사(死)ᄒᆞᆫ 자가 의약으로 유(由)ᄒᆞ야 생(生)ᄒᆞᆫ 자보다 기배(幾倍)나 가월(加越)ᄒᆞ다 ᄒᆞ야도 과언이 안이로다."[241]

자격 없는 사람들이 함부로 약품을 판매함에 따라 병이 치료되기보다 오히려 사망하는 자가 더 많다는 비판이었다. 이 비판에서 약품 관련 의료인은 의료가 무엇인지도 모른다는 평가까지 받고 있었다.

의사와 약사 사이의 구분도 없었다. 의약분업은 이루어져 있지 않았다. 약사는 환자를 진단한 후 약을 내주었다. 의사가 해야 할 역할이었다. 반대로 의사는 진단도 없이 환자나 다른 사람의 이야기만 듣고 약을 지어주었다. 적절한 역할을 하지 못하고 있었다.[242] 한약에 대해서도

---

241 「醫藥의 取締」, 『每日申報』, 1912.7.2.

242 白石保成, 1918, 『朝鮮衛生要義』, 發行者不明, 94쪽.

단속이 이루어져야 했다. 매약으로 출원하거나 판매와 관련하여 규제받아야 했다.[243] 한약을 포함하여 제약에 대한 기준과 구분이 필요했다.

규제해야 할 범위는 조선인을 넘어섰다. 조선으로 건너온 무자격 일본인도 문제였다. 그들은 조선에 의사나 약제사가 부족한 상황을 이용하여 거의 의사나 약제사와 같은 활동을 하고 있었다. 아편도 단속 없이 판매하고 있었다. 이런 활동을 계속 묵인해서는 안 되었다. 그들이 벌이는 "졸렬한 행위로 인해 인민에게 의술의 신용을 저애"하는 수준에 이르렀기 때문이다.[244] 무자격 일본인의 활동을 계속해서 허용할 경우 일제의 조선 지배에 대한 평가까지 나빠질 가능성이 있었다.

일제는 규제에 활용할 관련 법규가 없다고 했지만 사실이 아니었다. 대한제국은 약제사규칙, 약종상규칙을 반포한 바 있었다. 약품순시규칙까지 반포하였다.[245] 그럼에도 일제는 무시했다. 약품 및 약품영업의 단속과 관련하여 근거할 근본 법규가 없다고 평가했다.[246] 일본인에 대해서는 영사관령이나 이사청령을 통한 규제가 가능했지만, 구체적이지 않았다. 일본인이 약업 활동과 관련하여 요구받는 것은 신고 정도였다.[247] 다른 규제 법령이 필요했다. 아편, 모르핀, 코카인 같은 마약의 경우 엄중한 규제가 필요했다.[248]

---

243 「漢藥ノ取締ニ關スル件」,『警務彙報』28호, 1912, 467쪽.

244 『衛生警察講義一斑』, 1913, 平安南道 警務部, 120~121쪽.

245 신동원, 1997,『한국근대보건의료사』, 한울, 301~303쪽.

246 『朝鮮總督府施政年報(1911)』, 1913, 342쪽.

247 白石保成, 1918,『朝鮮衛生要義』, 發行者不明, 94쪽.

248 「약품취제규칙」,『每日申報』, 1911.9.23.

② 약품급약품영업취체령

1912년 3월 약품 관련 의료인에 대한 규정인 약품급약품영업취체령(藥品及藥品營業取締令, 이하 약품령)이 반포되었다.[249] 약품령은 약품 관련 의료인의 범주 구분, 약품·매약 취급, 극독약 취급, 약품 관련 행위 감시, 무허가 약품 단속 등에 관한 내용으로 이루어졌다. 나아가 별도 법령으로 독약·극약 품목이 정해져 단속에 활용되었다.[250]

약품령은 약품 관련 의료인을 네 범주로 세분화하였다. 약제사(藥製師), 약종상(藥種商), 제약자(製藥者), 매약업자(賣藥業者)였다.

약제사란 의사의 처방전에 따라 약제를 조합하는 의료인이었다. 약품령이 반포될 당시 약제사를 배출하기 위한 별도의 교육기관은 없었다. 총독부의 인가를 받아 조선약학강습소가 설립되었을 때는 1915년 6월이었고, 1918년 6월 조선약학교가 설립되었다. 조선약학교가 졸업과 동시에 약제사 자격을 받는 지정약학교가 되었을 때는 1925년이었다.[251]

지정 교육기관이 없었던 만큼 약제사가 되기 위해서는 시험에 합격해야 했다. 약제사시험규칙이 반포된 해는 1916년이었다. 시험은 의사시험과 유사했다. 시험과목이 학설과 실지로 나뉘었다. 일제는 수험자의 편의를 도모함과 동시에 약제사 보급을 확대하기 위해 학설시험에 합격한 자에게 그 효력을 유지할 수 있도록 하였다.[252] 당시 의사시험규칙보다 완화된 규정이었다.

약종상이란 약품을 판매하는 의료인이었다. 여기서 약품이란 서양약

---

249 「藥品及藥品營業取締令」, 『朝鮮總督府官報』, 1912.3.28.

250 『朝鮮總督府施政年報(1912)』, 1914, 361쪽.

251 『한국약학사』, 2017, 한국약학사발간위원회, 91~93쪽.

252 『朝鮮總督府施政年報(1916)』, 1918, 322쪽.

품이었다. 하지만 한의학 활용이라는 측면에서 일제는 한약을 취급하는 약종상 역시 의료인력의 일원으로 활용하고자 하였다. 따라서 한약을 취급하는 약종상의 경우 일반적인 약종상 허가 기준을 충족하지 못하더라도 한약만을 취급한다는 조건 아래 허가를 내주었다. 의생의 처방전에 따른 조제에 대해서도 일반적인 조제 규정에 따른 단속을 하지 않았다. 나아가 한약 중 극독약으로 구분된 약재의 사용에 대해서도 별도의 제한을 가하지 않았다.[253]

일제의 약종상에 대한 평가는 비판적이었다. 약종상 중에서 모르핀, 코카인 등 마약을 밀매하는 경우가 적지 않았기 때문이다.[254] 식민 말기까지도 비판적 평가는 이어졌다. 약종상의 대부분은 "국민의 진료를 안심하고 맡길만한 자격자가 결코 아닌 것"이라는 평가였다.[255] 그럼에도 약종상의 역할은 중요했다. 의료공급이 부족한 상황에서 교통이 불편한 지방에 약품을 공급하는 역할을 담당하고 있었기 때문이다.[256]

제약자란 약품을 제조하여 판매하는 의료인이었다. 여기서도 약품은 서양약품이었다. 서양약품을 제조하는 경우에 대해서만 제약업 허가를 내주었다. 허가는 제한적으로 내려졌다. 약종상이 한 번의 허가를 통해 일반적인 약품의 취급이 가능한 데 비해 제약자는 특정한 약품에 대해서만 허가를 받을 수 있었다. 따라서 일반적인 의약지식이 부족하더라도 특정한 약품의 제조방법이나 효능에 대한 지식만으로도 제약자 허가를 받을

253 小串政治, 1921, 앞의 책, 326쪽.

254 『朝鮮總督府施政年報(1915)』, 1917, 321쪽.

255 「貧弱한 農村醫療施設」, 『每日申報』, 1942.7.25.

256 「1943년 제84회 제국의회 설명자료」, 『朝鮮總督府 帝國議會說明資料』 8, 1994, 東京: 不二出版, 164쪽.

수 있었다.

매약업자란 매약을 조제, 이입(移入) 또는 수입하여 판매하는 의료인이었다. 약품령에 따르면 약품과 매약은 다른 범주였다. 약품은 오직 의사의 치료용으로 제공하는 것을 목적으로 하였다. 반면, 매약은 의사의 개입 없이 질병을 치료하는 데 제공하는 것으로 주치(主治)·효능을 부착하여 판매하였다. 즉, 매약은 의사를 통하지 않고도 질병을 치료하는 데 제공할 수 있었다.[257] 현재 일반의약품이 매약이라면, 약품은 전문의약품에 해당한다고 말할 수 있다.

전문성이 떨어지는 만큼 매약업자에 대한 평가는 호의적이지 않았다. 전문가의 입장에서 볼 때 매약업자는 전문지식이 필요 없이 누구나 할 수 있는 직업이었고, 따라서 약을 사러 간 손님과 별로 다르지 않았다.[258] "매약의 무가치"한은 분명했고, 환자에게 "맹목적 복용의 위험"도 있었다.[259] 1930년대 조사에 따르면, 허가가 취소된 매약 중 폭리를 취한 경우는 44.2%, 부당한 효능을 자랑한 경우는 19.9%를 차지하고 있었다.[260] 매약에 대한 불신은 자연스러웠다.

그럼에도 의료기관이 부족했기 때문에 매약의 중요성 역시 분명했다. 매약은 의료인을 대신해서 환자가 찾을 수 있는 대안이었다. 다른 진료에 비해 가격도 쌌다. 진료비가 일반의 요구에 적합할 만큼 저렴해지지 않은 상황에서 매약은 없어서는 안 되는 치료방법이었다. 일종의 가정상비약

257 白石保成, 1918, 『朝鮮衛生要義』, 發行者不明, 102~103쪽.

258 「신용키 어려운 매약의 효과」, 『東亞日報』, 1927.10.9.

259 「매약취체 응엄(應嚴)」, 『東亞日報』, 1930.10.4.

260 「不良賣藥의 罪惡 斷然嚴禁하라」, 『東亞日報』, 1933.12.24.

이기도 했다.[261] 매약은 “간이한 의료보조로서 중요한 의의”를 지니고 있었다.[262]

③ 의미

약품령 역시 다른 의료 관련 법령이 그렇듯이 서양의학 위주의 의료체계를 강화하였다. 서양의사가 의사로 규정되었듯이 서양약품은 약품이 되었다. 따라서 종래 사용되던 한약은 극독약 그리고 위험성이 높은 약 이외에는 약품령의 제한을 받지 않았다.[263] 한의학 전문가인 의생의 경우 양약, 즉 약품의 취급이 제한되었다. 경찰은 의생의 양약 판매 행위를 허가 이외의 약품을 판매하는 것으로 취급하여 처벌하였다.[264]

양약 판매 제한은 관련 당사자에게 위기감을 불어넣었다. 자격이 없으면 양약 취급이 제한되었기에 약품령이 “우리 조선의사의 영업을 폐지하게 하는 목적”에서 반포되었다고 반발하였다.[265] 약품 활용 제한을 통해 한의학을 폐지하려는 시도로 이해하였다. 일제는 그렇지 않다고 방어해야 했다.[266] 하지만 의생이나 약종상이 약품을 자유롭게 활용할 수 없었던 것은 사실이다.

약품령은 일제의 권력을 강화하는 결과도 낳았다. 관련자 중에는 매약

---

261 정병선(鄭炳善, 「상식으로 알아둘 賣藥의 성질(上)」, 『中外日報』, 1927.12.7.

262 「제51회 제국의회 설명자료」, 『朝鮮總督府 帝國議會說明資料』, 1998, 13, 東京: 不二出版, 44쪽.

263 「藥品取扱ニ關スル件」, 『警務彙報』 27호, 1912, 446쪽.

264 白石保成, 1918, 『朝鮮衛生要義』, 發行者不明, 101~102쪽.

265 「先 오해 後 감복」, 『每日申報』, 1912.7.2.

266 「藥業者에게 解諭」, 『每日申報』, 1912.7.20.

과 관련하여 모든 판매에 당국이 개입할 필요가 있는지 의문을 표시하는 경우가 있었다.[267] 과도한 개입을 자제해야 한다는 요구였다. 하지만 일제는 약품 활동 개입을 문명국의 당연한 조치라고 옹호하였다.[268] 문명국의 경우 약품과 관련하여 반드시 국가가 일정한 기준 아래 평가를 마친 후 허가를 받아야 판매가 가능하다고 강조하였다. 약품 관련 영업을 하는데 총독부의 허가가 절대적임을 피력하는 내용이었다.

나아가 약품령은 약품 취급을 체계화하는 효과도 낳았다. 한약이 그렇듯이 매약도 식민 지배 이전부터 존재하고 있었다. 한의서 처방을 근거로 만들어져 한약방에서 소비용으로 사용하였다. 약품령은 그런 매약에 대해 등록과 허가를 요구했다. 그 결과 매약은 기업화되기 시작했다. 매약에 포장이 필요하게 되고 상표를 달아 판매하게 되었기 때문이다.[269] 약품령은 매약 생산의 규모를 확대하고 표준화하는 계기로 작용하고 있었다.

2) 관립 의학교육기관의 설립과 의사 양성

(1) 조선총독부의원 부속 의학강습소

① 비판

한일병합으로 대한의원이 조선총독부의원으로 바뀌면서 대한의원 부속 의학교 역시 위상이 변경되었다. 조선총독부의원 부속 의학강습소(朝

267 舟元豊次(진해서), 1928, 「藥品及藥品取締令竝に同取扱手續の一部的改正を論ず」, 『警務彙報』 263호, 55쪽.

268 「藥品取締規則」, 『每日申報』, 1911.9.26.

269 洪鉉五, 1972, 『韓國藥業史』, 韓獨藥品工業株式會社, 111쪽.

鮮總督府醫院 附屬 醫學講習所, 이하 의학강습소)로 지위가 격하되었다. 의학강습소로 격하된 이유는 의학교라는 칭호가 “조선의 시세민도(時勢民度)에 어울리지 않는다”라는 데 있었다. 일제는 조선의 민도가 낮아 의학교육 기간이 2년 반이나 3년 정도로 충분하다고 생각했다.[270] 조선교육령이 그렇듯이 일본 교육제도에 비해 그 수준을 낮게 정한 것이었다.[271]

지위 격하와 무관하게 의사 양성을 위한 노력은 계속되어야 했다. 의료인력 공급이 부족했기 때문이다. 제국 내에 편입되었다 하여 일본의사가 조선으로 이주할 것을 기대하기도 어려웠다. 일본인에게 조선은 여러 가지 점에서 불편한 곳이었다. 이런 곳에 상당한 수입을 가졌던 자, 예를 들면, 의사가 올 것을 기대할 수는 없었다.[272] 교육이 대안이었다.

지위가 격하되었지만 의학강습소의 수업연한은 4년으로 계속 유지되었다. 그럼에도 교육환경은 좋지 않았다. 대한의원 부속의학교 때 7명이던 교수의 숫자가 2명으로 줄었다. 해부학, 조직학, 병리학 등 기초 과목은 총독부의원의 의사들이 담당하였다. 총독부의원의 부속 강습소가 되었으니, 자연스러운 결과라고 할 수 있었다. 그들은 의학교육에 흥미를 가지고 진지하게 의학생을 지도하기도 했다. 하지만 그들의 본업은 진료였다. 그들은 “오로지 진료에 종사하면 좋았다”라는 입장이었다. 의학교육은 중요도가 낮을 수밖에 없었다.

기초의학 관련 설비도 부족했다. 기초의학용 기구나 기계는 보이지 않았다. 나중에 병리학 전임으로 부임한 교수는 “아무것도 없다는 이야기는

270 佐藤剛藏, 1956, 앞의 책, 48~50쪽.

271 『朝鮮教育要覽』, 1928, 朝鮮總督府學務局, 21쪽.

272 山根正次, 1913, 「朝鮮に於ける現下の衛生狀態」, 『朝鮮及滿洲』 74호, 21쪽.

들었지만 설마 이렇게 없으리라고 생각하지 않았다"라고 말했다. 조선의 의학교육이 소규모로, 소극적으로 변한 것은 사실이었다.[273] 일종의 직업 양성기관이 고등교육기관의 역할을 맡고 있었다는 평가도 가능하다.[274]

소속 학생들이 불만을 가지는 것은 당연했다. 강습소라는 명칭부터 불만이었다. 학생들은 강습소라는 이름을 혐오했다. 총독부의원장은 궁여지책으로 졸업증서에 학생들이 조선총독부의원 의육과(醫育課)를 졸업했다고 적었다.[275]

지위 격하에도 불구하고 교육을 위한 장학금 지원은 유지되었다. 종래 대한의원은 학자금은 물론 식비, 의복비 및 잡비를 제공하였다. 대신, 졸업 후 의무연한을 정하여 관립병원에 근무하도록 강제하였다. 의학교육을 지원하는 하나의 방식이었다.[276] 일제는 병합 이후에도 그 지원을 유지하였지만, 학생 정원의 1/3만 지원을 받을 수 있었다.[277] 학생 지원의 기조가 사비 본위로 변경된 것이었다.[278] 재정 부족은 일제가 적극적으로 의사 양성에 나서지 못한 이유 중 하나였다.

② 성장

1912년 의학강습소의 입학자격이 상향되었다. "보통교육의 진보"에

---

273 佐藤剛藏, 1956, 앞의 책, 45~53쪽.

274 정준영, 2010, 앞의 글, 207쪽.

275 佐藤剛藏, 1956, 위의 책, 27쪽.

276 「總督府醫院 附屬 醫學講習所」, 『朝鮮總督府月報』 2호, 1911, 90쪽.

277 「朝鮮總督府醫院 附屬 醫學講習所 規則」, 『朝鮮總督府官報』, 1911.2.20.

278 「總督府醫院 附屬 醫學講習所」, 『朝鮮總督府月報』 1권 2호, 1911, 90쪽.

따라 의과의 경우 입학 조건이 고등보통학교 졸업자가 되었다.[279] 졸업생에 대한 대우도 높아졌다. 1912년 의과 졸업자의 경우 경성전수학교 및 관립고등보통학교 졸업자와 동등 이상의 학력으로 인정받게 되었다.[280]

1915년 장학금이 전면 폐지되었음에도 응시생의 숫자가 많아졌다.[281] 의학강습소의 인기가 높아진 것이었다. 인기는 입학생 신분의 변화로도 나타났다. 대한의원 부속의학교 시절만 해도 관리, 유생, 양반의 자제는 한 명도 없었다. 의학을 천시하는 전통에 따라 하층 출신자가 지원자의 다수를 점하였다.[282]

그 상황은 1910년대 초반부터 전환되기 시작하였다. 명망가의 자제가 지원하는 상황으로 변했다.[283] 변화는 장학금 지원에도 반영되었다. 1913년 입학생 79명 중 54명이 사비생이었다.[284] 처음 입학생 모두에게 장학금을 지원해야 했다면, 1910년대 초반 그 비율이 31%로 축소된 것이었다. 사비를 들여서라도 서양의학을 배우겠다는 지원자가 증가하기 시작한 것이었다.

교육환경도 개선되었다. 1913년부터 기초의학 교육을 담당할 전임교수가 임용되기 시작했다.[285] 교육 과정은 일본의 의학전문학교와 같았다.[286]

---

279 「調査資料」, 『朝鮮總督府月報』 12호, 1913, 90쪽.

280 『朝鮮總督府施政年報(1912)』, 1914, 411쪽.

281 「조선총독부의원부속의학강습소교육사무상황」, 『朝鮮彙報』 10호, 1915, 76쪽.

282 『朝鮮總督府施政年報(1915)』, 1917, 353쪽.

283 『朝鮮總督府施政年報(1912)』, 1914, 411~412쪽.

284 藤田嗣章, 1913, 「我徒として見る鮮人の現在及將來」, 『朝鮮及滿洲』 76호, 54~55쪽.

285 『朝鮮總督府施政年報(1913)』, 1915, 237쪽.

286 「醫師養成의 好績」, 『每日申報』, 1913.11.22.

〈그림 1-4〉 조선총독부의원 부속의학강습소 외과학 강의

이미 의학전문학교와 같다고 평가하는 의견도 있었다.

> "총독부의원의 임상 각과 의관은 강습소 임상교육을 담당하여 열심히 의학도를 가르쳐 주어 의학전문학교 임상교수로서 그 실력에서 손색없는 전문가도 있었다. 어느 정도 설비를 갖춘 총독부의원을 배경으로 한 이상, 이름은 강습소이지만 실제는 이미 의학전문학교에 가까운 상태라 해도 과언이 아니었다."[287]

---

287 佐藤剛藏, 1956, 『朝鮮醫育史』, 茨木: 佐藤先生喜壽祝賀會, 52쪽.

강습소라는 이름과 달리 실질적으로는 의학전문학교 수준이라는 평가였다. 1914년에는 총독부 지정 학교가 되었다.[288] 학생들은 졸업과 동시에 의사면허를 부여받을 수 있게 되었다. 의학강습소의 교육에 대해 일제가 긍정적인 평가를 한 것이었다. 관립 의학교를 사립보다 우위에 두는 결정이기도 했다. 대한제국 후기 졸업 후 자동으로 의사면허를 받았던 세브란스의학교는 지정을 받지 못했기 때문이다. 세브란스의학교는 의학강습소보다 10년 늦은 1923년에 총독부 지정학교가 되었다.

③ 의미

의학강습소는 일제가 주도하는 의학교육이 무엇을 지향했는지 알려준다. 의학강습소의 교육은 크게 세 가지 중점 사항이 있었다. 일본어 교육, 보통학 교양, 환자 진료를 실지로 견습하는 것이었다. 의학과 같이 면밀한 학문을 이해하기 위해서는 일본어에 대한 완전한 이해가 필요했고, 고등한 의학이론을 교수 받기 위해서는 보통학 지식을 함양해야 했다.

다른 중요한 교육 목표는 환자를 진단하고 치료할 수 있는 능력을 갖추는 것이었다. 일제가 판단할 때 식민지 조선에서 높은 수준의 의학 연구자를 양성할 필요는 없었다. 조선이 필요로 하는 의사는 "보통·실제적 치료의"였다. 개업을 통해 부족한 의료수요를 채우는 의사가 필요했다.[289] 식민 지배자나 토착 엘리트를 보조하기 위해 피식민인이 기술교육을 통해 숙련된 노동자로 육성된다면,[290] 의학강습소를 통해 배출되는 의사들

---

288 「醫學校의 指定」,『每日申報』, 1914.3.10.

289 「衛生 - 朝鮮總督府 救療機關」,『朝鮮總督府月報』 1권 5호, 1911, 53~54쪽.

290 Michael Adas, 2009, ibid, 176쪽.

이 그 역할을 담당할 수 있었다.

의학강습소의 임상의사 배출방침은 현실 속에서 실현되고 있었다. 아래 표에서 알 수 있듯이 의학강습소 졸업생들이 각 병원으로 진출하는 동시에 개업의로서 활동하고 있었다.

〈표 1-8〉 총독부의원 부속 의학강습소 취업 현황

졸업 연도	총독부 의원	총독부 의원 견습	자혜 의원	공사립 병원	군의	일본 유학	개업	생명보험 회사	자택	조산부과 편입	졸업생 수
1902~1910	0	0	0	17	3	0	39	0	0	0	59
1911~1915	11	2	36	21	0	5	46	1	11	4	137
합계	11	2	36	38	3	5	85	1	11	4	196

출처:「總督府醫院 附屬 醫學講習所 敎育事務 狀況」,『朝鮮總督府月報』10, 1915, 77~78쪽

137명의 졸업생 중 70명, 즉 51%의 졸업생들이 각 병원으로 진출하였고, 46명의 졸업생, 즉 34%의 졸업생들이 개업의로서 활동하고 있었다. 동시에 위의 표는 식민지 의학교육의 한계와 종속성을 보여주고 있다. 군의의 진출이 병합을 기점으로 가로막혔고, 일본 유학생이 나타나고 있었다. 군의는 조선 정부가 육성하고자 한 주요 의료인 중 하나였다.[291] 부국강병이 국가적 목표로 대두되는 상황에서 그 목표를 성취할 수 있는 수단은 군대였고, 군인들의 생명과 건강 보호를 위해 군의의 양성은 필수적이었다.

하지만 일본 군대가 조선에 진출하고 한국군이 해산하면서 더 이상

291 박윤재, 2005,『한국 근대의학의 기원』, 혜안, 45쪽.

조선인 군의의 양성은 불필요해졌다. 이렇게 군의가 되는 길이 막혔다는 사실은 조선인 의사들이 관립병원을 제외하고는 더 이상 의료체계 운영의 중심인 관리로 활동할 수 없음을 알려준다. 나아가 의학연구를 위한 일본 유학이 진행되었다는 사실은 이론연구와 교육지도에서 일본에 종속된 식민지 의료체계가 형성되기 시작했음을 알려준다.

(2) 경성의학전문학교

① 설립

의학강습소의 교육 조건이 개선되고, 총독부 지정학교가 되면서 의학전문학교로 승격이 논의되기 시작했다. 임상교육의 수준은 일본의 의학전문학교와 비교하여 손색이 없으니 기초의학 분야만 충실히 정비한다면 의학전문학교 승격이 가능하다는 논의였다.

의학강습소를 의학전문학교로 승격시키는 문제는 1914년 12월부터 다른 전문 교육기관이던 전수학교, 공업전습소와 함께 논의되기 시작하였다. 일제는 그 이유를 "시운(時運)의 진보"에서 찾았다.[292] 여기서 진보란 중등교육 졸업생의 증가를 말한다.[293] 중등학교가 증설되면서 졸업생들의 고등교육에 대한 요구가 본격적으로 나타나기 시작한 것이었다. 조선인 졸업생들에게 "고등의 학술기예를 수득(修得)하게 할 길", 즉 고등교육을 실시할 필요가 생긴 것이었다.[294]

---

292 『朝鮮總督府施政年報(1915)』, 1917, 353쪽.

293 『朝鮮教育要覽』, 1928, 조선총독부학무국, 18쪽.

294 『朝鮮總督府施政年報(1916)』, 1918, 269쪽.

하지만 그 논의는 조선인만을 위해 제기되지는 않았다. 중등학교를 졸업한 일본인을 위한 배려도 있었다. 일본인 졸업생의 증가에도 불구하고 일본인만을 위한 고등교육기관 설립은 재정이 부족했던 총독부에게 어려웠다.[295] 규정상 의학강습소는 일본의 의학전문학교에 미치지 못하는 수준으로 간주되어 일본인은 입학하지 않았다.[296] 그 문제를 해소하는 방법 중 하나가 의학강습소의 의학전문학교 승격이었다. 일본인이 입학한다면, 일선인 융화에도 도움이 되어 조선 통치에 좋은 영향을 줄 수 있었다.[297] 입학정원 중 일본인을 1/3, 조선인을 2/3로 정하는 내규도 정해졌다.[298]

일본인이 입학해도 불편하지 않은 환경은 이미 조성되어 있었다. 1911년 1월 의학강습소의 교육 용어가 일본어로 단일화되었다.[299] 이전에는 일본인 교수가 강의하면 다음으로 통역이 이루어졌다. 이런 방식은 진도를 느리게 할 뿐 아니라 "고상하고 심오한 과학을 교련"하기 어렵게 만들었다. 선택은 일본어로 전환이었다. 이 전환에 적응하지 못하는 학생이 자퇴해도 어쩔 수 없었다. 일종의 자연도태가 이루어지는 것이었기 때문이다.[300]

일본어를 배운 졸업생은 자혜의원에 조수로 근무하면서 통역생을 대

295 「專門學校設置ニ付學校長及敎官ニ對スル訓示要領」, 『總督訓示集』 第二輯, 1916, 朝鮮總督府, 144쪽.

296 「朝鮮總督府醫院 附屬 醫學講習所 規則」, 『朝鮮總督府官報』, 1911.2.20.

297 佐藤剛藏, 1956, 앞의 책, 52쪽.

298 『朝鮮總督府醫院二十年史』, 1928, 朝鮮總督府醫院, 52~53쪽.

299 『朝鮮總督府施政年報(1911)』, 1913, 381쪽.

300 『朝鮮總督府醫院第一回年報(1911年)』, 1913, 183~184쪽.

체하기 시작했다.[301] 일제의 입장에서 조선인 졸업생은 이중으로 이익을 주었다. 통역생 폐지를 통해 예산을 절약할 수 있었고, 의료의 전문성을 높여주었기 때문이다. 통역생은 의료인이 아니었기에 전문적인 용어의 통역에서 어려움이 있을 수밖에 없었다.

고등교육기관으로 경성의학전문학교(京城醫學專門學校, 이하 경의전)는 1916년 4월에 설립되었다. 경의전은 의학강습소의 설비 및 인원이 그대로 계승되어 수업연한이나 교과목에서 차이가 없었다. 학교 설립의 장애요소 중 하나인 예산의 경우, 기초의학을 강화하는 데 필요한 예산을 입안하는 것만으로 충분했다. 이미 임상강의가 가능한 상태였기 때문이다.[302] 실제로 기초의학 전임교수를 초빙하였을 뿐 임상의학은 총독부의원 의관 및 의원 전부를 교수 혹은 조교수로 겸임시켜 교육하였다.[303] 총독부의원과 무관한 별개의 교육기관으로 독립하였지만, 실제 운용면에서는 총독부의원과 계속 밀접한 관계를 유지하고 있었다.

의학전문학교가 되면서 달라진 것도 있었다. 입학생이 구분되었다. 4년제 고등보통학교 졸업자는 본과, 5년제 중학교 졸업자는 특과에 입학하였다. 교육 기간의 차이를 이유로 일본인을 대상으로 한 특과를 설치한 것이었다.[304] 특과생에게는 특혜가 있었다. 졸업증서에 특과라고 명기되었고, 내무성 의사면허증을 취득할 수 있었다.[305] 일본인의 경우 일본 제국의 다른 지역에서 활동할 수 있는 특혜가 부여된 것이었다. 조선인들로

---

301 『朝鮮總督府醫院第二回年報(1912~1913年)』, 1915, 201~202쪽.

302 佐藤剛藏, 1956, 앞의 책, 52~53쪽.

303 『朝鮮總督府醫院二十年史』, 1928, 朝鮮總督府醫院, 29쪽.

304 『朝鮮教育要覽』, 1928, 조선총독부학무국, 117쪽.

305 佐藤剛藏, 1956, 위의 책, 67쪽.

이루어진 본과 졸업생이 일본에서 개업할 수 있는 자격을 가지게 된 시기는 1923년 5월이었다. 조선교육령이 반포되어 조선의 고등보통학교 역시 5년제로 바뀐 후였다.[306]

② 변화

의학전문학교가 되면서 나타난 변화 중 하나는 연구에 대한 관심이었다. 1920년대에 접어들어 조수와 부수(副手) 같은 보조인력이 기용되어 교육, 연구, 진료에 활용되었다. 관제에 없던 인력이었다. 연구 기능에 대한 관심이 높아졌음을 반영하는 변화였다.[307] 교육방법이 주입식이 아니라 학생들의 연구능력을 양성하는 방향으로 변화한 것이었다.[308] 개업의 양성 위주의 교육이 변화하기 시작했다는 평가도 가능하다. 하지만 아니었다.

의학강습소 이래 진료현장에서 활동할 수 있는 의사를 양성한다는 목표는 달라지지 않았다. 경의전의 교육 목표는 여전히 이론을 피하고 "실제에 적절 · 유용한 지식과 기능을 교수"하는 데 있었다.[309] 교육은 기초의학과 임상의학을 포함하여 모두 높은 수준의 학술이론을 추구해서는 안 되었다. 간단명료함을 주로 하여 실제 의료현장에 유용한 지식과 기능을 가르쳐야 했다.[310] 졸업생들도 그 목표에 맞게 활동했다. 1924년 이후 경

306 『朝鮮總督府醫院二十年史』, 1928, 朝鮮總督府醫院, 53쪽.

307 이흥기, 2010, 앞의 책, 113~115쪽.

308 「의전 졸업생의 취직」, 『東亞日報』, 1922.2.8.

309 「專門學校設置ニ付學校長及敎官ニ對スル訓示要領」, 『總督訓示集』 第二輯, 1916, 朝鮮總督府, 142~143쪽.

310 「京城醫學專門學校規程」, 『朝鮮總督府官報』, 1916.4.1.

의전에서 활동한 조수의 경우 기초의학보다 임상의학의 비율이 높았다. 조선인은 88%, 일본인은 86%, 평균하면 87%였다. 조수들도 결국 임상 경험을 쌓아 개업의로 나서고 있었다.[311]

식민지 조선에 의료인력이 부족했기 때문에 개업은 필요했다. 하지만 졸업생들의 활동지역은 조선에 국한되지 않았다. 그들은 일본 제국의 다른 지역에 진출할 수 있었다. 예를 들면, 조선인 졸업생 중 87% 정도가 조선에서 개업했지만, 일본인의 경우 그 숫자는 34%에 머물렀다. 조선인이 3% 정도가 일본에 진출한 데 비해 일본인은 48% 정도가 졸업 후 자신의 모국으로 떠났기 때문이다. 결국 경의전은 조선의 의료공급 문제를 해소한다는 목표를 충분히 달성하지 못했다.[312]

---

311 이흥기, 2010, 앞의 책, 198~199쪽.

312 이흥기, 2010, 위의 책, 212쪽.

3. 위생경찰제도의 성립과 대민 지배

1) 위생의 강조와 위생사무의 일원화

① 비판

문명은 개항 이후 조선이 성취해야 할 목표였다. 그 목표의 종착점에 서양이 있었다. 서양의 기준에 따라 그려진 발전의 궤적에서 자신의 위치를 파악할 필요가 있었다. 그렇게 정해진 기준 중 하나가 위생이었다. 위생은 문명의 정도를 측정하는 하나의 기준이 되었고, 위생이 발달한 국가를 문명국으로 간주하였다.[313]

위생 개념은 서양에서 동아시아로 전파되었다. 그 선두에 일본이 있었다. 일제는 자신의 문명적 성취를 자신하고 있었다. 그 기준에 따른 조선에 대한 평가는 비판적이다 못해 악의적이었다. 다음은 하나의 예이다.

> "조선의 약은 어떤 약이든 거의 소변을 사용한다. 인삼과 녹용 외 초근목피는 모두 소변에 담근다. 그들 한의(漢醫)가 서랍에서 꺼낸 것은 소변으로 만든 약이다."[314]

사실이 아니고 내용도 강한 주장이 공개된 지면에 발표되었다. 나아가

---

313 「衛生은 文明의 尺度」, 『每日申報』, 1917.10.14.

314 鈴木萬次郞, 1906, 「大小便崇拜の朝鮮人」, 『朝鮮之實業』 14호(琴秉洞 編, 1999, 『資料雜誌にみる近代日本の朝鮮認識』 4, 127쪽.

자신의 시각을 절대적으로 옳다고 전제하고 있다. 비슷한 주장은 반복되었다. 콜레라가 유행하는 원인은 조선인의 위생사상이 유치하기 때문이었다.[315] 인도인이 질병에 걸리는 이유가 약한 체질뿐 아니라 문화적, 전통적 문제에 있다는 주장과 유사하다.[316] 제국주의 일반이 공통으로 지녔던 주장이다. "조선인이 비교적 사망이 많은 것은 위생사상이 낮음을 보여준다."[317]

위생의 중요성을 일제만 인식하고 있었던 것은 아니다. 조선인도 위생이 확산되어야 한다는 사실에 동의하고 있었다. 그 동의는 식민 지배 이전부터 존재하고 있었다. 가정의 평화와 즐거움이 그 가족의 건강함에 있다는 인식이 그 예였다. 하지만 위생이 중요한 이유는 개인이나 가족의 차원을 넘어선 데 있었다. 국가의 태평과 안락 역시 그 국민의 건강함에 있었다. 위생은 찬양되었다. "크도다, 위생이여." 위생은 모든 일의 근본이었다.[318] 그럼에도 일제가 파악하기에 조선이 성취한 위생 수준은 낮았다. 다음 수순은 일제의 개입이었다.

일제는 병합 이후 위생의 역할을 강조했다. 식민 통치 차원에서 위생사상의 보급은 급무 중 최급무였다. 조선인의 위생사상이 낮은 만큼 해야 할 일의 범위는 넓었다. 일제는 조선의 "위생방면은 개척의 장면이 광대하다"고 평가했다.[319] 위생은 이념적 차원에서 조선 통치를 정당화하고 있었다.

---

315 「총독지시요령(칠)」, 『每日申報』, 1919.10.25.

316 David Arnold, 1993, ibid, 42쪽.

317 赤池濃, 1921, 「朝鮮の衛生概觀」, 『朝鮮』 10호, 21쪽.

318 姜玧熙, 1908, 「위생요의」, 『西友』 16호, 14쪽.

319 千葉了, 1921, 「懷かしいト部君を想うて」, 『警務彙報』 189호, 110쪽.

하지만 위생사상의 수준을 평가할 절대적인 기준은 찾기 어려웠다. 위생사상은 조선인의 문제점을 비판할 때도 사용되었지만, 의료정책의 문제점을 희석화하는 데도 활용되었다. 예를 들면, 일제는 전염병 환자의 수가 5배 이상 증가하자 그 이유를 경찰기관의 충실, 환자 발견율의 증가, 의료기관의 보급·발달, 민중 위생사상의 향상에서 찾았다.[320] 위생사상이 향상되면서 환자 신고율이 높아진 데서 이유를 찾은 것이었다. 위생사상은 사용하는 주체에 따라 다른 방식으로 활용할 수 있었다. 권력은 자신의 편의에 따라 위생사상의 유무를 활용할 수 있었다.

② 배경

조선인 위생사상의 부족은 일제의 개입을 정당화하였다. 제국주의 국가는 일반적으로 식민지에서 개입을 자제하는 경향이 있었다.[321] 의료 개입은 불만을 낳기 때문이었다. 하지만 일제는 다른 모습을 보였다. 경찰은 그 개입을 실무적으로 담당하는 기관이었다. 위생 분야에 개입하였으므로 위생경찰이었다. 위생경찰이 다른 경찰과 다른 점은 그 역할에 있었다. 공중위생상 위험을 방어하고 제거하는 권력행위가 위생경찰의 역할이었다.[322]

처음부터 경찰 중심의 위생활동이 보편화되었던 것은 아니다. 식민 지배가 시작되는 시점에서는 위생 개량을 위해 기본적인 관련 시설을 확충하자는 주장이 있었다. 구체적으로 의사나 산파의 보급과 함께 수도와 하

320 佐藤生(경무국 위생과), 1930,「傳染病の概觀」,『警務彙報』289호, 68쪽.

321 Maryinez Lyons, 1988, ibid, 113쪽.

322 『衛生警察講義一斑』, 1913, 平安南道 警務部, 588쪽.

수의 설치, 변소의 개량을 요청했다.[323] 그 주장의 궁극적인 목적은 전염병이 발생하는 근본적인 조건을 개선하는데 있었다. 다만, 예산이 필요했다. 예산 부족으로 의료기관의 확대도 제한적으로 진행하던 일제에게 부담스러운 주장이었다. 다른 대안이 필요했다. 그 중 하나는 규제와 단속이었다. 강제였다.

위생이 강제를 위주로 진행된다면 경찰은 유용했다. 경찰의 역할이 그런 강제적 활동에 있었기 때문이다.

> "위생시설은 경찰의 강제력이 없으면 그 실시가 용이하지 않을 뿐 아니라 자칫하면 등한시할 경우가 많다. 하물며 위생사상이 자못 빈약한 다수의 조선인에 대해서는 보다 강한 경찰의 강제력이 필요하다."[324]

일제에 따르면, 위생은 경찰의 강제력을 통해 성취할 수 있었다. 조선인의 위생사상이 부족하기 때문에 조선에서 경찰의 활동은 더 강제적일 필요가 있었다. 위생에 부주의한 사람이 있을 때는 조금의 가차 없이 엄중한 제재를 가해야 했다. 그렇게 해도 경찰의 조치를 비난할 사람은 없었다.[325]

조선인의 단점은 계속 거론되었다. 조선인은 전염병에 걸리면 감염 사실을 감추고 숨었다. 그 결과는 전염병의 확산이었다.[326] 예방주사를 피하는 것도 문제였다. 예방주사를 시행하려 하면 자신을 침으로 찔러 죽인다

---

323 山根正次, 1913, 「朝鮮ニ於ケル衛生ノ將來ニ就テ」, 『朝鮮醫學會雜誌』 3권 3호, 92쪽

324 『朝鮮文化と警察』, 1930, 朝鮮警察新聞社, 305쪽.

325 「경성횡수설」, 『每日申報』, 1918.7.14.

326 「검병적 호구조사」, 『每日申報』, 1912.10.22.

고 생각했다. 피병원, 즉 격리병원으로 이동시키는 일도 자신을 죽이려는 행위로 이해했다.[327]

예방주사가 전염병의 확산을 막기 위한 정당한 조치라고 할 때, 일제에 따르면, 조선인의 거부는 강제적으로 제재해야 했다. 방역에서 완전한 결과를 만들기 위해서는 자발적으로 개선되기를 기대해서는 안 되고 강제적 수단을 취해야 했다.[328] 느슨하지 않은 강력하고 권위 있는 방법을 고려해야 했다.[329] 조선인도 일정한 강제에는 동의하였다. 일제가 실시하는 예방주사와 관련하여 "이런 강제는 얼마든지 좋다"라는 의견이 대표적인 예였다.[330] 다른 강제와 달리 의료 개입에 대해서는 개방적인 태도를 취하고 있었다.

하지만 식민지 조선은 필요 이상으로 폄하되고 있었다. 일본도 불결한 곳이 있었고, 일본인의 위생사상도 개선할 여지가 있었다. 일본인 중에도 경찰이 말하는 것을 잔소리로 받아들여 지시와 달리 자기 집을 청소하지 않는 사람들이 꽤 많았다. 동경 시내의 작은 냇물에는 쓰레기가 쌓여 있는 곳이 있었다.[331] 일본인의 위생사상 결핍을 지적하는 의견도 나오고 있었다.[332]

---

327 「죽으면 죽엇지 예방주사는 실타」, 『每日申報』, 1920.7.11.

328 「호역과 예방(상)」, 『每日申報』, 1920.8.12.

329 岸上繁次郎(경무국 기사), 1924, 「肺ヂストマ豫防に取て」, 『警務彙報』 231호(원본은 222호, 30쪽.

330 「보는대로 듯는대로 생각나는대로」, 『東亞日報』, 1926.9.14.

331 石黑忠德, 1910.9.27, 「朝鮮の衛生狀態」, 『經濟』, 琴秉洞 編, 1999, 『資料 雜誌にみる近代日本の朝鮮認識』 4, 218쪽.

332 백선례, 2021, 『조선총독부의 급성전염병 예방 대책 변화』, 한양대 사학과 박사논문, 113쪽.

그럼에도, 뒤에서 살피겠지만, 조선에서 위생에 대한 경찰의 개입은 더 강했다. 일제는 강제가 가지는 결과에 대해 긍정적이었다. 조선에서 청결법이 잘 시행되고 있다고 평가하고, 그 이유를 경찰권이 잘 시행되기 때문이라고 파악했다.[333] 식민 초기에 이런 평가가 나왔다면, 경찰 중심의 위생활동을 강화할 가능성이 높았다.

③ 성립

위생경찰제도는 식민지 조선만 가진 고유한 제도가 아니었다. 일본도 경찰이 위생을 담당하였다. 1874년의 경찰 개혁은 위생경찰제도를 근대적 방식으로 재조직하기 위해 이루어졌다. 이 제도는 타이완이 일제의 식민지가 되면서 이식되었다.[334]

대한제국 후기 통감부는 위생을 경찰의 사무로 귀속하였다. 경무총감부로 경찰사무가 통합된 가운데 위생 관련 사무 역시 경무총감부로 집중되었다. 즉, 내부 위생국이 담당하는 사무 중 경찰에 속하는 사항, 경시청 소속 사무, 각 이사청이 관장하는 사무는 모두 경무총감부 경무과 위생계에서 취급하게 되었다. 내부 위생국의 사무는 경찰이 담당하는 사무 이외의 것으로 국한되었다.[335] 경찰의 위생 관련 장악 범위가 확대되면서 중앙 행정기관인 위생국은 그만큼 위축되었다.

식민지 시기에 접어들면서 위생경찰제도는 강화되었다. 1911년 4월

---

333 石黑忠德, 1910.9.27,「朝鮮の衛生狀態」,『經濟』, 琴秉洞 編, 1999,『資料 雜誌にみる近代日本の朝鮮認識』4, 218쪽.

334 Michael Shiyung Liu, 2009, ibid, 33쪽, 58쪽.

335 『朝鮮衛生要覽』, 1929, 朝鮮總督府, 7쪽.

사무분장규정의 개정을 통해 내무부 위생과가 폐지되었다.[336] 의료 분야 중 경무총감이 관할하지 않은 대상은 내무부 지방국 소속의 총독부의원 및 자혜의원 뿐이었다.[337] 관립병원만이 내무부 관할로 명시되었다는 것은 그 이외 포괄적인 의료업무가 모두 경찰에 귀속되었음을 의미하였다. 즉, 관립의원과 같이 구체적인 규정이 없는 한 나머지 모든 의료사무는 자연스럽게 경찰이 담당하는 것으로 해석되었다.[338]

1912년 4월에는 탁지부 주관의 해항검역(海港檢疫) 및 이출우(移出牛) 검역에 관한 사무가 경무총감부로 이속되었다. 일제는 세관에서 복잡한 검역 사무를 시행하면서 집행이 느슨해져 검역의 효과를 거두지 못한 지 오래되었다고 비판하였다.[339] 일제와 달리 자유 통상을 선호하는 국가들은 가능한 간단한 검역을 선호하고 있었다. 검역은 선박의 자유로운 항해를 제한하는 조치였기 때문이다.[340] 따라서 검역이 경찰의 업무가 되었다는 것은 제한 조치가 강화될 수 있다는 의미였다. 하지만 일제의 평가는 달랐다. "처음으로 위생행정사무가 통일되었다"고 평가했다.[341] 위생업무의 효율적 수행이 가능하게 되었다는 긍정적 평가였다.

위생업무를 담당하면서 경찰이 배워야 할 대상은 방대해졌다. 경찰은 헌법과 행정법 그리고 각종 법령을 학습해야 했다. 교습과목 중에 위생행

---

336 「司法及警察－衛生に關する一般概況」,『朝鮮彙報』 3호, 1915, 131쪽.

337 「朝鮮總督府 事務分掌規程」,『朝鮮總督府官報』, 1912.3.30.

338 藤沼武南, 1916,『朝鮮行政警察法總論』, 巖松堂書店, 84~87쪽.

339 「海港檢疫の概況」,『朝鮮彙報』 1호, 1918, 96쪽.

340 『衛生警察講義一斑』, 1913, 平安南道 警務部, 186~187쪽.

341 『朝鮮總督府施政年報(1912)』, 1914, 360쪽.

〈그림 1-5〉 경기도 개성의 임시검역소 세균검사실(1919년)

京畿道開城ニ於ケル臨時檢疫所細菌檢査室

정, 위생학 및 전염병학, 위생대의(大意) 등이 있었다.[342] 위생 분야는 더 구체적으로 구분되었다. 전염병 예방법, 구급법 대의, 위생학 대의, 약품 및 음식물 검사방법, 세균학 대의, 물·청량음료수·우유 간이시험법, 도수(屠獸), 도육(屠肉), 수역예방, 위생에 관한 법령 등이었다.[343]

학습의 범위만큼 개입하는 분야도 넓어졌다. 자혜의원이 시행하는 무료 진료와 위생강연회를 경찰이 주선했다.[344] 병원 활동을 관할한 것이

342 「조선총독부경찰관강습소규정」, 『朝鮮總督府官報』, 1920.12.23.

343 「위생사무강습종료」, 『警務彙報』 62호, 1913, 952~953쪽.

344 「無料診斷と衛生幻燈講話會」, 『警務月報』 16호, 1911, 269쪽.

었다. 의사나 의생 같은 의료인도 경찰의 관할 아래 있었다. 경찰서는 관할 지역 의사회의 규정 또는 규약의 변경, 임원의 개선 또는 이동, 통상회 · 임시회의 개최와 관련된 보고를 받았다.[345] 의생에 대해 진료부를 비치하라고 독려하는 주체도 경찰이었다.[346] 병원에 대한 점검도 경찰이 시행했다. 점검 대상은 넓었다. 전염병이 발생했을 경우 환자로부터 부탁을 받고 신고를 게을리하지는 않는지, 확진된 환자를 진단 중이라고 속이지는 않는지, 전염병실이 없음에도 있다고 신고하지는 않는지 등을 점검하였다.[347]

위생경찰의 업무는 병원이나 의료인을 넘어 개인까지 포괄하였다. 예를 들면, 수인성 전염병 방역에서 중요한 분변채취 같은 것도 기술자가 소수라는 이유로 많은 경우 경찰관이 시행했다.[348] 개인의 일상에 개입한 것이었다. 방역을 수행하는 과정에서 각 가정을 방문하여 살균용 소독약에 대해 설명해 주기도 했고, 두창이 유행을 하게 되면 우두접종에 빠지지 말라고 주의도 주었다.[349] 위생을 경찰이 담당하였으니 위생비 독촉도 그들 몫이었다.[350]

일상에서 소비되는 청량음료수나 아이스크림의 단속도 경찰의 업무 범위 안에 있었다. 파는 음식 위에 먼지가 쌓이는 것을 경찰이 발견하면 주인은 벌금을 물어야 했다.[351] 심지어 기술시험과 같은 것은 간편하다는

345 『京城醫師會二十五年誌』, 1932, 48쪽.

346 「진료부 비치 독려」, 『每日申報』, 1914.10.14.

347 「전염병을 신고 안은 병원」, 『每日申報』, 1918.7.3.

348 「傳染病防役ニ關スル訓示」, 『警務彙報』 39호, 1912, 620쪽.

349 保坂寛(법학사), 1930, 「社會衛生三觀」, 『朝鮮社會事業』 8권 7호, 7~8쪽.

350 「위생비 독촉」, 『每日申報』, 1910.10.15.

351 「음식쟝ᄉ 쥬의홀 일」, 『每日申報』, 1913.8.3.

이유로 강습을 받은 경찰이 직접 시행하기도 하였다. 일제는 위생경찰제도가 "상당한 성적을 거두고 있다"라고 평가했다.[352] 경찰이 위생업무를 담당함으로써 안정적인 식민 지배에 도움을 받고 있다는 평가였다.

④ 결과

위생업무가 경찰 중심으로 진행되는 과정에서 다른 행정기구는 자연스럽게 소외되었다. 예를 들면, 도를 관할하는 도장관이었다. 1910년대 도장관은 지방관제에 따라 관내 경찰을 활용할 수 있을 뿐 아니라 위생사무에 대하여 경무부장에게 필요한 명령을 내리게 할 수 있었다.[353] 하지만 실질적으로 도장관은 그런 역할을 담당하지 못했다. 경찰사무는 항상 경무총장의 관할하에 있었고, 달리 대치할 기관은 인정되지 않았다.[354] 도장관의 개입이 허용되지 않았다.

경찰이 위생업무를 장악했다는 사실은 위생의 의미가 축소될 가능성을 높였다. 위생에는 두 가지 의미가 있었다. 소극적 그리고 적극적 의미이다. 소극적 의미의 위생 활동이란 국민의 건강을 보호한다는 목적 아래 개인의 자유를 제한하고, 필요할 때 행동을 강제하는 행위이다. 예를 들면 방역을 목적으로 환자를 수용하고, 교통차단이나 격리를 집행하고, 강제적 소독을 시행하는 활동이다.[355]

반대로 적극적 의미는 조장위생(助長衛生)이다. 의료기관의 보급, 상하수도의 개선, 전염병원·격리병사 설치 및 오물 소제 등 공공의 이익을 직

352 『朝鮮總督府施政年報(1915)』, 1917, 323쪽.

353 白石保成, 1918, 『朝鮮衛生要義』, 發行者不明, 35쪽.

354 『衛生警察講義一斑』, 1913, 平安南道 警務部, 89쪽.

355 白石保成, 1918, 『朝鮮衛生要義』, 發行者不明, 26~27쪽.

접 목적으로 하는 위생활동이다.[356] 위생경찰이 위험으로부터 민중을 보호하고 사회 질서를 유지한다는 소극적인 의미를 가졌다면 조장행정은 공공의 복리를 증진한다는 점에서 적극적인 의미를 가지는 행정상의 개념이다.[357]

두 개념은 내용에서 차이가 있고, 따라서 이론적으로 주관 부서가 달랐다. 하지만 조선은 모두 경찰이 담당하였다.[358] 이유는 "집행상 편의에 따른 것"이었다.[359] 규제와 단속의 편의를 위해 경찰이 위생을 담당한다는 것이다. 이 사실은 위생의 의미 중 적극적 측면이 축소되는 결과를 낳을 수밖에 없었다.

일본에서도 이런 예는 없었다.[360] 일본의 경우 조선과 반대로 경찰은 특별한 지정을 받았을 때만 위생사무를 담당하는, 즉 한정적인 범위에서만 위생사무를 담당하였다.[361] 예를 들면, 일본에서 경찰은 방역업무를 맡았지만, 위생조합의 설치 및 감독은 지방행정기관이 담당하였다. 지방행정기관이 위생을 담당할 수 있을 만큼 정비되어 있었다. 하지만 식민지 조선은 아니었다.[362] 대신 경찰이 그 업무를 담당하였다. 위생경찰제도가 강화된 것이었다. 그 강화는 식민지 조선에 강압적이고 통제적인 위생활

356 須田凞一, 1916,「衛生ニ就テ」,『朝鮮總督府道府郡書記講習會講義錄』, 朝鮮總督府, 300~301쪽.

357 崔應斗, 1907,「警察視察談」,『西友』 9호, 27쪽.

358 須田凞一, 1916,「衛生ニ就テ」,『朝鮮總督府道府郡書記講習會講義錄』, 301쪽.

359 中野有光, 1916,「朝鮮ノ警察」,『朝鮮總督府道府郡書記講習會講義錄』, 276~277쪽.

360 白石保成, 1918,『朝鮮衛生要義』, 發行者不明, 33쪽.

361 藤沼武南, 1916, 앞의 책, 87~88쪽.

362 마쓰다 도시히코, 2019,「무단정치기 조선의 헌병경찰과 위생행정」,『3.1운동 100년』 3, 휴머니스트, 118쪽.

동이 전개될 것임을 예견하게 했다.

나아가 위생경찰제도는 일제의 권력 강화와 연결되었다. 위생의 목적을 관철하기 위해서는 국가의 개입이 필요했다. 개인의 예방 활동만으로 불충분했다. "국가 방역기관의 대운전을 개시할 필요"가 있었다.[363] 국가의 개입이 경찰로 나타난다면, 그 활동에 복종할 필요가 있었다. 자신을 위해, 나아가 공익을 위해 경찰의 지도를 따라야 했다.[364] 환자 및 기타 관계자가 경찰의 지휘에 일방적으로 복종한다면, 조금도 위험이 없을 것이었다.[365] 국민의 의무는 복종이었다.

그 복종은 공공심으로 포장되었다. "위생사상과 공공심의 발달은 서로 동반하는 것이었다." 따라서 전염병에 걸렸을 때 두려워하지 말고 신속하게 신고해야 했다. 자신만을 생각한다면 불편할 수 있었다. 누구도 좋아하지 않을 것이었다. 하지만 가족에게, 나아가 이웃 주민에게 전염병이 전파되는 것을 막기 위해 방책을 강구하는 것은 가장 중요한 일이었다.[366] 방역은 나의 위험을 넘어 사회의 건강을 지키기 위한 노력이었다. 사회공중의 위생을 위한 실천이었다.[367] 그 중심에 경찰이 있다면 복종은 당연했다.

전통적인 습관에 묶여 경찰의 지휘를 가혹하다고 여기고 따르지 않거나 피해서는 안 되었다.[368] 반대의 태도가 필요했다. 청소를 예로 든다면, 자기 집을 청결하게 하고, 자기 몸을 보호하는데 경찰의 지휘를 기다릴

363 「흑사병 예방담」, 『每日申報』, 1911.2.7.

364 「朝鮮總督府全羅北道警務部告諭第一號」, 『朝鮮總督府官報』, 1915.7.10.

365 「虎疫發生과 注意」, 『每日申報』, 1911.6.11.

366 小橋一太, 1912, 「衛生思想の普及」, 『大日本私立衛生會雜誌』, 482~483쪽.

367 「府民會의 告示」, 『每日申報』, 1911.2.7.

368 「道路淸潔의 注意」, 『每日申報』, 1911.6.8.

필요는 없었다.[369] 경찰의 지도를 수동적으로 따르기보다 스스로 지킨다는 자위사상(自衛思想)을 발휘할 필요가 있었다.[370] 경찰 중심의 위생정책, 즉 위생경찰제도는 공공의 이름으로 정당화되고 있었다.

공공의 강조, 나아가 그 수용에 대한 강조는 의료와 관련하여 조선인을 수동적인 객체로 만들어 갔다. 조선인의 위생사상이 향상된다면, 그 이유는 다른 데 있지 않았다. "취체의 결과", 즉 강제와 단속의 결과였다. 자발적인 노력의 결과가 아니었다.[371] 식민권력에 의해 조선인은 비자발적 존재로 만들어지고 있었다.

2) 청결사업의 전개와 단속 위주의 방역활동

(1) 청결사업

① 배경

개항 이후 조선을 방문한 외국인의 눈에 조선은 더러웠다. 한 의료선교사는 과거의 조선을 회고하며 다음과 같이 말했다.

> "사람들은 밤에 오물이나 쓰레기를 쉽게 버리는 방법을 발견했다. 창을 통해 바깥의 복개되지 않은 하수구로 던져 버리는 것이었다. 버려진 일부 액체, 그리고 심지어 약간의 고형물이 집의 외벽에 달라붙어

369 「捕蠅과 衛生關係」, 『每日申報』, 1912.6.11.

370 「傳染病의 豫防」, 『每日申報』, 1912.8.20.

371 「경무상으로 견(見)흔 경북」, 『每日申報』, 1916.10.3.

보기에 상당히 흉했고, 냄새도 불쾌했다."[372]

하수 시설이 갖추어지지 않은 도시는 불결했다. 불결을 낳은 원인은 제대로 처리되지 않은 분뇨에 있었다. 분뇨는 위생을 구현해야 할 주요 이유가 되었다.[373]

외국인 중에 일본인도 포함되어 있었다. 그들은 식민 지배를 안정화시킬 기반이었다. 만일 조선인이 "종래와 같이 불청결, 비위생하고 뿐만 아니라 의사(醫事), 위생이 갖추어지지 않을 때는 일본인은 안심하고 이 신영토에 영주할 수 없"었다.[374] 조선의 위생환경을 개선하는 제도적 조치가 취해지지 않으면 일본인의 안전한 생활은 불가능했다.

위생적인 환경을 조성하기 위해 우선 요구된 것은 청결이었다. 청결은 위생상 가장 중요한 요점이었다.[375] 사람을 평가하는 기준이 나이나 학식이라는 전통적인 척도가 아니라 청결이라는, "인(人)의 가치가 청결에 재(在)"하다는 주장까지 제기되었다.[376] 청결은 방역을 위해서도 필요했다. 평소 위생에 진력하여 의식주의 청결에 힘쓴다면 전염병의 만연은 막을 수 있었다.[377]

---

372 올리버 R. 에비슨, 2010, 『올리버 R. 에비슨이 지켜본 근대 한국 42년(1893-1935)』 하, 청년의사, 238~239쪽.

373 Yu Xinzhong(2010), "The Treatment of Night Soil and Waste in Modern China," *Health and Hygiene in Chinese East Asia: Policies and Publics in the Long Twentieth Century*, Durham and London: Duke University Press, pp.51-52.

374 山根正次, 「併合後の急務は衛生施設」, 『朝鮮』 31호(琴秉洞 編, 1999, 『資料 雜誌にみる近代日本の朝鮮認識』 4, 綠陰書房, 266쪽.)

375 「秋期大淸潔」, 『每日申報』, 1912.9.18.

376 「淸潔과 人의 價値」, 『每日申報』, 1911.1.8.

377 「虎列剌와 衛生」, 『每日申報』, 1912.9.4.

1912년 2월 일제는 청결방법, 즉 청소방법에 대한 구체적인 규정을 반포하였다. 집과 대지의 안팎을 청결하게 청소할 것 등을 내용으로 하는 법령이었다.[378] 1915년 7월에는 청결과 소독방법에 대한 규정이 반포되었다.[379] 이 방법들이 개인의 자유와 재산을 심하게 침범하기 때문에 법률로 그 내용을 정해야 한다는 것이었다. 다만, 전염병이 유행할 때 개천의 준설에 앞서서 소독약을 투입하거나, 전염병 환자 혹은 사망자가 있는 집과 전염이 확실하거나 의심스러운 집은 소독을 먼저 하고 다음으로 청소를 하도록 규정하였다.[380]

청결과 소독방법에 대한 규정이 반포된 이유는 후자, 즉 방역에 있었다. 1912년에 반포된 청결방법은 말 그대로 매년 봄과 가을에 청소를 시행한다는 내용이 핵심이었다. 전염병 예방과 직접적인 관계가 없었다. 따라서 전염병이 유행하여 별도의 청결방법을 실행할 필요가 있을 때 전염병예방령을 토대로 특별한 청소방법을 규정한 것이 청결과 소독방법에 대한 규정이었다.[381] 청결과 소독방법이 전염병예방령 시행규칙, 선박·기차·여객 검역규칙과 같은 날 반포된 것도 청결과 소독의 시행이 방역활동의 주요한 구성요소임을 시사한다.

청결과 소독방법은 1916년 9월, 1921년 4월 각각 개정되었다. 모두 소독에 필요한 약재의 활용이나 사용방법을 변경하는 개정이었다.[382] 개

---

378 「朝鮮總督府警務總監部令第三號」, 『朝鮮總督府官報』, 1912.2.26.

379 「淸潔方法及消毒方法」, 『朝鮮總督府官報』, 1915.7.12.

380 白石保成, 1918, 『朝鮮衛生要義』, 發行者不明, 240~241쪽.

381 白石保成, 1918, 『朝鮮衛生要義』, 發行者不明, 193쪽.

382 「淸潔方法及消毒方法 改定」, 『朝鮮總督府官報』, 1916.9.25; 「淸潔方法及消毒方法 改定」, 『朝鮮總督府官報』, 1921.4.23.

정이 콜레라 예방에 있다는 언급에서 알 수 있듯이 소독방법의 개선을 통해 방역의 효과를 높이는 데 목적이 있었다.[383]

② 시행

경찰은 청결사업의 시행에서도 중심적인 위치를 차지하였다. 1912년 반포된 청결방법에 따르면, 매년 봄, 가을 청결방법을 시행할 때 그 날짜는 경찰이 지시했다. 8가지의 구체적인 청결방법 이외에 다른 사항 역시 해당 관리와 함께 경찰이 지시했다.[384]

청결사업에서 경찰의 개입은 법령보다 구체적이었다. 경찰은 각 가정을 방문하여 춘추 대청소를 실시하는 날을 지정했고, 당일 검사를 거쳐 성적이 좋으면 검사완료증서를 문 앞에 붙이고 갔다.[385] 일종의 청소감독이었다. 나아가 각 지역의 책임자를 소집하여 청소의 절차에 대한 사항 설명을 구체적으로 했다.[386] 경찰은 사람들이 집밖만 청소하고 방안은 그대로 놓아둠으로써 폐단이 발생한다고 판단하였고, 따라서 의류나 그릇의 청결, 그것들을 햇빛에 말릴 것을 구체적으로 요구했다.[387]

요구는 강했다. 경찰은 봄과 가을에 걸쳐 청소검사를 할 때 충분하지 않다고 판단하면 질책과 처벌을 했다.[388] 자기 집 문 앞과 그 부근 개천을

---

383 「청결법의 개정」, 『每日申報』, 1916.9.25.

384 「朝鮮總督府警務總監部令第三號」, 『朝鮮總督府官報』, 1912.2.26.

385 전성욱(全聖旭), 1931, 「衛生自治の進步」, 『朝鮮社會事業』 9권 6호, 20쪽.

386 「淸潔節次說明」, 『每日申報』, 1912.4.2.

387 「衛生思想을 鼓吹」, 『每日申報』, 1913.9.26.

388 「內地視察雜感」, 『朝鮮』 7호, 1922, 129쪽.

〈그림 1-6〉 파리 잡기 홍보 전단지

청소하지 않았다는 이유로 중세적 처벌인 태형을 가하기도 했다.[389] 청결법을 강력하게 시행하다 보니 숨어있던 전염병 환자를 발견하는 경우까지 있었다.[390] 얼마나 집안을 세밀히 검사했는지 알 수 있는 대목이다.

일제는 청결활동을 조직적으로 시행하는 기구로 위생조합을 설치하

389 「위싱방해쟈의 틱벌」, 『毎日申報』, 1913.6.4.

390 「淸潔好績」, 『毎日申報』, 1912.9.28.

였다.[391] 위생조합도 경찰 관할이었다. 위생조합을 설립하려 할 때 지역민은 설치, 조합규약의 설정·변경, 임원 및 평의원의 선임 그리고 조합의 예산에 대해 경무부장의 인가를 받아야 했다. 경무부장은 위생조합의 규약 변경을 명령하거나 전염병 예방에 필요할 때 인원의 활용이나 설비 요청을 할 수 있었다.[392]

1917년 면제가 실시되면서 위생조합의 관할권이 면으로 이관되었다. 위생조합이 시설과 경영에 대한 모든 권리와 의무를 면에 인계하게 된 것이었다. 하지만 경찰의 지휘 감독은 여전했다. 특별 규정에 따라 총독이나 도장관의 직접 지휘를 받는 외에 다른 위생행정은 모두 경찰관서의 지휘 감독에 따라 시행해야 했다.[393]

위생조합이 경찰의 주도 아래 설치 운영되었다는 사실은 1930~1940년대에도 변하지 않았다. 각 도 경찰부를 매개로 각 지역의 사정에 맞는 위생조합이 탄생하고 있었고,[394] 이들은 이전과 마찬가지로 "위생경찰사무 수행상 보조기관"으로 활동했다.[395] 일본에서 위생조합은 자치적 성격을 지니고 있었다.[396] 경찰이 주관하는 위생조합은 일본 본국이나 식민지 타이완에서 볼 수 없는 모습이었다.[397]

식민지 조선에서 위생조합을 자치기관으로 활용하려는 시도가 없었

---

391 「全州近信」, 『每日申報』, 1912.6.15.

392 『朝鮮總督府施政年報(1915)』, 1917, 318~319쪽.

393 白石保成, 1918, 『朝鮮衛生要義』, 發行者不明, 35쪽.

394 「자치위생조합설치」, 『朝鮮』 6호, 1937, 185쪽.

395 『慶北衛生の概要(昭和14年度)』, 1940, 慶尙北道 警察部, 21쪽.

396 笠原英彦, 1999, 『日本の醫療行政』, 慶應義塾大學出版會, 48쪽.

397 마쓰다 도시히코, 2019, 앞의 글, 126쪽.

던 것은 아니다. 1930년대 중앙위생조합연합회가 조직되면서 경찰에게 자치적인 위생활동을 하고 싶다는 청원을 하였다. 첫 청원은 지금까지 경찰이 내주던 청결시행 완료증서를 연합회에서 대신하고 싶다는 것이었다. 경찰의 업무를 덜어주고 싶은 목적에서 나온 청원이었다. 경찰은 크게 찬성했다.[398] 자치의 첫 걸음이 청소완료증서를 경찰이 아닌 민간기관에서 담당하는 것이었다면, 그동안 경찰이 관할했던 청결사업의 범위가 얼마나 넓었는지 알 수 있다. 그 넓이만큼 조선의 일상은 경찰의 장악 범위 내에 놓여 있었다.

③ 의미

청결사업이 시행되면서 조선인의 호응도 뒤따랐다. "일반 민중 특히 조선인도 매년 1회라도 청결방법이 위생상 유익한 것을 깨닫는 것 같다"라는 평가가 나왔다. 시행에 익숙해지면서 "이전에 비해 양호한 성적을 거둘 수 있다"라는 평가도 이어졌다.[399] 1912년 이미 청소를 자율적으로 시행하고 있다는 평가도 있었다. 정해진 청소일 이전에 미리 쓸고 닦고 털고 덮는 작업을 진행하여 경찰이 개입할 여지가 없어졌다는 평가였다.[400] 경찰은 청소작업이 진행된 결과 종래 혼잡하던 곳이 쓰레기 하나 없는 청정세계를 이루었다고 치하했다. 하지만 치하의 대상은 주민이 아니라 '경찰의 엄숙함'이었다.[401] 경찰의 엄격한 청소작업 시행 결과 조선이 청결한 공간으로 바뀌고 있다는 자평이었다.

---

398 전성욱(全聖旭), 1931, 「衛生自治の進步」, 『朝鮮社會事業』,9권 6호, 20쪽.

399 「雜報 - 경성부 내 추계 청결법 시행성적」『警務月報』 17호, 1911, 307쪽.

400 「사면팔방(四面八方)」, 『每日申報』, 1912.9.18.

401 「塗聽塗說」, 『每日申報』, 1912.6.18.

하지만 조선인의 위생사상이 개선되고 있던 것도 분명했다. 예를 들면, 조선인들은 일제의 위생정책을 비판하기 시작했다. 분뇨를 적시에 처리하지 않는다는 비판이 대표적이었다.[402] 비판의 대상 중 하나는 위생조합이었다. 청소작업을 진행하기 위해 위생조합을 설립하였음에도 각 골목의 쓰레기는 예전보다 더욱 많아진 것 같고 분뇨 처리조차 미흡하여 유명무실하다는 비판이 있었다.[403] 위생조합이 사업을 위해 조합비를 받는 점이 더 문제였다. 비용의 갹출에도 불구하고 불결한 환경을 개선하지 못할 뿐 아니라 당국과 교섭조차 제대로 하지 못하다는 비판이 제기되었다.[404] 조선인들의 위생에 대한 관심이 높아지고 있었다.

그 관심은 민족차별에 대한 비판으로 이어졌다. 서울의 경우 도로 청소를 3~4일 동안 하지 않아 위생에 적지 않은 손해를 끼치고 있다고 지적하는 가운데 그 정도에서 조선인들이 사는 북촌이 일본인 거주지인 남촌에 비해 더욱 심하다는 비판이었다.[405] 위생사상의 고양이 일제를 공격하는 무기로 변모되는 모습을 관찰할 수 있다.

경찰의 개입이 청결한 환경을 조성하는데 일조했음은 분명하다. 하지만 근본적인 개선을 위해서는 기반시설의 완비가 필요했다. 도시화가 진행되면서 쓰레기와 분뇨의 처리문제가 도시위생문제 중 가장 중요하게 될 것은 분명했다. 교통이 발달하고 상공업이 성장하면서 오염을 일으키는 원인은 증가할 것이기 때문이었다.

일제도 기반시설을 설치할 필요가 있다는 점은 인지하고 있었지만 예산

---

402 「도청도설(塗聽塗說)」, 『每日申報』, 1912.8.22.

403 「휴지통」, 『東亞日報』, 1921.10.26.

404 「대명소명(大鳴小鳴)」, 『東明』, 1922.10.15.

405 「차별을 논란」, 『東亞日報』, 1931.3.18.

이 문제였다. 분뇨 정화시설, 쓰레기 소각처분장을 설치해야 하지만 그 설치를 위해 막대한 임시비와 많은 양의 경상비가 필요한 것도 분명했다.[406]

그 결과 대안으로 찾은 방법 중 하나가 수수료 징수였다. 1935년 6월 경성부는 분뇨와 쓰레기 처리를 위해 수수료를 징수하기 시작하였다. 위생상태 개선을 위해 "재정상 어쩔 수 없는 데서 나온" 대책이었다.[407] 1936년 6월에는 청소작업의 전국적 시행을 위해 "오물소제에 완벽"을 기한다는 목적 아래 조선오물소제령이 반포되었다.[408]

경찰의 개입은 지속되었다. 1937년 공포된 조선오물소제령급시행규칙은 오물의 완전한 처리를 위한 실행방법으로 도령 또는 부조령(府條令)과 함께 경찰 감독을 적시하였다.[409] 청소작업의 효과를 높이기 위한 목적일 수도 있고 조선인의 위생의식이 여전히 저열하다고 판단했기 때문일 수 있다. 어느 이유이든 경찰이 주도하는 청결사업은 식민지 시기 내내 지속되었다.

(2) 방역활동

① 과정

식민지 시기 일제가 가장 치중했던 위생활동은 방역이었다. 전염병,

---

406 古賀國太郎(경성부 위생과), 1934, 「京城府に於ける清掃事務概況」, 『警務彙報』 338호, 91쪽, 97쪽.

407 古賀國太郎(경성부 소제계장), 1935, 「糞尿及取水水路制度に對する事件」, 『警務彙報』 351호, 116쪽.

408 『朝鮮總督府施政年報(1936)』, 1937, 477쪽.

409 「조선오물소제령급시행규칙 공포」, 『朝鮮』 1호, 1937, 203쪽.

특히 급성전염병은 국가구성의 기본요소인 인구의 감소를 가져올 뿐 아니라 노동력에 심대한 타격을 가함으로써 상공업을 비롯한 각종 생산활동에 지대한 피해를 주었다. 국가 발전을 도모하는 데 가장 먼저 제거해야 할 대상은 급성전염병이었다.[410] 더욱이 한 나라의 문명 정도를 판단하는 기준으로 사망률이 거론되는 상황이었다. 급성전염병의 만연으로 인한 인구 감소는 일제의 조선 지배에 대한 비판의 근거가 될 수 있었다. 경찰은 전염병과 관련된 예방과 단속 조치의 중심에 있었다.

전염병, 특히 콜레라 같이 외국에서 전파되는 전염병의 경우 국경 및 해안의 방비가 중요하였다.[411] 교통의 발달이 전염병의 확산을 쉽게 만들고 있었기 때문이다. 한 번 발생하면 전염병은 산간벽지까지 신속하게 확산하여 예방조치를 실시할 여유도 없이 전국적인 유행을 맞을 수 있었다.[412]

전염병 확산 방지를 위해 우선 시행되는 조치는 해항검역과 기차검역이었다. 해항검역은 외국에서 들어오는 선박에 대해 항구에서 실시하는 검역이었다. 이와 구별되는 검역은 조선 내를 항해하는 선박에 대해 이루어지는 선박검역이었다.[413] 외국에서 발생한 전염병을 강 건너 불같이 보다가는 그 피해가 자기 집 앞에 이를 수 있으므로 그 위험을 방지하는 해항검역에 대한 필요성은 컸다. "예방행위의 제일착(第一着)"이었다.[414]

---

410 「傳染病豫防の急務を論じて衛生教育に及ぶ」, 『警務彙報』 214호, 1923, 27쪽; 「朝鮮總督府京畿道警務部告諭第一號」, 『朝鮮總督府官報』, 1916.10.2.

411 「コレラ豫防概況」, 『朝鮮彙報』 10호, 1916, 141쪽.

412 關水武, 1923, 「交通機關發達の衛生に及ぼせる影響」, 『朝鮮』 10호, 316~317쪽.

413 白石保成, 1918, 『朝鮮衛生要義』, 發行者不明, 234쪽.

414 『朝鮮總督府道府郡書記講習會講義錄』, 1914, 朝鮮總督府, 312쪽.

경찰은 해항검역을 주도하였다. 검역위원 지부장을 해당 지역 경찰이 맡았고,[415] 구체적인 검역도 경찰이 시행하였다. 원칙적으로 상시 검역이 시행되는 곳에는 검역의, 기타 지역에는 경찰의 또는 공의가 업무를 담당하였다. 다만, 의사가 없는 지역에서는 경찰이 그 역할을 대신했다. 하지만 선박과 선원에 대한 검역을 실제로 실시하는 주체는 경찰이었다. 예를 들어 일본 시모노세키가 전염병 발생지로 확인되면 경찰이 직접 그곳에서 오는 승객을 조사했다.[416] 승객이 사망할 경우 보고해야 할 대상도 경찰이었다.[417] 그 결과 "상당한 성적을 거둘 수 있었다."[418]

기차검역은 신의주 등 국경지역이나 국내의 주요 기차역에서 시행되었다. 경찰은 열차에 승차하여 승객의 건강 확인, 기타 조사를 진행하였다.[419] 이상이 있다고 생각되는 승객의 경우 분변검사를 시행하고 이상이 없으면 통과시켰다. 예방주사접종증명서가 없는 경우 차표를 판매하지 않았다.[420]

일제는 경찰이 기차검역을 의사보다 우월하게 할 수 있다고 평가했다. 이유는 여러 가지였다. 콜레라의 경우 전문가인 의사라도 검변을 하지 않고는 확진 여부를 알 수 없었다. 증상을 보고 판단할 수밖에 없는데 경찰도 그런 역할은 할 수 있었다. 나아가 경찰은 승객의 유행지 출발 여부, 최

415 「檢疫委員處務規程」, 『朝鮮總督府官報』, 1915.8.6.

416 「コレラ豫防槪況」, 『朝鮮彙報』 10호, 1916, 141쪽; 『大正九年コレラ病防疫誌』, 1921, 朝鮮總督府, 161~162쪽; 『大正十五年コレラ防疫ニ關スル記錄』, 1927, 朝鮮總督府, 109쪽; 「コレラ流行及防疫」, 『朝鮮彙報』 9호, 1919, 103쪽.

417 「コレラ豫防」, 『朝鮮彙報』 12호, 1916, 109쪽.

418 『朝鮮總督府施政年報(1916)』, 1918, 331쪽.

419 「コレラ流行及防疫狀況」, 『朝鮮彙報』 11호, 1919, 138쪽.

420 「기차 방역」, 『東亞日報』, 1920.8.10.

〈그림 1-7〉 콜레라 예방 전단지

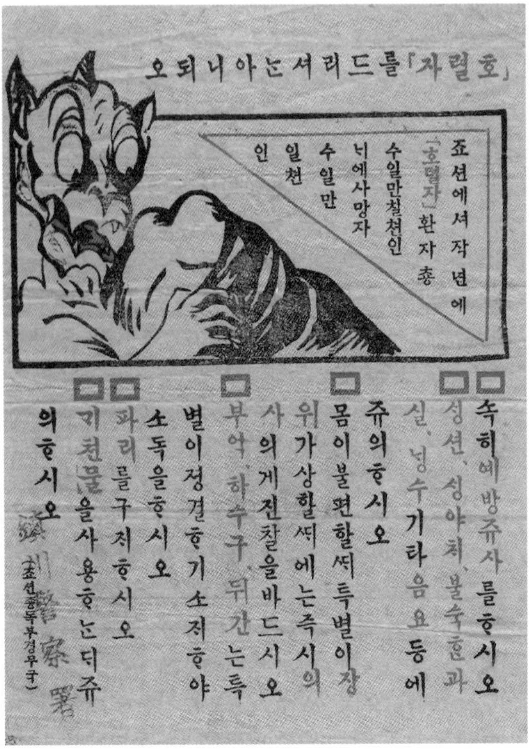

종 행선지 확인 조사 등도 잘 할 수 있었다. 의심환자를 발견했을 경우 철도당국과 교섭에도 유리했다.[421] 결국 방역이 단속을 위주로 진행되는 한 경찰의 업무범위는 넓어지고 강도는 강해질 수밖에 없었다.

전염병이 발생한 경우 확산을 막는 일이 쉽지 않았던 만큼 일제는 환자의 조기 발견에 주력하였다. 실무를 담당했던 경찰 스스로 환자의 조기

421 「コレラ防役ニ就テ(承前)」, 『警務彙報』 149호, 1917, 38~39쪽.

발견은 전염병 예방을 위한 제일 중요한 요건이라고 표현하였다. 환자를 조기에 발견하는 방법으로는 크게 두 가지가 있었다. 하나는 의사나 지역 단체장에게 소속 관청에 신고하도록 의무를 부여하는 방법이고, 다른 하나는 경찰이 직접 검진을 통해 환자를 발견하는 방법이었다.[422]

두 번째 경우는 경찰이 직접 개입하고 있지만, 첫 번째 경우도 신고를 받는 관청 중 하나가 경찰이었기 때문에 경찰의 개입이 전제되어 있었다. 나아가 전염병이 발생할 때마다 각 경찰서는 의사들에게 통지서를 보내 의심이 가는 전염병 환자를 신고해달라고 요청하였다. 전염병예방령에 따르면, 의사는 전염병 환자를 진단하거나 사체를 검안했을 때 소독방법을 지시하고 곧 경찰관리, 헌병 또는 검역위원에게 신고해야 했다.[423] 식민지 시기 최고의 관립병원이었던 총독부의원도 신고 의무에서 예외는 아니었다. 총독부의원에 수용된 전염병 환자가 완쾌되었을 때는 검사를 시행하고 그 결과를 관할 경찰서에 통지해야 했다.[424] 방역에서 경찰의 개입 범위는 광범위했다.

② 결과

환자를 조기 발견하는 방법 중 가장 효과적인 것은 검병(檢病)적 호구조사였다.[425] 일제는 의료기관의 부족, 조선인의 위생사상 결여, 환자 은폐의 경향을 이유로 이 조사가 "전염병 예방상 조선에서 유일한 방법"이라고까지 평가하였다. 법적 근거도 마련하였다. 전염병예방령 제13조인

---

422 小串政治, 1921, 『朝鮮衛生行政法要論』, 自家出版, 125쪽, 133~134쪽.

423 「傳染病豫防令」, 『朝鮮總督府官報』, 1915.6.5.

424 『京城醫師會二十五年誌』, 1932, 66쪽.

425 「검병적 호구조사」, 『每日申報』, 1916.2.3.

전염병 예방상 필요하다고 인정될 때 그 사유를 호주나 관리인 또는 그 대리인에게 고지하고 가택, 선박, 기타 장소에 들어갈 수 있다는 규정이 었다.[426]

검병적 호구조사는 전염병이 유행할 초기에 집중적으로 시행되었다. 확진자를 찾아내지 않으면 그 전염병은 확산했다. 조사는 경찰이 검역의와 함께 동행하거나 단독으로 매일 1회 각 가정을 방문하는 방식으로 이루어졌다. 집에 사람이 없으면 귀가한 시각에 다시 방문하여 검사를 했다.[427] 신고를 기다리지 않는 적극적인 방법이었다.[428] 경찰이 매일 지역을 순회하다 보니 수상한 자의 배회를 막는 효과가 나타나기도 했다.[429] 검병적 호구조사는 경찰이 중심이 될 수밖에 없는 방역활동이었다.

검병적 호구조사의 성적은 좋았다. "유행 시에는 오로지 이 법으로 환자를 발견하는 경우가 많"았다.[430] 1916년 콜레라 유행할 당시 예를 보면 다음과 같았다.

〈표 1-9〉 1916년 콜레라 유행 당시 환자 발견 방법

	검병적 호구조사	관헌의 다른 방법	타인 신고	의사 신고	가족 신고
인원(명)	1,139	368	271	177	114
비율(%)	53.8	17.3	13.1	8.5	5.5

출처: 伊藤賢三 外, 1917, 「大正五年朝鮮ニ於ケル虎列拉流行ニ就テ」, 『朝鮮醫學會雜誌』, 7권 20호, 42쪽

426 「傳染病豫防令」, 『朝鮮總督府官報』, 1915.6.5.

427 「彙報 - 猩紅熱豫防方」, 『朝鮮總督府官報』,1915.2.12.

428 『大正八年虎列刺病防疫誌』, 1920, 朝鮮總督府, 27쪽, 141 ~ 143쪽.

429 「이는 호역의 효과」, 『每日申報』, 1916.10.15.

430 『衛生警察講義一斑』, 1913, 平安南道 警務部, 79쪽.

환자 발견 방법으로 검병적 호구조사가 가장 많았고, 다른 방법으로 관헌이 발견한 경우, 타인 신고, 의사 신고, 가족 신고 순이었다. 이 순서는 식민지 시기 동안 바뀌지 않았다. 1920년 콜레라 유행의 경우 66%의 환자가 검병적 호구조사를 통해 확인되었다.[431] 1937년 강원도에 콜레라가 발생했을 때 도내 전염병 환자 1,074명 중 반 수 이상이 검병적 호구조사에 의해 발견되었다.[432]

전염병 발생이 확인된 경우에는 확산을 막기 위해 교통차단과 격리 조치가 시행되었다. 교통차단이란 환자나 사망자가 있거나 전염병에 오염되었다고 생각되는 장소에 대해 통행을 금지하는 것이고, 격리란 전염병에 감염되었다고 의심되는 사람을 일정한 장소에 두고 외부 출입을 금지하는 것이었다.[433] 교통차단이 일정한 장소에 대한 규제 조치라면 격리는 대상이 사람이라는 점에 차이가 있었다.[434] 차단과 규제 역시 경찰의 몫이었다.

의료인이 부족한 지방의 경우 경찰은 분변 검사까지 맡았다.[435] 경찰은 직접 예방주사를 접종하기도 하였다. 의사가 순회하면서 예방접종을 할 때 경찰이 동행하는 것이 일반적이었다. 경찰 단독으로 예방주사를 놓으면 두 역할을 겸하여 편리하였다. 지역에 따라서는 경찰서가 일종의 진료소 역할까지 담당하였다. “어쩔 수 없는 수단”이라는 전제가 있기는 했지만, 경찰이 치료에 종사하는 “응급책을 채택한 곳”이 있었다.[436]

---

431 『大正九年コレラ病防疫誌』, 1921, 朝鮮總督府, 91쪽.

432 『江原道衛生要覽』, 1937, 江原道 衛生課, 351쪽.

433 坂東義雄, 1918, 「衛生ニ就テ」, 『朝鮮總督府道府郡書記講習會講義錄』, 朝鮮總督府, 280~281쪽.

434 小串政治, 1921, 앞의 책, 146쪽.

435 「朝鮮總督府警務總監部 訓令 乙第千八十五號”, 『朝鮮總督府官報』, 1912.12.28.

436 『大正九年コレラ病防疫誌』, 1921, 朝鮮總督府, 138쪽, 153쪽.

의료인력의 부족으로 경찰이 방역활동의 중심에 섰지만 그들의 개입 정도는 과도했다. 1926년의 경우 방역에 종사한 관리는 약 2,500명이었다. 도지사 이하 간부, 검역위원, 부면 직원을 합친 숫자였다. 여기서 경찰은 2,256명을 차지했다. 약 90%의 숫자였다.[437]

이 추세는 일제가 위생경찰제도를 합리화하고 있었기 때문에 이후에도 변동이 힘들었다. 일제는 위생사상이 빈약한 조선인에 대해 보다 강한 경찰의 강제력이 필요하다고 주장했다. 빈약한 위생사상, 위생경찰제도의 강화, 그 강화를 위한 위생사상 언급으로 이어지는 순환논리였다.

3) 위생경찰제도 비판과 지속

(1) 비판

① 저항

일제는 경찰의 위생활동 개입을 정당화했지만, 조선인은 경찰의 방역활동이 일방적이었기 때문에 위생경찰제도에 쉽게 동의할 수 없었다. 경찰은 채변 검사를 한다는 이유로 여성이 거주하는 공간에 침입했다. 여성이 남성에게 자신의 신체를 보여주지 않는 조선의 전통을 무시한 행동이었다.[438] 환자는 격리병원에 보내졌다. 역시 객사를 터부시하는 조선의 관습을 무시한 조치였다. 집에 돌아올 수 없다면, 숨는 것이 당연했다.[439] 사

437 『大正十五年コレラ防疫ニ關スル記錄』, 1927, 朝鮮總督府, 21쪽.

438 「검변 피난」, 『東亞日報』, 1926.9.20.

439 AY生, 1917, 「朝鮮人の病氣觀及醫子觀」, 『朝鮮及滿洲』 124호, 118쪽.

망 후 조치도 동의하기 힘들었다. 일제는 콜레라로 사망한 환자를 화장하도록 강제하였다. 하지만 조선의 전통에 따르면 화장은 사망자에 대한 결례였다. 화장하느니 조선인은 차라리 시체를 유기했다.[440]

강제적 방역조치가 취해짐에 따라 경찰에게는 감사가 아니라 커다란 원망이 쏟아졌다.[441] "경찰서라 칭하면 공포·증오의 감정을 가"졌다.[442] 나아가 경찰이 주도하는 방역활동에 조선인은 저항했다. 대표적인 저항은 1920년 콜레라 방역과정에서 나타났다. 일제 스스로 평하기를 "관헌의 시설에 대해 양해가 없고 심하게는 그에 반항하는 사례가 적지 않다"라고 할 정도였다.[443]

경찰을 옹호하는 것은 가능하다. 경찰은 사람들이 혐오하는 위험한 일을 하고 있었다. 전염병이 유행하면 선두에 서서 위험을 무릅쓰고 환자 집에 출입하며 소독·구료를 행했다. "경찰이 공중위생을 위해 얼마나 진력하는지 사람들은 알지 못한다, 격리병원 이송과 같은 경찰의 강제적 조치만 두드러지게 부각된다"라는 변호도 이어졌다.[444] 경찰은 주민과 가장 빈번하게 접촉을 할 수밖에 없었다. 경찰이 관여하는 분야는 사회 전반에 걸쳐 있었다. 예를 들면, 청결법 시행, 전염병 예방, 호구조사, 교통정리였다. 갈등은 자연스럽고 불가피한 결과일 수 있었다.

경찰이 방역이나 청결 활동을 하면서 주민들의 오해를 받을 가능성은 높았다. 주민과 접촉과정에서 경찰이 강제나 위압을 사용할 경우 반감은

---

440 『大正九年コレラ病防疫誌』, 1921, 朝鮮總督府, 104~105쪽.

441 「防疫警察의 徒勞」, 『朝鮮日報』, 1920.8.19.

442 「警察對人民の關係」, 『朝鮮』, 1921, 6호, 195~196쪽.

443 「道知事ニ對スル總督指示」, 『朝鮮總督府官報』, 1920.9.8.

444 「교통차단 봉착기(사)」, 『每日申報』, 1916.10.22.

자연스럽게 생기는 감정일 수 있었다. 따라서 일제 스스로 주민과 접촉하는 때 가능하면 언어와 행동에 주의하고 의외의 악감정을 일으키는 일이 없도록 주의하고 긴장하여야 한다고 경계했다.[445]

② 구조

경찰이 스스로 주의한다고 문제가 해결될 수는 없었다. 해결을 막는 여러 요인이 존재했다. 우선 경찰이 담당하는 일이 적지 않았다. 위생경찰제도가 출범하면서 위생과 관련된 모든 분야가 경찰의 몫이 되었다.[446]

식민지 시기 동안 가장 많은 콜레라 환자와 사망자가 1920년에 발생한 이유도 같은 데 있었다. 3·1운동 때문에 "위생사업에 착수하는 것이 부족한 결과"였다.[447] 위생경찰의 활동은 정치적 불안정이 이어지거나 확대될 경우 언제든지 약화될 가능성을 가지고 있었다. 일제의 입장에서 의료와 위생은 정치나 보안에 비해 순위가 뒤였기 때문이다.[448]

경찰이 위생과 같은 분야에서 아주 "몰상식"하다는 비판도 제기되었다.[449] 서양에서 위생과 관련해 다양하고 많은 교육을 하고 있음을 설명한 후 "구미의 그것에 비교하여 단기간이라는 아쉬움이 있다"라고 한 지적도 있었다. 경찰의 전문성 부족을 비판한 것이라 이해할 수 있다.[450]

---

445 「警察對人民の關係」, 『朝鮮』 6호, 1921, 195~196쪽.

446 『朝鮮總督府施政年報(1915)』, 1917, 325쪽.

447 關水武, 1923, 「朝鮮の衛生狀態と傳染病に就て」, 『朝鮮及滿洲』 189호, 33쪽.

448 管繁雄, 1922, 「倡妓を救濟せよ」, 『警務彙報』, 208호, 108쪽.

449 「몰상식한 망언」, 『東亞日報』, 1926.3.4.

450 錦引朝光(경성제국대학교수, 의학박사), 1930, 「警察衛生に就て」, 『警務彙報』 294호, 22쪽.

1911년 페스트 유행 당시 방역을 위한 지침서가 출간되었을 때도 내용이 어렵고 문장이 길어 의학 지식이 부족할 뿐 아니라 제반 사무에 분망한 경찰관이 활용하기에 매우 불편하다는 비판이 있었다.[451] 경찰의 의학지식 부족을 스스로 인정한 것이었다. 약품 검사의 경우 경찰이 전담하는 방역활동이 일방적이었기 때문에 "형식에 흐르는 경향"이 있었다. 따라서 가능하면 기술원을 파견하여 약품순시의 취지를 관철할 필요가 있었다.[452]

의료전문가인 의사가 경찰의 부족한 의학지식을 직접적으로 비판하기도 하였다. 일제가 긍정적으로 평가한 검병적 호구조사에 대해서였다. 의사는 경찰이 소양이 없고 방법이 서툴러 원하는 효과를 거두지 못할 뿐 아니라 환자가 오히려 더 멀리 숨어버리는 결과를 낳는다고 비판하였다. "검병적 호구조사는 흡사 색맹자에게 병가를 위문시키는 것과 같아 하등 도움이 안 된다"라고 평가할 정도였다. 경찰이 적어도 법정전염병에 관한 지식은 갖출 필요가 있다는 제안이 이어졌다.[453] 심지어 경찰은 "다른 민중과 하등 다를 바 없는 소위 평범한 사람"이라는 비판까지 제기되었다.[454] 경찰의 전문지식 부족에 대한 노골적인 비판이었다.

그러나 방역과정에서 경찰은 오히려 의사를 지도하였다. 의사회는 전염병이 발생할 경우 전화, 기타 속달의 방법으로 신고서를 경찰에 제출해

451 『賊徒情勢 道別管內狀況一覽表』, 1911.

452 「휘보」, 『警務彙報』, 1922, 206호, 143쪽.

453 佐藤小五郎(인천좌등병원), 1924, 「開業醫として警察に對する希望」, 『警務彙報』 238호, 47~48쪽.

454 城戶政太郎(평안북도강계자혜의원장), 1923, 「衛生上警察官に對する余の希望」, 『警務彙報』 213호, 71쪽.

〈그림 1-8〉 원산경찰서에서 발행한 건강증명서(1927년)

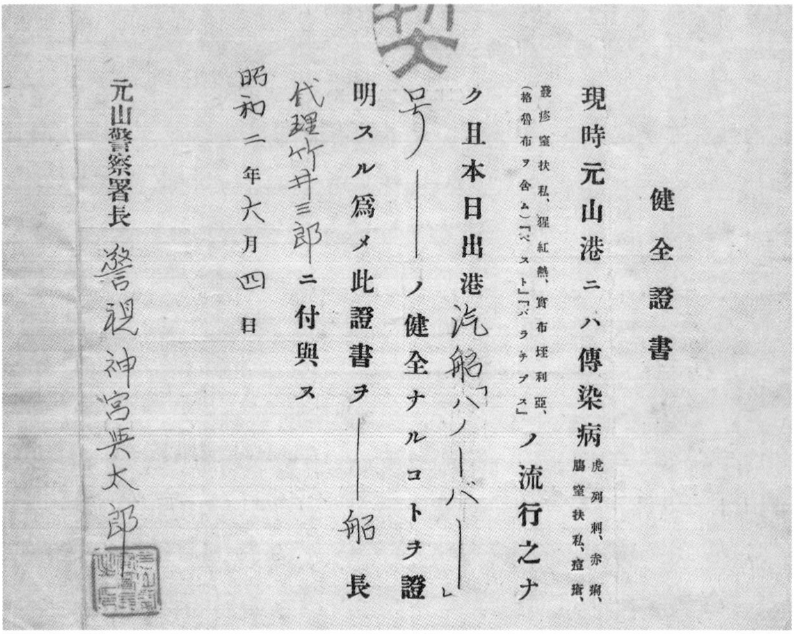

健全證書

現時元山港ニハ傳染病（虎列剌、赤痢、腸窒扶私、痘瘡、發疹窒扶私、猩紅熱、實布垤利亞、（格魯布ヲ含ム）「ペスト」「パラチフス」）ノ流行之ナク且本日出港汽船「ハノーバー」号ノ健全ナルコトヲ證明スル爲メ此證書ヲ　船長代理竹井三郎ニ付與ス

昭和二年六月四日

元山警察署長　警視　神宮要太郎

야 했다.[455] 콜레라가 유행하자 경찰이 의료전문가인 의사와 의생을 모아 놓고 방역법령과 다른 전염병에 대해 긴 시간 동안 강연을 하기도 하였다.[456] 경찰이 방역의 중심에 서면서 오히려 의료전문가를 지도하는 상황이 전개되고 있었다.

의사들은 방역활동이 진행되는 과정에서 종종 배제되었기 때문에 반발했다. 일례로 주치의가 있는데도 경관이 직접 경찰의를 데리고 환자를

455 『京城醫師會二十五年誌』, 1932, 15쪽.

456 「의사에게 주의」, 『每日申報』, 1916.9.10.

진단하기도 했고, 의사의 진단이 있었음에도 전염병 환자라고 강제 입원시키는 경우도 있었다.[457] 의사회는 경찰과 의사 사이에 오해를 불러일으킬 염려가 있으므로 "일단 주치의에게 통지한 후 적당한 방법을 취하도록 건의"했다.[458] 경찰의 단속 위주 방역에 대해 자제를 요구한 것이었다.

의사들은 답답해했다. 경찰과 대화를 하면 서로 납득하지 못하는 일이 있었다. 전문 영역이 달랐기 때문이다. 하지만 경찰의를 만나 이야기하면 서로 이해가 되었다. 경찰의는 경찰이기도 하지만 의사이기도 하기 때문이었다. 의사는 경찰과 상호 간 이해가 필요하다고 결론지었다.[459]

전문성의 부족은 폭력적인 행동으로 이어질 수 있었다. 설사 환자라고 모두 콜레라 환자는 아니었다. 여름이 되면 설사는 흔히 발생했다. 그럼에도 경찰은 설사 소리만 들으면 환자를 폭력적으로 취급하였다. 환자나 그 가족이 병을 숨기는 이유였고, 경관을 악귀와 같이 여기는 이유였다.[460] 방역에 지장이 없다면 화장이 아닌 매장을 허용할 수도 있었다. 여러 방법을 모색할 필요가 있었다.[461] 하지만 전문지식이 부족한 경찰은 상황에 맞추어 융통성을 발휘할 수 없었다.

인권유린도 일어났다. 엄중한 단속이 필요 없는 곳에서도 강제적인 조치가 이루어졌다. 주민들이 자신의 권리를 인식하지 못하다 보니 강제성을 제어하기도 어려웠다.[462] 법적 규정이 없음에도 불구하고 위험 가능성

457 「강제로 입원시켜」, 『중외일보』, 1927.8.22.

458 『京城醫師會二十五年誌』, 1932, 22쪽.

459 瀨戶潔(의학사), 1923, 「醫師より見たる警察官」, 『警務彙報』 214호, 42~44쪽.

460 「방역조치에 대ᄒᆞ야 경무당국에 충고홈」, 『每日申報』, 1920.8.12.

461 花井善吉(소록도자혜의원장), 1923, 「夏季と衛生」, 『警務彙報』,219호, 66쪽.

462 村田昇清, 1922, 「誤られたる防役實行法」, 『警務彙報』 204호, 21~23쪽.

만으로 강제적인 조치가 시행되었다.[463] 폭력성이 강하다보니 경어를 사용하는 경찰을 칭찬할 정도였다. "날 것을 먹지 마오"라는 경어를 사용한 것이 "일단의 진보"라고 칭찬한 것이었다.[464]

일제도 위생경찰제도의 문제점을 알고 있었다. 한정된 인원과 경비로 위생경찰제도의 완성을 기하는 것은 쉽지 않았다. 대안 중 하나는 경찰 스스로의 분발이었다. 경찰이 "본부의 뜻한 바를 체득하여 굽히지 않는 노력으로 그 대책을 맡"는 것이었다.[465] 경찰의 자발적인 노력으로 부족한 점을 채워나가라는 제안이었다.

(2) 지속

① 옹호

위생경찰제도에 대한 비판이 제기되면서 반성적 대안도 모색되었다. 단속 위주의 활동이 아니라 지속적으로 주민 위생사상을 향상시켜야 한다는 방안이었다.

> "우리나라의 종래 위생법규는 거의 단속에 편중되어 "무엇무엇을 해서는 안 된다"로 되어 왔다. 단속만으로는 주민 스스로 반성하고 스스로 행하는 식으로 교정될 수 없고, 위생사상을 일상생활, 도시민의 습관으로 만들 수 없다. 이와 같은 준비가 없으면 여러 시설도 결코 효과

463 「검병 호구조사」, 『每日申報』, 1919.2.10.

464 「호역예방」, 『每日申報』, 1920.8.13.

465 「道衛生課長事務打合會ニ於ケル政務總監ノ訓示」, 『警務彙報』 270호, 1928, 3쪽.

적으로 활용될 수 없다."[466]

조선인도 동의했다. 법령을 반포하고 위반자를 검거하기보다 지속적 개선을 통해 개인 및 공중위생을 발달시켜야 했다. 법률이나 폭력으로 강제할 경우 사람들은 명령을 받을 때만 수동적으로 따랐다. 예를 들면, 전염병이 유행하여 파리를 잡으라는 명령이 내려지면 파리를 키워서 경찰에 제출하는 사람들이 생겼다.[467] 역효과가 나타나고 있었다.

강압적, 즉 경찰 위주의 위생활동을 강제할 경우 사람들에게 위생사상은 보급되지 않고 오히려 반감을 샀다. 위생사상이 향상되고 국민보건이 발달할 수 없었다.[468] 위생교육을 통해 자연스러운 위생사상의 성장을 도모해야 했다.[469] 사람들은 왜 전염병이 발생하며, 전염병 보균자를 격리시켜야 하는 이유는 무엇인지에 대해 설명을 요구했다.[470]

일제도 동의했다. 1920년 콜레라 방역과정에서 조선인의 저항이 나타나자 일제는 대응 방안으로 비강제적인 방법을 계획하였다. 영화 상영, 환등회·순회전람회의 개최, 문서·회화의 발간 등이었다. 나아가 친절한 태도를 요청하였다. 가능하면 쉬운 말로 사람들의 이해를 구하고, 경찰의 조치에 반항하는 자가 있어도 친절하게 애민의 정신으로 임하라는 요청이었다.[471] "문명국에서 전염병 환자가 격감한 것은 위생시설 계획이 아니

466 荻野正俊, 1939, 「半島都市の保健衛生問題」, 『朝鮮』 9호, 47쪽.

467 「道第一部長會議に於ける政務總監訓示要旨」, 1920.11.25, 『朝鮮總督諭告·訓示集成』 2, 2001, 綠蔭書房, 86쪽.

468 태허(太虛), 1931, 「병마의 낙원, 조선」, 『東光』 11호, 105쪽.

469 「公衆衛生의 普及은 强制보다 敎育」, 『東亞日報』, 1926.9.17.

470 「怪疾의 流行과 當局의 防疫」, 『東亞日報』, 1920.8.21.

471 「道知事ニ對スル總督指示」, 『朝鮮總督府官報』, 1920.9.8.

라 위생사상이 일반에 향상된 까닭"이었다.[472] 위생사상을 향상시키려는 노력은 중요했다.

그러나 위생정책은 본질적으로 강압적일 수밖에 없다는 주장도 있었다. 콜레라를 시작으로 각종 전염병이 연이어 발생하는 상황에서 엄중하고 강제적인 수단을 사용할 수밖에 없다는 주장이었다. 콜레라가 맹렬한 적이라면, 그에 대항하여 다수를 구하는 과정에서 소수를 돌볼 여유는 없었다. 경찰의 무단적 활동은 불가피한 측면이 있었다.[473] 위생활동이란 강제적일 수밖에 없었다.

경찰이 위생을 담당하고 있다는 사실 그 자체가 비판의 대상이 되기도 어려웠다. 적어도 동아시아에서 위생경찰제도는 보편적이었다. 일본도 위생경찰제도를 채택하고 있었고, 20세기 초 중국에 도입된 경찰제도는 위생의 제도화를 낳은 계기였다.[474] 식민지도 마찬가지였다. 위생경찰에 대한 논쟁이 전개되었음에도 1920~1930년대에 이르면 타이완인들은 일제의 규제를 능동적으로 받아들였다.[475]

조선에서 위생사상이 향상된 이유를 위생경찰제도에서 찾는 주장도 있었다.[476] 경찰이 지도하면서 조선인들은 능히 자신을 지켰을 뿐 아니라 스스로 방역을 원조하였고, 그 결과가 "극히 좋다"는 평가도 있었다.[477] 좋

---

472 井上龜太郎(함경남도위생과장), 1923, 「傳染病豫防の急務を論じて衛生教育に及ぶ」, 『警務彙報』 214호, 28쪽.

473 安保則夫, 1997, 「都市衛生システムの構築と社會的差別」, 『歷史學研究』 703호, 111쪽.

474 飯島涉, 1997, 「近代中國における'衛生'の展開」 『歷史學研究』 703호, 126쪽.

475 Michael Shiyung Liu, 2009, ibid, p. 129.

476 「경무상으로 견(見)흔 경북」, 『每日申報』, 1916.10.3.

477 「コレラ防疫ニ就テ(承前)」, 『警務彙報』 150호, 1917, 14쪽.

은 결과가 있다면, 협조는 필수였다. 방역활동이 성공하기 위해서는 의사도 경찰관도 모두 일치 협력하여 헌신적으로 활동해야 한다는 주장이 제기되었다.[478] 나아가 강제력이 일시적인 반감을 살지는 모르지만 그 효과가 직접적으로 나타날 것이고, 결국 민중을 행복으로 이끌 것이라는 주장도 제기되었다. 어제의 반감은 오늘의 감사로 변할 것이라며 각종 방역조치들이 정당하다고 주장한 것이었다.[479] 경찰 중심의 강제적 위생활동을 옹호하는 주장이었다.

② 민간의 참여

위생경찰제도의 불가피성을 인정한다 해도 식민지 조선의 경우 경찰의 개입 정도는 다른 나라에 비해 강했다. 예를 들면, 식민 모국인 일본이었다. 일본의 경찰제도가 정립되는 과정에서 의학자들은 위생 분야와 관련하여 경찰에 과도한 권력을 주는 데 반대하였다.[480] 그들이 판단할 때 경찰은 민간의 협조와 견제 아래 운영되어야 할 조직이었다. 영국도 마찬가지였다. 위생경찰제도를 채택하고 있음에도 조선과 달리 경찰은 민간의 통제 아래 놓여 있었다.[481]

위생경찰제도에 대한 비판은 경찰조직을 개편하라는 요구는 1910년대부터 나오고 있었다. 그 요구에 따르면, 경찰은 무능했다. 사법경찰사무를 예로 든다면, 법학통론조차 강독한 적이 없는 사람들이 헌병과 경찰로

478 田中穗秀, 1923,「衛生上警察官に對する余の希望」,『警務彙報』213호, 70쪽.

479 「衛生行政を徹底せよ」,『朝鮮文化と警察』, 1930, 朝鮮警察新聞社, 55쪽.

480 Michael Shiyung Liu, 2009, ibid, p. 52.

481 Radhika Ramasubban, 1988, "Imperial health in British India, 1857 - 1900," *DISEASE, MEDICINE, AND EMPIRE*, Routledge, p.41.

임용되고 있었다. "흡사 암야방화(暗夜放火)의 위험을 불러오고 있"었다. 어두운 밤에 화재가 발생한다면, 낮보다 더 위험할 것은 분명했다.

나아가 그 요구는 경찰이 주도하는 위생활동을 비판했다. 일본의 경우 각 도 장관은 경찰사무 및 위생사무에 대해 명령을 내거나 처분할 권한을 가지고 있었다. 일본에서 경찰부장은 도장관의 보조기관이었다. 하지만 조선은 반대였다. 경찰령을 발하는 권한은 경찰부장이 가지고 있었다. 도장관에게 그런 권한은 없었다.[482] 물론 1920년대에 접어들어 도지사의 권한은 강화되었다. 하지만 위생사무와 관련하여 권한을 가진 주체는 여전히 경찰이었다.

대안 중 하나는 민간의 참여를 확대하는 것이었다. 위생사무에 민간 전문가가 참가하는 것이었다. 구체적으로 전염병에 대한 예방조치로서 도 내무부에 위생과를 둘 것, 군에 전속 위생 관리를 둘 것, 도 경찰부에 위생기사를 둘 것 등이 제안되었다.[483] 민간 조직 그 자체의 협조가 필요하다는 의견도 있었다. 방역 차원에서 민간의 도움이 필요하다고 할 때 가장 적당한 조직으로 위생조합을 지목한 의견이었다.[484] 위생행정이 경찰사무로 귀속된 것을 비판하면서 독립된 전문기관이 설립될 필요가 있다는 주장도 제기되었다. 경무국의 한 과인 위생과를 보건국으로 독립시켜도 좋고, 경찰부와 대립하여 위생부가 있어도 좋았다.[485]

민간 참여 주장이 제기된다는 사실은 위생경찰제도가 과도기적인 존재라는 평가로 이어질 수 있었다. 일제가 스스로 인정했듯이 전체적인

482 『帝國議會日本衆議員議事速記錄(朝鮮關係拔萃)』 3, 1991, 太山, 294쪽.

483 三宅東一郎, 1913, 「鮮國地方衛生ノ保健的方面ニ就テ」, 『朝鮮醫學會雜誌』 3호, 128쪽.

484 「コレラ防疫ニ就テ(承前)」, 『警務彙報』 149호, 1917, 43쪽.

485 「실비치료원」, 『東光』 6호, 1931, 15쪽.

위생사무를 모두 경찰이 집행하는 것은 실제적인 집행과정에서 편의를 취하기 위해 선택한 과도기적인 제도였다.[486] 경찰이 사회질서의 확보라는 본연의 임무 외에 위생예방이라는 다른 중대한 임무를 겸행하는 것은 두 마리 토끼를 쫓는 일이었다. "과도시대에만 허용될 일"이었다.[487]

③ 구조

위생경찰제도가 과도기적인 성격을 가진다 해도 변화를 모색하는 일은 쉽지 않았다. 경찰이 주도하는 강제적인 조치가 효율적이었기 때문이다. 예를 들면, 전염병 확산을 방지하기 위한 무력적 방어는 다른 외국에서 찾기 힘든 일이었다. 항시적인 방역활동으로 이용될 수 있는 방법이 아니었다. 하지만 "총검의 방어"는 상대적으로 비용이 들지 않았다.[488] 강압적인 방역조치의 배경에는 예산문제가 있었다.

예산은 식민지 시기 동안 계속 제기된 문제였다. 1911년부터 1945년까지 총독부의 의료위생비 추이를 살펴보면 다음과 같다.

〈표 1-10〉 연도별 총독부 세출 중 의료위생비 (단위: 천 원)

연도	1911	1912	1913	1914	1915	1916	1917	1918	1919
의료위생비	728	589	593	635	690	660	660	730	953
총액	48,742	52,892	57,990	59,413	58,873	59,849	62,643	65,142	77,561
비율(%)	1.4	1.1	1.0	1.0	1.1	1.1	1.0	1.1	1.2

486 『韓國警察一斑』, 1910, 韓國 內部 警務局, 370쪽.

487 城戶政太郎(평안북도강계자혜의원장) 1923, 「衛生上警察官に對する余の希望」, 『警務彙報』 213호, 71쪽.

488 「朝鮮警察の今昔」, 『朝鮮』 9호, 1934, 90쪽.

연도	1920	1921	1922	1923	1924	1925	1926	1927	1928
의료위생비	1,765	1,883	1,656	1,736	1,747	2,374	2,083	2,372	1,704
총액	114,317	157,342	158,125	146,007	140,824	176,048	194,488	210,910	222,747
비율(%)				1.2	1.2	1.3	1.1	1.1	0.8
연도	**1929**	**1930**	**1931**	**1932**	**1933**	**1934**	**1935**	**1936**	**1937**
의료위생비	1,619	1,578	1,491	1,522	1,756	1,645	1,902	2,015	2,064
총액	246,853	239,730	238,924	219,133	232,029	258,597	290,267	329,003	422,838
비율(%)	0.6	0.7	0.7	0.7	0.8	0.6	0.7	0.6	0.5
연도	**1938**	**1939**	**1940**	**1941**	**1942**	**1943**	**1944**	**1945**	
의료위생비	2,173	2,990	2,845	3,217	3,063	2,310	3,260	3,603	
총액	518,915	656,100	866,641	1,012,577	1,124,718	1,671,965	2,441,706	3,117,107	
비율(%)	0.4	0.5	0.3	0.4	0.3	0.1	0.1	0.1	

출처: 金玉根, 1994,『日帝下 朝鮮財政史論攷』, 一潮閣, 65쪽, 127쪽, 195~195쪽

의료위생비는 1911년 72만 8천 원에서 1945년 360만 3천 원으로 증가하였다. 5배 가까운 증가였다. 하지만 이 시기 동안 총세출은 4천 874만 2천 원에서 31억 1천 710만 7천 원으로 증가했다. 64배에 가까운 증가였다. 비율을 계산하면, 1920년대 중반까지 전체 예산의 1%를 넘던 의료위생비는 1928년을 기점으로 1% 이하로 내려갔다. 그 추세는 이어져 1945년에는 0.1%를 차지하였다. 전시체제기의 특수성을 고려한다 해도 의료위생비가 총독부의 예산에서 적은 비중을 차지했음을 알 수 있다.

지방 재정의 추이는 총독부 재정과 차이를 보이지만 기조가 크게 다르지 않았다. 1911년부터 1945년까지 지방의 위생비 추이를 살펴보면 다음과 같다.

〈표 1-11〉 연도별 지방 세출 중 위생비 (단위: 천 원)

연도	1911	1912	1913	1914	1915	1916	1917	1918	1919
위생비	81	90	87	101	89	104	79	69	319
총액	1,446	2,339	2,396	2,509	2,839	2,941	4,430	5,613	8,139
비율(%)	5.6	3.8	3.6	4.0	3.1	3.5	1.8	1.2	3.9
연도	**1920**	**1921**	**1922**	**1923**	**1924**	**1925**	**1926**	**1927**	**1928**
위생비	685	199	234	274	303	1,971	2,469	2,647	2,909
총액	14,650	15,096	17,795	18,846	19,087	23,214	24,545	31,163	31,125
비율(%)	4.7	1.3	1.4	1.4	1.6	8.5	10.1	8.5	9.3
연도	**1929**	**1930**	**1931**	**1932**	**1933**	**1934**	**1935**	**1936**	**1937**
위생비	2,755	2,747	3,134	3,241	3,522	3,399	3,285	3,429	3,697
총액	33,579	32,560	54,111	57,814	77,785	70,524	60,954	66,885	79,146
비율(%)	8.3	8.4	5.8	5.6	4.5	4.8	5.3	5.1	4.6
연도	**1938**	**1939**	**1940**	**1941**	**1942**	**1943**			
위생비	4,018	4,548	5,239	6,004	6,501	7,088			
총액	88,756	143,612	166,856	198,307	222,283	260,229			
비율(%)	4.4	3.2	3.1	3.0	2.9	2.7			

출처: 金玉根, 1994, 앞의 책, 284쪽, 309쪽, 362쪽

지방의 위생비는 1911년 8만 1천 원에서 1943년 78만 8천 원으로 증가하였다. 87배 가까운 증가였다. 하지만 이 시기 동안 총세출은 144만 6천 원에서 2억 6천 22만 9천 원으로 증가했다. 180배에 가까운 증가였다. 위생비는 총세출의 증가율을 따라가지 못했다. 전시체제기가 시작되기 전인 1936년의 예산과 비교하면 위생비는 42배, 총세출은 46배 증가하였다. 마찬가지로 위생비는 총세출의 증가율을 따라가지 못했다.

위생비 비율을 계산하면, 1911년 5.6%에서 1918년 1.2%까지 추락

했다가 1924년까지 1~4% 사이를 오갔다. 1925년 8.5%, 1926년 10.1%로 급등했다가 1930년대 중반 4~5%를 유지했고, 1945년 2.7%로 축소되었다. 뒤에서 살펴보겠지만, 1925년 자혜의원 운영비가 지방비로 이전된 것이 1920년대 중반 위생비 증가의 배경이었을 것이다.

지방 재정에서 위생비가 차지하는 비율은 총독부 예산에서 의료위생비가 차지하는 비율보다 높았다. 하지만 위생비의 증가 비율은 전체 지방 예산의 증가율을 따라가지 못했다. 지방 재정에서도 위생비가 차지하는 비중이 높았다고 평가하기 어렵다. 중앙이나 지방이나 재정적 측면에서 의료사업에 관심을 기울였다고 평가하기는 어려운 것이다.

예산의 부족은 위생과 관련된 기반시설의 확대를 막을 수밖에 없었다. 1916년 콜레라 유행 상황을 정리하면서 결론적으로 제시되었듯이 예방은 중요했고, 그 방법으로 수도의 보급, 하수의 개선, 쓰레기 청소, 주택의 청결이 필요했다.[489] 기반시설의 개선과 확충은 식민 지배가 시작될 때부터 제기된 주장이기도 했다. 조선의 위생행정에는 두 가지 길, 즉 음료수의 개량과 의료 보급이 있다는 주장이었다.[490]

그 주장은 식민 지배가 진행되는 과정에서 지속적으로 제기되었다. 전염병 확산을 막기 위한 근본적 방법은 음료수의 개선, 하수도의 준설·수선, 변소의 설치, 쓰레기 제거 등이라는 것이었다.[491] 지역 주민의 사망률을 낮추는 방법도 마찬가지였다. 경찰을 통한 통제나 단속도 필요했지만,

---

489 「コレラ豫防概況」,『朝鮮彙報』10호, 1916, 145쪽.

490 山根正次, 1910.10.20,「朝鮮の衛生狀態」,『經濟時報』, 琴秉洞 編, 1999,『資料 雜誌にみる近代日本の朝鮮認識』4, 387쪽.

491 『京城府史』3, 1936, 京城府, 171쪽.

불량주택을 개선할 필요가 있었다.[492] 불량주택 지구를 구획정리하여 교통을 편리하게 하고 보안을 완전하게 하며 상하수도를 설치하여 위생생활상 시설을 갖출 필요가 있었다. 이런 방법을 고려할 때, 경찰 위주의 제재와 단속으로 방역의 충분한 효과를 거둘 수 없다는 점은 분명했다.

경제 사정에 대한 고려도 중요했다. 주민이 위생비를 내지 못할 때 그 이유는 위생사상의 부족이 아니라 생활의 곤궁함에 있었다.[493] 부랑자가 음식물을 찾으러 쓰레기통을 뒤지고, 그 결과 쓰레기가 길가에 흩어져 청결과 위생에 방해가 된다면, 단속과 통제가 필요했다. 하지만 더 근본적인 방법은 부랑자의 경제력을 어떻게 해서든 향상시키는 것이었다.[494] 쓰레기통을 뒤질 이유를 없애는 것이었다. 방역은 가난이나 영양 문제와 연결되어 있었다. 쉽게 풀 수 있는 문제가 아니었다.[495]

하지만 위생경찰제도 개선의 의지를 확인하는 것은 쉽지 않다. 식민지배가 종료되는 시점까지 위생경찰제도의 기본적인 구조는 변동되지 않았다. 끝까지 위생은 경찰의 몫이었다. 서양이 위생경찰에서 사회의학으로 나아갔다면,[496] 식민지 조선에서 그 이동은 이루어지지 않았다. 변화는 해방으로 가능했다. 1945년 해방 이후 미군정이 가장 먼저 시행한 변화는 위생경찰제도의 폐지였다.

---

492 酒井謙治郎, 1928,「如何にして京城府民の死亡率を減少せしむべき乎」,『朝鮮社會事業』, 6권 7호, 35~36쪽.

493 「鈴木서장 愛民」,『每日申報』, 1912.3.3.

494 保坂寬(법학사), 1930,「社會衛生三觀」,『朝鮮社會事業』8권 7호, 5~6쪽.

495 David Arnold, 1988a, ibid, p.21.

496 George Rosen, 1974, *From Medical Police to Social Medicine*, New York: Science History Publications, pp.60-119, pp.142-158.

4. 방역체계의 수립과 급성전염병 대책

1) 전염병예방령의 공포와 방역활동

① 반포

1915년 6월 전염병예방령이 공포되었다. 전염병예방령은 식민 지배에 따른 법규의 통일에 목적이 있었다. 대한제국시기에 반포된 전염병예방규칙은 조선인을 대상으로 하고 있었다. 따라서 일본인이나 외국인에게 적용할 수 없었다. 일본인의 경우 영사관이나 이사청에서 반포한 명령이 있었지만, 단속을 진행하는 데 불편한 점이 적지 않았다.[497] 구체적으로 규정 내용도 복잡했다.[498]

전염병예방령이 지정한 공식적인 전염병은 콜레라, 이질, 장티푸스, 파라티푸스, 두창, 발진티푸스, 성홍열, 디프테리아 및 페스트이다. 대한제국에서 반포한 전염병예방규칙의 6종 외에 파라티푸스, 성홍열, 페스트가 법정 전염병으로 추가되었다. 당시 일본에서 활용하던 전염병예방법과 같았다. 모두 급성전염병이었다. 특정된 전염병 이외에 전염병예방령을 활용해야 할 전염병이 발생하면 총독이 그것을 지정할 수 있었다.

전염병예방령은 방역활동의 구체적인 내용을 규정하였다. 전염병이 발생하였다고 의심될 때부터 활용할 수 있는 내용이었다. 내용을 간략히 정리하면 다음과 같다.

497 『京城府史』 3, 1936, 京城府, 197쪽.

498 『朝鮮總督府施政年報(1915)』, 1917 , 307쪽.

"전염병이 유행하거나 우려가 있는 경우에 경무부장은 전염병 유사증상자 또는 보균자에 대해 본령의 일부 또는 전부를 적용하거나 시가지 전부 혹은 일부의 교통차단·인민의 격리·대중집회 제한 금지·선박 기차 제조소 등의 의사 고용, 우물 상하수도 등의 신설 개조 변경 폐지 또는 사용 정지, 어로 사용 또는 물 사용의 제한, 쥐 제거 그리고 건강검진·사체 검안·청결방법·소독방법·기타 일정한 방역조치를 명령 또는 시행한다. 병균에 오염된 건물로 소독 이외에 특별한 처분이 필요한 경우 총독의 인가를 받아 그것을 집행한다. 그를 위해 필요한 토지를 사용할 수 있다. 방역상 필요할 때는 총독이 특별히 검역위원을 두고 선박·기차 및 승객의 검역을 시행한다. 기타 전염병 환자·사망자가 있을 경우의 보고, 환자 및 감염이 의심되는 자의 격리, 병독 오염 혹은 의심스러운 가옥 또는 장소의 차단, 전염병 환자의 사체·병독 오염의 우려가 있는 물건의 처분, 규정 혹은 명령 위반자에 대한 제재 등 방역상 필요한 사항에 관해 조선의 현상에 비추어 상세하고 적절한 규정을 만듦과 동시에 부령으로 선박·기차·승객 검역규칙, 청결방법 및 소독방법을 정해 방역 집행상 유감이 없기를 기했다."[499]

전염병예방령은 의심 환자에 대한 조치부터 검역·청소·소독방법까지 방역활동에 필요한 조치를 구체적으로 규정하였다. 나아가 방역활동을 조직화하였다. 그동안 개별적으로 이루어지던 방역조치들이 호주·관리인, 경찰·검역위원, 경무부장으로 이어지는 조직적 체계 아래서 진행하게 되었다.

---

499 『朝鮮總督府施政年報(1915)』, 1917, 308~309쪽.

구체적으로 각 지역 최소 구성단위인 호의 호주에게는 전염병 발생 시 신고할 의무가 부여되었다. 그 신고는 경찰을 거쳐 경무부장에게 전달되었다. 경무부장은 전염병의 발병 상황에 따라 전염병예방령의 전부 혹은 일부를 적용하였고, 중간에서 경찰 혹은 검역위원이 제반 방역조치를 시행하였다. 총독은 최고 통치기관으로 전염병예방령을 적용할 수 있는 전염병을 규정하였다.[500] 전염병예방령을 계기로 각 개인은 방역활동 과정에서 총독으로부터 이어지는 방역조직 속에 편제되었다. 이 편제는 일제의 각 개인에 대한 장악과 연결되었다.

② 방역

경찰은 조직화한 방역체계의 중심에 있었다. 전염병예방령 반포 이전에도 방역의 중심에 있었다. 전염병 환자나 사망자의 처분, 환자의 치료, 교통차단 · 격리 · 청결방법 · 소독방법의 시행에 대한 사무가 있을 때 그 사무의 구체적 시행은 경찰관서에서 담당하였다.[501] 1910년대로 한정하면 헌병도 경찰과 함께했다.

경찰 중심의 방역활동은 1915년 6월 반포된 전염병예방령에 의해 법적 기반이 마련되었다. 우선 전염병예방령의 적용과 관련하여 주체는 경무부장이었다. 전염병이 유행하거나 유행할 우려가 있을 때 경무부장은 전염병예방령의 전부 또는 일부를 적용할 수 있었다. 전염병이 발생한 장소에 대해 각종 방역 · 소독조치를 취하는 기구도 경찰이었고, 필요할 때

500 「傳染病豫防令」, 『朝鮮總督府官報』, 1915.6.5.

501 「함경남도경무부훈령제이호」, 『朝鮮總督府官報』, 1910.9.1.

환자를 전염병원이나 격리병사에 입원시키는 역할도 경찰의 몫이었다.[502] 방역작업 및 인신구속의 실무가 모두 경찰의 권한에 속해 있었다.

위생조합도 전염병예방령에 의해 설립과 운영에 대한 법적 기반을 갖추었다. 전염병예방령이 반포되면서 위생조합은 전염병 예방, 환자의 구조와 치료를 위해서만 설치하는 것으로 확정되었다.[503] 구체적으로 경무부장은 도장관의 승인 아래 지역을 지정하여 위생조합을 설립하고, 오물의 소제, 청결방법·소독방법·기타 전염병 예방에 관한 사항을 시행할 수 있었다.[504] 경찰을 보조하여 도내 각 지역의 방역사무를 진행하는 조직으로 위생조합을 설치하도록 한 것이었다.[505]

전염병예방령에 대한 일제의 평가는 긍정적이었다. 반포 후 바로 다음해인 1916년 9월 일본에서 콜레라가 조선에 침입하자 전염병예방령이 적용되었다. 구체적으로 부락 차단, 기차·선박의 검역 및 검역위원의 임명 등이 이루어졌다. 일제는 이런 모든 조치를 "모두 신속하게 처리"할 수 있었고, 따라서 전염병예방령이 콜레라 방어에 "공헌한 것이 자못 크다"라고 평가했다. 환자 신고가 확실해졌고, 조사가 치밀해졌기 때문에 환자의 발견 역시 쉬워졌다.[506]

하지만 전염병예방령이 가지는 더 큰 의미는 경찰 중심 방역체계의 법적 완성이라는 데 있었다. 경찰이 방역활동의 중심에 위치함에 따라 각 지방의 책임자들은 경찰의 보조기관으로 전락했다. 전염병이 유행할 조

---

502 「傳染病豫防令」,『朝鮮總督府官報』, 1915.6.5.

503 「傳染病豫防令 第二十一條ノ質疑ニ關スル件」,『朝鮮總督府官報』, 1915.11.27.

504 「傳染病豫防令」,『朝鮮總督府官報』, 1915.6.5.

505 藤沼武南, 1916, 앞의 책, 109쪽.

506 『朝鮮總督府施政年報(1916)』, 1918, 316~317쪽.

짐이 있을 때 각 도의 책임자인 도장관은 경찰로부터 그 사실을 통보받았다. 도내 각 지역의 책임자인 부윤이나 면장도 경찰로부터 전염병 환자의 발생상황에 대해 통보받았다.[507]

이 체계는 대한제국과 차이를 보인다. 대한제국의 전염병예방규칙에 따르면, 동임(洞任), 군수나 수령, 관찰사, 내부(內部)로 이어지는 지방 행정조직이 중심이 되어 방역체계를 형성하였다. 지방의 행정조직이 방역체계의 중심을 형성하고 있었다. 하지만 식민지 시기 그 체계는 경찰을 중심으로 변화했다. 각 지역 책임자들은 연락의 객체는 될지언정 방역수행의 주체가 될 수 없었다. 결국 전염병예방령은 방역사무에서 경찰이 중심에 서는 법적 근거를 마련하였다.

식민지 조선의 특징은 전염병예방령이 내용을 거의 그대로 모방하고 있는 일본의 전염병예방법과 비교해 보아도 뚜렷하다. 일본의 전염병예방법에서 각 지방의 행정책임자인 지방장관이 담당하는 각 역할을 조선에서는 경무부장이 담당하였다.[508] 일본의 경우 지방장관의 지시 아래 시정촌 등 각 지방 행정조직이 독자적으로 전염병예방위원이나 검역위원을 선정하여 방역조치, 청결이나 소독조치를 시행했다. 하지만 조선의 전염병예방령에는 그러한 규정들이 모두 빠져버렸다.

위생조합과 관련해서도 일본은 위생조합의 편제·시행에 관한 권한을 시정촌의 책임자인 지방관리에게 부여했다.[509] 즉, 일본은 시정촌에서 위생조합, 그리고 위생조합에 소속된 각 개인으로 이어지는 수직관계 속에

---

507 「傳染病豫防令施行規則」, 『朝鮮總督府官報』, 1915.7.12.

508 「傳染病豫防法」, 『醫制百年史(資料編)』, 1976, 東京: 厚生省 醫務局, 255~259쪽.

509 尾崎耕司, 1994, 「'傳染病豫防法'考」, 『新しい歴史學のために』 213호, 8쪽.

서 궁극적으로 시정촌의 책임자들이 각 개인을 파악할 수 있는 체계를 만들었다. 하지만 조선의 경우는 그 파악이 경찰로 귀결되었다. 일본의 경우 각 지방의 행정조직들이 나누어 담당하던 역할까지 경찰이 담당하도록 법규가 제정되었던 것이다.[510] 경찰 중심의 방역체계가 형성된 것이었다.

2) 1910~1911년 페스트 방지와 무단적 방역

① 과정

1910년 10월 페스트가 북만주에서 발생하였다. 페스트에 대한 일제의 공포감은 컸다. 페스트는 '맹렬한 전염병'이었고, 다른 전염병과 비교할 때 인적, 상업적 피해가 가장 컸다. 나라를 위험에 빠트릴 전염병이었다.[511] 페스트가 중국 노동자들의 이동에 따라 점차 남쪽으로 확산해 나가자 일제는 1910년 11월에 접어들면서 각 지방에 예방경계령을 내렸다.[512] 구체적으로 페스트 발병 지역을 왕래하는 선박 및 쥐에 대해 특히 주의를 가하고 경계를 엄히 했다.[513]

일제는 1910년 8월 법정전염병에 페스트를 포함한 규정을 발표한 바 있었다. 보고해야 할 전염병의 목록에 페스트를 추가했다. 조선에 아직 페스트 환자가 발생하지 않았지만, 일본에서는 이미 매년 수백 명의 사망자가 나오고 있었다.[514] 이 조치에 따라 경찰은 페스트가 발생할 가능성이

---

510 박윤재, 2004, 앞의 글, 547~548쪽.

511 白石保成, 1918, 『朝鮮衛生要義』, 發行者不明, 333쪽.

512 「北滿의 黑死病과 朝鮮」, 『每日申報』, 1910.11.20.

513 『朝鮮總督府施政年報(1910)』, 1912, 325쪽.

514 신규환, 2012, 「제1·2차 만주 폐페스트의 유행과 일제의 방역행정(1910~1921)」,

보이면 환자나 사망자 발견의 방법, 전염 계통, 질병의 성격 및 경과, 전파 상황, 치료방법 및 사체에 대한 조치, 방역 조치, 쥐잡기 방법, 교통차단에 대한 의견, 군대·개항장·기타 중요한 장소의 교통 상황, 방역 비용, 인근 주민의 상황, 기타 참고 사항을 보고해야 했다.[515]

1911년 1월에는 해항검역에 관한 건이 반포되었다. 대한제국이 반포한 검역정선규칙은 검역대상을 콜레라에 한정하고 있었고, 검역 장소 역시 세관 지역에 한정한 한계가 있었다.[516] 일제는 자국에서 시행되고 있었던 해항검역법시행규칙을 모방하여 해항검역에 관한 건, 해항검역수속 등 새로운 검역규칙을 마련하였다.[517] 이 규칙들은 검역 대상을 콜레라, 성홍열, 페스트, 황열로 확대하였다.[518]

같은 달 페스트예방을 위한 검역의 건이 반포되었다. 3월에는 페스트 예방에 관한 사무를 담당하기 위해 임시방역위원회가 설치되었다.[519] 나아가 내무부에 속한 위생행정, 세관에 속한 해무경찰(海務警察) 및 해항검역, 농상공부에 속한 동물 검역 등을 경무총감부에서 관장하게 되었다.[520] 그동안 각 기관별로 분산·시행되었던 해항검역업무가 경무총감부로 통합되었다.

본격적인 방역 조치도 취해졌다. 1911년 1월 페스트가 북만주 전역으

『醫史學』, 21권 3호, 459쪽.

515 「傳染病報告例」,『警務月報』 2호, 1910, 13쪽.

516 「海港檢疫の概況」,『朝鮮彙報』 1호, 1918, 96쪽.

517 「檢疫關係法令」『檢疫制度百年史』, 1980, 厚生省公衆衛生局, 253~254쪽.

518 「총독부공문」,『每日申報』, 1911.1.26.

519 「조선총독부임시방역위원회 규칙」,『朝鮮總督府官報』, 1911.3.13.

520 「勅令第二十八號」,『朝鮮總督府官報』 號外, 1912.3.28.

로 확산하자 일제는 각 도 경무부에 통첩을 내렸다.[521] 통첩의 첫째 내용은 국경지역의 검역이었다. 압록강 유역이나 서해안은 중국과 왕래하는 주요한 무역통로였고, 따라서 이곳으로 페스트에 감염된 중국 선박이나 중국인이 입국할 가능성이 있었다.

같은 달 일제는 주요한 항구에서 선객에 대해 건강검진을 행하고 건강에 이상이 있다고 판단된 경우는 입국을 불허하였다. 건강하다고 인정되는 경우라도 일정한 기간, 일정한 장소에 체류시키거나 격리소에 수용하여 확실히 병균에 감염되지 않았다고 인정될 때까지 여행을 허가하지 않았다.[522] 기차 승객에 대한 검역도 진행되었다. 일제는 안봉선(安奉線) 승객의 건강검진을 위해 의사를 파견하였다. 승객은 여관에 3일간 머물렀고, 건강에 이상이 있다고 판단되면 격리병사에 수용되었다. 검역 편의를 위해 승객 환송을 위한 기차역 방문은 금지되었다.[523]

입국 금지 조치는 처음에는 지역의 경제나 생활상태를 교란하지 않는 범위에서 진행되었다.[524] 하지만 범위는 넓어졌다. 1월 21일 중국인 노동자의 상륙이 금지되었다.[525] 전염원을 전면적으로 차단하기 위한 조치였다. 나아가 일제는 병균 전파를 막기 위해 국경도시에 대한 검역을 강화하였다. 신의주의 경우 각 가정에 대한 호구조사가 시행되었고 페스트 주의사항을 담은 책자가 배포되었다.[526]

521 「黑死病과 諭達」, 『每日申報』, 1911.1.15.

522 「朝鮮總督府 警務總監部令 第二號」, 『朝鮮總督府官報』, 1911.1.19.

523 「신의주 방역 엄밀」, 『每日申報』, 1911.1.24.

524 『朝鮮總督府施政年報(1910)』, 1912, 328쪽.

525 「新義州의 檢疫數」, 『每日申報』, 1911.2.7.

526 「신의주 방역 엄밀」, 『每日申報』, 1911.1.24.

〈그림 1-9〉 페스트 예방책자

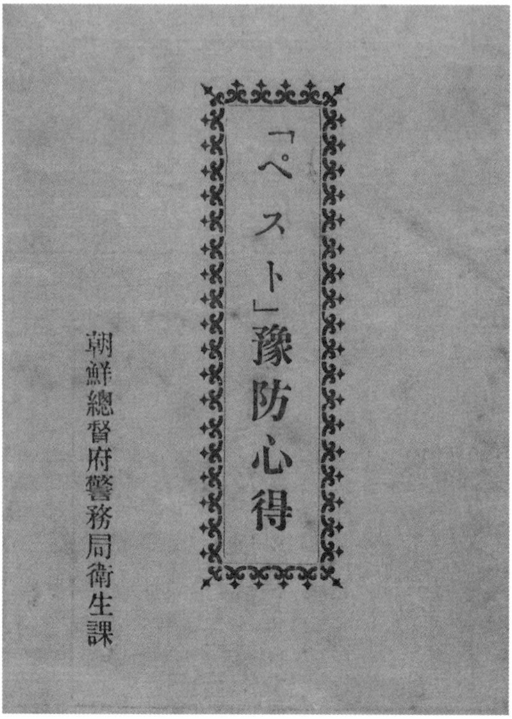

일제가 국내 방역과정에서 치중한 활동은 급사한 환자에 대한 신고였다. 급성전염병으로 사망한 환자는 면장이나 동장이 반드시 경찰서에 신고하도록 하였다. 위험하다고 생각되는 경우는 경찰의를 파견하여 조사하였다.[527] 페스트를 막는 가장 중요한 방법은 환자의 조기 발견에 있다고 판단했기 때문이다.[528]

527 『朝鮮總督府施政年報(1910)』, 1912, 326쪽.

528 白石保成, 1918, 『朝鮮衛生要義』, 發行者不明, 334쪽.

국내에서 시행된 방역활동 중 다른 중요한 것은 쥐잡기 운동이었다. 페스트가 쥐 사이에 유행하는 질병인 까닭이었다. 승객 중에 환자가 없어도 쥐가 있으면 페스트균이 있다고 가정해야 했다.[529] 쥐잡기 운동은 각 경찰서를 매개로 각 지역 행정 단위의 말단에 명령이 전달되면서 진행되었다. 각 경찰서에서는 그 지역의 책임자를 모아 쥐잡기 운동의 필요성과 의미를 설명하고 주민들에게 이 운동을 적극적으로 벌여 나갈 것을 권고하였다.[530]

문제는 1910년부터 유행한 페스트가 쥐를 통해 감염되는 선페스트가 아니라 비말이 전염원인 폐페스트라는 데 있었다. 쥐잡기는 실질적인 효과를 거두기 힘든 방역조치였다. 일제도 선페스트와 폐페스트의 전파경로가 다르다는 사실을 알고 있었다. 다만 어떠한 방역조치를 해야 하는지 정확한 판단을 하지 못하고 있었다. 혼란된 상황에서 일제는 쥐잡기를 포기하지 않았다. 쥐에서 인간에게 세균이 이동한 후 다시 사람 간 호흡으로 전염된다고 판단하였기 때문이다. 전염이 쥐에서 시작된다고 판단한 것이었다.[531]

② 의미

일제의 방역활동은 성공적이었다. 식민지 조선에서는 공식적으로 단 1명의 페스트 환자도 발생하지 않았다. 페스트가 발병한 만주와 러시아 지방에 직접 국경을 접하고 있었고, 일제의 표현대로라면, 위생시설이 유치한 당시 조선에서 페스트 환자가 1명도 발생하지 않았다는 사실은 세

---

529 『衛生警察講義一斑』, 1913, 平安南道 警務部, 83쪽.

530 「鈴木署長의 諭示」, 『每日申報』, 1911.1.26.

531 김영수, 2015, 「일본의 방역경험 축적을 통해 본 조선총독부의 방역사업: 1911년 페스트 유행 대응을 중심으로」, 『한림일본학』 26호, 91~92쪽.

계에 자랑할 만한 일이었다.[532]

하지만 방법이 문제였다. 방역은 무단으로 이루어졌다. 일제는 중국인이 압록강을 건너는 것을 방지하기 위하여 신의주 검역 지부를 중심으로 상류에서 하류까지 3백여 리에 걸쳐 헌병을 파견하였다. 주민도 징집하여 담당 구역을 감시하도록 하였다.[533] 감시작업에는 주차헌병대사령부에 근무하는 군의, 간호장도 참여하였다.[534] 하지만 이들만으로 경계를 하기에 인력이 부족했기 때문에 국경수비를 담당하고 있던 헌병대, 경무부에 원조를 요청하여 인원을 보충하였다.[535]

당시 중국인의 월경을 막기 위해 얼어붙은 압록강을 하루 종일 지키는 보초의 수는 1천에서 2천에 이르렀다. "그 광경은 마치 대전투가 일어나기 전날 같았다." 군사작전을 방불케 한 것이었다.[536] 군인만 동원된 군사작전이 아니라 군인과 경찰이 주민을 동원하여 실시하는 군민합동작전이었다.

무단적 방법은 불가피한 측면이 있었다. 1910년대 페스트를 방어할 백신이나 치료제는 없었다. 페스트에 대해서는 예방하는 외에는 방어할 수단이 없었다.[537] "비상시에는 무단적일 필요가 있다"라는 주장이 틀린 것은 아니었다. 페스트균이 국경을 넘지 못하도록, 만약 넘었다면 더 확산

---

532 『朝鮮警察概要』, 1936, 朝鮮總督府 警務局, 111쪽.

533 「압록강 방역 완비」, 『每日申報』, 1911.1.29; 「江岸 감시 엄중」, 『每日申報』, 1911.2.1.

534 『朝鮮總督府施政年報(1910)』, 1912, 327쪽.

535 「수비대 방역 원조」, 『每日申報』, 1911.1.29; 「江岸 감시 엄중」, 『每日申報』, 1911.2.1; 「방역비 請撥」, 『每日申報』, 1911.2.25.

536 Carl F. Nathan, 1967, *PLAGUE PREVENTION AND POLITCIS IN MANCHURIA 1910-1931*, Harvard University Press, p.28.

537 「ペスト豫防ニ關スル件」, 『朝鮮總督府官報』, 1911.2.16.

하지 않게 해야 한다. 무단적 방법은 효과가 있었다.

그러나 지속성을 가지기 어려웠다. 항시적인 감시는 사회적으로 경제적으로 감당할 수 없는 과제였다. 나아가 무단적 방역은 방역 비용을 절약하기 위해 활용된 측면이 있었다. 일제는 남만주철도회사가 큰 비용을 들여 기차 소독을 진행한 것에 대해 비판적이었다.

무단적 방역은 식민지였기에 가능했다는 추정도 있다. 총검의 장벽을 강변에 구축하는 방역은 외국에는 없는 일이었다.[538] 일본 본국에서 활용하기 힘든 강력한 방역이 식민지 조선에서 시행된 것이었다. 식민지에서 실시되는 조치는 종종 본국의 것보다 철저하였다.[539]

페스트 방역은 식민 지배 초기 일제가 조선인을 조직화하는 데도 유용하게 활용되었다. 국내의 주요 지역에서는 방역을 위한 목적으로 자위단이 조직되어 주민들이 그 조직 아래 편입되었다.[540] 자위단은 중국인의 밀입국을 막기 위해 마련된 조직이었다. 구체적으로 동리장(洞里長)을 단장으로, 해당 지역의 청년들을 단원으로 조직하여 주야로 중국 선박을 감시하였다. 만일 중국 선박이 발견되면 신고해야 했고, 모든 활동은 헌병·순사의 지휘를 따라야 했다.

자위단의 활동은 강력하게 진행되었다. 매년 도둑이 횡행하던 세말세초에도 해당 지역에 피해가 극히 적어졌다는 평가를 받을 정도였다. 나아가 자위단은 위생조합이나 소방조합 등의 새로운 단체로 변용할 것이 모색되었다.[541] 페스트 방역은 조선인의 조직화를 통해 식민 지배를 안정화

538 「朝鮮警察の今昔」, 『朝鮮』 9호, 1934, 90쪽.

539 Robert Peckham, 2016, ibid, p.118.

540 「방역 자위단 조직」, 『每日申報』, 1911.2.10.

541 「방역 자위단」, 『每日申報』, 1911.3.1.

하는 도구로 활용되었다.

결과적으로 페스트 방역은 초기 식민권력을 강화하는 계기로 작용하였다. 개인의 노력으로 페스트라는 질병을 막는 것은 불가능했다. 사회를 넘은 국가적 노력이 필요했다.[542] 특히 페스트와 같은 급성전염병에 대한 방역은, 국가 권력을 강화하는 계기로 활용되었다.

3) 1918~1919년 독감의 유행과 방역

① 과정

1918년 독감은 단일 원인에 의해 발생한 20세기 최악의 질병 재난이었다. 낮게 잡아도 사망자는 3천만 명에 이르렀다.[543] 독감은 유럽에서 시베리아 그리고 남만주철도를 통해 만주를 거쳐 식민지 조선으로 전파되었다. 전파 시기는 1918년 9월이었다.[544] 유행 초기에는 증세가 가볍고 전파 속도도 느렸다. 하지만 겨울에 접어들면서 증세가 맹렬해지고 사망자 수가 증가하였다.[545]

유행상황은 엄혹했다. 과장하면, 서울의 가정 중 독감에 걸리지 않은 집이 없었고, 아프지 않은 사람이 없었다.[546] 전파 속도는 빨라 "흡사 바람

542 「흑사병 예방담」, 『每日申報』, 1911.2.7.

543 김택중, 2017, 「1918년 독감과 조선총독부 방역정책」, 『인문논총』, 74권 1호 171~172쪽.

544 FRANK W. SCHOFIELD et al, 1919, "PANDEMIC INFLUENZA IN KOREA," *Journal of American Medical Association*, Vol. 72, No. 14, p.981.

545 「流行性感冒」, 『朝鮮彙報』 3호, 1919, 82쪽.

546 「유행감모의 경과와 한의생의 성적」, 『半島時論』 3권 1호, 1919, 58쪽.

이 병균을 살포하는 것 같"았다.[547] 증상도 강했다. 독감에 걸린 후 2~3일은 당시 조선인을 괴롭히던 염병, 즉 장티푸스 못지않았다. 회복 후에도 다친 건강을 되찾을 수 없었다. 병세가 급격히 악화하여 사망하는 경우도 적지 않았다.[548]

당시처럼 독감이 유행한 적은 처음이었고, 서울이 감기 귀신에게 정복된 모양이라는 소리까지 나왔다.[549] 지방에 따라서는 농사일을 정지해야 했고, 벼가 오랫동안 논밭에 방치되었다. 땔감의 유통도 느려져 가격이 폭등하였다.[550] 이와 같은 "세계적 대유행은 지금까지 없던 참상"이었다.

하지만 예방 이외 달리 독감에 대처할 방법은 없었다. 있다면, 차단이었다. 독감이 환자와 접촉에 따라 전염된다는 점에서 그 접촉을 막아야 했다. 일제는 크게 7가지 방법을 추천하였다.

> "첫째, 가능한 한 환자에게 근접하지 말 것. 둘째, 환자에게 근접할 경우는 환자의 침이나 담의 포말을 흡입하지 않도록 주의할 것. 셋째, 관혼상제 및 시장의 개최 등 다수가 모이는 경우는 가능한 한 피할 것. 넷째, 공장, 제조장 기타 다수가 모이는 장소에서는 사역 인부 등의 건강상태에 주의하고 위생시설을 설치할 것. 다섯째 학교위생에 주의하고 만약 학교에 환자가 발생할 경우에는 적당한 기간 휴교하는 등 예방상 적당한 조치를 취할 것. 여섯째 각자 자기 보호에 힘쓰고 만약 몸

---

547 原親雄(경무총감부 위생과 기사) 外, 1919,「流行性感冒の歷史, 症候, 豫防」,『朝鮮彙報』1호, 97쪽.

548 「毒感은 惡性으로 變한다」,『每日申報』, 1918.10.24.

549 「全朝鮮을 席捲한 毒感은 世界的 大流行인가」,『每日申報』, 1918.10.22.

550 「流行性感冒」,『朝鮮彙報』3호, 1919, 82~84쪽.

〈그림 1-10〉 독감 치료에 사용된 발한산(해열제)

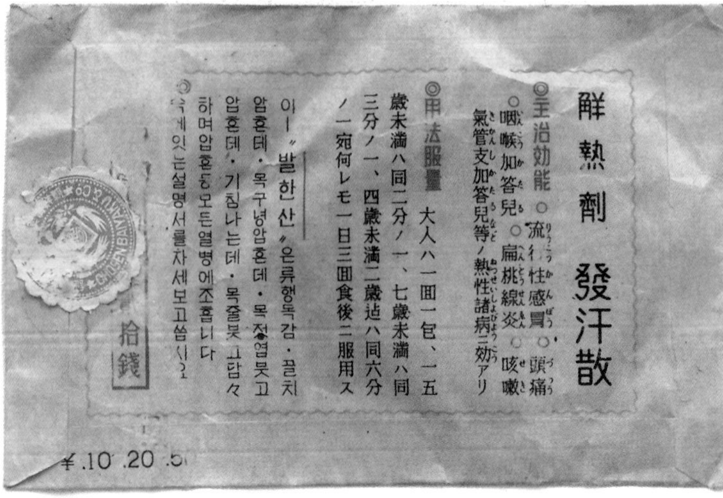

에 이상이 있을 때는 속히 의사의 진단을 받을 것. 일곱째 미신적 치료를 하지 말 것."[551]

다섯 번째까지는 환자와 접촉을 막아 전파를 방지하는 방법이었고, 여섯 번째와 일곱 번째는 치료와 관련된 내용이었다. 하지만 독감을 예방하는 것은 어려운 일이었다.[552] 서양의학적 치료 방법도 없었다. 그 공백을 한의학이 채웠다. 한의학이 가진 전통적인 전염병 치료법, 즉 온역에 대한 치료법이 활용되었다. 그 결과를 긍정적으로 이해한 의견은 한의학의 활

551 「流行性感冒」, 『朝鮮彙報』 3호, 1919, 82~84쪽.

552 原親雄(경무총감부 위생과 기사) 外, 1919, 「流行性感冒の歷史, 症候, 豫防」, 『朝鮮彙報』, 1호, 98쪽.

용을 통해 다수의 생명을 보호하였고, 방역도 성공할 수 있었다고 평가하였다.[553]

② 결과

독감은 1918년 11월 하순에 이르러 점차 소멸하였고,[554] 1919년 1월 무렵에 진정 국면에 들어섰다.[555] 일제는 1918년 독감의 피해를 환자 7,556,693명, 사망자 140,527명으로 정리하였다. 일제가 발표한 각 도별 환자와 사망자 수는 다음과 같다.

〈표 1-12〉 1918년 독감 환자 및 사망자 도별 일람표

지역	남녀	일본인		조선인		중국인		외국인		총계		
		환자	사망자	환자	사망자	환자	사망자	환자	사망자	환자	사망자	사망률
경기도	남	20,332	137	285,894	6,227	259	17	5	-	306,490	6,381	2.08
	여	19,290	102	256,885	6,124	52	10	8	-	276,235	6,236	2.25
충청북도	남	2,294	13	152,563	2,526	129	-	3	-	154,989	2,539	1.63
	여	1,932	13	130,379	2,152	2	-	1	-	132,314	2,165	1.63
충청남도	남	4,671	25	352,413	6,851	930	4	14	-	358,028	6,880	1.92
	여	4,631	36	360,305	7,397	38	1	9	-	364,983	7,434	2.03
전라북도	남	4,116	49	213,510	4,038	141	3	1	-	217,768	4,090	1.87
	여	2,726	36	195,136	3,602	2	2	-	-	197,864	3,640	1.83
전라남도	남	5,942	54	393,080	6,935	97	1	-	-	399,119	6,990	1.74
	여	5,535	54	361,974	6,575	-	-	-	-	367,509	6,629	1.80

553 「유행감모의 경과와 한의생의 성적」, 『半島時論』 3권 1호, 1919, 58쪽.

554 「流行性感冒の餘喘」, 『朝鮮彙報』 5호, 1919, 80쪽.

555 김택중, 2017, 앞의 글, 177쪽.

경상북도	남	7,303	69	522,992	9,504	173	3	-	-	530,468	9,576	1.80
	여	6,144	51	507,411	10,265	4	-	-	-	513,559	10,316	2.01
경상남도	남	14,978	188	309,981	7,589	71	1	4	-	325,034	7,778	2.39
	여	13,207	107	290,622	7,080	6	-	2	-	303,837	7,187	2.36
황해도	남	3,704	35	297,665	6,801	1,436	22	63	-	302,868	6,858	2.26
	여	2,969	16	287,490	6,966	172	1	53	-	290,684	6,983	2.40
평안남도	남	7,315	49	333,921	3,745	412	2	17	-	341,665	3,796	1.11
	여	6.861	34	326,308	4,143	51	-	12	-	333,232	4,177	1.25
평안북도	남	2,822	35	270,470	4,173	1,137	11	50	-	274,479	4,219	1.53
	여	2,359	22	261,740	4,460	279	1	24	-	264,402	4,483	1.70
강원도	남	2,094	9	230,247	3,722	120	4	8	-	232,469	3,735	1.61
	여	1,715	12	218,100	4,158	-	-	1	-	219,816	4,170	1.90
함경남도	남	5,507	47	318,499	5,421	361	10	4	-	324,371	5,478	1.69
	여	4,592	25	300,305	6,150	12	-	3	-	304,912	6,175	2.02
함경북도	남	3,661	38	110,717	1,265	189	-	2	-	114,569	1,303	1.13
	여	3,216	41	101,807	1,268	6	-	-	-	105,029	1,309	1.24
합계	남	84,739	748	3,791,952	68,797	5,455	78	171	-	3,882,317	69,623	1.79
	여	75,177	549	3,598,462	70,340	624	15	113	-	3,674,376	70,904	1.93
	계	159,916	1,297	7,390,414	139,137	6,079	93	284	-	7,556,693	140,527	1.85

출처:「流行性感冒」,『朝鮮彙報』 3, 1919, 87~88쪽

이 통계는 남녀 성별과 함께 민족별 구분을 하고 있다. 그 구분을 따르면 조선인 환자가 일본인 환자에 비해 46배가 많다. 하지만 전체 인구수를 감안하면 그 비율은 같아진다. 전체 일본인 인구 중 47%가 독감에 걸린 반면, 조선인의 비율은 44%였다. 통계상 유의미한 차이는 아니겠지만, 일본인이 인적 접촉이 더 많은 도시나 철도 주변에 거주했기 때문에 약간이나마 더

많은 환자가 생긴 것으로 보인다.

반면 조선인의 사망률은 일본인보다 높았다. 조선인이 0.008%, 일본인은 0.003%였다. 조선인이 2배 이상 많았다. 그 이유로 일제는 조선인의 부족한 위생의식을 지적하였다. 대표적으로 조선인은 "미신적 치료"를 하고 있었다. 하지만 일본도 비슷했다. 부적을 써 악운을 몰아내거나 지렁이로 만든 약을 먹었다.[556] 조선인은 독감과 관련하여 실제보다 과도하게 비판받았다는 평가가 가능하다.

이 통계는 15~30세 청년층의 사망률 경향을 반영하지 않았고, 조사 자체가 강제적인 호구조사에 의해 이루어졌다는 점에서 한계가 있다. 실제 환자와 사망자 수는 실제보다 많을 것이다.[557] 무엇보다 독감은 법정전염병이 아니었기 때문에 통계가 부정확할 수밖에 없었다.[558]

독감의 피해는 컸다. 일제는 적어도 페스트 방역 같은 성과를 보이지 못했다. 하지만 독감의 피해와 관련하여 일제를 과도하게 비판하는 것은 적절하지 않다. 독감은 일제도 경험하지 못한 미증유의 질병이었기 때문이다. 다만, 일제가 발휘한 강력한 방역조치도 질병에 따라 다른 결과를 낳았다는 점은 분명하다. 질병에 따른 적절한 조치가 필요한 것이었다. 하지만 위생경찰제도로 상징되는 일제의 방역이 그런 적절함을 가질 수 있었는지는 의문이다.

---

556 LIM Chaisung, 2011, "The Pandemic of the Spanish Influenza in Colonial Korea," *Korea Journal*, Vol. 51. No. 4. pp.73 - 74.

557 김택중, 2017, 앞의 글, 184쪽.

558 「경성의 독감 아죠 종식」, 『每日申報』, 1918.11.18.

제2장

식민지 의료체계의 확대(1920~1936)

1. 의료제도 개편과 위생행정의 변화

1) 지방제도 개편과 지방관의 위생행정 참여

① 법령 개정

3·1운동은 일제의 조선에 대한 통치정책을 변화시켰다. 의료 분야 역시 예외는 아니었다. 경찰 중심의 의료제도가 변화되는 계기 역시 3·1운동을 통해 찾아왔다. 가장 큰 변화는 1919년 지방제도 개편이었다. 종래 도 경무부장이 가졌던 위생 관련 사무처리 권한이 도지사에게 이관되었다.[1]

이 변화 이전 각 도의 책임을 맡은 도지사들은 불만이 적지 않았다. 경무부장의 제반 위생조치가 마음에 들지 않더라도 도지사는 관제상으로 경무부장을 통제할 수가 없었다. 각 도 경무부에 설치된 위생계 책임자도 의사가 아니라 경부 정도의 지위를 가진 경찰이었다.[2]

3·1운동 이전에 변화가 없었던 것은 아니다. 지방제도가 정비되면서 제한적이나마 지방 행정조직의 방역활동 개입 가능성이 확대되고 있었다. 예를 들면, 1917년 11월 전염병예방령시행규칙의 일부가 개정되었다. 1917년 10월 면제를 실시하는데 따른 후속 조치였다. 이 조치로 위생조합이 그동안 시행하던 주요 사무, 구체적으로 전염병 예방, 구조와 치료, 쓰레기 청소, 기타 일반 위생시설로서 경찰에 협조할 사무가 모두 면

---

1 小串政治, 1921, 『朝鮮衛生行政法要論』, 自家出版, 11쪽.

2 佐藤剛藏, 1956, 『朝鮮醫育史』, 茨木: 佐藤先生喜壽祝賀會, 36쪽.

으로 이관되었다.[3] 그 결과 위생조합은 방역과정에서 조합원의 자위적 수단을 취하는 정도의 역할만 가지게 되었다.[4] 방역에 필요한 인원을 고용하고 설비를 하며 청결작업이나 소독조치를 시행하는 주체로 면이 부상하게 된 것이었다.

1919년 4월 총독부령으로 부·면(府·面)이 시행할 전염병 예방시설 및 비용 부담에 관한 규정이 제정되었다.[5] 이 법령의 시행으로 부와 면은 전염병원의 경영, 청결방법·소독방법의 시행 및 전염병 환자 수용 치료, 기타 일반 방역사무를 담당하게 되었다. 그 경비 전액도 부담하게 되었다.[6] 방역활동에서 지방행정조직의 역할은 더욱 확대되어 갔다. 부·면이 방역비를 부담하면서 경무부장은 방역을 위한 제반 시설의 완비를 부·면에 지시할 경우 도장관의 승인을 받아야 했다.[7]

일제는 지방행정조직의 부담 증가가 긍정적인 결과를 낳고 있다고 평가하였다. 위 법령이 시행된 1919년은 콜레라가 유행한 시기여서 부·면이 방역조치를 실행하는 데 곤란을 겪고 있었다. 하지만 법령의 공포로 방역상 부·면이 부담할 시설 의무 및 비용의 구분이 명확하게 되었고, 그 결과 "부·면의 방역활동상 도움이 되는 바가 적지 않았다."[8]

---

3 「傳染病豫防令施行規則改正」,『朝鮮彙報』1호, 1918, 134쪽.

4 「府面の行ふ傳染病豫防施設及費用の負擔に關する總督府令の發布」,『朝鮮彙報』5호, 1919, 152쪽.

5 「傳染病豫防令第22條ニ依ル地方公共團體ノ義務ニ關スル件」,『朝鮮總督府官報』, 1919.4.8;「大正八年に於ける朝鮮」,『朝鮮彙報』1호, 1920, 27쪽.

6 『京城府史』3, 1936, 京城府, 701쪽.

7 「府面の行ふ傳染病豫防施設及費用の負擔に關する總督府令の發布」,『朝鮮彙報』5호, 1919, 152~153쪽.

8 「大正八年に於ける朝鮮」,『朝鮮彙報』1호, 1920, 27쪽.

〈그림 2-1〉 도지사가 발행한 간호부 면허증(1941년)

看護婦免許證
本籍 京城府岩根町一一七ノ二
金令順
大正八年九月二十一日生
看護婦ヲ免許ス
昭和十六年十一月五日
京畿道知事 從四位勲三等 鈴川壽男
第一八二七號

지방행정조직의 권한은 더욱 강화되어 1919년 8월을 기해 공의에 대한 감독, 수당 지급, 진료비 허가 등의 주체가 경무총장에서 도지사로 변경되었다.[9] 1919년 9월에는 전염병예방시행규칙이 개정되면서 그동안 경무부장이 맡던 방역업무, 예를 들면 전염병이 유행할 조짐이 있을 때 그 상황, 예방계획, 기타 참고사항을 갖추어 경무총장에게 보고하는 업무가 경무부장에서 도지사의 권한으로 이동하였다.[10]

방역활동에서 지방행정조직이 개입할 수 있는 여지는 1924년 6월 전염병예방령의 개정을 통해 더욱 확대되었다. 우선 방역과 관련된 각종 조

9 「공의규칙개정」, 『朝鮮總督府官報』, 1919.8.20.

10 「전염병예방시행규칙 개정」, 『朝鮮總督府官報』, 1919.9.11.

치를 취할 수 있는 권한이 경무부장에서 도지사로 이관되었다. 도지사는 종래 경무부장의 권리, 즉 방역업무를 시행할 권리, 소독을 시행할 권리 등을 맡게 되었다. 각 지방행정조직의 책임자가 스스로의 필요에 따라 독자적인 방역활동을 전개할 수 있는 법적 근거가 이때 마련되었다.

더 낮은 단위의 지방행정조직 역시 권한이 강화되었다. 전염병 환자를 진단하거나 사체를 검안한 의사가 그 상황을 보고해야 할 대상에 부윤과 면장이 추가되었다. 전염병으로 의심이 가는 환자 또는 사망자를 보고해야 하는 대상에도 부윤과 면장이 추가되었다. 나아가 전염병이 유행하거나 유행할 우려가 있을 때 부윤이나 면장은 도지사의 지시에 따라 전염병 예방위원을 두고 전염병 예방에 종사하게 할 수 있었다.[11]

1925년 2월을 기해서는 공의의 임명 주체가 총독에서 도지사로 변경되었다.[12] 공의 임명의 책임과 권한이 명실공히 도로 이양된 것이었다. 나아가 이 시기를 거치면서 도지방비로 운영되는 도공의(道公醫)가 배치되기 시작하였다.[13]

1928년 5월에는 1919년 4월 반포된 지방공공단체의 의무에 관한 건이 개정되어 방역을 위한 제반 시설의 완비를 지시하는 주체가 경찰부장에서 도지사로 변경되었다.[14] 방역활동에 필요한 각종 시설을 설비하도록 명령하는 권한이 경찰에서 지방단체장으로 이관된 것이었다. 이렇게 지방제도가 개편되면서 각 지방행정조직이 방역활동에서 차지하는 역할은

---

11 「傳染病豫防令 改正」, 『朝鮮總督府官報』, 1924.6.2.

12 「공의규칙개정」, 『朝鮮總督府官報』, 1925.2.28.

13 「平安南道道公醫規則」, 『朝鮮總督府官報』, 1925.8.27; 「地方公醫規則(道令9號)」, 『朝鮮總督府官報』, 1929.6.2.

14 「大正八年 朝鮮總督府令 第六十一號 改正」, 『朝鮮總督府官報』, 1928.5.17.

점차 확대되어 갔다.

② 조직 개편

일제의 통치정책이 '문화통치'로 변화하면서 민간이 의료행정에 참여하는 범위가 넓어졌다. 1921년 2월 지방관 관제 개정을 통해 각 도에 기술인력으로 위생기술원이 배치되었다. 위생실험을 담당하는 시험실도 설치되었다.[15] 각 항구에는 방역과 의료업무를 담당하는 항무의관 및 의관보가 증원 배치되었다.[16] 민간의 활동영역이 넓어지고 있었다.

가장 중요한 변화는 경찰 분야에 있었다. 위생경찰제도에 변화가 나타났다. 각 도에 제3부가 설치되어 경찰사무를 처리하였다. 제3부장은 도사무관이 담당하였다. 지방경찰기관이 일반 지방행정기관에 통합된 것이었다. 일제는 그 결과 "지방행정과 경찰행정이 연락 밀접하여 도행정이 원활하게 운용"되었다고 평가했다.[17] 경찰이 의료업무를 관할했다면, 일반 행정기구가 그 업무에 개입할 수 있는 여지가 생긴 것이었다.

각 도 경무부 위생과 과장에 원칙적으로 의사를 임명할 수 있게 된 것도 문화통치 이후였다. 이러한 임명이 가능했던 배경에는 총독부의원장 하가 에이지로(芳賀榮次郎)의 건의와 새로이 부임한 정무총감 미즈노 렌타로(水野練太郎)의 지시가 있었다. 두 사람은 조선의 위생방면 개선 향상에 대해 의견을 교환하였고, 그 결과 "각 도에 새롭게 위생과를 두고 책임

15 「彙報 - 官立醫院長會議」, 『朝鮮』 5호, 1925, 169쪽.

16 「제42회 제국의회 설명자료」, 『朝鮮總督府 帝國議會說明資料』 12, 1998, 東京: 不二出版, 206쪽.

17 「제44회 제국의회 설명자료」, 『朝鮮總督府 帝國議會說明資料』 11, 1998, 東京: 不二出版, 192~193쪽.

자인 과장에는 원칙적으로 의사를 배치"하게 되었다.[18]

1921년에는 각 지방의 위생행정사무를 담당하는 조직에 민간인 의사들이 본격적으로 배치되기 시작하였다. 종래 위생기술원이 배치되지 않아 전염병 및 지방병에 관해 병원(病源)의 검색, 예방 방지 등이 제대로 이루어지지 않았다는 판단하에 1921년 2월 의사인 기사 1명, 의사 혹은 약제사인 기수 2명이 각 도에 배치되었다.[19]

조직 차원의 변화가 실질적인 성과로 이어지기 위해서는 인적, 재정적 지원이 지속적으로 이루어질 필요가 있었다. 하지만 1920년대 후반까지도 각 도에 배치된 기술인력으로 기사는 1명에 불과했다. 이 정도 숫자로는 기술적 문제를 전담할 수 없었다. 의사의 전문성을 발휘하기 어려운 숫자였다. 경상비도 적었다. 많은 경우 사전 예방책을 철저하게 시행하기 곤란한 수준이었다. 매년 예비금이 지출되고 있었지만, "사후의 일시적 방어"에 불과했다.[20] 안정적인 재정지원이 이루어지지 않고 있었다.

③ 조선중앙위생회

민간의 위생활동과 관련하여 주목되는 조직은 조선중앙위생회였다. 조선중앙위생회는 1920년 7월 관련 규정이 반포되면서 설치되었다. 목적은 공중위생에 관한 사항에 대해 총독의 자문에 응하며 의견을 개진하

---

18 佐藤剛藏, 1956, 앞의 책, 37쪽.

19 『大正十五年コレラ防疫ニ關スル記錄』, 1927, 朝鮮總督府, 33쪽; 「衛生技術官の配置」, 『朝鮮』, 1922, 1쪽, 163쪽; 「朝鮮の警察と衛生」, 『朝鮮』 10호, 1929, 63쪽.

20 조선총독부 경무국 위생과, 1927, 「衛生施設の既往と將來」, 『朝鮮社會事業』 5권 4호, 20쪽.

는 것이었다.[21] 구체적으로 상하수 및 기타 공중위생상의 설비, 의료기관의 증설과 설치, 보건조사, 위생사상의 고취 등 관련 사항을 조사 연구하는 것을 목적으로 하였다. 일제는 "현재 위생상태에 비추어 조사 연구를 요하는 사항이 매우 많다"라고 판단하고 있었다.[22]

조선중앙위생회의 회장은 정무총감이었고, 총독부 각부 국장, 감찰관, 참사관, 총독부의원장, 헌병대 사령관, 육군 군의부장, 기타 민간 유력자 등 28명을 위원으로 하였다.[23] 정무총감을 비롯한 총독부의 관리들이 위원으로 참여했지만, 실질적인 목적은 민간의 협조를 얻는 데 있었다. 위생 업무가 "관의 시설로 충분하다고 말할 수 없"었고, 따라서 "실제상 각 방면의 의견을 청취하여 시설하지 않으면 안 된다"라는 판단이 있었다.[24]

조선중앙위생회는 일본의 경험이 식민지에 이식된 것이었다. 일본 본국 내무성 산하에 중앙위생회가 있었다. 중앙위생회는 중앙에서는 내무경의 관리 아래 있었고, 각 지방에는 지방관의 보조기관으로 지방위생회가 설립되었다. 중앙과 지방의 위생회는 긴밀한 연락하에 위생행정의 만반을 기하였다.[25] 타이완도 마찬가지였다. 위생행정을 담당했던 주요 기구 중에 타이완중앙위생회가 있었다.[26]

조선중앙위생회의 의견 청취 대상은 관리는 물론 민간, 기타 전문가들

---

21 「조선중앙위생회 규정」,『朝鮮總督府官報』, 1920.7.14.

22 「衛生」,『朝鮮』 1호, 1922, 162쪽.

23 『朝鮮衛生事情要覽』, 1922, 朝鮮總督府, 8쪽

24 「조선중앙위생회 총회」,『警務彙報』 198호, 1921, 125쪽.

25 『醫制百年史(記述編)』, 1976, 46쪽.

26 Michael Shiyung Liu, 2009, *Prescribing Colonization: The Role of Medical Practices and Polices in Japan-Ruled Taiwan, 1895-1945*, Association for Asian Studies, INC. p.62.

을 망라하였다. 종래 제한적으로 참여가 보장되던 민간의 역량을 동원하기 위한 기구로 조선중앙위생회의 역할이 상정된 것이었다.[27] 나아가 일본과 타이완의 예에 따라 중앙과 지방에 조직이 창설되었다. 전염병 및 지방병의 조사·연구 및 예방에 관한 위원회가 설치되었고,[28] 1922년 함경남도, 평안남도에 보건위생조사회, 위생조사회 등이 설치되었다.

하지만 조선중앙위생회의 활동은 거기에서 멈췄다. 중앙과 지방 조직을 구성하던 조선중앙위생회는 1924년 12월 폐지되었다.[29] 이유는 "자연소멸"이었다.[30] 명확한 이유는 없었다. 하지만 짐작은 가능하다. 민간 참여에 대한 역효과를 우려한 것이었다. 통치정책의 변화로 방역체제가 이완되고 있다는 우려가 나타나고 있었기 때문이다. 예를 들면, 검병적 호구조사가 완만하게 진행되었고, 그 결과 일부 조선인 사이에 전염병 은폐자가 증가하고 있었다. 그 문제를 막기 위해 1910년대와 같은 강압적 방역을 시행하면 조선인 사이에 반감이 생기고 저항이 발생했다.[31] 민간의 역할 확대는 일제에게 예상하지 못한 문제를 안겨주고 있었다.

'문화통치' 이후 나타난 위생조직의 개편 역시 방역사무와 같은 실무적인 차원에서는 변화로 이어지지 않았다. 지방관 관제 개정으로 경무부장에 속했던 위생 및 경찰사무가 규정상 도지사에게 통일되었다. 하지만 1919년 콜레라가 발생하자 방역사무는 이전과 마찬가지로, 즉 경찰 중심

27 「朝鮮中央衛生會總會」, 『警務彙報』 198호, 1921, 125쪽.

28 『朝鮮總督府施政年報(1918~1920)』, 1922, 281쪽.

29 「조선총독부 훈령 제42호」, 『朝鮮總督府官報』, 1924.12.25.

30 『朝鮮總督府醫院二十年史』, 1928, 朝鮮總督府醫院, 41쪽.

31 村田昇淸, 1923, 「種痘に就て」, 『朝鮮及滿洲』 184호, 63쪽.

으로 진행되었다.[32]

1920년도 마찬가지였다. 1920년 콜레라가 이어 발생하자 중앙에서 관리가 파견되어 해당 지역의 방역계획을 수립하였다. 이때 파견된 관리가 방역 전략 수립을 위해 협의한 대상은 도지사가 아니었다. 경찰업무를 맡고 있는 제3부장과 지역의 경찰서장이었다.[33] 일제는 법규와 조직의 변화에도 불구하고 경찰을 위생행정의 중심으로 활용하고 있었다. 문화통치는 적어도 방역분야에서 실질적인 변화를 가져오지 않았다.

조선중앙위생회의 소멸은 식민지 조선의 위생업무와 관련하여 상징적 의미를 지닌다. 민간의 협조가 이루어질 수 있는 경로가 사라졌다는 의미이다. '문화통치'의 실시에도 불구하고 위생경찰제도가 그대로 활용되고 있었다. 새로운 변화가 모색될 가능성은 적었다.

2) 군의(軍醫)의 역할 감소와 도립병원 전환

① 군의의 약화

지방 의료기관인 자혜의원의 설립과 운영을 주도한 점에서 알 수 있듯이 1910년대 조선의 의료체계에서 군의는 중요한 위치를 차지하였다. 군의의 활동은 연구분야까지 이어졌다. 1911년 학술조직인 조선의학회의 설립을 군의가 주도하였다. 군의가 주축이 된 13도 자혜의원장 회의에서 기획한 것이었다.[34] 기획의 명분은 협력에 있었다. 위생과 치료에서 군대

---

32 「コレラ流行及防疫狀況」, 『朝鮮彙報』 11호, 1919, 138쪽.

33 『大正九年コレラ病防疫誌』, 1921, 朝鮮總督府, 11쪽.

34 佐藤剛藏, 1956, 앞의 책, 41쪽.

와 민간의 구별이 없이 함께 협동해야 성과를 거둘 수 있다는 것이었다.[35]

하지만 군의와 민간 사이에 협조는 쉽게 이루어지지 않았다. 그들 사이에 갈등이 끊임없이 반복되고 있다는 사실은 의료계 내외에서 모두가 알고 있었다.[36] 갈등은 비판을 낳았다. 의료계를 넘어 일반인의 군의에 대한 평가도 좋지 않았다. 군의에 대한 일반 사회의 평판이 "불호(不好)함은 불가폐(不可廢)의 사실"이었다.[37] 군의 비판에서 일본 국회도 예외는 아니었다. 일본 국회는 1920년 조선의원급제생원특별회계법 개정에 동의하면서 단서를 달았다. 관립병원에서 군의를 제외하고 대신 일반 개업의를 채용하라는 단서였다.[38]

여러 비판이 쌓인 결과이겠지만, 총독부의원과 자혜의원에서 군의가 아닌 일반 의사를 채용하기 시작하였다. 상징은 시가 기요시(志賀潔)였다. 이질균의 발견으로 일본에서 명성을 가지고 있던 시가가 1920년 총독부의원장으로 부임했다. 당시 시가의 인기는 마치 살아 있는 신과 같았다. 나아가 시가의 부임은 그동안 군의가 장악했던 총독부의원장에 민간인이 채용되었다는 새로운 선례를 만들었다.[39] 그 선례는 자혜의원으로 확대되었다.

> "자혜의원 시대의 어느 시기에 원장·의관의 현역 군의제도도 폐지되고, 군의는 모두 그대로 예비역이 되어 군의인 원장·의관은 점차 물러나 1925년 도립의원으로 고쳐질 때는 대부분 군의가 아니라 일반 신

---

35 「朝鮮醫學會 開會式」, 『每日申報』, 1911.4.30.

36 「방하원장 사임설」, 『每日申報』, 1920.9.28.

37 「군의 구축 문제」, 『東亞日報』, 1920.7.16.

38 「의원제생원특별회계 개정」, 『每日申報』, 1920.2.16.

39 春秋子, 1931, 「城大教授物語(八): 志賀總長の辭任と後任問題」, 『朝鮮及滿洲』 285호, 83쪽.

진 전문 의사로 교체되었다."[40]

지방 의료기관이 민간 의사 중심으로 운영되는 경향은 계속 이어졌다. 1935년 도립의원의 의관 및 의원의 출신을 조사한 자료에 따르면, 군의의 수는 민간인의 1/10로 축소되어 있었다. 나아가 군의 21명 중 다수인 15명이 1년 지원병이었다. 군의가 절대다수이던 1910년대와 상황이 달라진 것이었다.[41]

다만, 군의의 교체에도 불구하고 자혜의원에 근무하는 의사들의 지위는 변경되지 않았다. 조선인들이 진료를 하는 의사가 관리냐 아니냐에 따라 신용의 정도를 달리하였기 때문이다.[42] 따라서 자혜의원 직원들에 대한 봉급이나 기타 급여는 도 지방비로 이관하면서도 관등만은 그대로 유지하는 조치가 취해졌다.[43]

② 자혜의원의 도립의원 전환

1910년대 초반부터 자혜의원의 운영 기조는 무료 진료가 아닌 진료비 수입 지향으로 이동하고 있었다. 전국적으로 3개의 자혜의원밖에 없던 1912년 총독은 이미 재정지원이 단기적으로 이루어질 수밖에 없다고 말했다.[44] 일본 본국도 동의하고 있었다. 무료 진료 위주의 진료 방침을 변경해야 한다는 주장이 나오고 있었다. 일본 귀족원 위원회는 자혜의원이 시료뿐 아니라 보통환자의 진료도 시행하고 있으므로 명칭을 도의원

---

40 佐藤剛藏, 1956, 『朝鮮醫育史』, 茨木: 佐藤先生喜壽祝賀會, 44쪽.

41 이흥기, 2010, 『한국 근대 의사직의 형성과정』, 서울대 국사학과 박사논문, 207쪽.

42 「朝鮮總督府地方官官制中ヲ改正ス」, 日本 國立公文書館 문서번호 2A-12-類1529.

43 「朝鮮道立醫院官制」, 『朝鮮總督府官報』, 1925.4.1.

44 「寺內總督訓示」, 『每日申報』, 1912.7.16.

(道醫院)으로 고칠 것을 요청하였다.[45] 자혜라는 용어가 주는 부담을 덜고 일반 병원과 같은 운영 기조를 취하라는 요청이었다.

실제로 1920년대 자혜의원 증설은 활발하게 이루어지지 않고 있었다. 1920년 개성, 대전, 군산, 사리원, 신의주, 강계, 철원, 혜산진, 성진, 순천 자혜의원이 건설되고 다시 인천, 원산, 이천 및 안성 자혜의원이 신설되었던 상황이 1920년대 초반에 들어서며 바뀌었다.[46] 1922년의 경우 재정 긴축 방침에 따라 의원 신설 비용이 삭감되어 확장계획이 5년 정도 지연되었다.[47] 1923년 관동 대지진은 재정 운영에 치명적인 영향을 미쳤다. 사업공채 발행이 중단되었고, 그 결과 자혜의원의 확장계획은 일시 중지되었다.[48]

변화는 1925년 찾아왔다. 총독부의 행정 및 재정정리에 즈음하여 총독부의원과 전라남도소록도자혜의원을 제외한 나머지 자혜의원이 전부 각 도 지방비 경영으로 이관되었다. 일본 본국의 재정 긴축정책에 부응하기 위해 총독부 역시 경비를 절약하지 않을 수 없었다.[49] 그 결과 자혜의원이 종래 사용하던 토지, 건물, 물품 등도 모두 지방으로 귀속되었다. 명칭 역시 운영 주체가 총독부에서 도로 변경됨에 따라 도립의원으로 개칭되었다.[50]

---

45 『朝鮮關係 帝國議會議事經過摘要』, 1915, 朝鮮總督府, 69쪽.

46 「1935년 제69회 제국의회 설명자료」, 『朝鮮總督府 帝國議會說明資料』 1, 1994, 東京: 不二出版, 168쪽.

47 『朝鮮總督府施政年報(1922)』, 1924, 366쪽.

48 『朝鮮總督府施政年報(1923)』, 1925, 336쪽.

49 『施政三十年史』, 1940, 朝鮮總督府, 154쪽.

50 『朝鮮道立醫院要覽』, 1939, 朝鮮總督府警務局衛生課, 1쪽.

〈그림 2-2〉 진주도립의원

운영자금으로 활용되던 조선의원급제생원특별회계 역시 폐지되었다. 특별회계에 속하던 자금 약 4백만 원은 각 도에 분리 지급되었다. 지급 기준은 각 의원의 총경비 3개년 평균이었다. 다만, 각 도의 규모가 다르기에 총액의 2/3는 각 의원의 총경비로 나누고, 잔여 1/3은 각 도 인구에 따라 차등 지급되었다.[51] 이후 도립의원은 분배받은 자금에서 생기는 이자, 의원 수입, 국고보조로 경영하게 되었다.[52] 다만, 국고보조는 자혜의원에서 도립의원으로 이관한 경우에 한해 지급되었다. 각 도에서 신설한 도립의

51 「제51회 제국의회 설명자료」, 『朝鮮總督府 帝國議會說明資料』 13, 1998, 東京: 不二出版, 21쪽.

52 『朝鮮總督府施政年報(1925)』, 1927, 360쪽.

원에 대해서는 국고보조가 없었다.[53]

경비 절약이라는 기조는 관제에도 반영되었다. 도립의원 관제가 반포되면서 빈궁자 질병 진료에 대한 사무를 관장하고 진료 역시 원칙적으로 무료로 진행한다는 조항은 삭제되었다. 도립의원이 자혜의원과 달리 빈궁자 중심의 시료 기관이 아님을 알려주는 삭제였다.[54] 그 결과 무료 진료 환자의 인원수에 제한이 가해졌다.[55] 입원환자는 입원료 10일분의 보증금을 지불해야 했고, 수술이 필요한 경우 추정 수술료를 미리 납부해야 했다.[56] 자혜의원이 이름처럼 무료 진료를 목적으로 설립한 데 비해 도립의원은 수익에 관한 관심을 놓치지 않고 있었다.

경비 감축에 대한 요구는 이어졌다. 총독은 도립의원이 재정 수지와 관련하여 세심한 주의를 기울여 경영상 유감이 없도록 하라고 요구하였다.[57] 정무총감 역시 국고를 상당히 감액할 것으로 예상하여 불필요한 경비를 절약하고, 나아가 경비에 대해 세심한 주의를 기울여달라고 요청하였다.[58] 최소 경비로 최대의 효과를 거두도록 노력하라는 요구가 이어졌고,[59] 총독부가 지급하는 보조금 역시 재정의 곤란으로 인해 감액하였다.[60]

---

53 『日帝下支配政策資料集』 7, 1993, 고려서림, 89쪽.

54 이방원, 2021, 「일제시기 도립의원(道立醫院)의 설립과 운영(1925~1945)」, 『이화사학연구』, 63호, 90쪽

55 「위생문제」, 『東亞日報』, 1931.2.3.

56 「도립의원처무규정」, 『朝鮮總督府官報』, 1929.6.9.

57 「道立醫院長竝慈惠醫院長事務打合會に於ける總督訓示(1926.2.16)」, 『朝鮮總督諭告·訓示集成』 3, 2001, 綠蔭書房, 186쪽.

58 「道衛生課長事務打合會ニ於ケル政務總監ノ訓示」, 『警務彙報』 270호, 1928, 3쪽.

59 「道衛生課長事務打合會に於ける警務局長訓示要領」, 『警務彙報』 286호, 1930, 154쪽.

60 「도경찰부장회의지시주의사항」, 『警務彙報』 286호, 1930, 151쪽.

③ 노력

경비 절약에 대한 압박이 있었던 만큼 효과도 있었다. 1927년 의원 수입이 늘어나 예정에 비해 약 1할의 증가분이 생겼다. 자치적 경영에 대한 긍정적 평가도 있었다. 어느 정도 낭비를 방지하는 방법이라는 평가였다.[61]

수익 경영에 대한 요구와 함께 도립의원의 시설을 개선하려는 노력 역시 지속되었다. 1928년 도립의원관제 개정으로 의관 23명이 증원되었다. 총독부 위생과장은 그 증원이 지방의 의료수요를 충족시키기 위한 노력이라 말했다.

> "각처에서 그 원사(院舍)의 협애(狹隘)을 소(訴)하는 상태요. 또 종래는 전문 의관 수가 충분치 못한 데도 잇서서 특히 소규모의 의원에서는 내과·외과의 2과에만 의관을 배당하고 산부인과와 갓흔 중요한 과에는 의관을 배치하지 못하게 된 처(處)도 잇섬슴으로 금반(今般)의 증원으로 산부인과는 물론이요, 그 지(地) 지방의 상황에 의하야 각기 전문의관을 배치하여 그 진용을 정돈하야 크게 지방의원의 활동을 촉(促)하야 충분히 지방 인민의 기대에 부(副)코저 노력하랴 한다."[62]

종래 도립의원은 내과와 외과를 담당하는 2명의 의관만을 두는 경우가 대다수였다는 것이다. 그 결과 산부인과가 중요한 과임에도 불구하고

61 「제51회 제국의회 설명자료」, 『朝鮮總督府 帝國議會說明資料』 13, 1998, 東京: 不二出版, 24쪽.

62 「전문의관을 증원」, 『每日申報』, 1928.6.17.

진료를 의원이 하거나 다른 의관이 겸무하는 경우가 있었다. 1928년 의관의 증원은 산부인과를 넘어 소아과, 안과, 이비인후과 및 치과 등에까지 이어져 "진료 분과의 완성"을 기대할 수 있었다.[63]

내부 충원을 넘어 의원 자체 숫자도 증가하였다. 도립의원 수는 1910년 13개에서 1943년 46개로 증가했다. 각 도 당 3.6개였다. 일제는 비록 각 군마다 도립의원을 설립하자는 요구는 수용할 수 없었지만, 도시·농촌 구별이 없이 여러 곳에 도립의원을 세우려는 의사는 가지고 있었다.[64] 의료공급을 확대하려는 의지를 가지고 있었다.

일제는 자혜의원의 도립의원 전환을 긍정적으로 평가하였다. "중앙집권주의를 개선하야 점차로 지방분임주의를 실현"할 수 있다는 평가였다.[65] 3·1운동 이후 이어진 통치정책의 변화를 반영하는 전환이라는 평가도 할 수 있다. 하지만 수익 위수 경영은 변할 수 없는 원칙이었나. 많은 경우 경상비의 대부분을 환자로부터 받는 수익으로 충당하였고,[66] 그 결과 수입에 도움이 되지 않는 진료를 피하게 되었다. 예를 들면, 왕진을 피하였다.[67] 일제의 시혜는 한시적이었고, 환자들은 진료비를 부담할 수 있는 능력을 갖추어야 했다.

④ 비판

자혜의원에 대해 그렇듯이 도립의원에 대한 비판 역시 지속되었다. 예

---

63 『朝鮮道立醫院概況』, 1930, 朝鮮總督府, 32쪽.

64 「전차세는 언제 실시」, 『朝鮮日報』, 1940.3.10.

65 「중등학교와 醫院의 移管」, 『每日申報』, 1924.11.22.

66 西龜三圭(경무국, 1928, 「병원경영」, 『警務彙報』, 272호, 59쪽.

67 「道衛生課長事務打合會ニ於ケル政務總監ノ訓示」, 『警務彙報』 270호, 1928, 6쪽.

를 들면, 경영이 관료주의적이라는 비판이 있었다. 진료 과정에서 불친절하다는 세평도 있었다.[68] 의사의 설명이 부족하다는 지적은 이전부터 제기된 것이었다. 의사가 전염병 환자를 만났을 때는 그 병이 사회의 생존에 어떤 관계가 있는지 설명해 주어야 하고, 설명 이후에 진단과 치료가 이어져야 했다.[69]

다음으로 진료비가 싸지 않았다. 경비절약의 요청이 진료비 수입에 대한 압박으로 이어진 까닭이었다. 개업의에 비해서는 저렴할지 몰라도 중앙의 관공립병원, 예를 들면 경성제국대학 의학부 부속의원의 진료비 수준과 대체로 동일했다.[70] 시료라는 이름하에 무료 진료를 시행하던 자혜의원의 성격이 전문적인 연구와 진료를 병행하는 대학병원의 그것과 구별하기 어렵게 변해버렸다.

〈표 2-1〉은 1928년부터 1941년 사이 도립의원 수입 중 진료비 수입이 차지하는 비중의 변화를 보여준다.

〈표 2-1〉 도립의원 진료 수입(1928~1941)

	의원수입							
	경기도	충청북도	충청남도	전라북도	전라남도	경상북도	경상남도	황해도
1928	43,437	37,250	21,855	120,654	89,144	185,181	67,712	36,359
1935	153,603.33	47,018.46	73,764.57	80,595.78	157,827.49	269,189.35	92,014.08	138,595.49
1936	184,838.35	53,870.47	80,802.10	178,951.04	168,011.74	292,912.36	123,845.34	159,523.88

68 「중등학교와 醫院의 移管」, 『每日申報』, 1924.11.22.

69 「경솔한 의자(醫者)에 대하야」, 『東亞日報』, 1921.7.16.

70 「제4회 경기도회 회의록(1936)」, 『日帝下支配政策資料集』 10, 1990, 고려서림, 238쪽.

1937	205,837	67,886	89,092	171,952	153,505	269,042	106,418	157,418
1938	215,494	71,466	106,290	175,689	174,970	288,970	119,526	171,263
1939	256,890.46	76,182.44	182,250.87	250,530.18	301,222.39	407,011.84	136,410.98	243,872.18
1940	312,900.28	89,804.45	216,313.66	300,759.87	370,572.61	448,137.45	177,047.94	310,837.76
1941	304,584	87,997	202,788	277,110	345,050	423,378	158,347	334,583
	평안남도	**평안북도**	**강원도**	**함경남도**	**함경북도**	**의원 총수입**	**총 수입**	**총 수입 중 의원 수입**
1928	193,290	90,618	37,312	97,594	160,450	1,180,856	2,668,218	55.74%
1935	434,135.87	177,286.38	111,613.25	209,865.45	258,568.28	2,304,077.78	4,277,094.43	53.87%
1936	473,162.32	182,814.48	120,467.84	350,309.93	289,291.89	2,558,801.74	4,473,586.51	57.20%
1937	460,289	198,674	129,000	283,825	278,605	2,571,935	3,575,075	71.94%
1938	552,255	208,052	167,000	308,193	273,670	2,832,838	4,216,533	67.18%
1939	658,558.17	310,735.85	282,537.93	378,337.18	449,308.48	3,933,848.95	5,697,961.91	69.04%
1940	711,326.08	363,849.59	394,649.87	514,159.31	545,660.62	4,756,015.49	7,112,245.85	66.87%
1941	669,899	396,219	425,000	454,350	513,100	4,592,405	6,941,013	66.16%

출처: 『朝鮮道立醫院概況』, 1930, 65~66쪽; 『朝鮮道立醫院要覽』, 1937, 142~161쪽; 『朝鮮道立醫院要覽』, 1938, 159~162쪽; 『朝鮮道立醫院要覽』, 1941, 154~173쪽.

지속적인 증가는 아니지만, 1937년의 71.94%를 정점으로 70%에 가까운 수입을 진료비에서 충당하고 있던 사실을 확인할 수 있다. 도립의원이 수익 경영을 하고 있었음을 알려주는 표이다.

진료비 증가 요소 중 하나로 약가(藥價)가 있었다. 도립의원 내부 자료가 아니어서 정확한 추산이라고 평가할 수 없지만, 당시 개업의의 도움으로 작성된 도립의원의 약가는 원가의 4배, 심지어 16배에 달했다.

〈표 2-2〉 도립의원 약가 분석

<table>
<tr><th></th><th colspan="3">소화제(消化劑)(가루약)</th><th colspan="5">진정제(鎭定劑)(물약)</th></tr>
<tr><td>일분</td><td colspan="3">2일분</td><td colspan="5">2일분</td></tr>
<tr><td>가처방
(假處方)</td><td>중조(重曹)
4·0瓦</td><td>타카챠스타제
1·0瓦</td><td>쵸클·로슈
1·0瓦</td><td>뿌롬·카리
2·0瓦</td><td>뿌롬나트륨
2·0瓦</td><td>뿌롬안치모늄
2·0瓦</td><td>고미정기
(苦味丁幾)
4·0瓦</td><td>물
200·0瓦</td></tr>
<tr><td>원가(原價)</td><td>1·1厘</td><td>38·0厘</td><td>60·0厘</td><td>5·8厘</td><td>6·0厘</td><td>7·2厘</td><td>5·6厘</td><td>-</td></tr>
<tr><td>원가합계
(原價合計)</td><td colspan="3">99·2厘</td><td colspan="5">24·6厘</td></tr>
<tr><td>의원징수가
(醫院徵收價)</td><td colspan="3">400·0厘</td><td colspan="5">400·0厘</td></tr>
</table>

출처: 이여성(李如星) 외, 1933, 『數字朝鮮研究』 4, 世光社, 159~160쪽.

개업의 스스로 당시 조선인의 생활상태로 판단했을 때 약값이 비싼 것은 사실이라고 인정하였다.[71] 따라서 진료비 감액 요구가 있었다. 조선에서 필요한 대책은 의료기관의 확충이 아니라 이미 설립된 의료기관의 경비화(輕費化)에 있었다.[72] 의료기관이 있어도 이용할 경제력이 없으면 그 기관은 무용지물이었다.

진료비 부담이 가능하다고 해도 조선인에게 도립의원 이용은 불편했다. 일본인이 다수를 차지하는 의사 구성 때문이었다. 다음 표에서 알 수 있듯이 1930년을 기준으로 한다면, 조선인 의관은 일본인의 4%에 불과했고, 의원의 경우도 82%에 머물렀다.

71 「의업에 관한 좌담회」, 『漢城醫師會報』, 1933, 58쪽.

72 「醫療機關을 輕費化하라」, 『東亞日報』, 1934.11.24.

〈표 2-3〉 도립의원(자혜의원) 직원

직별(職別) \ 구별	일본인		조선인	
	1921년	1930년	1921년	1930년
원장 및 소장(院長 及 所長)	23	30	-	-
의관(醫官)	32	73	-	3
교관(敎官)	3	2	-	-
사무관(事務官)	2	2	-	-
약제관(藥劑官)	2	2	-	-
의원(醫員)	37	45	14	37
서기(書記)	34	42	-	-
약제수(藥劑手)	22	33	-	-
간호부장(看護部長)	2	5	-	-
조수(助手)	-	-	-	2
촉탁(囑託)	11	22	5	12

출처: 이여성(李如星) 외, 1933, 『數字朝鮮研究』 4, 世光社, 162쪽.

조선인 환자가 불편한 것은 당연했다. 언어 문제가 특히 컸다. 이천 도립의원의 경우 의사가 전부 일본인이어서 언어가 통하지 않았고, 따라서 환자에게 불편을 주고 있었다.[73] 생활양식까지 다른 의사를 만나는 것처럼 서툴고 불쾌한 일은 없었다.[74] 1938년도에는 총 42개 도립의원 중 남원, 춘천의원은 조선인 없이 일본인 의료진만으로 구성되어 있었다. 다른 도립의원 역시 조선인 의료진의 수가 1~2명에 불과한 경우가 많았다.[75]

---

73 「조선인의사 배치를 요망」, 『朝鮮日報』, 1933.11.3.

74 李如星 外, 1933, 『數字朝鮮研究』 4호, 世光社, 142쪽.

75 『朝鮮道立醫院要覽』, 1938, 朝鮮總督府警務局衛生課, 6~30쪽.

일본인 의사 위주의 병원 조직은 민족차별이라는 비판을 낳았다. 비슷한 예로 원산부협의회 석상에서는 해당 지역에 설립된 부립병원에 조선인 의사가 한 명도 없어 조선인 환자의 불평과 원성이 높다는 지적이 나왔다. 그 지적은 부민의 생명을 좌우하는 병원에까지 "일선인의 차별적 시설"을 한다는 비판으로 이어졌다.[76] 서울도 마찬가지였다. 경성에 설치된 관립병원은 조선인이 쾌적하게 이용하기에 지장이 많았다.[77]

일본인 의사가 많았던 만큼 상대적으로 일본인 환자의 이용 빈도는 높았다. 1930년 현재 도립의원을 이용한 환자의 민족 별 백분비를 살펴보면 일본인 57.4%, 조선인 42%, 외국인 0.6%였다. 하지만 위의 백분비는 시료(施療) 환자를 포함한 경우이고 수가를 지불하는 환자만을 계산할 경우 일본인의 비율이 높아진다. 시료 환자는 조선인이 98.3%로 대부분을 차지하고 있었다. 이들을 제외하면 민족 별 환자 비율은 일본인 67.4%, 조선인 31.8%, 외국인 0.8%로 바뀐다.[78] 과반수 이상의 환자가 일본인이다.

하지만 가장 중요한 비판은 무료환자 수의 축소에 대한 것이었다. 도립의원의 운영기조인 독립경영은 무료환자의 지속이나 증가를 어렵게 만들고 있었다. 시료비를 증액하여 시료 환자를 취급하는 것은 매우 어려웠다.[79] 다음의 표는 독립 운영방식이 시행된 결과 총환자 중 무료환자, 즉 시료환자의 비율이 어떤 변화를 겪었는지 보여준다.

---

76 「원산리방면도로로」, 『東亞日報』, 1930.3.18.

77 「여자의전 기성론」, 『朝鮮日報』, 1936.4.5.

78 『朝鮮道立醫院概況』, 193, 朝鮮總督府, 36~41쪽.

79 「제12회 경상남도회 회의록(1939)」, 『日帝下支配政策資料集』,12, 1993, 고려서림, 75~77쪽.

〈표 2-4〉 도립의원 환자 중 시료환자 비율(1910~1940)

연도		1910	1911	1912	1913	1914	1915	1916	1917	1928
환자	수가환자	10,461	40,534	94,446	80,541	92,024	96,385	376,558	404,115	862,272
	시료환자	52,723	166,101	187,161	276,565	291,982	336,755	575,543	657,756	143,854
	계	63,184	206,635	281,607	357,106	384,006	433,140	952,101	1,061,871	1,006,126
총 환자 대비 시비환자비율		83.4%	80.3%	66.4%	77.4%	76.0%	77.7%	60.4%	61.9%	14.3%
연도		**1932**	**1933**	**1934**	**1935**	**1936**	**1937**	**1938**	**1939**	**1940**
환자	수가환자	1,095,517	1,236,729	1,340,211	1,459,039	1,574,475	1,768,669	1,866,122	2,009,855	2,210,538
	시료환자	192,426	188,996	185,857	227,010	184,347	158,475	131,442	112,301	86,193
	계	1,287,943	1,425,725	1,526,068	1,686,049	1,758,822	1,927,144	1,997,546	2,122,136	2,296,731
총 환자 대비 시료환자비율		14.9%	13.3%	12.2%	13.5%	10.5%	8.2%	6.6%	5.3%	3.6%

출처: 『朝鮮總督府施政年報』 1910~1917; 『朝鮮道立醫院槪況』, 1930, 56쪽; 『朝鮮道立醫院要覽』, 1937, 55쪽; 『朝鮮道立醫院要覽』, 1941, 62쪽.

1910년부터 1917년까지 60~80% 사이를 차지하던 시료환자의 비율은 자혜의원의 도립의원으로 변경 이후인 1928년 14%로 추락한 이후 점차 감소되고 있다. 1940년대에 이르면 5% 이하로 접어들었다. 식민 지배 초기 지방민들이 향유하던 무료 진료의 혜택이 급격히 감소해 나갔음을 알 수 있다. 옛날의 자혜의원 시절이 그립다는 목소리가 나오는 것도 자연스러웠다.[80]

도립의원이 독립경영을 명분으로 영리를 추구하는 방향으로 나아가

80 三木榮, 1936, 「京畿道立水原醫院二十五年史」 『中外醫事新報』 5호, 326쪽.

자 비판이 제기되었다. 그 비판은 환자를 넘어 같은 동료인 의사로부터 나왔다. 개업의사의 경우 이익을 추구하는 도립의원이 반가울 리 없었다. 그들은 관공립병원의 변화를 비판했다.

> "원래 관공립병원은 성질상 다수 환자를 치료하는 것이 목적이거늘 수입을 목표로 하게 되니 개업의 이상으로 영리화한 것이 실로 유감이다. … 관공립병원에서 잘못이 잇는 경우에는 소호(小毫)도 용서치 말자. … 관립병원이 영업기관이 되어 잇다. 수입 다과로 그 병원의 성적 호부(好否)를 논하며 동일한 병원 내에서도 각과가 서로 수입 성적을 다투게 되니 관공립병원에서 봉직하는 의사의 심정이 엇지 단순하겟소. 이것은 조선의 위생행정상 일대문제라고 생각한다."[81]

개업의들은 관공립병원에 근무하는 동료 의사들의 처지를 안타까워했다. 그들이 판단할 때 도립의원은 자신들 이상으로 영리화되고 있었다.

⑤ 결과

일제도 영리 위주의 병원 운영이 적절하지 않다는 점은 알고 있었다. 가능하다면, 환자의 부담을 경감시켜 다수의 환자를 진료해야 했다. 국가가 가져야 하는 의무 중의 하나는 의료의 제공이었다. "대중이 요망하는 구료는 당연히 국가에 의해야 하는 것"이었다.[82]

하지만 의무보다 중요한 것은 예산이었다. 일제는 도립의원의 진료비

---

81 『漢城醫師會報』, 1933, 57쪽.

82 谷川貞夫, 1938, 「私的救療事業への期待」, 『同胞愛』 16권 10호, 32~33쪽.

감액 요청에 대해 가급적 기대에 맞출 수 있도록 노력하겠다는 원론적인 대답 이상을 하지 못했다.[83] 나아가 "현재 재정 상태에서는 의원 수입의 다과에 상당히 중점을 두지 않을 수 없습니다"라고 고백하였다.[84]

도립의원이 영리화되면서 의료기관의 부족 문제는 더 강하게 부각되었다. 상황은 지방, 그중에서도 농촌이 심각하였다. 의사들이 구매력이 있는 도시에 개원하였기 때문에 도시는 사립 병의원이 증가하고 있었다. 가장 극명한 대비는 경기도에서 이루어졌다. 1938년 현재 880명이 넘는 경기도 거주 의사 중 751명이 경성부, 38명이 인천부, 25명이 개성부에 거주하고 있었다. 93%에 가까운 의사들이 도시, 특히 서울에 거주하고 있었다. 경기도 20개 군 중에서 17명의 의사를 보유한 수원군을 제외하면 나머지 군은 10명도 되지 않는 의사가 있을 뿐이었다.[85]

도시도 중심과 주변의 조건이 달랐다. 가장 많은 의사를 보유하고 있는 서울이지만, 주변으로 1~2km 나가면 의료인의 부재로 인해 사망진단서를 구장(區長)이 써주는 곳이 많았다.[86] 의료기관이 부족한 지역의 주민들은 한시라도 안심할 날이 없다며 고통을 호소하고 있었다.[87] 절대적인 숫자의 의료인이 도시에 거주하고 있음은 분명했다. 반대로, 농촌이 가지는 소외의 모습은 고립무원이라고까지 표현되었다.

---

83 「저리자금을 융통해 소지주 구제 요망」, 『東亞日報』, 1940.3.17.

84 「道知事警察部長中樞院會議」, 『朝鮮』 5호, 1934, 54쪽.

85 『衛生概要』, 1939, 京畿道衛生課, 118~119쪽.

86 「제4회 경기도회 회의록(1936)」, 『日帝下支配政策資料集』 10, 1993, 고려서림, 233~234쪽.

87 「공의 배치 갈망」, 『東亞日報』, 1930.9.7.

"위생과 청결, 의료설비 등에서 조선 농촌은 도시에 비해 훨씬 뒤쳐진 고립무원의 상태에 놓여 있다. 도시의 번화가를 걸어보면 무수한 병원과 약국의 입간판이 사람의 눈을 끌며 나란히 걸려 있지만 대부분의 농촌에서는 이와 같은 설비를 하나도 볼 수 없는 경우가 많다."[88]

의료의 측면에서 도시에 비해 지방이, 특히 농촌이 가지는 열악함은 분명했다. 하지만 일제가 지방의 의료기관 부족 문제에 대해 할 수 있는 대답은 제한되었다. 그 문제에 대해 공감하고 앞으로 의료기관 충실을 위해 정진하겠다는 간단한 답변을 하거나,[89] 예산이 허용하는 범위 내에서 지방 의료기관의 수를 확장해 나가겠다는 원론적인 답변을 하였다.[90] 아니면, 의료기관의 도시집중은 세계 공통의 두통거리라는 대답으로 책임을 회피하였다.[91] 자신들에게 불리할 때 식민지 조선은 다른 지역과 구분되는 특수한 사례가 아니라 세계 보편적인 일반적 사례로 간주하였다.

재정이 궁핍하다면, 도립의원의 영리화는 불가피한 수순일 수 있었다. 다만, 가난의 문제가 있었다. 조선인은 가난했다. 진료 혜택을 받지 못하는 가난한 조선인은 병을 앓다가 죽거나 미신에 기대는 요행을 바라거나 돈이 있어도 싼 첩약이나 매약으로 치료의 방도를 삼을 뿐이었다. 얼마나 참담한 일이냐는 탄식이 나왔다.[92]

---

88 印貞植, 1943, 『朝鮮農村雜記』, 東都書籍, 154쪽.

89 「의료기관을 확충하라」, 『東亞日報』, 1939.3.14.

90 『江原道衛生要覽』, 1937, 江原道 衛生課, 126쪽.

91 「의료기관의 보편화와 이민보조를 역설」, 『東亞日報』, 1938.3.8.

92 「不良賣藥의 罪惡 斷然嚴禁하라」, 『東亞日報』, 1933.12.24.

3) '만주사변'의 발발과 한약의 활용

① 한의학 비판

1920년대 이후에도 한의학, 구체적으로 한의사에 대한 비판은 여전히 이어졌다. 방역 과정에서 문제를 발생시킨다는 비판이 대표적이었다.

> "의생은 대개 전염병에 관한 지식이 결핍하여 왕왕 진료를 그릇되게 하여 예방의 시기를 놓치거나 법정전염병으로 진단·판정하였지만 신고를 게을리하고 심하게는 은폐하여 병균을 전파시키는 사실(이 있다.)"[93]

의생이 진단을 잘못하고 신고의무도 게을리하고 있다는 비판이었다. 비판에 따르면, 의생은 가짜 진단서도 발급하고 있었다. 콜레라 의심 사망자를 신경쇠약, 위염, 회충 등의 병명을 붙여 사망진단서를 교부하였다.[94] 다른 전염병인 성홍열 환자에 대해서도 마찬가지였다. 사망진단서에 병명을 식체(食滯) 혹은 유체(乳滯)라고 써넣어 혼란을 일으키고 있었다. 병명을 전염병이 아닌 다른 질병으로 고쳐 써 주었던 것이다.[95] 능력 부족에 따른 실수가 아니라 의도된 범죄였다. 전염병 예방에서 가장 중요한 조치가 조기에 환자를 발견하고 격리하는 것이라고 할 때 의생은 방역을 오히려 방해하고 있었다. "의생의 배치는 물론 폐지하는 것이 타당"했다.[96]

한약에 대한 불신도 여전했다. 경기도 위생과장의 경우 유명한 보약은

---

93 「도위생과장회의」, 『警務彙報』 192호, 1921, 115쪽.

94 「コレラ病流行及防疫狀況」, 『朝鮮』 9호, 1920, 126쪽.

95 「괴질의 여파로 외군내간(外窘內艱)의 한의계」, 『東亞日報』, 1920.8.23.

96 田中丸治平(田中丸病院長), 1930, 「朝鮮の傳染病に就て」, 『朝鮮及滿洲』 276호, 48쪽.

안심하고 복용할 수 있지만 소위 환약은 인정할 수 없다고 주장했다. 그 안에 무엇이 들어있는지 알 수 없다는 이유 때문이었다. "교활한 매약상들의 고약한 짓이 만혓습도 사실"이었다.[97] 일제가 판단할 때 한약은 검증받은 약이 아니었다.

하지만 더 큰 문제는 의료기관의 부족이었다. 1930년대 중반 전라북도의 경우 의생 하나 없는 면이 80여 곳이나 되었다. 그런 곳에 병세가 위급한 환자가 생기면 그 병을 진료해 줄 사람이 없었다. 심지어 사망진단서 발급조차 이루어지지 않아 장사를 못 지내는 일이 적지 않았다.[98] 대안이 필요했다. 한의학이었다. 불신의 대상이지만, 한의학에 기댈 수밖에 없는 상황이었다. 진료를 의생에게 맡겨야 하는 상황이었다.[99]

② 배경

1930년대는 한의학, 특히 한약에 대한 신뢰가 성장하는 시기였다. 변화는 외부에서 왔다. 1931년 '만주사변'이었다. 전쟁의 발발로 중국과 관계가 악화하자 한약재 수급이 불안정해졌다. 중국, 특히 만주에서 수입하던 한약재의 수입 경로가 축소되기 시작한 것이었다. 국내에서 생산하는 한약에 관한 관심이 높아지는 계기였다. 다른 외부의 환경도 영향을 끼쳤다. 국제연맹이었다. 1931년 국제연맹이 산하 보건위원회에 한약 특별위원회를 설치한다는 소식이 전해졌다. 목적은 한약의 과학적 가치를 세

---

97 「무책임한 매약(賣藥)」, 『每日申報』, 1927.8.27.

98 「의료기관 전무면」, 『東亞日報』, 1936.3.8.

99 「道立醫院長竝慈惠醫院長事務打合會に於ける總督訓示(1926.2.16)」, 『朝鮮總督諭告·訓示集成』 3, 2001, 綠蔭書房, 185쪽.

〈그림 2-3〉 조선인삼 광고지

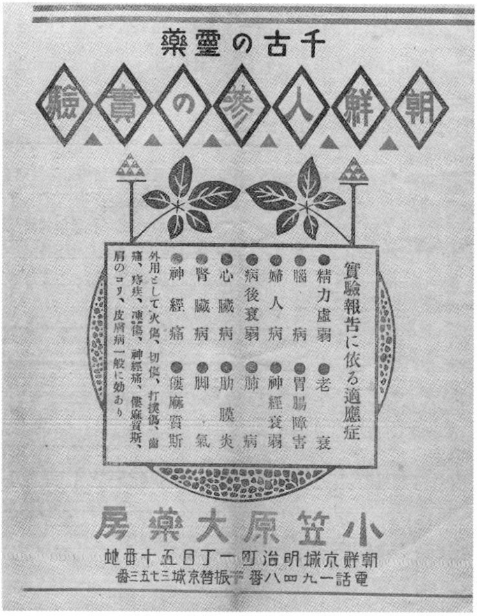

계적 차원에서 확인하겠다는 데 있었다.[100]

1930년대에 갑자기 한약의 실용성을 주목하기 시작한 것은 아니었다. 1910년대부터 총독부 산림과, 경무총감부 등을 중심으로 한약을 활용하려는 노력은 이루어지고 있었다.[101] 제1차 세계대전이 계기였다. 당시 외국에서 약품을 수입할 수 없게 되면서 곤란을 겪었고, 그 결과 한약 연구를 등한히 해서는 안 된다는 판단이 생겼다.[102] '만주사변'은 제1차 세계대전

100 「국제연맹에서 한방약연구」, 『每日申報』, 1931.7.1.

101 愼蒼健, 2007, 「경성제국대학에 있어서 한약연구의 성립」, 『사회와 역사』 76호, 108~119쪽.

102 吉木彌三, 1919, 「朝鮮産漢藥の狀況」, 『朝鮮及滿洲』 147호, 70쪽.

이 그렇듯이 한약재의 수입을 차단하는 결과를 낳았다. 대안은 조선의 한약이었다. 수입해야 할 한약 중 조선에서 재배하는 것이 상당히 있었다.[103]

1931년 우가키 가즈시게(宇垣一成)가 총독으로 부임하였다. 그는 농촌진흥정책의 일환으로 자력갱생운동을 전개하였다. 갱생을 위한 방법 중 한약 재배는 농민 수입을 증가시킬 수 있는 수단으로 주목받았다. 일제가 한약의 경제적 실용성에 주목한 것이었다. 사실 한약은 경제적 효과 이상의 치료 효과를 거둘 수 있었다. 특히 의료기관이 결핍된 소외지역에서 치료에 편리하게 사용될 수 있었다.[104]

1933년부터 일제는 한약 재배를 본격적으로 독려하기 시작하였다. 구체적인 재배방법도 제시하였다.

> "(1) 관상용으로 적합한 약초를 선택하여 관청, 학교, 경찰서 등에서 재배하고 (2) 자가용에 적합한 약초를 선택하여 의료기관이 부족한 벽지에서 재배하고 (3) 농가 부업에 적합한 약초를 선택하여 부락에서 재배한다."[105]

관상용에서 자가용으로, 나아가 부업에 적합한 약초를 선택하여 재배하라는 제안이었다. 경무국장은 재배할 한약의 종류까지 구체적으로 제안하였다. 수요가 높은 것, 토지에 잘 맞는 것, 재배가 쉬워 놓아두어도 자라는 것이었다. 이 세 가지 조건에 맞는 약초를 선택하는 것이 가장 중요

---

103 「道警察部長會議に於ける警務局長演示(1933.4)」, 『朝鮮總督諭告 · 訓示集成』 5, 2001, 綠蔭書房, 599쪽.

104 「위생기술관사무타합회」, 『警務彙報』 331호, 1933, 140쪽.

105 「휘보 - 약초재배상황」, 『朝鮮』 12호, 1933, 134쪽.

했다.[106] 한약 재배의 효과는 좋았다. 이미 1934년에 조선 전체에서 재배가 이루어졌고, "그 성적이 볼 만한 것이 있다"라는 평가가 나왔다.[107]

③ 과정

1930년대 한의학을 둘러싼 환경은 긍정적으로 변화하였다. 긍정적 평가는 경무국장이 한약의 활용 가능성을 표명하는 수준까지 나아갔다. 일본에서 한약에 대한 연구가 진전되어 "치료 효과가 확인되고 유효성분이 명료하게 된 결과 신약으로 제조된 것이 속출하는 데 이르렀다"라는 평가였다.[108] 심지어 한약이 양약 이상으로 우량하다는 주장이 나왔고,[109] 한약이 유행하자 가짜가 성행하는 현상까지 나타났다.[110] 한의학의 후진성이 강조되던 1910~1920년대의 상황과 다른 모습이 전개되고 있었다.

1932년 함경북도 위생과장은 서양의학 일변도의 의생 강습에 대해 반성하는 고백을 하였다. 도립의원에서 의생을 교육하면서 서양의학을 가르쳤지만, "그 결과가 양호치 못한 듯하다"라는 고백이었다. 한의학의 특색을 인정하지 않은 까닭에 의생의 치료가 철저하게 이루어지지 못했을 뿐 아니라 오히려 예기치 않은 폐해까지 있다는 반성이 이어졌다. 결론적으로 위생과장은 진료법은 서양식을 유지하더라도 "치료는 전혀 한약으로 하는 방법을 교수할 방침"이라고 자신의 생각을 밝혔다.[111] 한약의

---

106 「自力更生に拍車をかける藥草栽培」, 『朝鮮』 4호, 1933, 160~162쪽.

107 「도위생기술관타합회」, 『朝鮮』, 11호, 1934, 144쪽.

108 「自力更生に拍車をかける藥草栽培」, 『朝鮮』 4호, 1933, 161쪽.

109 「십삼만 원의 경비들여 개성에 한약연구소」, 『每日申報』, 1936.8.26.

110 「亂用亂賣의 弊害로 漢藥의 種類를 制限」, 『朝鮮中央日報』, 1936.8.26.

111 「한방의는 한방의로서」, 『每日申報』, 1932.5.28.

효용성을 공식적으로 인정한 것이었다.

한약에 대한 긍정적 평가는 다른 분야에 영향을 미쳤다. 1930년대 강원도는 의생의 양약 사용에 대해 새로운 시책을 내놓았다. 의생의 기술을 평가하여 양약 사용의 가능 정도를 구분한 것이었다. 구체적으로 의생의 기술을 심사하여 갑을병으로 나누고, 갑은 양약 전부, 을은 양약 중 일반약, 병은 한약에 한정하여 사용하도록 하였다. 의생들이 함부로 양약을 사용하여 폐해가 있다는 판단에 따른 조치였지만,[112] 의생의 양약 사용 범위가 확대된 것도 사실이었다.

1932년에는 한방의학강습회가 도립의원에서 개최되었다. "전조선 초유의 계획"이었다. 강사는 "조선 한방대가"인 전광옥(田光玉)이었다.[113] 도립의원의 전신인 자혜의원은 조선의 문명화, 그 방법으로 서양의학의 전파를 목적으로 설립되었다. 그 설립 목적을 고려하면, 의생의 강사 활동은 한약, 나아가 한의학의 위상이 얼마나 높아졌는지 보여준다.

하지만 이 같은 변화를 과대 해석해서는 안 된다. 한의학에 대한 불신은 여전히 병존하고 있었다. 1940년 인천부회에서 "위생비 예산으로 의생을 채용할 의사는 없는가"라는 질문이 나오자 담당자는 "필요성을 늦기지 안는다"라고 대답했다.[114] 한의학강습회 강사로서 의생의 참여도 제한적이었다. 전광옥을 제외한 나머지 강사는 모두 도립의원의 의사였다.[115] 서양의학 위주의 교육은 계속되고 있었다.

의생이 되기 위해 치르는 시험도 마찬가지였다. 시험문제는 해부학,

---

112 『江原道衛生要覽』, 1937, 江原道 衛生課, 331쪽.

113 「전조선 초유 계획인 한방의학강습회」, 『每日申報』, 1932.11.8.

114 「위생시설 문제로 의원들의 전봉 예리」, 『朝鮮日報』, 1940.3.27.

115 「위생강습회」, 『東亞日報』, 1933.8.17.

생리학, 내과, 외과, 산부인과 혹은 약물학에서 나왔다. 전염병이나 전염병 예방 및 소독방법은 특히 강조되었다. 한약 성분, 효능, 처방을 제외한 나머지는 모두 서양의학이었다.[116]

식민 말기까지 일제의 의생에 대한 기조 역시 같았다. 의생은 조선 의료계의 현상에 비추어 과도적 존재로 장래 의사의 보급에 따라 점차 그 수를 줄인다는 기조였다. 그럼에도 현실적인 의료수요를 감당할 수 없기에 재정적 보조의 길을 강구해 적극적인 활동을 촉구하였다.[117] 일제는 식민지 시기 내내 한의학과 관련하여 이상적 지향과 현실적 적용 사이에서 절충 아니면 동요의 길을 걸었다.

결국 식민 지배가 종식되는 그날까지 의생은 사라지지 않았고, 의료계의 주요 부분에서 활약하였다. 1944년 한 통계에 따르면 의사에 의한 사망진단서의 발급률이 18%인 데 반해 의생에 의한 것은 60%에 미치고 있었다.[118] 1935년 타이완의 경우 1/10의 사망증명서만이 한의사에 의해 발행된 점과 대조가 된다.[119] 타이완에서 서양의학의 확장이 상대적으로 넓게 이루어졌다면, 식민지 조선은 달랐다. 농촌이나 어촌과 같은 지방에서 의생들은 "의료상 중요한 역할을 담당"하고 있었다.[120] 해방 후 한의학이 정규의학으로 부활할 수 있었던 이유도 서양의학에 대비되어 식민지 시기 동안 민간의 의료수요를 충족시켰다는 데 있었다.[121]

---

116 행림서원 편집부 편찬, 1934, 『최근 전선 의생시험문제해답집』, 행림서원, 11쪽.

117 「朝鮮醫療令ヲ定ム」, 日本公文書館 2A-13-類 2884.

118 「僻村の醫者」, 『朝鮮』 6호, 1944, 68쪽.

119 Michael Shiyung Liu, 2009, ibid, p.132.

120 「朝鮮醫療令ヲ定ム」, 日本 國立公文書館 문서번호 2A-13-類2884.

121 박윤재, 2011, 「해방 후 한의학의 재건과 한의사제도의 성립」, 『동방학지』, 154호, 367~371쪽.

2. 의학교육의 확대와 지방 의료인 양성

1) 경성제국대학 의학부의 설립과 식민지 의학교육

① 배경

1920년대에도 의사의 부족은 지속적으로 제기되는 문제였다. 의생까지 합쳐도 2배 이상의 의사가 필요하다는 주장이 제기되고 있었다.[122] 의학교육기관의 설립을 통해 의사 수를 증가시킬 필요가 있었다. 경성제국대학(이하 경성제대) 의학부의 설립은 그 필요에 대한 대답이었다. 하지만 의학전문학교가 아닌 대학의 설립은 사회적, 교육적 차원에서 다른 의미를 지니고 있었다.

1924년 경성제대의 설립은 식민지 조선을 둘러싼 대내외적 상황을 반영한 결과였다. 우선 일본에서 진행되었던 교육제도의 개혁이 있었다. 구체적으로 1918년 대학령 제정에 의한 고등교육 재편과 대학을 중심으로 하는 고등교육 기관의 확장계획에 호응한 결과였다. 재조 일본인을 위해 고등교육기관을 설립해야 한다는 요구 역시 설립의 배경이었다.[123]

하지만 경성제대 설립은 무엇보다 3·1운동에서 표출된 조선인들의 반감과 저항에 대한 대응이었다. 일제는 제국대학 설립을 통해 식민 지배에 대한 조선인들의 지지와 동의를 끌어내고자 하였다. 더 이상 조선의 역량 부족을 거론하며 대학 설립에 반대하기는 어려웠다. 제국대학은 동

---

122 赤池濃,「朝鮮の衛生概觀」,『朝鮮』10호, 1921, 23쪽.

123 馬越徹, 2001,『한국 근대대학의 성립과 전개』, 교육과학사, 123쪽.

화라는 일제의 통치정책을 명시적으로 구현하는 수단이 될 수 있었다.[124]

나아가 조선인들은 고등교육을 원하고 있었다. 단적인 예는 해외 유학생 상황이었다. 1912년 279명이던 일본 유학생 숫자는 경성제대 예과가 개설되는 1924년 2,504명, 학부가 개설되는 1926년 3,275명으로 증가하고 있었다.[125] 일제는 이 요구에 대응할 필요가 있었다.

선교사와 경쟁 역시 배경 중 하나였다. 당시 서양 선교사들을 중심으로 대학 설립 운동이 진행되고 있었다. 의료선교사들이 주도하던 세브란스의학전문학교의 확장과 강화, 즉 기독교 종합대학 설립 시도는 일제의 입장에서 볼 때 교육에 대한 독점적 지배를 위협하는 움직임이었다. 일본 추밀원에서 진행된 논의는 일제가 가진 두려움을 명료하게 보여준다.

> "외국인이 경영에 관계하는 불완전한 사립대학이 관립대학보다 먼저 설립되는 것과 같은 일은 통치상으로 생각해서 크게 우려할 만한 일이 되지 않을까 두렵다."[126]

사립 종합대학이 먼저 설립되면 식민 통치에 위협을 줄 수 있다는 두려움이었다. 경성제대 설립은 이러한 움직임에 대한 대응이었다.[127]

---

124 정준영, 2009,『경성제국대학과 식민지 헤게모니』, 서울대 사회학과 박사논문, 95~100쪽, 110쪽.

125 大野謙一, 1936,『朝鮮教育問題管見』, 朝鮮教育會, 141쪽.

126 「一. 朝鮮教育令 一. 臺灣教育令」,『樞密院會議記錄』, 大正 11年 1月 25日.(정준영, 2010,「식민지 의학교육과 헤게모니 경쟁」,『사회와 역사』, 85호, 212쪽에서 재인용.)

127 정준영, 2010, 위의 글, 212쪽.

② 과정

경성제대의 설립은 1920년대 중반에 이루어지지만, 의학부로 한정하면, 그 논의는 이미 1910년대부터 시작되었다. 출발은 후지타 쓰구아키라 초대 총독부의원장이다. 그가 촉발한 논의는 하가 에이지로 2대 총독부의원장에게 이어졌다.[128] 하가는 페디스토마 방역을 위해 기생충학의 권위자인 고바야시 하루지로(小林晴治郎), 구주대학 교수 미야이리 케이노스케(宮入慶之助)에게 관련 연구를 의뢰한 바 있었다. 하가는 이런 의뢰가 "조선의학계의 권위를 인식시켜 대학 개설에 한 단계 나아가게 하는 자신의 미력한 충심에 다름 아니었다"라고 자평했다.[129]

하지만 하가가 구상한 의과대학은 경의전을 승격시키는 방식으로 이루어지는 것이었다. 1920년 총독부의원장으로 부임한 시가 기요시도 경의전의 승격을 당연하다고 생각하였다.[130] 경의전 졸업생과 재학생, 나아가 여론도 마찬가지였다. 경의전 학생들은 학술 이론과 실제 의술의 충분한 습득을 위해 의과대학 승격이 필요하다고 주장했다.[131] 경의전의 승격을 통한 의과대학 설립은 "자연스럽기도 하고 무리도 아니었다"라고 평가받았다.[132]

하지만 현실은 그 구상과 다르게 전개되었다. 경의전과 별개로 새로운 대학 소속 의학부가 설립되었다. 기존의 의학전문학교만으로는 의사 부

---

128 『朝鮮總督府醫院二十年史』, 1928, 朝鮮總督府醫院, 31쪽.

129 『芳賀榮次郎自叙傳』, 1950, 257쪽.

130 『京城日報』, 1920.12.11. (京城帝國大學創立五十周年記念誌編纂委員會, 1974, 8쪽에서 재인용.)

131 「醫專校昇格問題」, 『東亞日報』, 1924.12.6.

132 佐藤剛藏, 1956, 앞의 책, 83쪽.

〈그림 2-4〉 경성제국대학 의학부 본관

족문제를 해소할 수 없다는 판단이 있었다.[133]

경성제대의 설립은 1923년에 접어들어 본격화되었다. 1923년 11월 대학창설위원회가 설치되었고, 이곳에서 중요사항에 대한 심의가 이루어졌다. 그 결과 1924년 5월 대학관제 및 학부를 법문학부, 의학부의 2부로 한다는 발표가 이루어졌다.[134] 근거가 된 법률은 1918년 대학령, 1919년 제국대학령이었다. 제국대학령은 "국가에 반드시 필요한 학술, 이론 및 응용을 교수하고 그 온오(蘊奧)를 공구(攻究)하는 것을 목적"으로 하

---

133 樞密院會議筆記「京城帝國大學ニ關スル件」, 1924.4.30, (馬越徹, 2001, 앞의 책, 146쪽에서 재인용)

134 『朝鮮總督府施政年報(1924)』, 1926, 168~169쪽.

였다.[135] 학술과 이론의 교육은 이전 식민지 조선에서 이루어지던 의학교육과 다른 목표였다. 경성제대 의학부 설립이 단순히 의사 수 증가만 지향하지 않았음을 알려주는 목표였다.

식민지 조선에서 의학교육의 목적은 경의전의 설립 취지가 단적으로 증명하듯이 임상의사의 양성에 있었다. 식민의학의 특징은 임상의학 중심으로 교육이 이루어진다는 데 있었다. 같은 식민지였던 타이완은, 의료의 측면에서 접근하면, 일본과 사용자, 공급자의 관계에 있었다. 일본이 실험실을 통해 이론적 연구를 진전시켰다면, 타이완은 그 의료의 사용자로서 임상적인 치료를 발전시켰다. 실험의학을 발전시키려 해도 타이완은 재정이나 기구가 부족하였다.[136]

의학지식의 생산을 식민 본국이 진행한다면, 식민지는 그 지식을 수용하는 관계가 형성된다. 경성제대의 설립은 그 관계를 넘어서려는 시도였다. 의학전문학교가 배제했던 높은 수준의 학술 이론을 배우고, 연구를 통해 의학 발전에 기여하는 것이 제국대학 의학부의 교육목표였다. 따라서 해부학, 병리학, 생리학, 의화학 등 기초강좌의 실험과 연습이 중시되었다.[137] 1928년 5월 총독부의원의 경성제대 의학부 부속병원으로 전환도 같은 시도로 이해되었다. 기존의 치료기관이 교육 및 연구기관으로 변화한 것이었다.[138]

경성제대 의학부는 기초의학 14개, 임상의학 13개, 총 27개 강좌로 구성되었다. 이런 구성은, 36개 강좌로 구성된 동경제국대학을 제외하면,

---

135 『朝鮮敎育要覽』, 1928, 朝鮮總督府學務局, 138~139쪽.

136 Michael Shiyung Liu, 2009, ibid, p.64, p.85, p.136.

137 정준영, 2010, 앞의 글, 203쪽.

138 『朝鮮總督府醫院二十年史』, 1928, 朝鮮總督府醫院, 16쪽.

다른 제국대학과 비견될 수 있는 수준이었다. 임상의학은 다른 제국대학과 비슷했지만, 기초의학 강좌의 경우 12~13개였던 다른 제국대학의 강좌 수보다 많았다. 동경제국대학과 같은 14개 강좌를 개설하고 있었다.[139]

경성제대에 기초의학 강좌가 많았던 이유는 약리학과 미생물학 강좌가 2개씩 개설된 데 있었다. 이 강좌들은 경성제대의 특징과 연결되어 있었다. 경성제대가 설립되면서 강조된 측면 중 하나는 조선 연구였다. 총독은 경성제대가 식민지 조선에 필요한 인물의 육성에 유의하지 않으면 안 된다고 강조했다. 그가 지목한 필요 분야 중 동양문화가 있었다. 총장도 동의했다. 동아시아에 위치했기에 동양문화연구의 권위자가 되어야 했다.[140]

의료분야로 특화시키면, 경성제대 의학부는 조선의 특수 질병, 약물 등의 연구에 중대한 사명을 가지고 있었다.[141] 구체적으로 식민지 조선의 특징과 연결된 한약·한의학과 기생충 연구가 필요했다.

한약 연구의 경우 약리학교실 제2강좌에서 진행하였다. 제2강좌는 동경과 경도제국대학에 설치되었지만 3번째 제국대학으로 설립된 구주제국대학에는 없었다. "6번째 설립된 경성제대의 한약연구강좌는 경성제대의 간판강좌라고 해도 좋았다."[142] 기생충학도 마찬가지였다. 기생충학이 분리되면서 경성제대 의학부만 미생물학강좌가 2개 설치되었다. 동경제국대학을 비롯해 다른 곳에서 볼 수 없는 특징이었다. "기생충학강좌라고

139 馬越徹, 2001, 앞의 책, 150쪽.

140 「京城帝國大學始業式に於ける總長訓辭」, 『文教の朝鮮』, 1924, 6호, 3쪽.

141 「京城帝國大學始業式に於ける總督告辭」, 『朝鮮總督諭告·訓示集成』 3, 2001, 綠蔭書房, 282쪽.

142 京城帝國大學創立五十周年記念誌編纂委員會, 1974, 212쪽.

도 불렸던 이 강좌는 제국대학 의학부 중에서는 최초로 설립된 강좌였다."

조선의 의료환경에 대한 연구, 특히 한약과 기생충을 대상으로 한 연구는 식민 지배를 위해 필요했다. 식민지의 풍토와 위생을 조사하고 관련된 조치를 강구하는 것은 시정상 필수의 요건이었다.[143] 경성제대 의학부는 그 역할을 하고자 한 것이었다.

교수진도 다른 제국대학과 달랐다. 26명의 교수진 중 동경제국대학 출신이 15명으로 절반이 넘었지만, 비제국대학 출신도 16%인 4명을 차지했다. 일본의 다른 제국대학 의학부와 다른 모습이었다. 일본의 경우 비제국대학 출신이 교수가 되는 경우가 거의 없었다. 이런 차이는 의학부 교수 인선에서 산파 역할을 했던 시가 기요시의 의도와 연결되어 있었다. 그는 학벌과 파벌의 척결을 최우선 과제로 삼았다. 그 자신이 동경제국대학 출신이면서 자교의 학벌과 대립했던 특이한 이력 때문이었다.[144]

경성제대 출범은 기대를 낳았다. 고등교육기관이 하나 더 설치되었다는 의미를 넘어 최고의 학부가 탄생했기 때문이다. 어느 방면에서 보든지 "특필할만한 신기원"을 그었다는 평가가 이어졌다. 하지만 경계의 목소리도 함께 했다. "서양의학과 조선 한방의 비교연구에 이 대학의 독벽(獨闢)의 생명이 잇는 것처럼의 저급의 선전을 타기(唾棄)하라"라는 목소리였다.[145] 고등교육기관의 의미를 한의학과 같은 조선의 특수성 연구로 한정해서는 안 된다는 경계의 목소리였다. 특수성에 대한 강조는 문명적 열

---

143 「共進會記事」, 『朝鮮彙報』 11호, 1915, 111쪽.

144 정준영, 2009, 앞의 책, 152쪽, 161~164쪽.

145 「京城帝國大學令發布에 대하야」, 『東亞日報』, 1924.5.6.

악함을 부각시키는 방향에서 이루어질 수 있었다. 그 방향은 식민 지배의 합리화로 이어질 가능성이 높았다.

③ 결과

경성제대 설립의 목적 중 하나였던 의사 수 증가는 시기가 내려오면서 현실화되고 있었다. 1930년부터 매년 50명의 의사가 더 배출되었기 때문이다. 직전 해에 비교하면 매년 증가 의사 수의 40%에 해당하는 숫자였다.

〈표 2-5〉 의사 수

연도	의사시험	경성의학 전문학교	세브란스 의학전문학교	경성제국대학 의학부	계
이전 누계	37	177	-	-	214
1916	14	35	-	-	49
1917	17	48	-	-	65
1918	15	44	-	-	59
1919	11	40	-	-	51
1920	8	본과 27 특과 23	-	-	58
1921	18	본과 23 특과 13	-	-	54
1922	24	본과 36 특과 21	-	-	81
1923	9	구본과(舊本科) 24 본과 34	4	-	71
1924	18	구본과 19 본과 61	6	-	104

1925	25	구본과 14 본과 61	12	-	112
1926	36	구본과 33 본과 68	18	-	155
1927	32	구본과 28 본과 57	21	-	138
1928	4월 11 10월 19	구본과 18 본과 59	8	-	115
1929	30	70	20	-	120
1930	30	70	20	50	170
1931	30	70	20	70	190

출처: 小松茂(경무국 위생과), 1928, 「朝鮮の醫療機關普及と其の養成(下)」, 『警務彙報』, 270호, 62쪽.

하지만 절대적인 기준에서 의사 수는 여전히 적었다. 1934년 말 현재 의사 수는 2,302명으로 한지의사 297명을 합쳐도 2,598명이었다. 총인구로 나누면 의사 한 사람당 8,836명을 치료하는 셈이었다. 일본의 1,300여명에 비교하면 6배가 넘었다.[146] 제국대학 의학부 하나의 설치로 의사 수 부족문제를 해결할 수는 없었다.

하지만 경성제대 의학부의 설립을 통해 연구 분야에서는 성과가 이어졌다. 의학부의 학술잡지인 더 게이조 저널 오브 메디슨(The Keijo Journal of Medicine) 게재 논문에서 제2저자까지 합친 조선인 저자의 비율은 28%였다. 법문학부의 논집에 조선인 연구자의 논문이 한 편도 게재되지 않은 점과 비교가 된다. 적어도 경성제대 의학부는 "의학연구에 관한 한 조선

146 「1935년 제69회 제국의회 설명자료」, 『朝鮮總督府 帝國議會說明資料』 1, 1994, 東京: 不二出版, 169~170쪽.

인에게 어느 정도 영향을 주었다"라는 평가가 가능하다.[147]

일제가 다른 서양 제국주의와 다른 선택을 한 것도 사실이다. 서양의 경우 식민인은 자신의 자식을 모국의 대학에 보내 교육했다. 식민지에 대학이 설립되었다 해도 기술이나 응용과목 중심으로 교육이 이루어졌다.[148] 경성제대는 이런 식민지 대학과 달랐다.

하지만 경성제대는 식민지 조선의 의료체계에서 조선인이 차지하고 있던 위상을 알려주기도 한다. 일본인에 비해 낮은 위상이었다. 졸업생의 취직 상황을 통해 그 상황을 확인할 수 있다.

〈표 2-6〉 경성제국대학 의학부 졸업생 취직 상황(1930~1944)

연도	민족	관공서	학교	관공립병원	사립병원	군의	개업	회사	사망	기타
1930	일본인	1	4	10	1	5	12	6	4	0
	조선인	0	3	1	1	0	7	0	0	0
1931	일본인	4	15	12	4	4	11	5	2	0
	조선인	1	1	3	2	0	6	0	1	0
1932	일본인	7	7	5	5	5	8	3	0	4
	조선인	0	9	2	1	0	6	2	1	0
1933	일본인	3	14	6	5	4	1	6	3	1
	조선인	1	2	1	1	0	7	3	3	1
1934	일본인	3	13	4	3	8	4	4	1	2
	조선인	0	12	4	3	0	5	2	2	1

147 馬越徹, 2001, 앞의 책, 154쪽.

148 馬越徹, 2001, 위의 책, 126쪽.

1935	일본인	6	18	5	1	10	3	4	2	1
	조선인	0	5	1	0	0	8	0	1	0
1936	일본인	3	14	11	1	6	2	13	1	3
	조선인	1	8	0	0	10	1	1	1	0
1937	일본인	2	16	7	2	13	0	11	1	2
	조선인	2	10	1	2	0	5	1	1	0
1938	일본인	3	23	2	0	24	1	3	0	3
	조선인	3	2	1	1	0	3	1	0	0
1939	일본인	0	11	6	2	23	0	6	2	0
	조선인	1	12	1	1	0	1	0	0	0
1940	일본인	0	8	1	3	10	0	2	0	1
	조선인	0	3	0	1	0	0	0	0	0
1941	일본인	0	30	2	2	11	0	3	0	2
	조선인	1	18	0	0	0	0	1	0	0

출처: 『京城帝國大學一覽(1941년)』, 京城帝國大學, 394~395쪽.

이 표에서 가장 차이를 많이 보이는 분야는 관공립병원, 군의, 개업이다. 일본인과 조선인 졸업생의 전체 수를 합치면, 관공립병원의 경우 71명과 15명(82%와 17%), 군의의 경우 123명 대 0명, 개업의 경우 42명과 49명(46%와 53%)이다. 일본인 졸업생이 관공립병원, 군의 분야에 다수 진출한 반면, 조선인 졸업생은 개업에서 다수를 차지하였다. 특히 군의의 경우 조선인 졸업생은 한 명도 취업한 예가 없다. 결국 식민지 조선의 의료체계 중 관공립 분야는 일본인들이 주도하였고, 대신 조선인들은 개업을 위주로 활동하였다.

조선의 언론은 경성제대 졸업생들이 배출되기 시작한 직후부터 조선인 졸업생이 닥친 열악한 환경을 비판하고 있었다.

> "대학은 족벌이 심하야 법문학부나 의학부를 통하야 조선인 조교수의 길이 업스며 조수도 조선인은 정원의 삼분지일 이상의 문호를 개방하지 안흠으로 이제부터 나오는 학생은 조수가 되기도 어렵다. 조수는 도립의원 가튼 관공립병원의 의원 혹은 의관으로 만히 취직되는데 도립의원에서는 '단 일본인에 한한다'는 조건을 부치어 의원의 배속을 요구하야 오는 관게상 조선인 졸업생의 전도는 암담하다."[149]

언론은 조선인 졸업생의 미래가 암담하다고 예측했다. 하지만 상황은 나아지고 있었다. 의료기관의 부족은 해결되기 힘든 문제였기에 의사를 원하는 곳은 적지 않았다. 일본 제국에서 활동할 수 있는 면허증을 받았기에 졸업생은 일본 나아가 만주국에서 의사로 활동할 수 있었다. 1940년대에 "졸업 후 처지에 관해서는 곤란을 느끼는 바가 없다"라는 평가가 나왔다.[150] 취업에 문제가 없다는 평가였다.

다만, 교육방식은 문제였다. 식민지에 최고 교육기관으로 제국대학이 설립되었지만, 교수진은 일본인이 장악하고 있었다. 나아가 조선인 제자들이 교수로 성장하기는 어려웠다. 일본인 교수와 조선인 제자라는 구도는 결국 교육적인 측면에서 일본의 지도와 조선의 학습이라는 구도가 유

149 「금춘 성대졸업생 취업은 불과 삼분일」, 『東亞日報』, 1931.3.29.

150 「1941년 제79회 제국의회 설명자료」, 『朝鮮總督府 帝國議會說明資料』 5, 1994, 東京: 不二出版, 100쪽.

지된다는 이야기와 같았다. 서양의학의 도입을 통해 조선을 개발하고 문명화시킨다는 일제의 지배정책이 그대로 유지된 것이었다. 경성제대의 설립은 그 구도를 해체는커녕 약화하지도 못했다.

2) 도립의학강습소의 설치와 전문학교 승격

① 배경

의료기관의 부족은 상시적 문제였다. 조선에서 의사는 부족했고, 따라서 가장 "긴급한 것은 의료기관의 충실과 위생사상의 보급"이라는 평가는 계속되고 있었다.[151] 의사 부족문제를 해결하는 방법 중 하나는 지방에 의학교육기관을 설립하는 것이었다. 의학교육의 전통을 가지고 있던 대구와 평양이 후보지였다.[152] 평양과 대구에 있던 동인의원은 1906년과 1907년에 각각 부속의학교를 설립하여 의학교육을 시작한 바 있었다.[153]

1910년대 평양자혜의원 원장 우치무라 야스타로(内村安太郎)는 평양자혜의원을 기반으로 의학교육기관을 설치하고 싶다는 희망을 여러 차례 밝혔다. 당시 총독이던 데라우치 마사타케(寺内正毅)는 "현재 조선에는 경성의전 하나면 충분하다"라며 거절했지만, 지방에서 형성되고 있던 의학교육에 대한 의지를 알 수 있는 대목이다.[154]

1920년대에는 경의전 향방에 대한 논의가 진행되면서 대구와 평양에 의학전문학교를 설치할 수 있다는 전망이 나오고 있었다. 일제가 경의전

---

151 「평양의전문제는 총독부에서 양해」, 『每日申報』, 1927.1.12.

152 「醫師養成의 新計劃」, 『每日申報』, 1922.1.25.

153 박윤재, 2005, 『한국 근대의학의 기원』, 혜안, 153~163쪽.

154 佐藤剛藏, 1956, 『朝鮮醫育史』, 茨木: 佐藤先生喜壽祝賀會.

을 대학으로 승격한 후 대구와 평양에 의학교를 설치할 의향이 있다는 보도가 나오고 있었다.[155] 사실은 아니었다. 일제는 공립의학전문학교의 설립은 그 지역 주민의 성의에 달려 있다고 말했다.[156] 의학전문학교 수준의 교육기관이 지방에 설치되어야 한다는 당위성은 인정하고 있었지만, 경상비를 비롯한 안정된 재정 기반을 제공할 수 없었기 때문이다.[157]

지방에서 의학교육은 의사시험 수험자를 도와주는 방식으로 시작되었다. 의사를 증가시키는 방법 중 하나인 의사시험을 활용한 것이었다. 1923년 7월 대구자혜의원에 사립의학강습소가 부설되어 의학교육이 시작되었다. 자혜의원에 부속된 만큼 임상실습은 쉬웠다. 진료받는 환자들을 활용할 수 있었다. 대구자혜의원은 교육용 환자 전용병실을 2곳 마련하고, 하루 환자 30명을 수용할 수 있는 설비도 갖추었다. 전속 간호부 외에도 외래 각과를 두어 교육에 활용하였다.[158]

강습소는 처음에는 사립이었지만, 1924년 도 지방비로 운영되면서 대구의학강습소로 개칭되었다. 강습소의 목적은 "의사가 되려는 자에게 필요한 학술 및 기능을 가르치고 겸하여 품성의 도야에 노력"하는 데 있었다. 강습 기간은 3년이었다.[159] 교육 기간은 1926년 경상북도립의학강습소규정이 반포되면서 4년으로 연장되었다.[160]

평양은 대구에 비해 시기가 약간 일렀다. 1923년 1월 평양자혜의원에

---

155 「의학전문학교 평양설치문제」, 『每日申報』, 1922.2.27.

156 「의전 실습용으로 적십자병원 확장」, 『每日申報』, 1926.11.4.

157 「평양의전 설치는 확실한 재원이 문제」, 『每日申報』, 1927.9.7.

158 『대구의학전문학교개요』, 1937, 19쪽.

159 「경상북도립의학강습소규정」, 『朝鮮總督府官報』, 1924.4.2.

160 「慶尙北道立醫學講習所規程」, 『朝鮮總督府官報』, 1926.4.30.

야간으로 사립의학강습회가 개설되어 의사시험을 준비하는 수험자에게 필수적인 과목을 교육하였다. 이 강습소는 1923년 5월 대구와 마찬가지로, 도 지방비로 운영방식이 바뀌면서 평양의학강습소로 승격되었다. 강습소의 목적은 "조선에서 의사시험을 받으려는 자를 양성"하는 데 있었다. 수업연한은 2년이었다.[161]

도립의학강습소가 설치되었지만 교육환경은 열악했다. 예를 들면, 전임 교수가 부족하여 도립의원에 소속된 의사들이 진료 외 시간을 내어 교육에 참여하고 있었다. 교실이 좁아 전체 정원을 수용하지 못하는 상황도 벌어지고 있었다.[162] 수업연한의 연장, 교육에 활용할 수 있는 표본이나 기계 설비의 보충, 전임강사 등 교수진의 보강에 대한 요구 등도 있었다.[163]

나아가 강습소를 의학전문학교로 승격시키기 위한 일종의 시민운동이 대구와 평양에서 전개되었다. 지방행정조직의 관리뿐 아니라 지역의 유지까지 참여하였다.[164] 그들은 설립할 기관의 부지를 기부하고, 설비와 건물을 준비할 수 있는 비용을 갹출하였다.[165]

대구에서는 준비조직으로 지역의 유지들이 참여한 기성회가 창립하였다. 이름은 대구의학전문학교설치기성회였다.[166] 기성회는 설립을 위한

---

161 「道立醫學講習所規程」, 『朝鮮總督府官報』, 1923.4.9.

162 『衛生一般』, 1929, 慶尙北道, 23쪽.

163 「醫學講習所生」, 『東亞日報』, 1925.2.18.

164 「십만 원 기부로 의전설치운동」, 『東亞日報』, 1926.7.23.

165 「점차 구체화한 평양의전 문제」, 『每日申報』, 1926.5.29.

166 「大邱醫專期成會」, 『每日申報』, 1927.9.14.

자금을 모았다.[167] 나아가 시민대회 개최를 통해 지역민들의 호응을 유도했다.[168] 관리나 유지만으로 교육기관의 건설 비용을 충당할 수 없었기 때문이다.[169] 시민운동의 열기에 대해서는 정무총감도 인정했다. 의학교육기관의 설치를 위해 “평양과 대구에 맹렬한 요망운동”이 일어나고 있다고 인정했다.[170]

각 도에 의학교육기관을 설치하는 일이었던 만큼 구체적인 실천은 도지사의 몫이었다. 1926년 평남지사는 의학전문학교 설치를 위해 각종 준비를 하고 있으며, 1927년에는 신설할 수 있도록 노력하겠다는 의지를 밝혔다.[171] 도의 입장에서도 의학전문학교 설립은 필요했다. 지역을 활성화하는 효과가 있었다. 지역의 “갱생책으로 의학전문학교를 하나 더 신설”할 필요가 있었다.[172]

문제는 경비였다. 관립으로 의학전문학교를 설립 할 경우 매년 경상비로 5~6만 원 정도의 지원이 필요했다.[173] 정무총감은 유감스럽지만 대구나 평양 어느 곳도 의학전문학교를 설립할 수 없다고 말했다. 아무리 지방에서 재정적인 준비를 한다 해도 장래 많은 경비가 필요한 시설을 함부로 결정할 수는 없었다.[174]

---

167 「대구의학교 설치키로 결정」, 『每日申報』, 1927.9.30.

168 「대구부에서 의전설치협의회」, 『시대일보』, 1926.7.23.

169 「도내 유지 연서로 의전 설치 진정」, 『每日申報』, 1926.7.26.

170 「의전설치문제는 양지가 모다 불능」, 『東亞日報』, 1926.9.2.

171 「평양의전 설치는 명년도에 실현」, 『東亞日報』, 1926.7.26.

172 「피검시민의 석방과 의전설치를 요망」, 『東亞日報』, 1931.3.20.

173 「점차 구체화한 평양의전 문제」, 『每日申報』, 1926.5.29.

174 「의전설치문제는 양지가 모다 불능」, 『東亞日報』, 1926.9.2.

총독부가 재정문제에 대해 부정적인 입장을 표명하자 도는 의학교육기관을 지방비로 운영하겠다는 의사를 밝혔다. 학교 건축비를 넘어 개교할 경우 첫해의 경비까지 지방비에서 지출할 결심을 밝힌 것이었다.[175] 지방의 의지를 확인한 총독은 예산을 확보하면 의학전문학교 설립을 승낙하겠다고 동의했다.[176] 하지만 실제적인 설립까지 갈 길은 멀었다.

② 과정

1928년 평양의학강습소는 입학자격을 전문학교 수준에 맞추기 위한 준비를 시작하였다. 지원자의 자격을 중등학교 졸업자로 제한한 것이었다.[177] 시설의 개선도 이루었다. 그 결과 일본의 의학전문학교와 비교를 해도 손색이 없을 건물을 가지게 되었다는 평가를 받았다.[178] 도는 총독부와 교섭에 나섰다. 입학자격을 전문학교 수준으로 높인 만큼 즉시 의학전문학교로 승격되지는 않더라도 졸업생이 나올 즈음에는 동일한 자격을 받을 수 있도록 교섭에 나선 것이었다.[179] 성과는 있었다.

1929년 대구와 평양의 도립의학강습소규정이 반포되었다. "도지방비는 의사양성을 위해 의학강습소를 설립할 수 있다"라는 내용이었다.[180] 수업연한은 4년, 정원은 대구의학강습소가 200명, 평양의학강습소가 240명이었다. 대구의학강습소는 교육 목적이 "의사가 되려는 자에게 필요한 학

---

175 「평양의전 설치를 지방로써 계획」, 『東亞日報』, 1926.10.27.

176 「특별재원 완성까지 일개년간 연기?」, 『東亞日報』, 1927.1.16.

177 「평양의강생 자격 향상」, 『每日申報』, 1928.1.14.

178 「日本醫專에 遜色업슬 平壤醫講의 設備」, 『中外日報』, 1928.7.26.

179 「平壤醫講所 昇格이 有望」, 『東亞日報』, 1928.12.27.

180 「도립의학강습소규정」, 『朝鮮總督府官報』, 1929.6.12.

술 및 기능을 가르치고 품성의 도야에 노력"하게 하는 데 있다고 밝혔다.[181]

하지만 평양의학강습소의 경우 목적에 "의사 양성 및 의학 연구"를 적시하였다. 의사 양성을 넘어 연구가 이루어지는 기관으로 인정받은 것이었다.[182] 두 강습소 모두 교육과 관련하여 비슷한 궤적을 보인 만큼 평양의학강습소가 대구와 명백히 구별되는 교육목표를 가지게 되었다고 평가하기는 어렵다. 다만, 강습소가 연구기관의 지향도 가지고 있었음을 확인할 수 있다.

의학강습소규정은 대구와 평양 강습소 모두 수업자격, 수업연한 및 내용 설비 등이 일반 의학전문학교와 다를 바 없는 수준임을 인정한 것이었다.[183] 그 결과 두 의학강습소는 의사규칙에 따른 학교로 지정되었다. 평양은 1930년 3월 이후 졸업자, 대구는 1930년 3월 이후 본과 졸업자에 대해 무시험 의사자격 부여가 이루어졌다.[184] 재학생의 경우 징집 연기의 특전도 부여받았다.[185]

하지만 대구나 평양 모두 강습소 수준에 만족하지 않았다. 의사로 활동할 수 있는 지역도 조선에 한정되어 있었다. 경의전 졸업생의 경우 개업 범위가 일본 제국을 포괄하고 있었다. 강습소는 적자가 아닌 일종의 서자였다. "강습소 규정은 대학령 및 전문학교령의 어느 것에도 해당하지

181 「慶尙北道立醫學講習所規程」, 『朝鮮總督府官報』, 1929.5.27.

182 「道立平壤醫學講習所 規程改正」, 『朝鮮總督府官報』, 1929.4.30.

183 『평양의학전문학교일람』, 1934, 1~2쪽.

184 「조선총독부고시 제113호」, 『朝鮮總督府官報』, 1930.3.19; 「조선총독부고시 제114호」, 『朝鮮總督府官報』, 1930.3.19.

185 『대구의학전문학교개요』, 1937, 1~2쪽.

않아 학교로서는 서자와 같은 지위"였다.[186]

다시 시민운동이 일어났다. 학생들도 함께 했다. 학생들은 지역 주민들을 방문하여 강습소의 전문학교 승격운동에 대한 응원을 요청했다.[187] 기부금 모집을 위한 요청도 함께 했다.[188] 대구의학강습소 생도들은 승격을 결의하는 학생대회도 개최하였다. 이 대회에서 총독부가 승격에 대한 분명한 대답을 제시하지 않는다면, "최후적 맹(盟)운동을 개시하기를 결의"하였다.[189] 일종의 공동투쟁을 결의한 것이었다.

총독부에는 탄원서를 제출하였다. 평양의 학생들이 제시한 승격 이유는 구체적이었다.

> "일(一), 동소는 입학자격, 교수자격, 수업연한, 교수과목 등이 의전과 동일한 것. 이(二), 현재 의사의 과잉생산시대인데 졸업 후 개업을 조선 내에 한하고 일본·만주 등 각 방면에 활약할 자격이 잇서야 졸업 후의 생활이 안정될 것, 쌀하서 환자에게도 의강생이라 하야 경시 밧는 경우도 불무한 것. 삼(三), 대학 의학부 입학의 여지가 업는 것. 사(四), 평양은 십사만의 인구를 옹(擁)한 서조선의 주요 도시로 전문교령에 의한 학교가 업는 것은 치욕인 것, 일본은 삼만 이상의 인구가 잇는 도시는 필히 전문교가 잇는 것."[190]

---

186 「平壤醫講の徵兵猶豫」, 『朝鮮新聞』, 1930.1.10.

187 「平壤醫講の昇格を運動」, 『朝鮮新聞』, 1931.3.19.

188 「夏期休暇利用하야 必死的昇格運動」, 『每日申報』, 1932.7.12.

189 「昇格問題討議로 學生大會를 開催」, 『東亞日報』, 1931.5.7.

190 「朝鮮內開業의 資格制限은 不可」, 『東亞日報』, 1931.3.22.

학생들은 제국대학 의학부에 입학할 수 없고, 의학강습소 출신이라 경시 받는다는 실제적 이유와 함께 보다 보편적인 수준에서 총독부를 압박했다. 자신의 강습소가 의학전문학교의 교육과 비교하여 손색이 없으며, 나아가 일본 본국과 차별의 문제가 있음을 강조했다. 일본 본국에 비교하여 인구가 더 많음에도 불구하고 전문학교가 없는 것은 차별이라는 문제 제기였다. 총독부, 나아가 일본 정부에 대해 강한 압박을 시도한 것이었다.

지역사회도 호응했다. 1930년 대구 주민들은 기존의 대구의학전문학교설치기성회를 부활시키고, 필요한 기부금 모집에 나섰다.[191] 1931년 평양부회 의원들은 평양의학강습소 승격을 위한 기성회를 조직했다. 여기에 평양상공회의소, 도평의회가 참가하였다.[192] 평양부회는 승격을 위해 다음 해 지방비 예산을 증액하는 결정을 내렸다.[193]

전문학교 승격을 위한 노력에 대구와 평양의 공동 실천도 이루어졌다. 이전 대구와 평양은 경쟁관계에 있었다. 1927년 경북지사는 정무총감에게 평양에 의학전문학교가 신설된다면 대구에도 같은 조치가 취해져야 한다고 요청한 바 있었다.[194] 이러한 경쟁 관계는, 결과적이지만, 의학전문학교 승격운동을 성공시키는 하나의 요소였다. 어느 한 지역만 의학전문학교 승격에 성공한다면, 다른 지역의 주민들이 실망할 것은 분명했다. 경쟁 관계는 두 지역 모두 재정 부족에도 불구하고 교사를 신축하는 등

---

191 「大邱醫專校設立 期成同盟會復活」, 『每日申報』, 1930.12.3.

192 「平壤醫講을 道立으로 運動」, 『東亞日報』, 1932.2.13.

193 「平壤醫講所昇格の運動」, 『朝鮮新聞』, 1931.12.11.

194 「의전교 신설은 결국 평양에만」, 『每日申報』, 1927.6.3.

승격을 위한 노력을 전개하는 동력이었다.[195]

1931년 대구와 평양은 승격을 위해 공동전선을 결성하는 데 합의했다. 이전의 경쟁관계를 넘어서려는 도전이었다. 쉽지는 않았다. 도중에 문제도 발생하였다. 의학전문학교를 관립이 아닌 도립으로 승격하자는 제안이 있었기 때문이다.[196] 도립일 경우 승격의 가능성이 더 높다는 전망이 있었고, 다른 지역과 연대할 필요도 없었다. 제휴는 오히려 승격에 방해가 될 수 있었다.[197]

하지만 제휴는 다시 이루어졌다. 승격의 목표가 도립이 아닌 관립으로 결정되었기 때문으로 추정된다. 제휴는 지방행정기관 차원으로 확대되었다. 도 사이의 제휴였다. 경상북도와 평안남도는 제휴를 통해 승격 목적을 관철시키기로 합의하였다.[198] 승격운동은 강도를 높여갔다. 학생들은 혈서로 진정서를 작성하여 도, 총독부, 문부성에 발송하였다. 동맹퇴학까지 결의하였다.[199]

1932년 승격의 가능성이 보이기 시작하였다. 총독부가 대구와 평양의 도립강습소를 승격시키겠다는 의사를 표명한 것이었다. "모든 설비와 내용을 다른 전문학교보다 차라리 완전히 구비"하였다고 판단한 것이었다.[200] 승격을 위한 준비가 갖추어졌다는 판단이었다.

승격이 확정된 시기는 1933년 3월이었다. 관립이 아닌 공립 의학전문

---

195 「校舍가 昇格에 影響되면 問題」, 『每日申報』, 1930.12.5.

196 「平壤醫講所昇格猛運動」, 『東亞日報』, 1931.12.22.

197 「平壤醫講은 大邱와 絶緣」, 『每日申報』, 1931.12.29.

198 「平壤醫講昇格問題 起春까지에 實現」, 『每日申報』, 1932.10.14.

199 「大邱醫講과 가티 平壤도 共同戰線」, 『東亞日報』, 1932.5.15.

200 「平壤醫講昇格 最後的交涉」, 『東亞日報』, 1932.11.28.

〈그림 2-5〉 평양의학전문학교(1933년)

학교로 승격이었다. 일본 각의에서 승격을 결정하였고, 졸업생의 경우 조선을 넘어 일본과 타이완 등 일본 제국 전체에서 개업할 수 있는 자격을 인정받았다.[201] 1933년 11월에는 두 학교의 교육환경을 조사하기 위해 일본 문부성에서 2명의 교수를 파견하였다. 두 학교는 모두 조사자들이 "충실할 내용을 명확히 인식하게 될 것"이라고 낙관하고 있었다.[202] 그동안 승격운동을 전개하면서 교육환경을 개선하였고, 그 결과 내용과 외관

201 「兩醫學講習所昇格確定す」, 『京城日報』, 1933.3.5.

202 「평양, 대구 양 의전의 자격조사코자」, 『每日申報』, 1933.11.15.

이 모두 의학전문학교로서 손색이 없다고 확신하고 있었다.[203]

전문학교로 승격은 했지만, 재정문제는 학교의 성장을 막는 요소였다. 총독부가 아닌 각 도가 운영주체였기 때문이다. 중앙보다 재정적으로 열악할 수밖에 없었다. 설립 비용 역시 각 도의 지방비에서 충당이 되었다.[204] 대안 중 하나는 관립 의학전문학교로 전환이었다. 도영(道營)으로는 경영이 곤란하고, 따라서 관립 이관 문제가 대두한 것이었다.[205] 안정적 재정 확보는 식민지 시기 모든 의료문제를 관통하는 요구였다.

③ 경성여자의학전문학교

1928년 여자 의사 양성에 대한 논의가 본격적으로 시작되었다. 목적은 "의사(醫事)위생의 진보와 여성의 지능 및 인격의 향상을 도모"하는 데 있었다. 논의의 발의자는 여자 의료선교사인 로제타 셔우드 홀(Rosetta Sherwood Hall)이었다. 그는 여자의학전문학교를 설립할 계획을 세웠고, 교육 기반으로 동대문부인병원을 활용하고자 하였다.[206] 조직을 위한 활동은 구체화되어 여자의학전문학교 설립을 위한 창립총회가 개최되었다.[207]

처음 여자의학교육을 위해 만들어진 공간은 경성여자의학강습소였다. 홀이 귀국한 후 운영을 맡은 이는 김탁원(金鐸遠) 부부였다. 강습소에서 배운 학생들의 실력은 좋았다. 1934년 현재 학생 49명 중 43명이

---

203 「1941년 제79회 제국의회 설명자료」, 『朝鮮總督府 帝國議會說明資料』, 1994) 5, 東京: 不二出版, 104쪽.

204 「조선총독부 고시 제76호」, 『朝鮮總督府官報』, 1933.3.8.

205 「大邱醫專校 官立移管說濃厚」, 『朝鮮中央日報』, 1935.8.13.

206 「朝鮮最初 朝鮮女醫專實現」, 『東亞日報』, 1928.3.25.

207 「朝鮮最初朝鮮女醫專」, 『東亞日報』, 1928.5.20.

모두 의사시험에서 과목 합격 이상의 성과를 거두고 있었다.[208]

하지만 운영자들은 만족하지 않았다. 전문학교로 승격을 준비했다. 그들은 전문학교를 완전한 교육을 실시할 수 있는 공간으로 생각하고 있었다. 재단법인여자의학전문학교 창립발기준비회가 결성된 때는 1934년이었다.[209] 1936년 준비회는 경성여자의학강습소의 운영권을 김탁원에게 인계받았다. 유지와 확장을 위한 이사회도 구성하였다.

이사회에 김탁원과 함께 참여한 김종익(金鍾翊)은 경성여자의학전문학교의 설립을 가능하게 하였다.[210] 1937년 여자의학전문학교 및 부속의원의 설립, 기타 사회사업에 자신의 재산을 기부한 것이었다. 그 결과 경성여자의학전문학교의 설립은 본격화될 수 있었다. 재단법인이 학교 부지를 매수하였고, 교장으로 조선인 의사 정구충(鄭求忠)이 추천되었다.[211]

1938년 5월 전문학교령에 따라 경성자의학전문학교가 설립 인가를 받았다. 예과 1년, 본과 4년, 합쳐 5년제였다.[212] 다른 의학전문학교보다 1년이 길었다. 고등여학교가 4년제를 채택하여 남자 중학교보다 1년의 수학기간이 부족한 까닭이었다.[213] 1년 예과제도를 도입한 것은 고등여학교 출신을 위한 배려였다.[214]

경성여자의학전문학교의 설립이 순조롭게만 진행된 것은 아니었다.

---

208 이흥기, 2010, 앞의 책, 204쪽.

209 「市內 各界의 有志會合 女醫專 創立을 討議」, 『東亞日報』, 1934.4.5.

210 「"女醫專"設立準備」, 『朝鮮中央日報』, 1936.6.3.

211 「故金鍾翊氏의 遺業인 女醫專明春開校」, 『每日申報』, 1937.11.27.

212 「京城女子醫學專門學校設置認可」, 『朝鮮總督府官報』, 1938. 4.11.

213 「예과 일년 설치」, 『朝鮮日報』, 1938. 4.12.

214 奇昌德, 1995, 『韓國近代醫學敎育史』, 아카데미아, 323쪽.

교장 인선을 둘러싸고 여러 이야기들이 나오기 시작했다. 교장은 김종익의 뜻에 따라 정구충이 내정되어 있었다. 정구충 역시 당연한 사실로 받아들였다. "교장의 중임을 받아달라는 의탁이 잇어서 부족한 몸이나마 내락을 하엿읍니다"라고 밝힌 것이었다.[215] 하지만 다른 경쟁자가 있었다. 준비 작업을 실질적으로 진행하고 있던 경의전 교장 사토 고조(佐藤剛藏)였다. 그는 일종의 산파역으로 창립에 관한 절차를 총독부와 교섭하고 있었다.[216] 사토는 경성여자의학전문학교 설립과 관련하여 "일체 설치에 관한 권한을 위촉"받았다고 밝혔다.[217] 김종익도 사망한 상황이었다.

혼란은 설립자 여사, 즉 김종익의 미망인 박춘자(朴春子)의 의사를 따르는 방식으로 정리되었다. 그는 설립 및 경영 일체를 사토에게 위임하였다. 여자의학교육이 중요하고, 따라서 "상당한 인물을 전형"할 필요가 있다는 이유 때문이었다.[218] 결국 설립의 책임을 맡아 총독부와 교섭에 나섰던 사토가 경성여자의학전문학교 교장으로 취임하게 되었다.[219]

경성여자의학전문학교의 출범은 여론의 지지를 받았다. 여성의 활동 영역을 확대하였기 때문이다. 여성은 음악이나 가사 정도만 배우면 된다는 선입견을 넘어 남성과 같이 과학인이 될 수 있었기 때문이다. 여론은 경성여자의학전문학교의 설립을 "기쁨이다"라며 환영했다.[220] 1942년에는 총독부의 의학교 지정에 따라 졸업과 함께 자동으로 의사 면허를 받을

---

215 「京城女子 醫專 新設, 明春四月부터 開校」, 『東亞日報』, 1937.11.27.

216 「여자의학전문교 재단부서를 내정」, 『朝鮮日報』, 1937.11.27.

217 「여자의강생도는 전부 인계 되겟지요!」, 『朝鮮日報』, 1937.11.9.

218 「女醫專校長 佐藤氏로 決定」, 『東亞日報』, 1938.5.1.

219 「百花爛漫의 佳節 맞어 今日 女醫專 遂認可」, 『東亞日報』, 1938.4.10.

220 「경성여자의전 인가」, 『朝鮮日報』, 1938.4.11.

수 있게 되었다.[221]

하지만 그 과정에서 조선인들은 소외되고 있었다. 교장으로 논의되었던 정구충, 홀과 함께 여자의학교육에 참여했던 김탁원까지 신설된 여자의학전문학교에 참여할 수 없게 되었다.[222] 경성여자의학전문학교가 상대적으로 다른 의학전문학교에 비해 조선인 교수의 비율이 높은 것은 사실이었다. 하지만 교장이 일본인이었던 점에서 알 수 있듯이 경성여자의학전문학교에도 일본인 교수, 조선인 제자라는 구도는 기본적으로 유지되었다.

경성여자의학전문학교까지 설립되면서 식민지 조선에는 1개의 대학 의학부, 5개의 의학전문학교가 생겼다. 의사 수의 증가는 자연스러웠다. 그럼에도 식민지 조선의 의료공급은 부족했다. 일본 본국, 다른 식민지인 타이완의 의료인 수와 비교해 보면 조선의 열악함은 분명했다. 1940년 현재 일본의 의사 수는 65,332명, 조선은 3,197명, 타이완은 2,543명이었다.[223] 의사 총수에서 조선은 일본의 1/20에 지나지 않았지만 타이완에 비해서는 많았다.

하지만 인구 천 명당 의사 수를 대비해 보면 사정은 달라진다. 일본이 0.91, 타이완이 0.42인 데 비해 조선은 0.13이었다. 같은 식민지였지만 조선은 타이완에 비해 인구당 1/3의 의사를 보유하고 있었다. 1937년 경기도 위생과장은 의사 수와 관련하여 의사 1인당 인구 1,500명 정도가 적

221 「朝鮮總督府告示第1010號」, 『朝鮮總督府官報』, 1942.7.17.

222 佐藤剛藏, 1956, 앞의 책, 60쪽.

223 『朝鮮總督府統計年報(1942年)』, 16쪽, 268쪽; 劉士永, 2001, 「臺灣における植民地醫學の形成とその特質」, 『疾病 · 開發 · 帝國醫療』, 東京: 東京大學出版會, 255쪽.

당하다는 의견을 피력하였다.[224] 인구 천 명에 대비하면 0.67의 의사 수였다. 1940년 인구 대비 의사 수가 0.13에 불과했던 점을 고려하면, 조선이 느끼는 의료의 빈곤은 분명한 사실이었다. 촌락이나 벽지의 경우 서양 의학의 혜택을 입지 못하는 사람들이 매우 많다는 지적이 나오는 것도 당연했다.[225]

---

224 「제5회 경기도회 회의록(1937)」, 『日帝下支配政策資料集』 10, 1993, 고려서림, 707쪽.

225 「1941년 제79회 제국의회 설명자료」, 『朝鮮總督府 帝國議會說明資料』 5, 1994, 東京: 不二出版, 371쪽.

3. 급성전염병의 지속과 방역 정책

1) 우두정책과 두창의 지속

① 배경

우두법은 서양의학의 우수성을 확인시킨 첫째 사례로 간주된다. 두창을 막을 수 있는 "완전한 예방법"이었기 때문이다.[226] 일본이 세계에 자랑하던 세균학자도 우두법은 거의 무해하다고 할 정도로 효력이 확실하다고 평가했다.[227] 우두법을 통해 인류는 전염병을 극복할 수 있는 방법을 찾았고, 더 중요하게는 그 방법을 전파하였다. 영국에서 만들어진 우두법은 유럽, 나아가 비유럽으로 전달되었다.[228]

전파 과정에서 우두법은 우선적으로 수입한 국가가 다른 국가를 지배하는 수단으로 활용되기도 하였다. 일본도 예외는 아니었다. 일본군은 중국에서 우두법의 시행을 통해 자신의 점령정책에 대한 정당성을 부여하였다. 우두는 문명의 선물이었고, 따라서 접종 숫자를 확대하는 것은 점령정책이 가지는 시혜성(施惠性)을 보여주는 것으로 중요했다.[229]

우두법은 조선을 지배하는 과정에서도 활용되었다. "위생상 가장 필요한 건(件)을 들어 논하노니 제일은 종두"였다. 일제는 우두법이 조선과 일본의 인구 차이를 만든 이유라고 설명했다. 우두가 발명되기 전에는 조

---

226 加加見鐵太郎, 1920, 「天然痘に就て」, 『朝鮮及滿洲』 153호, 65쪽.

227 志賀潔, 1923, 「痘瘡の傳染と朝鮮の傳染病に就て」, 『朝鮮及滿洲』 184호, 63쪽.

228 David Arnold, 1988a, ibid, p.12.

229 飯島涉, 1998, 「近代中國の衛生行政」, 『東洋學報』 80권 2호, 71쪽.

선과 일본 사이에 인구의 차이가 없었지만, 식민 지배가 시작되는 1910년대에는 1천 3백 30만과 5천만의 차이가 나타났다. 거의 4배의 차이였다. 일제는 자신들은 우두를 실행하였지만, 조선인은 두창을 방임한 까닭이라고 이유를 제시하였다.[230] 우두법은 새롭고 필요한 의료기술을 활용하지 않는 조선의 미개함, 반면, 그 기술을 선진적으로 수용하여 이제 식민지에 실시하는 일제의 우수함을 보여주는 사례로 선전되었다.

조선의 미개함을 보여주는 다른 예는 준비 부족이었다. 일제의 판단에 따르면, 조선인들은 우두법을 수용할 준비가 되어 있지 않았다. 다음의 주장이 대표적이다.

> "두창은 … 인민이 그것을 하늘이 인류를 도태시키는 것이라는 미신을 가지고 인생에서 한번은 반드시 이 관문을 경과하지 않으면 안 된다고 하여 그에 대해 하등 예방방법을 강구하지 않을 뿐 아니라 시체는 나무에 걸어 조문하거나 장시간 실내에 두고 일가친척이 모여 음식을 함께 먹는 등의 나쁜 풍습을 행하고 … 심하게는 일본인이 조선인을 박멸하기 위해 독물을 주사한다고 하는 폭언조차 전해지는 데 이르렀다. 종두 시기에는 숨거나 종두 관리에게 폭행을 가하며 피하는 것 같은 사례도 종종 있었다. 강제로 접종받은 경우 집으로 돌아가 식염수로 접종 부위를 닦는다."[231]

이 평가에 따르면 조선인은 전통적인 미신에 구속되었다. 나아가 선한

230 「衛生講話」,『每日申報』, 1910.12.11.

231 「衛生及警察 - 痘瘡及種痘の狀況」,『朝鮮彙報』 4호, 1917, 139쪽.

의도를 가지고 우두법을 시행하는 일제를 오해하고 있었다.

하지만 조선이 일제가 평가하듯이 우두법의 수용과 관련하여 미개한 모습을 보인 것은 아니었다. 1880년대 우두법을 전국적으로 시행하기 위해 여러 노력을 전개하였고, 1895년에는 우두법 시행에 대한 법률인 종두규칙을 반포하였다. 일제도 그 성과를 인정하였다. 제한적이지만, 조선의 의료정책 중 "종두만 다소 효과"를 거두었다고 인정하였다.[232] 나아가 식민지 시기에 접어들어서도 종두규칙을 그대로 인정하였고, 우두시술자로 종두인허원을 활용하였다. 종두인허원의 양성을 위한 노력도 이어갔다. 자혜의원 의원이나 경찰의가 강사로 참여하는 실무 강습회가 그것이었다.[233] 조선의 우두법 수용에 대한 일제의 평가는 양면적이었다.

다만, 일제는 조선이 이룬 성취를 그대로 수용하지는 않았다. 제도적 측면을 제외하면, 비판적이었다. 우두 기술이 우수하지 않을 뿐 아니라 사용하는 기구나 약품의 보존에 충실하지 못하다는 비판이었다. 따라서 능력을 인정받지 못할 경우 종두인허원에 대한 해직도 이루어졌다.[234] 종두인허원은 의사가 부족하기에 불가피하게 과도기적으로 이용한다는 평가도 이어졌다.[235]

일제는 조선이 진행한 두묘(痘苗) 제조에 대해서도 비판을 하였다. 조선은 1890년대부터 내부 위생국에서 제조한 두묘를 사용하고 있었다.[236]

---

232 「司法及警察 - 衛生に關する一般概況」, 『朝鮮彙報』 3호, 1915, 129~130쪽.

233 「衛生 - 朝鮮總督府 救療機關」, 『朝鮮總督府月報』 1권 5호, 1911, 56쪽.

234 『衛生警察講義一斑』, 1913, 平安南道 警務部, 205쪽.

235 『朝鮮總督府施政年報(1912)』, 1914, 370쪽.

236 신동원, 1997, 『한국근대보건의료사』, 한울, 170쪽.

일제는 그 두묘가 순량하지 않고 종종 해를 끼친다고 비판하였다.[237] 대신, 긍정적 평가의 대상이 된 기관은 통감부가 주도하여 설립한 대한의원이었다. 1907년부터 대한의원 위생시험부에서 두묘의 제조를 담당하였고, 그 결과 품질이 처음으로 순량하게 되었다고 평가하였다.[238] 일제의 조선 비판에서 우두법 수용도 예외는 아니었다.

② 시행

일제는 식민 지배를 시작하며 우두를 대대적으로 시행하였다. "국민 보건상 그 병균의 일소를 목적"으로 하였다.[239] 인두와 달리 우두의 시행이 국가권력을 전제로 한다고 할 때,[240] 우두의 대대적인 시행은 식민 지배를 합리화하는 데 긍정적 기여를 할 수 있었다.

일제는 우두 시행을 위한 법률로 조선의 종두규칙을 이용하였다. 하지만 내용을 변화시켰다. 일본 본국과 달리 조선에서는 우두를 두 번 접종받도록 변경하였다. 접종 시기는 생후 90일 이후, 접종 성공 후 5년 이후였다. 재종두 시기가 5년 후인 것도 일본과 달랐다. 일본에서는 제1기부터 제2기 사이의 기간을 10년으로 정하고 있었다.[241] 면역의 유지 기간을 다르게 판단한 것이었다. 더 이른 시기에 우두를 접종하려는 의도가 있었을 것이다.

우두 시행과정에서는 강제력이 동원되었다. 일제는 강제력을 쓰지 않

237 『朝鮮統監府施政年報(1906~1907)』, 1908, 383쪽.

238 『朝鮮總督府施政年報(1910)』, 1912, 331쪽.

239 原親雄, 1920, 「種痘の勵行に就て」, 『警務彙報』 180호, 2쪽.

240 David Arnold, 1993, ibid, 120쪽.

241 「種痘に關する警務總長訓令」, 『朝鮮彙報』 5호, 1919, 157쪽.

〈그림 2-6〉 천연두 예방 전단지

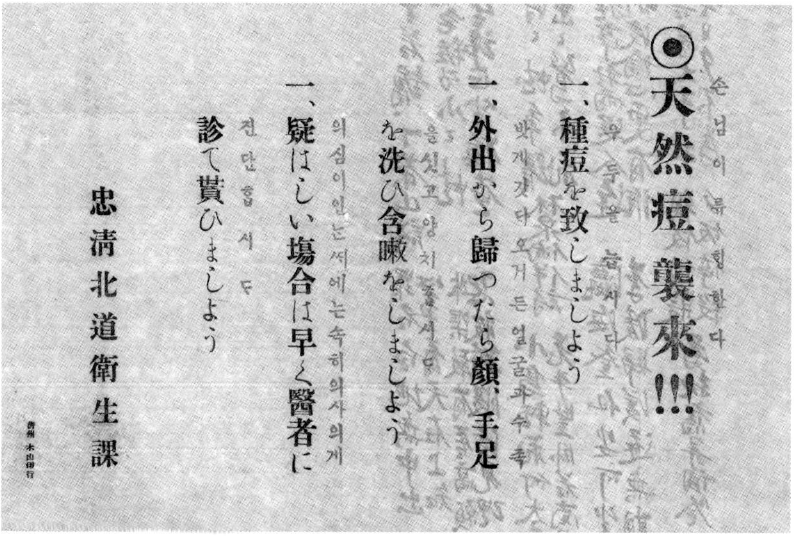

으면 우두 보급을 할 수 없다고 판단했다.[242] 강제력은 서양 국가들도 동원하고 있었다. 자유롭게 개인의 의사에 맡기거나 권유를 하는 수준을 넘어선 개입이 이루어지고 있었다.[243] 다만, 일제의 개입은 더 강했다.

특히 일제는 강제 우두 시행의 이유를 조선인의 무지에서 찾았다. 위생사상의 정도가 낮아 스스로 우두를 맞으려는 자가 거의 없다는 것이었다.[244] 심지어 조선인들은 우두를 맞지 않을 핑계까지 만들었다. 우두를 맞으면 머리가 나빠진다든지 수명이 단축된다든지 하는 핑계였다.[245] 우

242 『朝鮮衛生要覽』, 1929, 朝鮮總督府, 102~103쪽.

243 『衛生警察講義一斑』, 1913, 平安南道 警務部, 203~204쪽.

244 「衛生-朝鮮總督府 救療機關」, 『朝鮮總督府月報』 1권 5호, 1911, 55쪽.

245 「추계종두시행」, 『每日申報』, 1913.9.30.

두에 독약이 포함되어 있다거나 임신을 하지 못한다는 핑계도 있었다.[246] 일제로서는 수용하기 힘든 핑계였고, 동시에 강제적인 개입을 합리화하는 핑계였다.

강제력을 시행하는 주체는 경찰이었다. 1905년 이후 일제는 일본인 경찰의를 각 지방에 배치하여 우두를 시행하였다. 종두인허원을 관리하는 주체도 경찰이었다.[247] 일제는 경찰이 우두접종에 나선 결과 성적이 점차 양호해졌다고 긍정적으로 평가하였다.[248]

일본과 달리 두묘를 무료로 배부한 이유도 강제성과 연관 되어 있었다. 일제는 총독부의원, 자혜의원 및 경찰관서에서 사용하는 두묘의 비용을 징수하지 않았다. 우두의 확산을 위한 노력 중 하나였을 것이다. 하지만 무료 접종은 강력한 개입의 전제이기도 했다. 의료인이나 종두인허원이 접종비를 받을 경우 강제력에는 한계가 있을 수밖에 없었다.[249] 우두가 '관의 강제하는 바'가 되기 위해서는 무료 접종이 이루어져야 했다.

③ 비판

식민 지배가 시작되면서 우두는 대대적으로 시행되었다. 1910년 우두접종자는 모두 122만 명을 넘었다. 총인구 대비 약 10%에 이르는 숫자였고, 1909년의 54만 명과 비교하면 약 80%가 증가한 숫자였다.[250] 식민 정부는 기술적 문제나 대량 접종에 따른 정치적, 재정적 부담을 지기 싫

---

246 「종두방해자 嚴査」, 『每日申報』, 1910.10.14.

247 『朝鮮總督府施政年報(1910)』, 1912, 330쪽.

248 『朝鮮總督府施政年報(1911)』, 1913, 347~349쪽.

249 신동원, 1997, 앞의 책, 212~218쪽.

250 『朝鮮總督府施政年報(1910)』, 1912, 330쪽.

어한다.[251] 그런 점을 고려하면, 일제의 정책은 예외적이라고 평가할 수 있다. 식민 지배의 안정이라는 정치적 효과를 노렸을 가능성이 높다. 적어도 우두는 당시 인류가 가지고 있던 가장 확실한 예방법이었기 때문이다. 나아가 숫자가 과장되었을 가능성도 있다. 각 지방마다 경쟁이 이루어지고 있었고, 그 결과 이미 우두를 접종한 사람에게까지 중복해서 우두를 접종하는 일이 벌어지고 있었다.[252]

하지만 우두 시행이 확대되면서 실제로 두창은 감소하고 있었다. 다음 표는 1910년대 두창 환자와 사망자 수를 알려준다.

〈표 2-7〉 1910~1920년 두창 환자 · 사망자 수

	1910	1911	1912	1913	1914	1915	1916	1917	1918	1919	1920
환자	2,536	3,762	1,142	226	140	48	48	49	330	2,140	11,532
사망자	481	551	164	35	12	8	6	6	111	700	3,614

출처: 「조선총독부통계연보」, 1932, 408~410쪽; 「조선총독부통계연보」, 1942, 268쪽.

1910년 이후 두창 환자는 감소하고 있었다. 국내 발생의 빈도도 감소하고 있었다. 1913년 발생한 226명 환자의 대부분은 중국과 인접한 국경 지방 거주자였고, 기타 각 도에서는 1~8명 정도가 발생하였다. 매년 위생난에 두창을 별도로 게재했던 『조선총독부시정연보』도 1913년판부터 그 구분을 없애 버렸다. 두창의 위험이 현저히 줄어들었다는 방증이다.

251 David Arnold, 1993, ibid, 121쪽.

252 『朝鮮總督府道府郡書記講習會講義錄』, 1914, 朝鮮總督府, 305쪽.

1913년 총독부는 "두창은 거의 절멸에 가까이 갔다"라고 평가하였다.[253]

긍정적인 결과는 일제가 시행한 강제적이고 대대적인 우두접종의 결과로 이해하는 것이 맞다. 강제 접종을 조선보다 일찍 시작한 타이완도 비슷한 결과를 얻고 있었기 때문이다. 타이완은 1900년대 초반부터 두창 환자 수가 두 자리에 머무르고 있었다. 일제가 통치한 지 10년 가까이 되는 해였다. 타이완에서 두창은 의미 없는 질병이 되어가고 있었다.[254] 강제 접종의 효과는 분명했다.

하지만 조선은 아니었다. 절멸을 기대하던 총독부의 예상이 무너진 시기는 1919~1920년이었다. 1919년에는 2,140명 환자, 700명의 사망자, 다음 해에는 11,532명의 환자, 3,614명의 사망자가 발생하였다.

일제는 두창이 계속되는 이유로 조선인의 열악한 위생사상을 지속적으로 지목하였다. 위생사상이 유치해서 두창 환자가 발생해도 신고하기보다 은폐를 하고 있고, 따라서 두창이 확산하고 있다는 것이었다.[255] 조선인이 우두를 독약으로 오해하는 경향,[256] 두창을 반드시 경험해야 할 대상으로 생각하는, 즉 인력으로 구할 수 없는 재액으로 생각하는 경향 역시 지적되었다.[257] 두창에 대해 미개한 전통적인 이해가 지속되고 있다는 지적이었다.

---

253 『朝鮮總督府施政年報(1913)』, 1915, 213쪽.

254 John R. Shepherd, 2001, "Smallpox and the Pattern of Mortality in Late Nineteenth-Century Taiwan," *Asian Population History*, Oxford: Oxford University Press, p.275.

255 本府 衛生課, 1932, 「朝鮮に於ける昭和六年種痘成績に就て」, 『警務彙報』 315호, 120쪽.

256 關水武, 1923, 「朝鮮の衛生概況」, 『朝鮮』 8호, 216쪽.

257 大久保利政(경무국 위생과), 1924, 「朝鮮種痘令に就て」, 『警務彙報』 227호, 57쪽.

하지만 조선인의 위생사상이 향상되고 있다는 상반된 평가도 있었다. 종두인허원이 지나가면 일을 멈추고 우두를 청하는 사람들이 나타났다. 특히 그 사람들이 우두에 대한 거부감을 더 강하게 표현하던 여성이었다는 점이 의미가 있었다.[258] 조선인이 가지고 있던 보수적인 인식이 개선되고 있다는 분명한 증거였다. 일제는 일찍이 우두를 기피하던 일부 조선인이 관헌의 계발에 따라 우두를 희망하는 방향으로 바뀌고 있다며 긍정적으로 평가했다.[259]

우두법에 대한 인식 개선은 민족 차별을 비판하는 수준으로 나아갔다. 조선인들은 자신들이 의생에게서 우두를 접종받는 데 비해 일본인은 공의가 우두를 시행한다고 비판하였다.[260] 의생에 대한 비판적인 인식이 전제된 것이지만, 우두접종에 대한 긍정적 인식이 확산하고 있음을 알려주는 사례이다. 1932년 통계에 따르면, 종두 필요 인원에 대한 미종누자 백분비가 일본인은 23.4, 조선인은 9.2였다.[261] 조선인이 일본인보다 우두 성적이 우수했다.

세계적으로 볼 때 우두에 대한 편견은 보편적으로 존재했다. 이 편견은 점진적인 설득과 우두 효과의 목격을 통해 극복되었다. 강제 백신에 따라 사망자가 감소하자 법적 조치를 확대하라는 요구도 나타났다.[262] 교

---

258 「부인의 종두 다수」, 『每日申報』, 1911.4.22.

259 『朝鮮總督府施政年報(1912)』, 1914, 369쪽.

260 「종두에도 차별」, 『朝鮮日報』, 1927.4.20.

261 本府 衛生課, 1932, 「朝鮮に於ける昭和六年種痘成績に就て」, 『警務彙報』 315호, 120쪽.

262 David Arnold, 1988b, "Smallpox and colonial medicine in nineteenth-century in India," *Imperial medicine and indigenous societies*, Manchester University Press, pp.59-60.

육과 경험이 우두접종을 수용하는 배경이었다. 조선인의 경우도 비슷했다. 두창에 걸리는 사람들이 대개 미종두자 혹은 접종 후 오랜 시간을 경과한 자라는 사실이 확인되면서 우두를 수용하기 시작했다.[263] 따라서 조선인이 보인 우두에 대한 경계는 과도기적이었고, 점차 수용적인 모습을 보이는 것은 당연했다.

일제는 두창 유행의 이유를 다른 곳에서 찾아야 했다. 그 이유 중 하나는 3·1운동이었다. 만세 시위가 전국적으로 확대되면서 경찰이 진압에 동원되었고, 그 결과 경찰의 다른 업무였던 위생활동에 참여할 여유가 없었다는 것이다.[264]

나아가 면역 기간을 거론하는 주장이 제기되었다. 우두 면역 기간은 종래 5~6년이라고 알려져 있었지만 2~3년이 경과한 후 걸리는 사람도 있다는 주장이었다. 이 주장에 따르면, 우두가 주는 면역 효과는 3년 정도 지속되고, 그 후 점차 약해졌다. 따라서 접종 후 3년이 경과되면 재접종하는 것이 좋았다.[265] 가능하다면 매년 우두를 맞는 것이 더 안전했다.[266] 이전에도 면역 기간에 대해서는 논의가 이루어지고 있었다. 따라서 새삼스럽게 면역 기간을 거론한 것은 우두정책 강화를 합리화하는 시도였다고 이해할 수 있다.

④ 변화

1923년 일제는 새로운 조치를 취했다. 조선종두령의 제정이었다. 변

263 『朝鮮總督府施政年報(1911)』, 1913, 348쪽.

264 關水武, 1923, 「朝鮮の衛生狀態と傳染病に就て」, 『朝鮮及滿洲』 189호, 33쪽.

265 西龜三圭, 1932, 「天然痘に就て」, 『朝鮮及滿洲』 294호, 92쪽.

266 加加見鐵太郎, 1920, 「天然痘に就て」, 『朝鮮及滿洲』,153호, 67쪽.

화는 두 가지였다. 하나는 접종 횟수였다. 종래 2회를 3회로 증가시켰다. 시기는 제1기 생후 1년 내, 제2기 6세, 제3기 12세였다.[267] 면역 기간을 고려한 증가였다. 우두의 면역 기간을 5년으로 계산하고 그 간격에 맞춰 3회를 시행한다는 것이었다.[268] 앞의 면역 기간보다는 길어졌지만 종래 기간보다는 줄어든 것이었다. 이전 우두의 면역 지속 기간은 10년 내지 12년으로 간주하고 있었다.[269]

종두 연령에도 변화가 있었다. 우두를 맞지 않았거나 그 증명이 불투명한 자에 대해 연령에 관계없이 우두를 시행하였다. 일본에서는 시행 연령이 미성년자로 한정된 점과 차이가 있었다.[270] 이유는, 조선에는 일본과 달리 성인이 되어도 우두를 한 번도 맞지 않은 사람이 적지 않았기 때문이다.[271] 조선인의 열악한 위생인식을 지적한 것이었다.

이외 다른 점으로 조선종두령은 지정된 면 외에는 종래대로 경찰이 우두를 시행하도록 규정했다.[272] 경찰 중심의 위생행정은 우두 시행에서도 반복되었다. 종두인허원은 종두시술생으로 개칭되었다.[273] 개칭과 함께 활용도를 높이기 위한 조치도 뒤따랐다. 종두시술생이 시행하는 우두의 접종

267 「朝鮮種痘令」,『朝鮮總督府官報』, 1923.4.2.

268 關水 衛生課長, 1923,「朝鮮種痘令と健康診斷又は檢診に要する費用負擔の府令廢布に就て」,『警務彙報』, 216호, 16쪽.

269 村田昇淸, 1923,「種痘に就て」,『朝鮮及滿洲』184호, 65쪽.

270 關水武, 1923,「朝鮮の衛生槪況」,『朝鮮』8호, 216쪽.

271 大久保利政, 1924,「朝鮮種痘令に就て」,『警務彙報』227호, 59쪽.

272 關水 衛生課長, 1923,「朝鮮種痘令と健康診斷又は檢診に要する費用負擔の府令廢布に就て」,『警務彙報』216호, 16쪽.

273 『朝鮮衛生要覽』, 1929, 朝鮮總督府, 42~43쪽.

일수를 정했고, 수당책정 기간도 연(年)에서 일(日) 단위로 조정하였다.[274]

조선종두령은 두창 방지를 위해 접종 횟수를 늘리고 접종 연령을 넓힌 조치였다. 그 변화는 효과가 있었다. 다음 표가 그 효과를 말해 준다.

〈표 2-8〉 1921~1942년 우두 환자 및 사망자 수

	1921	1922	1923	1924	1925	1926	1927	1928	1929	1930	1931
환자	8,316	3,676	3,722	439	699	1,010	627	290	523	1,418	1,376
사망자	2,527	1,160	1,120	85	170	237	149	83	126	323	343
	1932	**1933**	**1934**	**1935**	**1936**	**1937**	**1938**	**1939**	**1940**	**1941**	**1942**
환자	2,787	4,928	450	1,273	1,400	205	39	625	3,264	4,720	1,600
사망자	544	966	135	324	371	44	10	179	629	1,061	404

출처: 「조선총독부통계연보」, 1932, 408~410쪽; 「조선총독부통계연보」, 1942, 268쪽

종두령이 반포된 다음 해인 1924년 두창 환자 수는 439명이었다. 전년도 3,722명에 비해 거의 1/9 가까이 감소한 숫자였다. 하지만 1915~1917년 사이 50명 미만의 수준에는 이르지 못했다. 일제는 "병균을 절멸시키는데 이르지 못했다"라고 자평했다.[275] 만족스럽지는 않지만 절멸의 전망을 기대하는 평가였다. 하지만 기대는 기대에 그쳤다.

1930년을 넘으면서 두창 환자 수는 다시 1천 명을 넘어섰다. 총독부 위생과장은 "진실로 한심하기 그지없다"라고 한탄했다. 1933년은 전해에 비해 거의 2배에 달하는 환자와 사망자가 발생하였다. 경무국장은 다

274 内山, 1923, 「本道の傳染病豫防狀態に就て」, 『警務彙報』 213호, 45쪽.

275 『朝鮮總督府施政年報(1925)』, 1927, 371쪽.

시 한탄했다. "작년 말부터 금년까지 각지에 대유행을 본 것은 진실로 유감이 아닐 수 없다."[276] 그 후에도 두창 유행은 끊이지 않았다. 1940년에는 환자 3,265명, 1941년에는 4,720명이 발생하였다. 총독부의 통계가 확인되는 마지막 해인 1942년 두창 환자 수는 1,600명이었다. 식민지 말기까지 두창은 조선에서 절멸되지 않았다. 좀 더 기대를 낮춘다 해도, 적어도 1910년대 수준으로도 격감하지 않았다.

⑤ 이유

타이완과 달리 조선에서 두창은 사라지지 않았다. 강제 무료접종이라는 비슷한 방식을 취했음에도 결과는 달랐다. 이유는 접종자에 대한 조사 부족에서 찾을 수 있다. 초창기 우두접종과 관련하여 일제는 조사 과정을 구체적으로 규정하고 있었다.

> "종두자는 평소 호구조사를 할 때 정밀하게 조사하여 호구조사부 또는 특별히 만든 종두명부에 기록하여 두며, 종두를 실시할 때는 기일과 장소를 통고하여 일정한 장소에 모이게 한 후 경찰관은 의사 또는 종두인허원을 데리고 가 명부와 대조하여 접종하게 하며 그 성적은 적당한 시일을 정해 일정한 장소에 접종자를 모으거나 각 호를 방문하여 종두괘원(種痘掛員)이 정밀하게 조사하여 선감 혹은 불선감을 명부에 기록하여 정확을 기한다."[277]

---

276 「道警察部長會議に於ける警務局長演示」, 『朝鮮總督諭告 · 訓示集成』 5, 2001, 綠蔭書房, 599쪽.

277 「衛生及警察 - 痘瘡及種痘の狀況」, 『朝鮮彙報』 4호, 1917, 139~140쪽.

인구조사를 통해 우두접종이 필요한 사람을 호구조사부나 종두명부에 기록해 두고, 시기와 장소를 정해 접종을 시행한다는 것이었다. 이후에도 조사를 통해 우두접종의 유효성 여부를 확인해야 했다. 두창 환자가 발생하면 경찰은 그곳을 방문하여 환자의 접종 여부를 조사해야 했다.[278]

하지만 시행은 쉽지 않았다. 종두령이 반포되기 전인 1920년 통계에 따르면, 두창 환자 중 규정된 제2기 종두까지 완료한 사람은 63.8%에 지나지 않는다.[279] 36%가 넘는 사람들이 일제가 지정한 우두접종을 받지 않고 있었다. 현실적인 어려움이 있었다. 우두접종 대상지역이 광범위할 경우 단 한 번의 통지로 접종 대상자들을 지정된 장소에 모으는 일은 쉽지 않았다.[280]

경성부의 경우 봄과 가을 두 차례 정기적인 우두접종을 시행하고 있었다. 이 접종에 참여하는 사람은 통지를 보낸 대상의 70% 정도였다. 접종 효과를 확인하는 검두(檢痘)에 오는 사람은 다시 그 반이었다. 임시종두를 시행해도 매년 같은 사람이 종두를 받았고, 오지 않는 사람은 여전히 오지 않았다.[281] 기대만큼 접종률이 높을 수 없었다.

미종두자는 두창 유행의 원인이었다. 총독부 위생국장은 두창 환자의 대부분은 미종두자 혹은 종두 후 시간이 상당히 경과한 자라고 지적했다. 강원도를 예로 들면, 1932년 1월부터 4월까지 발생한 538명의 환자 중 미종두자가 204명이었다. 37%에 달하는 숫자였다. 미종두자 204명 중 2세 이하는 118명이었다. 54%의 숫자였다. 정기 접종을 시행할 때 생후

278 『朝鮮總督府施政年報(1911)』, 1913, 348쪽.

279 原親雄, 1920, 「種痘の勵行に就て」, 『警務彙報』 180호, 7쪽.

280 『朝鮮衛生要覽』, 1929, 朝鮮總督府, 103쪽.

281 荻野正俊, 1933, 「種痘の話」, 『朝鮮及滿洲』 304호, 102~103쪽.

90일 미만은 대상에서 제외하기 때문이었다. 대안은 조기 종두였다. 신생아는 가능한 서둘러 우두를 맞게 할 필요가 있었다.[282]

조선인의 열악한 위생사상도 다시 거론되었다. 우연히 심야 밀행 중이던 경찰이 불심검문을 통해 조선인의 짐에서 유아 환자의 사체를 발견하였고, 이어 진행된 일제 조사를 통해 수십 명의 새로운 환자를 발견한 것이 예였다.[283] 환자의 사체를 숨기는 일이 지속적으로 일어나고 있었다. 통계에 대한 불신도 있었다. 의생이나 종두시술생 등, 일제가 판단할 때, 소양이 결핍한 자가 검진한 것을 신뢰할 수 없다는 것이었다.[284]

하지만 원인은 더 구조적인 데 있었다. 민적부 정리가 완전하지 않았고,[285] 따라서 종두자에 대한 조사가 확실하게 이루어지지 않고 있었다.[286] 예를 들면, 출생계를 본적지에만 제출하고 거주하는 부읍면에는 제출하지 않은 사람들이 많았다. 아이가 태어나도 수년간 신고를 하지 않는 경우도 많았다. 소위 무적자가 다수 존재하는 상황이었다. 이사를 하고 신고하지 않는 경우도 역시 많았다. 그 결과 거주등록부에 등재되지 않는 사람이 다수였다. 부읍면의 호적부나 거주등록부를 이용해 제작하는 요종두자 명부에 상당히 다수의 탈루자가 있음이 분명했다.[287] 인구 파악이 정확히 이루어지지 않았고, 따라서 정확한 우두접종 역시 이루어질 수 없었다.

타이완에서 우두접종의 성공은 1910년대에 완성된 가구등록제도에

282 西龜三圭, 1932,「天然痘に就て」,『朝鮮及滿洲』295호, 51쪽.

283 『朝鮮總督府施政年報(1939)』, 1941, 536쪽.

284 本府 衛生課, 1932,「朝鮮に於ける昭和六年種痘成績に就て」,『警務彙報』315호, 122쪽.

285 村田昇清, 1923,「種痘に就て」,『朝鮮及滿洲』184호, 65쪽.

286 大久保利政(경무국 위생과), 1924,「朝鮮種痘令に就て」,『警務彙報』227호, 59쪽.

287 本府 衛生課, 1932,「朝鮮に於ける昭和六年種痘成績に就て」,『警務彙報』315호, 121쪽.

의존한 것이었다.[288] 조선이 타이완의 궤적을 따라가기 위해서는 민적, 즉 인구가 정확히 파악될 필요가 있었다. 타이완처럼 보갑제와 같은 지역 단위 조직을 통해 우두접종이 권유되고 공의에 의해 세밀한 보고가 이루어지며 그 바탕에서 호구조사가 이루어져야 했다.[289] 하지만 조선에서 그 구조는 만들어지지 않았다. 인구 파악이 충분히 이루어지지 않고 있었다. 대규모의 강제적인 일제의 접종 노력에도 불구하고 우두는 조선에서 충분히 시행될 수 없었다.

2) 강제적 방역과 콜레라의 약화

① 과정

콜레라는 두창과 함께 일제가 방역에 가장 힘을 쏟은 질병이었다.[290] 피해가 컸기 때문이다.

> "콜레라는 각종 전염병 중 그 병세가 가장 맹렬하여 한번 그 병균의 침습을 입으면 곧 전파·만연하여 다수의 인명을 손상할 뿐 아니라 그 때문에 상공업, 기타 생산력에 지대한 손해를 끼치는 실례가 적지 않다."[291]

---

288 Michael Shiyung Liu, 2009, ibid, 127쪽.

289 최규진, 2014, 「대만과 조선의 종두정책을 통해 본 일본 제국의 식민 통치」, 『국제고려학』 15호., 322쪽.

290 村田昇淸, 1923, 「傳染病豫防と保健衛生に就て」, 『警務彙報』 212호, 25쪽.

291 「朝鮮總督府京畿道警務部告諭第一號」, 『朝鮮總督府官報』, 1916.10.2.

콜레라는 다수의 인명을 해쳐 경제 전반에 피해를 주었다. 나아가 "병세가 가장 맹렬"하다는 표현에서 알 수 있듯이 증상이 끔찍했다. 몸을 비트는 경련이 일어났고, 구토와 설사가 그치지 않았다. 교통이 발달하면서 콜레라의 유행은 더 문제가 되었다. 편리해진 교통에 맞추어 콜레라 유행의 속도는 더 빨라졌다.[292] 콜레라는 일제가 전력을 기울여 방역에 나설 수밖에 없는 전염병이었다.

콜레라는 외래 전염병이었다. "조선은 본래 콜레라 원천지가 아니니다." 외국에서 콜레라가 유입되는 경로는 크게 두 가지였다. 중국과 일본이었다. 중국은 다시 상해와 만주로 나뉘었다.[293] 따라서 국경이나 해안의 방비가 중요했다.[294] 그 방비는 해항검역과 기차검역으로 이루어졌다.

해항검역은 교통의 불편을 야기하는 경우가 많았지만, 예방이 중요하다는 판단 아래 강행되었다. "예방에 의의가 있으므로 어썰 수 없는 수단"이었다. 해항검역 중에서도 선박 검역의 효과가 컸다. 콜레라 전염은 많은 경우 승선을 전업으로 하는 어업자, 선부, 선원 등에 의해 처음 이루어졌다.[295] 승객도 당연히 검사 대상이었다. 승객의 채변을 배에서 하는 것이 편리하다는 판단 아래 간호부를 태우는 경우도 있었다.[296] 1922년에는 해항검역의 강화를 위해 상설 해항검역소 외에 임시 해항검역소 및 선

---

292 『衛生警察講義一斑』, 1913, 平安南道 警務部, 50쪽.

293 「1935년 제69회 제국의회 설명자료」, 『朝鮮總督府 帝國議會說明資料』 1, 1994, 東京: 不二出版, 177쪽.

294 「コレラ豫防概況」, 『朝鮮彙報』 10호, 1916, 141쪽.

295 伊藤賢三 外, 1917, 「大正五年朝鮮ニ於ケル虎列拉流行ニ就テ」, 『朝鮮醫學會雜誌』 7권 20호, 38쪽.

296 「コレラ豫防概況」, 『朝鮮彙報』 10호, 1916, 143~144쪽.

박감시소가 설치되었다.[297]

기차검역은 기차에 직접 경찰이 탑승하여 진행하였다. 경찰은 승객의 건강 여부를 관찰하고 승객의 주소, 씨명, 연령 그리고 하차역을 조사하였다. 조사 내용은 하차역의 경찰에게 전달되었고, 그곳 경찰은 하차자의 감염 여부에 주의를 기울여야 했다.[298] 세밀한 조사와 관리가 이루어지고 있었다.

다만, 기차검역의 효과에 대해서는 의견이 엇갈렸다. 긍정적인 의견은 기차검역이 일반 전염병을 발견하는 데는 효과가 없지만 콜레라 같은 급성전염병에는 효과가 있다고 평가했다. 콜레라의 경우 기차에 의해 확산하는 경우가 많았다.[299] 하지만 다른 의견도 있었다. 기차검역은 단지 환자의 유무만을 점검하는 방법으로 콜레라의 전파를 막을 수 없다는 의견이었다. 콜레라는 잠복기간이 있었고, 보균자의 경우 관찰만으로 감염 여부를 알 수 없었다. 그럼에도 기차검역은 "병균 수입의 기회를 감소시키는 데 크게 유리하다"라는 판단 아래 시행되었다.[300]

콜레라의 조선 침입이 확인되면 방역을 위한 구체적인 조치들이 취해졌다. 방역을 주도할 임시방역위원회가 설치되고, 필요한 지역에 구체적 방역을 실행할 기관으로 임시방역반이나 이동방역반이 편성되었다. 방역반은 예방주사를 시행하거나 무료로 배부하였다. 주민의 경우 예방주사 증명서가 없으면 여행이 금지되기도 하였다.[301] 유행의 확산을 막기 위한

297 『朝鮮總督府施政年報(1922)』, 1924, 374쪽.

298 「虎疫과 기차검역」, 『每日申報』, 1910.10.2.

299 「コレラ豫防概況」, 『朝鮮彙報』 10호, 1916, 144쪽.

300 『衛生警察講義一斑』, 1913, 平安南道 警務部, 82~83쪽.

301 西龜三圭(총독부 기사), 1929, 「本年のコレラ豫防の回顧」, 『警務彙報』 282호, 26쪽.

교통차단이나 응급조치도 취해졌다.[302] 이외에 주민들에게 주의사항이 전달되었다. 예를 들면, 위험구역의 하수 사용이나 수영의 금지 등이었다.[303]

방역의 강도는 강했다. 콜레라 확산을 막는다는 명분 아래 각 정차장에서 승객의 전신을 약품으로 소독하기도 하였다.[304] 노동자에 대한 차별도 이루어졌다. 노동자의 경우 예방접종증명서의 소지 유무와 무관하게 정류 검역, 즉 무조건 검역이 이루어졌다. 콜레라가 노동자에게서 발생하고 노동자의 부주의로 인해 확산한다는 이유 때문이었다.[305] 노동자를 구분하는 기준은 노동자 같이 보이느냐 여부였다.[306]

콜레라가 종식되었다고 판단되면 방역조치들은 철회되었다. 순서는 방역반 해체, 기차검역 및 도보 검역 폐지, 조선 내 선박 검역 폐지, 조선 외 선박 검역 폐지였다.[307]

② 변화

일제는 방역이 진행되는 과정에 방해요소가 있다고 지적하였다. 대표적으로 조선인이 가진 위생사상의 저열함이었다. 일제는 반복적으로 조선인에게 전염병 유행의 책임을 물었다. 환자가 발생하면 당국에 신고를 해야함에도 불구하고 찾기 힘든 숲속 같은 곳에 숨기는 경우가 있었다.

---

302 『朝鮮總督府施政年報(1910)』, 1912, 324~325쪽.

303 「제42회 제국의회 설명자료」, 『朝鮮總督府 帝國議會說明資料』 12, 1998, 東京: 不二出版, 136~137쪽.

304 「행인 소독」, 『每日申報』, 1910.10.8.

305 「호열랄(虎列剌)의 예방」, 『每日申報』, 1912.9.25.

306 「신의주에 정류검역」, 『東明』, 1922.10.8.

307 『大正八年虎列剌病防疫誌』, 1920, 朝鮮總督府, 109~110쪽.

사망을 하면 당국이 요구한 화장이 아니라 매장을 하였다.[308] 예방주사를 피해 도망가거나 관리의 조치를 오해하는 경우도 있었다.[309]

다른 예 중의 하나는 격리에 대한 저항이었다. 조선인들은 콜레라 방역과 관련하여 격리병원 수용을 가장 두려워했다. 조선인이 격리병원에 대해 가진 두려움을 일제는 다음과 같이 정리하였다.

> "위생사상이 낮은 조선인은 전염병원 수용을 묘지에 보내지는 것으로 생각하고 예방주사는 독살이라도 되는 듯 두려워하는 자가 없지 않았다. 하물며 보균자의 수용에 이르러서는 그들은 도저히 승복할 수 없는 것으로 흡사 산채로 지옥에 끌려가는 듯이 두려워하는 자가 적지 않았다."[310]

조선인이 격리병원 수용을 죽음과 같이 생각한다는 것이었다. 하지만 격리병원 수용에 대한 두려움은 세계적인 현상이었다. 필리핀의 경우 격리병원에 갇히는 것을 콜레라만큼이나 두려워했다.[311] 격리병원에 대한 인식이 나쁘다 보니 경찰이 환자를 입원시킬 때마다 그에 걸맞은 대가를 받는다는 소문도 있었다.[312]

---

308 伊藤賢三 外, 1917, 「大正五年朝鮮ニ於ケル虎列拉流行ニ就テ」, 『朝鮮醫學會雜誌』, 7권 20호, 28쪽.

309 石川登盛(경무국 위생과장), 1926, 「コレラの脅威と對策」, 『警務彙報』, 246호, 16쪽.

310 『京城府史』 3, 1936, 京城府, 703쪽.

311 Reynaldo C. Ileto, 1988, "Cholera and the origins of the American sanitary order in the Philippines," *Imperial medicine and indigenous societies*, Manchester University Press, p.135.

312 「保菌者に就て」, 『警務彙報』 184, 1920, 12쪽.

지방 경찰 책임자의 회고에 따르면, 격리병원 같은 콜레라 예방시설은 조선민족박멸책과 같이 선전되었다.[313] 불신은 방역 실패의 원인이었다. 관과 민이 서로 이해하지 못하고 적대시하는 상황에서 방역은 효과를 거둘 수 없었다. "방역의 효과는 태반, 수포"로 돌아갈 수밖에 없었다.[314]

격리병원에 대한 조선인의 불신이 시간이 흐름에 따라 개선될 것이라는 전망도 있었다. 일본도, 달라지기는 했지만, 격리병원에 대해 비슷한 반응을 보였기 때문이다. 일본에서 격리병원을 전염병원으로 개칭한 이유이기도 하였다.[315] 나아가 격리병원 수용을 옹호하는 의견도 제시되었다. 방역으로 바쁜 때 "누가 즐겨 아무도 아닌 사람을 끌고 갈까"라는 의문이었다.[316] 경찰의 환자에 대한 격리병원 수용은 불가피하다는 의견이었다.

하지만 격리병원의 객관적인 상황이 좋지 않았다. 1920년 당시 재정 부족으로 격리병사나 격리소를 갖춘 면은 각 군에 1개 정도에 지나지 않았다. 충청북도나 강원도 소재 면의 경우 활용할 재정조차 없었다.[317]

서울도 예외는 아니었다. 1920년 서울의 격리병원, 즉 순화원 수용을 둘러싸고 일종의 폭동이 발생한 이유였다. 서울 주민들이 환자를 순화원으로 이송하는 경찰을 구타하고 격리에 반대하는 시위를 벌인 것이었다. 1919년 3·1운동의 기억이 아직 남아 있는 시점이었다.

1920년 조선인의 저항은 일정한 반향을 일으켰다. 일제의 방역정책

---

313 千葉了, 1925,『朝鮮獨立運動祕話』, 제국지방행정학회, 92쪽.

314 「횡설수설」,『東亞日報』, 1921.8.23.

315 田中丸治平(田中丸病院長), 1930, 앞의 글, 48쪽.

316 「保菌者に就て」,『警務彙報』184, 1920, 12쪽.

317 『大正九年コレラ病防疫誌』, 1921, 朝鮮總督府, 159쪽.

에 민간의 협조에 대한 관심이라는 작지만 변화를 가져왔다. 아무리 당국이 방역에 노력해도 민간이 협조하지 않으면 기대할만한 효과를 거둘 수 없다는 반성이 있었다.[318] 콜레라 피해를 줄이려는 일제의 선의를 인정한다 해도 방역이 지역의 문화를 무시하면 성과는 적을 수밖에 없었다.

민간의 불신을 받는 조치를 개선하겠다는 약속도 나왔다. 예를 들면, 여성에 대한 배려였다. 콜레라 환자 확인을 위해 채변을 실시할 경우 여성은 남성 경찰이나 의사를 경계하여 도망을 가는 경우가 많았다. 그런 상황에 대한 배려가 필요했다. 채변을 여성이 담당하도록 하는 것이었다. 조선 여자가 채변을 담당하면 그런 일이 없으리라는 예상을 하였다.[319]

다른 변화 중 하나는 예방주사가 강조된 것이었다. 콜레라 예방주사는 개인 차원의 예방법 중 가장 필요하다고 강조되었다. 방역과정에서 예방주사에 주력했고, 그 결과 피해가 적었다는 평가도 나오고 있었다.[320]

경찰이 쉬운 말로 민중의 이해를 구하고 설령 반항하는 경우를 만나도 친절하게 대하라는 제안도 이어졌다. 간절하고 친절하며 민을 아끼는 정신을 가지라는 제안이었다. 지역 유지와 민간의 반발을 막기 위한 조치도 제안되었다. "악역(惡疫) 방어에는 관헌만으로는 도저히 목적을 달성할 수 없으므로 정내(町內) 유지자를 소집하여 협의"해야 했다.[321] 나아가 단속보다 계몽에 나서겠다는 계획도 제시되었다. 위생사상 고취를 위해 활동사진·환등회·순회전람회의 개최, 문서·회화의 발간 등을 계획하

318 「朝鮮總督府全羅南道告諭第二號」, 『朝鮮總督府官報』, 1920.8.6.

319 「검변 피난」, 『東亞日報』, 1926.9.20.

320 「1935년 제69회 제국의회 설명자료」, 『朝鮮總督府 帝國議會說明資料』 1, 1994, 東京: 不二出版, 178쪽.

321 「地方事情」, 『朝鮮彙報』 4호, 1920, 110쪽.

〈그림 2-7〉 콜레라 백신 접종(1919년)

겠다는 것이었다.[322] 1910년대 진행된 경찰 주도의 일방적 콜레라 방역 방식에 대한 반성이 이루어지고 있었다.

하지만 콜레라 방역의 내용에 큰 변화는 없었다. 1932년 진행된 콜레라 방역의 경우 이전과 차이를 찾아보기 어렵다. 콜레라가 발생하자 해당 지역과 주변에서 시체 검안, 건강진단 등이 시행되었다. 콜레라가 주변으로 확산하자 방역을 위해 교통차단, 격리, 소독이 이루어졌고, 환자 및 보균자의 검색, 오염지역 하해수(河海水)의 사용 정지, 어로·수영의 금지 등

322 「道知事ニ對スル總督指示」, 『朝鮮總督府官報』, 1920.9.8.

조치가 강구되었다.[323] 단속과 규제 위주의 방역이 이루어지고 있었다.

③ 결과

1920년대에 접어들면서 민중의 협조에 대한 강조, 예방주사의 광범위한 시행 등 몇 가지 측면에서 변화는 이루어졌지만, 콜레라 방역의 기조는 바뀌지 않았다. 그럼에도 콜레라는 약화되고 있었다. 다음 표를 보면, 1932년과 1938년이라는 예외가 있지만, 콜레라는 현실적으로 피해를 주지 않는 질병으로 변화해 갔다.

〈표 2-9〉 콜레라 환자 및 사망자 수(1910~1942)

	1910	1911	1912	1913	1914	1915	1916	1917	1918	1919	1920
환자	486	4	122	1	-	1	2,066	-	-	16,915	24,229
사망자	382	2	78	1	-	1	1,253	1	-	11,533	13,568
	1921	**1922**	**1923**	**1924**	**1925**	**1926**	**1927**	**1928**	**1929**	**1930**	**1931**
환자	1	40	-	-	6	252	-	-	18	-	-
사망자	1	23	-	-	5	159	-	-	15	-	-
	1932	**1933**	**1934**	**1935**	**1936**	**1937**	**1938**	**1939**	**1940**	**1941**	**1942**
환자	70	-	-	-	-	1	50	-	-	-	-
사망자	38	-	-	-	-	1	32	-	-	-	-

출처: 「조선총독부통계연보」, 1932, 408~410쪽; 「조선총독부통계연보」, 1942, 268쪽.

일본에 비해서도 방역의 결과가 좋았다. 1919년과 1920년 그리고 1926년을 제외하면 조선은 일본보다 적은 환자와 사망자 수를 가졌다.

323 『朝鮮總督府施政年報(1931~1932)』, 1934, 412쪽.

일본에서 환자 신고가 더 잘 이루어진다는 점을 고려할 필요가 있지만, 콜레라 방역과 관련하여 통계상 조선이 더 나은 결과를 보이고 있는 것은 사실이었다. 다음 표가 그 사실을 알려준다.

〈표 2-10〉 조선과 일본 콜레라 환자 및 사망자 수 (1910~1929)

		1910	1912	1913	1914	1916	1917	1919	1920	1922	1925	1926	1929
일본	환자	2,845	2,614	87	5	10,371	894	407	4,969	743	624	25	205
	사망자	1,656	1,763	106	100	7,482	718	356	3,417	542	363	13	114
조선	환자	486	122	1	-	2,066	-	16,915	24,229	49	6	252	18
	사망자	382	78	1	-	1,253	1	11,533	13,568	23	5	159	15

출처: 山本俊一, 1982, 『日本コレラ史』, 東京大學出版會, 116쪽, 134쪽; 「조선총독부통계연보 1929」, 1931, 394~396쪽

1920년대에 접어들어 콜레라에 대한 민간의 관심이 높아진 것은 사실이었다. 방역이 뒤늦게 이루어지자 만일 콜레라가 아니라 3·1운동과 같은 시위가 일어났어도 같은 조치를 취했겠느냐는 비판이 제기되었다.[324] 콜레라가 수인성 전염병이라는 점에서 분뇨 처리에 대한 관심도 높아졌다. 콜레라가 발생했음에도 불구하고 부청에서 분뇨 수거를 적절히 하지 못하자 부민들은 태만한 태도에 분개하였다.[325] 주민들은 스스로 자위방역단을 조직하기도 하였다. 방역단은 예방주사 시행, 환자 발생 유무 조사, 환자 발생지 소독, 빈곤자 가족 식량 공급 등을 진행하였다.[326]

324 문창래(文昌來), 1920.9.13, 「호군(虎軍) 중의 고향을 보고」, 『東亞日報』.

325 「전염병이 위험타고」, 『東亞日報』, 1926.9.24.

326 「강화 자위방역단」, 『東亞日報』, 1920.9.19.

민간의 협조는 예방주사에 대한 우호적 태도로도 나타났다. 예방주사를 피했던 사람들이 신뢰감을 가지고 접종에 참여하였다.[327] "방역의 요체는 경관의 수를 증가시키는 것보다 예방주사의 효력을 신뢰하는 데 있다"라는 평가가 나오고 있었다. 콜레라 접종을 유료에서 무료로 전환한 것도 예방주사의 확산에 도움을 주었을 것이다.[328]

예방주사의 확대는 의미 있는 결과를 낳았다고 평가되었다. 1923년 콜레라 전파가 제한적이었던 이유는 예방주사 때문이며, 그 "위대한 효과에 경복했다"라는 평가가 나왔다.[329] 정무총감도 주민들이 자발적으로 예방접종에 참여한 결과 콜레라 피해가 적어졌다고 평가했다.[330] 일제는 예방주사의 효과를 신뢰하였다. 세균학에 대한 신뢰는 콜레라를 막을 수 있다는 자신감을 낳고 있었다.[331]

그 자신감은 접종 주체의 확대로 나타났다. 의료인인 의사와 의생을 넘어 경찰, 자위단원 나아가 기생까지 접종에 참여하였다. 그들은 자혜의원 의사나 공의로부터 속성으로 교육을 받고 접종에 나섰다.[332] 예방주사에 대한 신뢰가 얼마나 높았는지 알 수 있는 예이다. 예방접종으로 상징되는 의료 개입은 콜레라 방역에 일정한 기여를 했다.[333]

---

327 「赤池警務局長口演」, 『朝鮮總督諭告 · 訓示集成』 3, 2001, 綠蔭書房, 368쪽.

328 「강제로 주사」, 『東亞日報』, 1920.8.8.

329 內山, 1923, 「本道の傳染病豫防狀態に就て」, 『警務彙報』 213호, 49쪽.

330 「道知事會議に於ける政務總監訓示(1927.5.17)」, 『朝鮮總督諭告 · 訓示集成』 4, 2001, 綠蔭書房, 114쪽.

331 Reynaldo C. Ileto, 1988, ibid, 133쪽.

332 八木林作, 1921, 「悲しき思ひ出」, 『警務彙報』 189, 116쪽.

333 David Arnold, 1986, "Cholera and Colonialism in British India," *PAST & PRESENT*, No. 113, pp.149 - 150.

그러나 콜레라 예방주사의 효과에 대해 전적인 신뢰를 보낼 수는 없다. 1902년 일본에서 처음 콜레라 백신이 접종되었을 때부터 효과에 대해서는 논란이 있었다.[334] 1916년 콜레라 방역 당시에는 주사 부작용에 대한 고찰도 이루어지고 있었다. 주사를 맞은 사람들이 통증이나 미열, 불쾌감을 느끼고 있었다. "다소의 주사 부작용은 면할 수 없었다."[335]

나아가 콜레라 예방접종의 효과가 절대적이지 않다는 자체적인 평가도 나오고 있었다.[336] 콜레라의 성질과 전파경로가 불확실하다면, 의료 개입에는 한계가 있을 수밖에 없었다.[337] 하지만 일제는 콜레라 예방접종이 효과가 있다고 반복적으로 강조하였다. 콜레라 예방주사의 효과를 과장하고 있었다고 평가해도 틀린 말은 아니다.

따라서 콜레라 방역의 성공은 다른 곳에서 이유를 찾아야 한다. 예를 들면, 외부 환경의 변화이다. 콜레라가 외래 전염병이라는 점에서 외국의 위생 환경이 개선된 것이었다. 1930년대 열린 도 위생과장 회의는 당시 콜레라 발병이 적어진 이유를 "병균의 원천지인 상해 등의 위생시설이 개선"된 데서 찾았다.[338] 콜레라 유입 경로인 일본과 중국의 상황이 개선되면서 결과적으로 조선에 피해가 줄어들었다.

내부 요인도 살펴보아야 한다. 위생시설이 개선되었기 때문일 수

---

334 山本俊一, 1982, 『日本コレラ史』, 東京大學出版會, 844~850쪽.

335 伊藤賢三 外, 1917, 「大正五年朝鮮ニ於ケル虎列拉流行ニ就テ」, 『朝鮮醫學會雜誌』 7권 20호, 58~59쪽.

336 橫山俊久(경무국 위생과 기사 이학박사), 1937, 「コレラの話」, 『警務彙報』 378호, 41쪽.

337 David Arnold, 1993, ibid, 191쪽.

338 「도위생과장사무타합회」, 『警務彙報』 341, 1934, 134쪽.

있다.[339] 하지만 일제는 본국에서도 콜레라에 대한 주요한 대책으로 방역이나 격리를 시행하였다. 재정 부담이 있는 도시시설 개선이나 환경위생 대책은 경시되었다.[340] 식민지도 마찬가지였다. 1920년 콜레라 방역을 정리하면서 일제는 위생시설이 부족하다는 점을 고백한 바 있었다.[341] 1926년 콜레라 방역에 가장 큰 걸림돌은 위생행정에 참여하는 전문 기술자의 부족에 있다고 정리되었다.[342] 따라서 개선은 막연한 추정이었다. 개선이 있었다 해도 제한적이었을 것이다.

보다 분명한 요인은 위생경찰제도의 효율성일 것이다. 1916년 콜레라가 발생했을 때 방역에 참여한 의사들은 방역당국의 엄격함을 칭찬하였다. 조선에 상수시설이 완비되지 않았음에도 불구하고 하수(河水) 사용 감염자가 비교적 적었기 때문이다. 그 이유는 "당국자의 엄격한 방역설비에 따른 바"였다.[343] 강력한 방역조치가 효과를 발휘했다는 것이다.

1919년과 1926년의 콜레라 피해도 같은 맥락에서 이해할 수 있다. 1919년과 1926년은 식민지 시기 가장 큰 민족운동이었던 3·1운동과 6·10만세운동이 일어난 해였다. 대규모의 민족운동을 접한 일제가 시위 진압을 넘어 방역에 관심을 기울이기는 어려웠다. 3·1운동 당시 각 경찰서는 시위 진압에 바빴다. 각지의 방역은 거의 멈추었다.[344]

---

339 西龜三圭(총독부 기사), 1929, 「本年のコレラ豫防の回顧」, 『警務彙報』 282호, 21쪽.

340 石塚裕道, 1976, 「明治初期の東京におけるコレラ病對策と民衆」, 『人文學報』 114호, 東京都立大學 人文學部, 99쪽.

341 『大正九年コレラ病防疫誌』, 1921, 朝鮮總督府, 159쪽.

342 『大正十五年コレラ防疫ニ關スル記錄』, 1927, 朝鮮總督府, 33쪽, 47~48쪽.

343 伊藤賢三 外, 1917, 「大正五年朝鮮ニ於ケル虎列拉流行ニ就テ」, 『朝鮮醫學會雜誌』 7권 20호, 46쪽.

344 「痘瘡及發疹チフスの流行」, 『朝鮮彙報』 8호, 1919, 138쪽.

1920년의 콜레라 피해 역시 같은 맥락에서 이해할 수 있다. 1920년에 1919년과 1926년 같은 대규모 민족운동이 전개된 것은 아니었다. 하지만 방역의 주체인 경찰조직에 변화가 있었다. 일제는 동요하는 식민 지배체제를 안정시키기 위해 1919년 말부터 1920년 초에 걸쳐 경찰 숫자를 증가시켰다. 약 2천 명이었다.[345] 이들이 조선의 구체적인 방역 상황에 익숙해지기는 어려웠다. 총독부 간부가 경찰 계통을 중심으로 교체된 여파도 있던 터였다.

결국 1920년대부터 콜레라가 거의 종식에 가까운 상태를 유지한 배경에는 경찰이 주도하는 강제적인 방역이 있었다.[346] 콜레라는 환자의 분비물을 통해 전파된다는 점에서 검역을 통해 한반도 상륙을 제어할 수 있었고, 환자에 대한 강제적인 격리를 통해 전파를 차단할 수 있었다. 콜레라는 강제적인 방역이 효과를 발휘할 수 있는 질병이었다.

3) 상하수도 설비의 미비와 장티푸스 유행

① 유행

식민지 시기 동안 지속적으로 발병했던 급성전염병 중에 장티푸스가 있었다. 장티푸스는 방역이 어려운 질병이었다.[347] 발병 초기 다른 열성 질병과 혼동되기 쉬웠고,[348] 확진까지 일정한 시간이 필요했기 때문에 병

345 마쓰다 도시히코, 2020, 『일본의 조선 식민지 지배와 경찰』, 경인문화사, 250~264쪽.

346 Park Yunjae, 2010a, ibid, pp.164 - 165.

347 志賀潔, 1920, 「國民衛生とチフス豫防」, 『朝鮮』 11호, 37쪽.

348 『朝鮮衛生事情要覽』, 1922, 朝鮮總督府, 40쪽.

균이 확산할 위험성도 많았다.[349] 대유행, 즉 폭발적 유행은 없었지만, 매년 산발적이고 만성적인 유행을 보이고 있었다.[350]

장티푸스 유행의 특징 중 하나는 감염자 수가 일본인이 조선인보다 많다는 것이었다. 조선인은 일반적으로 이환율(罹患率)이 적고 사망율도 낮았다.[351] 그 이유에 대해서는 몇 가지 추정이 가능했다. 하나는 조선인의 면역력이 강하다는 것이었다. 조선인이 대개 체격과 영양이 좋아 전염병에 대해 저항력을 강하게 가지고 있다는 설명이었다. 다음으로 조선인의 경우 환자가 발생해도 은폐하는 풍속이 심하다는 것, 일본인과 생활방식이 다르다는 것, 당국의 조사가 충분히 이루어지지 않은 것 등이 이유로 제시되었다.[352] 하지만 무엇도 명확한 설명은 아니었다.[353]

식민지 시기 장티푸스는 치료 방법이 없어 예방이 필요했다. 다른 급성 전염병처럼 환자의 조기 발견과 격리 그리고 대소변에 대한 엄격한 소독이 가장 중요한 방역의 요건이었다.[354] 다른 방법으로 위생사상의 보급·계발이 필요했고, 예방접종도 가능했다.[355]

예방 중 강조된 것은 예방주사였다. 장티푸스를 예방하는데 "예방접종보다 나은 것이 없다"라는 확신이 퍼져있었다. 예방 효과를 의심할 필

349 『朝鮮警察の概要』, 1927, 朝鮮總督府 警務局, 189쪽.

350 「腸窒扶斯豫防接種ニ就て」, 『警務彙報』 87호, 1914, 1408쪽.

351 伊藤賢三(조선총독부 경찰의무촉탁, 육군삼등군의정), 1918, 「腸窒扶私の發生時期」, 『朝鮮彙報』 3호, 51쪽.

352 枝葉芳彌, 1923, 「昨冬平壤に於ける腸チフス流行に就て」, 『警務彙報』 213호, 35쪽.

353 「腸窒扶斯豫防接種ニ就て」, 『警務彙報』 87호, 1914, 1409~1410쪽.

354 白石保成, 1918, 『朝鮮衛生要義』, 發行者不明, 278쪽.

355 關水武, 1923, 「朝鮮の衛生概況」, 『朝鮮』 8호, 216쪽.

〈그림 2-8〉 장티푸스 예방주사 시행(1940년)

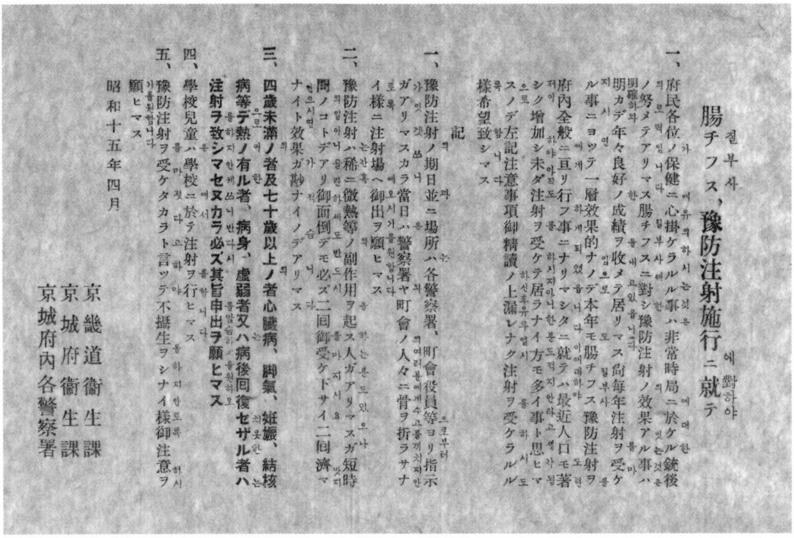

腸チフス、豫防注射施行ニ就テ

一、府民各位ノ保健ニ心掛ケラルル事ハ非常時局ニ於ケル銃後ノ努メテアリマス腸チフスニ對シ豫防注射ノ效果アル事ハ明カデ年々良好ノ成績ヲ收メテ居リマス尙每年注射ヲ受ケル事ニヨツテ一層效果的ナノデ本年モ腸チフス豫防注射ヲ府內全般ニ亘リ行フ事ニナリマシタニ就テハ最近人口モ著シク增加シ未ダ注射ヲ受ケテ居ラナイ方モ多イ事ト思ヒマスノデ左記注意事項御精讀ノ上漏レナク注射ヲ受ケラルル樣希望致シマス

記

一、豫防注射ノ期日並ニ場所ハ各警察署、町會役員等ヨリ指示ガアリマスカラ當日ハ警察署ヤ町會ノ人々ニ骨ヲ折ラサナイ樣ニ注射場ヘ御出ヲ願ヒマス

二、豫防注射ハ稀ニ微熱等ノ副作用ヲ起ス人ガアリマスガ短時間ノコトデアリ御面倒デモ必ズ二回御受ケ下サイ二回濟マナイト效果ガ尠ナイノデアリマス

三、四歲未滿ノ者及七十歲以上ノ者心臟病、脚氣、姙娠、結核病等デ熱ノ有ル者、病身、虛弱者又ハ病後回復セザル者ハ注射ヲ致シマセヌカラ必ズ其旨申出ヲ願ヒマス

四、學校兒童ハ學校ニ於テ注射ヲ行ヒマス

五、豫防注射ヲ受ケタカラト言ツテ不攝生ヲシナイ樣御注意ヲ願ヒマス

昭和十五年四月

京畿道衛生課
京城府衛生課
京城府內各警察署

요가 없었다.[356] 통계적으로도 효과는 입증이 되었다. 육군의 통계나 이미 시행된 각 도시의 결과를 볼 때 상당한 효과가 있었다.[357]

반면 장티푸스 예방주사에 대한 우려도 함께 제기되고 있었다. 예를 들면, 백신 후유증이 있었다. 소학교 학생 중 예방접종 후 후유증으로 보호자에게 업혀 돌아간 아이가 있었다.[358] 하지만 이런 부작용은 고려되지 않았다. 접종 후 오히려 감염이 일어났다든지 후유증이 발생했다든지 하는 비판은 수용되지 않았다. 그런 비판은 의학 이론을 전부 말살시키려는

356 田島清(경무국 위생과 기사, 의학박사), 1936, 「傳染病豫防とワクチン豫防法に就て」, 『警務彙報』, 368호, 20~21쪽.

357 荻野正俊, 1939, 『衛生思想普及の爲に』, 京城府總務部衛生課, 5쪽.

358 內山, 1923, 앞의 글, 52쪽.

아주 박약한 논거라고 반박되었다.[359]

일제는 접종 범위를 넓히기 위해 예방주사를 무상 배부하였다. 배부를 받은 곳은 경찰서였다.[360] 그 후 해야 할 일은 "의학계에서 그 효과의 위대함이 창도되고 있는 예방접종을 희망자에게 무상으로 시행"하는 것이었다.[361] 장티푸스가 유행할 조짐이 보이면 모든 곤란을 이겨내고 그 실시에 주력했다.[362]

1932년 7월 장티푸스 예방내복약의 제조가 시작되었다.[363] 의료기술의 발달에 힘입어 보다 쉬운 예방조치가 가능해진 것이었다. 경구예방약이 나온 이유 중 하나는 예방주사 후 면역반응이 강하다는 데 있었다. 접종대상자의 거부감을 해소하기 위해 할 수 있는 방법으로 경구면역에 대한 기대감은 높았다.[364] 발병률을 낮추어줄 수 있다는 기대감도 있었다. 높게는 1/10, 낮아도 1/3 정도의 감소를 예상하고 있었다.[365]

장티푸스 유행을 막으려는 노력은 방역법규의 개정으로도 나타났다. 1928년 6월 일제는 전염병예방규칙을 개정하였다. 보균자의 검색, 세균

---

359 「腸窒扶斯豫防接種ニ就て」, 『警務彙報』 87호, 1914, 1410쪽.

360 『朝鮮總督府施政年報(1926)』, 1928, 392쪽.

361 『朝鮮總督府施政年報(1918~1920)』, 1922, 286쪽.

362 「1935년 제69회 제국의회 설명자료」, 『朝鮮總督府 帝國議會說明資料』1, 1994, 東京: 不二出版, 178쪽.

363 「1937년 제73회 제국의회 설명자료」, 『朝鮮總督府 帝國議會說明資料』 1, 1994, 東京: 不二出版, 252쪽.

364 백선례, 2021, 『조선총독부의 급성전염병 예방 대책 변화』, 한양대 사학과 박사논문, 119쪽.

365 橫山俊久(경무국 위생과 기사, 의학박사), 1935, 「腸チフス豫防內服藥問答」, 『警務彙報』 353호, 67쪽.

검사의 실시 등이 주요 내용이었다.[366] 가장 중요한 내용은 보균자에 대한 단속이었다. 일제는 보균자에 대한 단속을 충실히 하지 않으면 장티푸스 유행의 원인을 막기 곤란하다고 판단하였다.[367]

보균자는 세균의 보유에도 불구하고 증상이 발현되지 않지만, 세균은 전파할 수 있는 사람이었다. 그동안 조선에서 장티푸스와 같은 전염병이 지속적으로 유행한 원인은 충분하지 않은 보균자 단속에 있다는 평가가 나오고 있었다. 하지만 법률 개정으로 보균자 단속에 효과를 거두기는 어려웠다. 경찰 관계자는 법률의 개정 조항 중 "실행상 가장 어려운 문제는 제2장에 규정된 의사증 및 병원체 보유자에 대한 단속"이라고 고백했다.[368] 이유는 경비와 인적 및 물적 설비의 부족에 있었다. 세균학 검사를 시행하지 않는 한 보균자의 파악은 쉽게 이루어질 수 없었다. 그 파악에 동원될 인적, 물적 자원도 부족했다.

② 결과

일제가 예방주사의 무상 보급, 전염병예방규칙의 개정 등을 통해 장티푸스 예방을 위한 노력을 전개했지만, 결과는 만족스럽지 못했다. 1930년대에서 적게는 5천 명, 많으면 7천 명의 환자가 발생하였다. 1940년대에 이르면 1만 명이 넘는 환자가 발생하였다.

---

366 淺利三郎, 1929,「朝鮮の警察と衛生」,『朝鮮』10호, 62쪽.

367 『朝鮮總督府施政年報(1931 ~ 1932)』, 1934, 414쪽.

368 警務局, 1928,「改正傳染病豫防令及同施行規則の實施に就て」,『警務彙報』268호, 47쪽.

〈표 2-11〉 장티푸스 환자 및 사망자 수(1910~1942)

	1910	1911	1912	1913	1914	1915	1916	1917	1918	1919	1920
환자	857	1,258	1,593	1,956	2,402	2,596	2,365	2,403	3,752	3,123	2,140
사망자	285	305	252	373	425	415	437	501	704	655	422
	1921	**1922**	**1923**	**1924**	**1925**	**1926**	**1927**	**1928**	**1929**	**1930**	**1931**
환자	2,535	3,801	2,839	3,273	5,006	5,174	4,762	6,557	6,324	7,954	6,615
사망자	485	768	541	567	906	805	700	1,037	1,039	1,065	914
	1932	**1933**	**1934**	**1935**	**1936**	**1937**	**1938**	**1939**	**1940**	**1941**	**1942**
환자	6,306	7,725	5,624	7,496	6,748	5,417	5,855	7,000	12,098	10,807	11,116
사망자	992	1,078	822	1,201	1,103	933	965	1,184	1,795	1,609	1,463

출처: 「조선총독부통계연보」, 1932, 408~410쪽; 「조선총독부통계연보」, 1942, 268쪽.

식민지 말기에 이르면서 장티푸스 환자 수가 증가하고 있었다. 1930년대에 접어들어 줄어든 전통적인 급성전염병 콜레라의 공백을 메우는 측면도 있었다. 일제가 가장 중요시해야 할 질병으로 부각된 것이었다.[369] 식민지 시기 "한국 전염병의 왕좌를 차지하는 전염병"이라는 별명이 따라붙었다.[370]

일제는 장티푸스 환자 수가 감소하지 않으니 한심하다고 한탄했다.[371] 도경찰부장 회의에서는 충분한 예방책이 강구되고 있지 않다는 지적이

369 小杉虎一(경성제국대학 의학부 의학박사), 1937, 「傳染病の豫防に就て」, 『警務彙報』 373호, 18쪽.

370 全鍾暉, 1965, 『韓國急性傳染病概觀』, 醫藥界社, 18쪽.

371 「1935년 제69회 제국의회 설명자료」, 『朝鮮總督府 帝國議會說明資料』 1, 1994, 東京: 不二出版, 178쪽.

나왔다. "전염병 예방의 기관이 아직 완비되지 않고 또한 그 경비가 부족하기 때문에 사전에 충분한 예방책을 강구하는 것이 곤란"하다는 것이었다.[372]

나아가 예방주사 자체에 대한 비판도 제기되었다. 강제적인 약물 주입으로 신체 조직에 손상이 일어날 수 있고, 출혈이나 통증 같은 부작용이 있으며, 전염의 위험까지 있다는 비판이었다. 이 비판은 방역을 "일개 주사에 기대한다는 것이 근본적 인식 부족"이라고 지적했다. 이 비판에 따르면 주사는 가장 낮은 수준의 방역이었다.[373] 질병의 원인이 병원균에만 있다는 절대병원성설(絶對病原性說)은 신뢰받지 못하고 있었다.[374]

그러나 장티푸스 유행의 원인을 방역의 어려움에서만 찾을 수는 없다. 장티푸스의 근본적인 예방을 위해서는 상하수도 설비의 개선이 필요했다. 장티푸스균이 주로 물을 통해 전파되기 때문이었다. 장티푸스나 이질 같은 수인성 전염병은 불완전한 수도에서 발병하였다.[375] 일제 스스로 다수의 식수가 불량하여 방어에 곤란을 겪고 있다고 고백하고 있었다.[376]

상하수 설비가 완전해야 장티푸스 유행은 멈출 수 있었다.[377] 나아가 상하수도의 경우 사립 기관에 맡기면 안 되고 관공립 기관이 관할해야

---

372 「彙報－道警察部長會議」, 『朝鮮』 6호, 1927, 152쪽.

373 「횡설수설」, 『東亞日報』, 1936.3.9.

374 小衫虎一(경성제국대학 의학부 의학박사), 1937, 「傳染病の豫防に就て」, 『警務彙報』 373호, 20쪽.

375 志賀潔(경성제국대학총장, 의학박사), 1931, 「世界に誇り得る上水の完成」, 『警務彙報』 297호, 8쪽.

376 『朝鮮總督府施政年報(1918－1920)』, 1922, 286쪽.

377 白石保成, 1918, 『朝鮮衛生要義』, 發行者不明, 262~263쪽.

했다.[378] 상하수도 시설의 완비를 넘어 국가 관리가 필요하다는 주문이었다.

근본적으로는 건강도 중요했다. 신체의 건강을 해치지 않도록, 아니 더욱 건강해지도록 신경을 써야 했다. 영양가 있는 음식을 먹고 면역력을 갖춘 신체를 가져야 했다. 예방주사도 신체가 건강해야 효과가 있었다. 완전한 방역은 빈곤한 사람의 수척한 몸에 주사를 놓는다고 하여 이루어질 수 없었다. 청결도 필요했다. 질병은 불결에서 발생하였기 때문이다.[379] 쉽게 이루어지기 힘든 제안이었다. 기반시설의 구축보다 더 실현하기 어려운 근본적인 제안이었다.

현실을 고려할 필요가 있었다. 적어도 상하수도 시설이 완비되면 장티푸스의 유행은 감소할 것이다. 하지만 그 시설을 완비하기는 어려웠다. 재정적 지원이 없으면 불가능했다. 재정 부족은 총독부 당국자도 인정하는 바 였다. 조선의 의료상황이 개선되지 않는 이유는 민간의 위생사상이 낮고 위정자의 무관심한 점에도 있었지만, "재정 빈약으로 그 필요를 느껴도 힘을 쓸 여지가 없는 것"에 있었다.[380]

1920년대 총독부의원장은 상하수도 시설의 완비를 "가까운 장래에 도저히 바랄 수 없는 것이다"라고 전망하였다.[381] 그 전망은 맞았다. 수인성 전염병의 지속적인 증가 속에서 일제의 정책은 구조적 개선으로 이어지지 않았다. 대신, 개량 우물이 강조되었다. 하수도 개선사업은 지지부진

---

378 志賀潔, 1920, 「國民衛生とチフス豫防」, 『朝鮮』 11호, 34~35쪽.

379 「횡설수설」, 『東亞日報』, 1936.3.9.

380 西龜三圭(총독부 위생과장), 1931, 「保健衛生振興の現狀」, 『警務彙報』 299호, 46쪽.

381 志賀潔, 1920, 「腸窒扶斯豫防に就て」, 『警務彙報』 186호, 2쪽.

했다.[382]

대안이 필요했다. 위생사상의 함양, 예방주사 혹은 내복예방약으로 저항력을 획득하는 것이었다.[383] 나아가 인적인 노력이 요구되었다. 위생당국자는 "나는 우리 위생당국 및 경찰관 여러분의 노력과 그 의지를 믿는다"라고 강조했다.[384] 구조적 개선을 대신할 수 있는 것은 사람들의 노력이었다. 노력에는 재정이 들지 않았다.

---

382 백선례, 2020, 앞의 글, 391쪽.

383 荻野正俊, 1939,『衛生思想普及の爲に』, 京城府總務部衛生課 編, 3쪽.

384 佐藤屬(경무국 위생과), 1928,「소화삼년 위생상태 회고록」,『警務彙報』272호, 63쪽.

4. 만성전염병 대책과 강제 조치

1) 소록도 자혜의원의 확장과 통제의 강화

① 배경

1920년대에 접어들어서도 두창은 지속되었다. 하지만 1920년을 전후한 시기만큼 폭증은 나타나지 않았다. 콜레라의 경우 1926년을 제외하면 소규모의 유행상황을 보일 뿐이었다. 페스트는 발생한 적이 없었다. 급성전염병의 약화는 만성전염병에 대한 관심 확대로 이어졌다. 1932년에 이르면 총독부의 지배정책을 정리하여 발표하는 『조선총독부시정연보』에 처음으로 '만성전염병'이라는 분류가 나타났다.[385] 그렇게 관심의 대상이 된 만성전염병 중 하나가 한센병이었다.

한센병에 대한 당시 평가는 비참하다는 것이었다. "이 세상에 나(癩) 만큼 비참한 것은 없"었고, "모든 인간의 고통을 농축한 것이 나(癩)"였다.[386] 한센병에 대한 평가가 극단적으로 이루어진 배경에는 환자가 가진 외모가 있었다.

> "병증이 진전됨에 따라 지각은 마비되고 운동은 자유를 잃고 격렬한 신경통이 일어나고 눈썹은 떨어지고 얼굴은 찌그러지고 사람 중에는 두 눈을 실명하고 피부는 어그러지고 손가락과 팔다리가 탈락하고 뼈

---

385 『朝鮮總督府施政年報(1931~1932)』, 1934, 416쪽.

386 西龜三圭, 1932, 「癩患者の慘狀に就て」, 『朝鮮及滿洲』 301호, 95쪽.

는 드러나고 농이 흐르는 등 그 병고는 도저히 다 쓸 수 없다."[387]

한센병이 진전되면서 환자는 보기 흉하게 외모가 변형되었다. 손과 발을 비롯한 신체가 괴사하다 보니 노동을 할 수도 없었다. 일정한 직업을 가지기 어렵기에 한센병 환자들은 부득이 거지가 되었다. 혼자가 아니었다. 무리를 지어 몰려다녔다.[388]

한센병 환자 집단은 사회에 공포를 불러일으켰다. 병균을 전파하는 전염원이라는 공포였다. 사람들은 한센병 환자들의 무리를 아주 위험하다고 인식하였고, 환자들이 지나간 공간에서 음식물이 사고 팔리는 상황에 "몸서리가 칩니다"라고 불안해했다.[389] 환자들이 키운 가축들이 판매되는 상황 역시 불안했다. 부산부회에서는 그런 판매 행위가 간접적으로 부민의 건강을 위협하는 중대한 문제라는 발언이 나왔다.[390]

한센병 환자들이 도시의 거리를 다닐 때면 사람들은 불안과 공포를 느낄 수밖에 없다며 원망을 쏟아 내었다.[391] 환자에 대한 공포와 원망은 폭력으로 폭발하기도 했다. 치료를 위해 사람을 잡아먹는다는 잘못된 소문까지 겹쳐 환자들은 폭행을 당했다.[392] 한센병 환자에 대한 대책이 요구되고 있었다.

---

387 本府 衛生課長 西龜三圭, 1932, 「癩救療豫防事業の急務」, 『警務彙報』 320호, 27쪽.

388 「사천여 나환자 중 영남이 과반수」, 『東亞日報』, 1926.1.25.

389 「위생문제」, 『東亞日報』, 1931.2.3.

390 「부민보건의 암종인 나병원 이전 요망」, 『東亞日報』, 1939.3.24.

391 「나병원을 이전하라」, 『시대일보』, 1925.7.26.

392 「반신불수자를 농민들이 난타」, 『東亞日報』, 1928.7.26.

② 대책

일제도 한센병 환자에 대해 대책을 강구할 필요를 느꼈다. 그 필요 중 하나는 지배 권력이 가져야할 품격이었다. 한센병 환자들이 거리를 배회하는 모습은 "단순히 보건위생상의 문제에 그치지 않고 조선통치의 면목에도 관련"되었다.[393] 한마디로 체면 문제라는 것이었다.[394]

한센병은 지배를 정당화하는 문명의 논리와 연결되었다. 다수의 한센병 환자를 가진 국가는 이등국이나 삼등국으로 간주되었다. 일본은 스스로를 일등국이라 자평하고 있었다. 하지만 자국 내에 한센병 환자가 다수였다. 서양 문명국이 아니라 중국이나 인도 같은 나라와 같은 수준으로 평가되는 상황이었다. 매우 유감스러운 상황이었다.[395]

일제는 대책을 세웠다. 이 대책 수립에는 환자 구제에 대한 관심보다 식민 지배의 정당성을 선전한다는 국제적 맥락이 더 큰 영향력을 발휘하고 있었다.[396] 당시 일본 내무부 관료는 "세계에 대해 조선총독부는 나환자 수용시설을 가지고 있다는 정도로 좋다"는 말을 했다.[397] 한센병 환자 수용시설의 존재만으로 일본의 면목을 세울 수 있다는 말이었다.

한센병 환자 대책으로 제시된 방식은 격리였다. 격리가 제시된 이유는 한센병에 대한 세균학적 지식이 충분하지 못한 데 있었다. 전염의 경로와 잠복기에 대한 지식이 부족했다. 이런 상황에서 한센병의 확산을 막는 방

393 「각 도경찰부장회의의견희망사항(1937년)」, 『日帝下支配政策資料集』 7, 1993, 고려서림, 88쪽.

394 「소록도갱생원 신영설비 낙성식」, 『警務彙報』 356호, 1935, 124쪽.

395 本府 衛生課長 西龜三圭, 1932, 「癩救療豫防事業の急務」, 『警務彙報』, 320호, 30쪽.

396 정근식, 1997b, 「한국에서의 근대적 나구료의 형성」, 『보건과 사회과학』 1호, 16쪽.

397 佐藤剛藏, 1956, 앞의 책, 74쪽.

법은 격리밖에 없다는 주장이 강하게 제기되었다. 영국이나 프랑스도 2~3백 년 전에는 한센병이 만연했지만, 당시는 환자 격리를 통해 한센병을 거의 박멸했다는 평가를 받고 있었다.[398] 한센병의 전파를 막기 위해서는 환자를 사회로부터 격리하는 이외에 다른 수단이 없었다.[399] 한센병의 근절책은 "현재로서는 격리가 유일한 방법"이었다.[400]

한센병 환자에 대한 격리가 20세기에 새롭게 나타난 방법은 아니었다. 이전에도 환자에 대한 종교적, 자선가적, 치료적 격리는 이루어지고 있었다.[401] 그 격리가 예방적 차원에서 이루어지기 시작한 것이었다. 계기는 19세기 말 한센균의 발견이었다. 1897년 국제나회의는 한센병 관리에 대한 유일한 해결책이 강제격리라고 결의하였다. 세균설에 근거한 결의였다.[402]

격리에 대해서는 조선인도 동의하고 있었다. 한센병이 서양 문명국에는 없고, 러시아 일부 그리고 발칸반도에 소수의 환자가 있을 뿐이었기 때문이다.[403] 문명의 차원에서 한센병은 야만을 상징하였다.[404] 문명 성취에 대한 열망이 있던 조선인들은 한센병 환자를 격리해야 한다고 요구하였다. 예를 들면, 조선나병근절책연구회였다. 연구회는 전염병인 한센병

---

398 宗教課 吉川文太郎, 1921, 「光州の癩病院」, 『朝鮮』 11호, 78쪽.

399 萩原彦三, 1967, 「朝鮮の救癩事業について」, 『朝鮮の救癩事業と小鹿島更生園』, 우방협회, 1쪽.

400 志賀潔, 1931, 「癩の豫防と撲滅とを期す」, 『朝鮮』 3호, 10쪽.

401 Alison Bashfod, 2003, ibid, 87쪽.

402 김재형, 2019b, 『한센인의 격리와 낙인·차별에 관한 연구』, 서울대 사회학과 박사논문, 46쪽, 50쪽.

403 성북동인(城北洞人), 1933, 「조선의 나병 절멸책」, 『新東亞』 3권 3호, 18쪽.

404 「癩病者 수용에 대하야」, 『東亞日報』, 1926.5.25.

의 전파를 막기 위해서는 "사회적 격리로 병균의 만연을 방지하고 민중보건의 안전을 도(圖)하는 것은 절대로 필요"하다고 주장하였다.[405] 격리는 일제와 조선인이 합의한 한센병 대책이었다.

다만, 미개를 상징하는 질병이 한센병만 있는 것은 아니었다. 다른 질병도 한센병과 같이 비문명병이라는 비판을 받고 있었다. 예를 들면, 장티푸스였다. 장티푸스 같은 비문명병이 일본에서 사망율이나 이환율의 측면에서 높은 수치를 보이고 있었고, 나아가 개선의 모습을 보이지 못하고 있었다.[406]

하지만 장티푸스 환자에 대한 격리는 한센병 같이 강하고 장기적으로 이루어지지 않았다. 한센병은 격리의 엄격성이나 강압성이 다른 질병보다 강했다. 이런 차이는 유럽에서 만들어진 인종주의의 영향일 가능성이 크다. 한센병은 열등한 유색인종의 영혼과 신체를 상징하는 질병으로 간주되었다. 유럽의 한센병 전문가들은 식민지의 한센병 환자 통제를 통하여 유럽의 건강을 보호하고자 하였다.[407] 이런 인종주의적 사고가 식민지 조선에 전파·확산된 것이었다.

③ 설립

1916년 2월 일제는 전라남도소록도자혜의원(이하 소록도의원)을 설립하였다.[408] 소록도는 남쪽에 있다는 점에서 환자를 수용하기에 적합했다.

---

405 「癩病患者를 根絶하자」, 『每日申報』, 1932.1.26.

406 吉岡博人, 1933, 「本邦腸「チフス」罹患率に及ぼす諸要約の衞生統計的考察」, 『民族衛生』, 2권 6호, 3쪽(백선례, 2021, 앞의 책, 113쪽에서 재인용).

407 김재형, 2019b, 앞의 책, 48~49쪽, 52쪽.

408 「조선총독부령 제7호」, 『朝鮮總督府官報』, 1916.2.24.

〈그림 2-9〉 소록도 자혜의원 가동병사

한센병 환자들은 추위를 싫어했고, 따라서 주로 온난한 남쪽 지방인 경상도와 전라도에 모여 있었다.[409] 소록도의 다른 장점 중 하나는 자연경관이 좋다는 것이었다. "진실로 환자 요양지로서 이상적이었다." 총독부의원장 하가 에이지로에 따르면 소록도에는 소규모이지만 완전한 요양소를 설립할 수 있었다.[410]

하지만 소록도는 배를 타고 접근해야 하는 고립의 공간이었다. 서양 의료선교사들이 설립한 사립 나병원이 대도시에 위치한 점과 대비되었다. 사립 나병원은 교통이 편리하고 접근도가 높은 까닭에 부산이나 대

409 吉崎達美, 1967, 「小鹿島更生園の建設及び運營について」, 『朝鮮の救癩事業と小鹿島更生園』, 우방협회, 22쪽.

410 『芳賀榮次郎自敍傳』, 1950, 259쪽, 261쪽.

구의 경우 입원을 하지 못한 환자들이 부근에 일종의 마을을 형성하고 있었다.[411] 소록도에서 이런 모습은 나타날 수 없었다. 소록도는 격리라는 기준에서 이상적인 공간이었다.

소록도의원은 가족의 돌봄을 받지 못하는 중증 환자들을 수용하였다. 배회하면서 병균을 옮길 우려가 있는 환자들이었다.[412] 환자들의 수용은 크게 세 가지 방식으로 이루어졌다. 개별적 강제 이송, 집단적 강제 이송, 자발적 입소였다.[413] 강제적인 입소도 있었지만, 자발적인 입소도 있었다. 갈 곳이 없던 환자들에게 소록도의원은 대안의 공간이 될 수 있었다. "자기를 수용"해달라는 애원이 있을 정도였다.[414] 하지만 새로운 공간에 대한 두려움 역시 있었다. 생활에 불안감을 느낀 환자 중에는 소록도의원으로 이동하는 도중 바다에 빠지기도 하였다.[415]

소록도의원의 공간은 둘로 구분되었다. 유독지대와 무독지대, 즉 환자 공간과 직원 공간이었다. 두 공간은 절대 분리가 이루어졌다. 환자 공간은 다시 남자병사, 여자병사, 부부병사 및 전염병사로 구분되었다. 의식주의 기준은 "조선인의 생활"이었다. 종교 활동도 허용되었다. 정신적 위안을 줄 수 있었기 때문이다. 예배당은 오락실을 겸했다. 라디오, 축음기, 바둑, 장기, 악기 등 환자에게 오락을 제공할 수 있는 기기들이 설치되었다. 육

---

411 「1935년 제69회 제국의회 설명자료」, 『朝鮮總督府 帝國議會說明資料』 1, 1994, 東京: 不二出版, 182쪽.

412 花井善吉(소록도자혜의원장), 1923, 「衛生上警察官に對する余の希望」, 『警務彙報』, 213호, 77쪽.

413 김미정, 2012, 「나 환자에 대한 일반대중의 인식과 조선총독부의 나병정책: 1930~40년대 소록도 갱생원을 중심으로」, 『지방사와 지방문화』 15권 1호, 437쪽.

414 「매일 이십 나환자 경찰에 애원」, 『東亞日報』, 1933.9.10.

415 「癩病患者救療狀況」, 『朝鮮彙報』 4호, 1917, 70쪽.

체활동이 가능한 환자는 힘들지 않은 노동에 종사하였다. 위안이나 어느 정도 자급자족의 의미에서 이루어진 노동이었다. 노동에 대해서는 일정한 장려금이 교부되었다.[416]

치료법으로는 대풍자유 제재 및 에틸 에스테르 주사요법이 활용되었다. 서양의학의 진보에 기초한 "최선의 방법"이었다. 하지만 퇴원은 쉽지 않았다. 완전히 치료되었다는 확인이 없으면 퇴원은 허용되지 않았다.[417]

소록도의원의 수용인원은 100명이었다. 수용인원이 제한되었던 만큼 수용 환자의 수는 각 도에 안배되었다.[418] 1916년 4월 소록도의원의 개원에 즈음하여 중증환자 91명이 각 도에서 선정·수용되었다.[419] 당시 일제가 파악한 한센병 환자는 39,401인이었다.[420] 0.2%의 환자가 수용된 것이었다. 다만 그 숫자는 1923년 이후 증가하였다. 일제가 매년 국고보조를 통해 증설을 하였기 때문이다.[421]

〈표 2-12〉 소록도갱생원 환자 정원(1917~1932)

연도	1917	1918	1919	1920	1921	1922	1923	1924	1925	1926	1927	1928
수용정원	100	100	100	100	100	100	100	125	125	125	250	450
수용인원	73	85	89	95	121	171	196	195	241	249	250	443

출처: 『昭和十六年年報』, 1942, 小鹿島更生園, 26~27쪽.

416 『朝鮮總督府施政年報(1931~1932)』, 1934, 420쪽.

417 『朝鮮總督府施政年報(1915)』, 1917, 315~316쪽.

418 『朝鮮總督府施政年報(1916)』, 1918, 327쪽.

419 『朝鮮總督府施政年報(1917)』, 1919, 324쪽.

420 『朝鮮總督府施政年報(1916)』, 1918, 320쪽.

421 「1937년 제73회 제국의회 설명자료」, 『朝鮮總督府 帝國議會說明資料』 1, 1994, 東京: 不二出版, 242쪽.

위 표에 따르면, 1920년대 말 소록도의원의 수용인원은 450명에 도달해 있었다. 하지만 소록도의원 확장에 대한 요구는 계속 제기되고 있었다. 선교사와 경쟁도 하나의 요인이었다. 1920년대 서양의료선교사가 운영하는 요양소의 경우 1,200명의 환자를 수용하고 있었다. 선교 사업은 일제의 식민 지배를 위협하고 있었다. 일제의 입장에서 이런 상황을 극복해야 했다.[422]

나아가 선교사들이 설립한 사립 수용소의 경우 경비 부족으로 인해 주로 경증환자를 입원시키고 있었다. 중증환자의 입원은 피하고 있었다.[423] 수용되지 못한 환자들은 근처에 거주하며 걸식을 다녔다. 일종의 지역문제가 되고 있었다. 전라도의 경우 소록도의원까지 있는 상황이라 다른 지역에서 부랑 환자들이 들어와 곤란한 상황이 만들어지고 있었다.[424]

환자들은 그동안 선호하지 않던 북부지방, 소도시나 읍면 지역까지 나타나기 시작하였다. 사람들의 공포심도 확산되면서 전국적인 문제로 대두되었다. 하지만 소록도의원의 수용인원이 부랑하는 환자들을 수용하기에 부족했다.[425] 이들 배회하는 환자 전부를 수용·치료할 수 있는 시설을 마련하는 대책이 필요했다.[426] 언론도 대안의 마련을 요구하였다. "전조

422 정근식, 1997b, 앞의 글, 17쪽.

423 「1935년 제69회 제국의회 설명자료」, 『朝鮮總督府 帝國議會說明資料』 1, 1994, 東京: 不二出版, 182쪽.

424 吉岡貞藏, 1967, 「小鹿島更生園が生まれるまでて」, 『朝鮮の救癩事業と小鹿島更生園』, 우방협회, 13쪽.

425 김재형, 2019b, 앞의 책, 72~77쪽.

426 『朝鮮總督府施政年報(1931~1932)』, 1934, 418쪽.

선의 나병자(癩病者)를 전부 수용할 계획을 세우지 못할 것이 무엇인가"라는 요구였다.[427]

④ 확장

소록도의원의 확장 계획은 1920년대 말부터 수립되었다. 소록도의원의 성적에 대한 우호적인 평가도 시설 확대에 긍정적인 영향을 미쳤다. 일본의 수용소보다 낫다는 평가였다. 소록도의원의 환경이 좋다 보니 환자들 사이에 도망이나 탈출 같은 사고는 없고, 오히려 성적불량으로 병원을 나갈 것을 두려워 한다는 평가가 나왔다.[428]

문명의 논리도 함께 했다. 서양의 여러 나라에서 환자의 자취가 사라진 이유는 강제적인 격리를 오랫동안 실행한 까닭에 있었다.[429] 그렇다면 일제도 소록도의원을 확장할 명분이 있었다. 강제격리는 문명국이 활용하여 성공한 방법이었기 때문이다.

하지만 재정이 부족했다. 계획이 수립되어도 재정이 지원되지 않으면 확장은 불가능했다. 소록도의원의 설립도 임시은사금의 지원 덕분에 가능했다. 제생원이 보관하고 있던 자금이었다.[430] 비슷한 지원이 필요했지만 쉽지 않았다. 확장 계획 수립 이후 재정 사정으로 그 계획을 실현하지 못하는 것이 유감이라는 한탄이 나오고 있었다.[431]

427 「癩病者 수용에 대하야」, 『東亞日報』, 1926.5.25.

428 小出明治(경성호리네스교회), 1931, 「소록도왕래잡감」, 『朝鮮社會事業』 9권 3호, 11쪽.

429 山田三良, 1957, 『회고록』, 東京: 山田三良先生米壽祝賀會, 225쪽.

430 萩原彦三, 1967, 「朝鮮の救癩事業について」, 『朝鮮の救癩事業と小鹿島更生園』, 우방협회, 5~6쪽.

431 「財團法人朝鮮癩豫防協會設立に就て」, 『警務彙報』 320호, 1932, 22쪽.

1932년 12월 재정 문제를 해결하기 위해 조선나예방협회가 설립되었다.[432] 일본의 예를 따른 설립이었다.[433] 조선나예방협회에 대한 호응은 높았다. 기부금이 예상보다 많이 모여 처음 세웠던 계획보다 1천 명에서 1천 5백 명 정도를 더 수용할 수 있다는 전망까지 나왔다.

1930년대 초반 증설 목표는 2천 명이었다. 1931년 조사에 따르면, 조선에 있는 한센병 환자는 모두 8,031명이었다. 1916년 조사보다 4배 정도 적어진 숫자였다. 실질적으로 환자가 줄었다기보다 높은 수용 비율을 과시하기 위한 축소일 가능성이 있다.

일제는 이 중 2,500명이 소록도의원과 사립요양소에 수용되어 있었고, 나머지는 부랑환자 1,500명, 무자산 환자 1,500명, 자력이 있어 당분간 부랑할 우려가 없는 환자 2,531명이라고 정리하였다. 나아가 부랑환자 1,500명과 방랑할 우려가 있는 자 500명을 합쳐 약 2,000명을 수용한다는 계획을 수립하였다. 한센병 근절을 위한 확장도 계획하였다. 모든 환자를 수용·치료하는 것이었다.[434]

1933년 소록도의원 확장을 위한 부지 구입이 이루어졌다. 일제가 "가장 고심한 바"였다. 여러 고려 조건이 있었기 때문이다. 기후, 교통, 생활 등에서 불편이 없어야 했고 다른 지역과 거리를 유지할 필요도 있었다. 단속의 편리, 운영비용의 적절성도 계산해야 했다.[435] 여러 의견들이 있었

---

432 「1935년 제69회 제국의회 설명자료」, 『朝鮮總督府 帝國議會說明資料』 1, 1994, 東京: 不二出版, 180쪽.

433 萩原彦三, 1967, 「朝鮮の救癩事業について」, 『朝鮮の救癩事業と小鹿島更生園』, 우방협회, 7쪽.

434 「財團法人朝鮮癩豫防協會設立に就て」, 『警務彙報』 320호, 1932, 25쪽, 28쪽.

435 「朝鮮癩豫防協會第一會平議員會に於ける今井田會長の挨拶」, 『警務彙報』 325호, 1933, 135쪽, 139쪽.

지만, 일제가 내린 결론은 소록도였다. 소록도가 가장 적합하다는 판단 아래 섬 전체를 매수한다는 결정이 내려졌다.[436]

소록도의원 확장은 1930년대에서 1940년대까지 지속적으로 이루어졌다. 확장을 통해 1934년 1,400명, 1935년 1,000명의 환자를 더 수용했고, 1937년부터 다시 확장계획을 세워 1940년 말 수용인원은 6,137인으로 증가했다.[437] 다음 표는 당시 상황을 알려준다.

〈표 2-13〉 소록도갱생원 환자 정원

연도	1929	1930	1931	1932	1932	1933	1934	1935	1936	1937	1938	1939	1940	1941
수용 정원	750	750	750	770	770	1,170	2,770	3,770	3,770	4,770	4,770	5,770	5,770	5,770
수용 인원	735	742	764	792	792	1,212	2,198	3,733	3,838	4,783	5,025	5,975	6,136	5,968

출처: 『昭和十六年年報』, 小鹿島更生園, 1942, 26~27쪽.

1936년 총독은 조선의 의료 상황이 점차 양호해지고 있으며, 그중에서도 한센병 대책은 "가장 현저한 사례"라고 평가했다.[438] 소록도의원의 확장에 따라 한센병 관리가 적절하게 이루어지고 있다는 평가였다. 경무국장의 평가도 다르지 않았다. 한센병 예방사업에 대해서는 조선 전체의 이해와 원조가 있었고, 그 덕택에 "세계에 자랑하는 나요양소 소록도갱생

436 「도위생과장 급 도항무의관 사무 타합」, 『朝鮮』, 1933, 9호, 145~146쪽.

437 萩原彦三, 1967, 「朝鮮の救癩事業について」, 『朝鮮の救癩事業と小鹿島更生園』, 우방협회, 8~9쪽.

438 「暮迫る警察部長會議」, 『朝鮮總督諭告·訓示集成』 5, 2001, 綠蔭書房, 618쪽.

원을 완성"할 수 있었다는 평가였다.[439]

1930년대 일제의 한센병에 대한 관심은 특별한 것이었다. 소록도의원 확장에 십만 원 이상이 투여되었다. 당시 의료 관련 비용에 비교했을 때 적지 않은 금액이었다. 전체적으로 재정이 풍족하지 않은 상황에서 한센병은 예외가 되었다.

한센병 환자에 대한 관심 촉구가 하나의 배경이었을 것이다. 사회가 한센병에 가장 먼저 관심을 기울여야 한다는 당위성은 계속 제기되고 있었다. 한센병은 "사회문제와 인생문제로 생각"할 때 "가장 동정할 것"이라는 판단이 지속되고 있었다.[440] 담당 관리의 관심도 이유 중 하나일 수 있다. 당시 경무국장이 심혈을 기울이는 두 개의 목표 중 하나는 마약환자 근절이었고, 다른 하나는 한센병 환자의 박멸이었다.[441] 운영비가 상대적으로 저렴하다는 이유도 있었다. 일본 요양소의 운영비가 1인당 3백 원 내외인 데 비해 조선은 120~130원이었다.[442] 반도 안 되는 금액이었다.

하지만 한센병에 대한 관심은 무엇보다 문명화와 관련이 있을 것이다. 미국이 필리핀에 건립한 쿨리온(Culion) 수용소가 그랬다. 쿨리온은 미국에 있는 작은 마을의 모습을 가지고 있었다. 이 모습은 당시 가난했던 필리핀의 상황을 고려할 때 미국이 부린 사치에 해당했다. 쿨리온 수용소는 미국이 달성한 세계적 성취를 보여주는 공간이었다.[443] 소록도의원 역시

---

439 三橋 警務局長, 1939, 「結核豫防の急務」, 『同胞愛』 17권 9호, 11쪽.

440 志賀潔, 1931, 「癩の豫防と撲滅とを期す」, 『朝鮮』 3호, 15쪽.

441 加藤伯嶺(경성), 1935, 「隱者と痲藥患者」, 『警務彙報』 346호, 86쪽.

442 「朝鮮癩豫防協會第一會平議員會に於ける今井田會長の挨拶」, 『警務彙報』 325호, 1933, 138~139쪽.

443 Warwick Anderson, 2006, *Colonial Pathologies: American Tropical Medicine, Race and*

문명화의 상징으로 기능할 수 있었다.

⑤ 결과

공식적인 입장과 달리 소록도의원의 확장 이면에는 다른 상황이 전개되고 있었다. 우선 부지 매수였다. 일제는 매수가 전라남도 당국의 노력과 도민의 이해에 따라 "극히 원만하고 신속하게 완결"되었다고 정리했지만 아니었다. 이미 1920년대 확장과정에서부터 생활근거지를 위협받게 된 주민들의 반대가 있었다. 주민들의 폭력사건이 발생하기도 하였다.[444] 나중에 총독부 관리가 민간 100여 호를 "섬 밖으로 퇴거시켰다"라고 회고한 점에서 알 수 있듯이 확장은 원활하게 이루어지지 않았다.[445]

강제격리도 환자의 불만을 낳고 있었다. 1930년대 확장과 함께 소록도의원에 대한 법적 규정이 변하였다. 1934년 9월 나요양소 관제 공포에 따라 소록도의원은 조선총독부나요양소라는 독립 기관이 되었고, 소록도갱생원으로 개칭되었다.[446] 나요양소란 "나환자의 구호 및 요양에 관한 일을 담당"하는 곳이었다.[447]

나아가 1935년 4월 조선나예방령이 제정되면서 한센병 환자에 대한 강제수용이 이루어졌다.[448] 나예방령의 제5조에 따르면, "행정관청은 나

Hygiene in the Philippines, Durhan and London: Duke University Press, p.168, p.176.

444 김기주, 2011, 「소록도 자혜의원 나환자정책의 성격」, 『역사학연구』 44호, 259~265쪽.

445 萩原彦三, 1967, 「朝鮮の救癩事業について」, 『朝鮮の救癩事業と小鹿島更生園』, 우방협회, 8쪽.

446 『朝鮮總督府施政年報(1934)』, 1936, 467쪽.

447 「朝鮮總督府癩療養所官制」, 『朝鮮總督府官報』, 1934.9.19.

448 『朝鮮總督府施政年報(1936)』, 1937, 527쪽.

예방을 위해 필요하다고 생각하면 나환자를 조선총독부 나요양소에 입소시킬 수 있”었다.[449] 이전에는 부랑 배회하는 한센병 환자에 대해 경찰범 처벌규칙을 적용하는 정도였다면,[450] 조선나예방령 제정 이후 강제격리의 대상이 확대되었다.

조선나예방령은 1931년 제정된 일본의 나예방법의 내용을 모방한 것이었다. 일본은 1907년 나예방법에 관한 건을 제정하고 1909년부터 부랑 한센병 환자를 강제격리하고 있었다. 그 격리의 대상이 1931년 나예방법 제정을 통해 모든 한센병 환자로 확대된 것이었다.[451]

경무국장은 실질적으로 강제격리를 위한 법령은 필요하지 않다고 주장했다. 소록도의원이 “환자의 낙원”이고 따라서 “환자가 다투어 입소를 희망하기 때문”이었다. 이런 상황에서 소록도의원의 확장은 환자의 수요에 맞춘 적극적인 노력으로 평가될 수 있었다. 다만, 입원을 거부하는 환자가 있으면 강제 규정을 적용할 따름이었다.[452]

하지만 환자들의 불만은 적지 않았다. 이미 강제로 인해 문제는 발생하고 있었다. 1920년대 소록도의원 원장은 다음과 같이 그 문제를 지적했다.

“불충분한 이해 아래 입원을 한 자는 입원 후 함부로 퇴원을 요구하

---

449 「朝鮮癩豫防令”, 『朝鮮總督府官報』, 1935.4.20.

450 花井善吉(소록도자혜의원장), 1923, 「衛生上警察官に對する余の希望」, 『警務彙報』, 213호, 77쪽.

451 김재형, 2019a, 「부랑나환자 문제를 둘러싼 조선총독부와 조선 사회의 경쟁과 협력」, 『민주주의와 인권』, 19권 1호, 96쪽.

452 池田 警務局長 談, 1935, 「朝鮮癩豫防令の公布に就き」, 『警務彙報』 349호, 144~145쪽.

고, 병원 규칙을 어기거나 질병 치료에서 인내력도 결핍되어 결과가 좋지 않다. … 강제적으로 환자의 자유를 구속하여 수용소에 입원시키는 경우는 예방상 희생자가 된다."[453]

충분한 이해 없이 소록도의원에 입원할 경우 치료 효과가 높지 않을 뿐 아니라 퇴원을 요구하는 경우까지 있다는 지적이었다. 나아가 소록도의원 원장은 강제격리가 가지는 위험성에 대해서도 경고하고 있었다.

통제가 가져온 문제에 대해 다른 불만도 제기되었다. 섬 밖과 자유로운 교통을 할 수 없는 것, 소독 때문에 편지가 검열된다는 의심이 있는 것, 받은 의복이 백색이 아니라 쥐색인 것, 신사참배가 시행되는 것 등이었다.[454]

확장과정에서 환자들에 대한 강제적 동원도 이루어졌다. 일제는 전쟁으로 인해 어려워진 상황에서도 환자들이 자발적으로 참여하고 있다고 주장했다.

"때마침 '만주사변' 및 경제계 변동의 영향을 받아 공사재료 및 노임이 점차 올랐기 때문에 이미 정한 건축예산으로 예정 설비를 완성하는 것에 매우 고심했습니다만, 다행히 관계 직원의 헌신적 노력과 환자의 봉사적 노력에 의해 공사는 극히 능률적이고 경제적으로 진보

---

453 花井善吉(소록도자혜의원장), 1923, 「衛生上警察官に對する余の希望」, 『警務彙報』 213호, 78쪽.

454 吉崎達美, 1967, 「小鹿島更生園の建設及び運營について」, 『朝鮮の救癩事業と小鹿島更生園』, 우방협회, 36쪽.

(했습니다.)"[455]

직원들의 헌신과 환자들의 봉사로 소록도의원 확장이 가능했다는 주장이다. 하지만 환자들의 봉사는 자발적인 것이 아니었다. 그 증거를 1942년 일어난 사건을 통해 확인할 수 있다. 환자 중 한 명이 소록도의원 원장을 살해한 것이었다. 살해를 할 만큼 소록도의원에 대한 환자들의 불만은 극도에 달해 있었다.

환자들은 저항했다. 다음 표에서 알 수 있듯이 강제격리가 실시된 1930년대 중반을 지나면서 소록도의원의 도망자 수는 증가하고 있었다. 직접적인 연관 관계는 알 수 없지만, 사망자 수도 증가하고 있었다. 1930년대 초반 퇴원제도가 만들어졌음을 고려하면, 상황이 급격히 악화되고 있음을 알려주는 숫자이다. 당시 소록도의원은 전염의 우려가 없거나 치유된 환자를 퇴원시키고 있었고, 따라서 다른 요양소에서 보이는 것 같이 미래를 비관하여 자포자기에 빠지는 일이 없다고 보고하고 있었다.[456]

〈표 2-14〉 소록도의원 퇴원, 도망, 사망자 수(1917~1941)

연도	성별	치료 퇴원	경쾌 퇴원	사고 퇴원	사망	도주	소계	총계
1917	남	-	-	-	25	-	25	26
	여	-	-	-	1	-	1	
1918	남	-	-	-	3	-	3	8
	여	-	-	-	5	-	5	

455 「소록도갱생원 신영설비 낙성식」, 『警務彙報』 356호, 1935, 125쪽.

456 『朝鮮總督府施政年報(1931~1932)』, 1934, 419쪽.

1919	남	-	-	-	6	-	6	7
	여	-	-	-	1	-	1	
1920	남	-	1	-	7	-	8	9
	여	-	1	-	-	-	1	
1921	남	-	1	1	5	2	9	13
	여	-	-	1	3	-	4	
1922	남	-	13	1	-	-	15	16
	여	-	-	-	-	-	1	
1923	남	-	15	2	4	-	21	27
	여	-	4	1	1	-	6	
1924	남	-	16	5	4	-	25	27
	여	-	2	-	-	-	2	
1925	남	-	13	15	3	-	31	36
	여	-	1	2	2	-	5	
1926	남	-	4	12	6	-	22	26
	여	-	-	3	1	-	4	
1927	남	-	7	6	7	-	20	20
	여	-	-	-	-	-	-	
1928	남	-	6	7	12	-	25	28
	여	-	-	-	3	-	3	
1929	남	-	12	39	13	-	64	76
	여	-	1	3	8	-	12	
1930	남	-	12	33	21	-	66	77
	여	-	-	9	2	-	11	
1931	남	-	5	18	9	-	32	46
	여	-	-	9	5	-	14	
1932	남	-	6	73	13	-	92	104
	여	-	-	7	5	-	12	

1933	남	-	13	10	18	1	42	48
	여	-	1	2	3	-	6	
1934	남	-	4	12	32	9	57	67
	여	-	1	3	6	-	10	
1935	남	-	6	49	74	65	194	233
	여	-	-	8	29	2	39	
1936	남	-	15	53	114	54	236	270
	여	-	-	4	24	6	34	
1937	남	-	50	65	76	17	208	256
	여	-	9	13	26	-	48	
1938	남	-	28	42	134	24	228	275
	여	-	3	4	39	1	47	
1939	남	-	15	28	218	13	274	344
	여	-	1	5	64	-	70	
1940	남	-	-	52	225	31	308	385
	여	-	1	6	69	1	77	
1941	남	-	1	42	363	76	482	564
	여	-	-	3	69	10	82	
총계	남	-	242	565	1,393	292	2,493	2,988
	여	-	25	83	367	20	495	

출처: 『昭和十六年年報』, 1942, 小鹿島更生園, 55~57쪽.

나아가 1936년 소록도의원에서 환자에 대한 극단적 격리, 즉 단종이 이루어졌다. 부부가 동거를 원하면 남자환자는 거세해야 했다.[457] 도주

457 吉崎達美, 1967, 「小鹿島更生園の建設及び運營について」, 『朝鮮の救癩事業と小鹿島

하다가 잡힌 환자나 범죄로 인해 감금실에 갇혔던 환자도 단종 수술을 받아야 했다. 식민지 조선에서 유일하게 이루어진 단종이었다.

다만, 단종으로 상징되는 통제를 일제의 책임으로만 귀착시키는 것은 적절하지 않다. 단종에 대한 요구는 이미 1920년대부터 제기되고 있었다. 1927년 언론은 총독부의원장의 말을 빌려 한센병 대책으로 거세를 통해 유전을 막는 것이 가장 좋다고 소개하였다.[458] 1930년대 말 경상남도 의회에서도 "과학이 발달된 시대"이므로 한센병 환자에게 "호르몬을 사용하는 방법은 없는가"라는 질의가 나왔다.[459] 권력을 넘어 사회가 단종을 요구하고 있었다.

소록도의원은 일제가 가지는 문명의 상징으로 기능하였다. 확장도 마찬가지 맥락에서 이루어졌다. 하지만 확장의 이면에서는 강한 통제가 이루어지고 있었다. 그 통제는 한센병 환자에 대한 단종으로까지 나타났다. 단종은 과학의 이름으로 정당화되었고, 한센병 환자의 인권에 대한 고려는 부족했다.

2) 폐디스토마 퇴치 노력과 백신의 강제 활용

① 배경

만성전염병 중 하나인 폐디스토마의 피해는 컸다. 객혈을 하고 악화하면 죽음에 이르렀다. 사망하지는 않더라도 기력이 쇠해져 거의 죽은 사람

更生園』, 우방협회, 36쪽.

458 「거세외 무도리」, 『東亞日報』, 1927.4.15.

459 「제12회 경상남도회 회의록(1939)」, 『日帝下支配政策資料集』 12, 1993, 고려서림, 113쪽.

이 되기도 하였다.[460] 감염자가 청장년층인 것도 문제였다. 직업별로 보면, 농업에 종사하는 사람이 90% 이상, 연령별로는 21세 이상 50세까지가 감염자의 47%였다. 주요한 노동력이 감염되어 있었고, 따라서 경제적으로 국가의 산업능력을 앗아갔다.[461] 개인이나 가족을 넘어 국가 경제력에도 악영향을 끼치고 있었다.[462]

환자 수도 적지 않았다. 식민 지배가 시작되기 전인 1909년 충남 임천(林川)지방을 조사한 보고에 따르면, 객담검사 대상자 128명 중 88명에게서 폐디스토마가 확인되었다. 73.33%였다. "실로 전율할" 통계였다.[463] 1930년대 초 환자 수는 수십만 이상이었다.[464] 조선인 중에서 혈담을 뱉는 사람은 결핵이 아니라 대부분 폐디스토마에 걸렸다고 할 정도였다.[465] 식민지 조선의 폐디스토마 감염 수준은 세계에서 유례를 볼 수 없었다.[466]

일제는 폐디스토마를 경계했다. 조선에서 예방과 관련하여 "가장 최미의 급무인 법정전염병은 성홍열, 지방병은 폐디스토마"였다.[467] 일제는 1910년대부터 폐디스토마를 예방하기 위한 조치를 실시했다. 1912년 1월 유행지방에 관한 조사를 시작하였고, 응급조치 방법과 함께 음료수

---

460 佐藤剛藏, 1956, 앞의 책, 73쪽.

461 岸上繁次郎(경무국 기사), 1924, 「肺ヂストマ豫防に取て」, 『警務彙報』, 231호(원본은 222호), 25쪽.

462 「조선총독부함경남도유고제삼호」, 『朝鮮總督府官報』, 1912.1.9.

463 中野有光, 1912, 「朝鮮の地方病ヂスドマ流行に就て」, 『朝鮮及滿洲』 48호, 48쪽.

464 유일준(兪日濬), 1931, 「朝鮮の風土病に就て」, 『朝鮮』 3호, 33쪽.

465 森安連吉, 1912, 「朝鮮に最も多き疾病」, 『朝鮮及滿洲』 50호, 25쪽.

466 關水武, 1923, 「朝鮮の衛生概況」, 『朝鮮』 8호, 211쪽.

467 「제44회 제국의회 설명자료」, 『朝鮮總督府 帝國議會說明資料』 11, 1998, 東京: 不二出版, 46쪽.

를 개량하는 보다 근본적인 조치를 취했다.[468] 1916년 5월에는 총독부의원에 전염병지방병연구과를 설치하여 폐디스토마에 대한 조사·연구를 시작했다.[469] 폐디스토마를 조선에 특수한 전염병으로 간주하고 관련 조사와 연구를 시작한 것이었다.[470]

당시 원장이었던 하가 에이지로는 연구과 설치와 함께 폐디스토마 연구에 참여할 전문가를 총독부의원의 기사로 임명하였다. 하가는 폐디스토마가 조선인을 육체적으로 정신적으로 중독시키는 두려운 존재이고, 따라서 "어떻게 해서라도 박멸하고 싶다는 생각"을 가지고 있었다.[471] 박멸에 대한 강한 의지를 내비친 것이다.

하가의 진심을 불신할 이유는 없다. 하지만 과장되었다는 평가도 가능하다. 조사에 따르면, 1916년 당시 폐디스토마 환자는 모두 39,401명이었다.[472] 4만 명이면 다른 전염병에 비해 많다고 할 수 없는 숫자였다. 그럼에도 조선의 최고 진료기관인 총독부의원장이 전념을 기울였다면, 다른 이유도 함께 했을 가능성이 있다.

"조선 특유의 전염병"이라는 표현에서 알 수 있듯이 폐디스토마는 조선의 특수성을 보여주는 질병이었다. 소위 지방병이었다. 지방성이 강조된다면, 그 대신 보편화에 대한 요구가 부각된다. 나아가 그 요구를 실현할 주체가 부각된다. 바로 일제다.

일제는 '조선 전염병 및 지방병 조사위원회'도 설립하였다. 이름 그대

---

468 『朝鮮總督府施政年報(1912)』, 1914, 370~371쪽.

469 『朝鮮總督府施政年報(1916)』, 1918, 324쪽.

470 「역병연구기관」, 『每日申報』, 1916.5.2.

471 佐藤剛藏, 1956, 앞의 책, 72쪽.

472 『朝鮮總督府施政年報(1916)』, 1918, 320쪽.

로 조선의 전염병과 지방병의 조사연구 및 예방에 관한 제반 사항을 심의하는 기구였다.[473] 별도의 조사위원회를 둘 정도로 지방병에 대한 일제의 관심은 높았다. 관립 의학교육기관인 경의전에도 관련 연구를 진행하는 교실이 있었다. 세균학교실과 병리실험실이었다. 이 교실의 설비도 폐디스토마 박멸을 위해서 이루어졌다.[474] 1920년에는 각 도에 기사와 기수가 증원되었다. 전염병 및 지방병 병원 검색 예방에 부족한 점이 적지 않다는 이유 때문이었다.[475]

1922년부터 각 도에서 폐디스토마를 포함한 지방병 조사가 시작되었다. 질병의 분포 상황과 예방에 관한 방책 강구에 목적이 있었다.[476] 다른 질병까지 포함할 경우 경비를 마련하기 쉽지 않다는 판단 아래 지방병 같은 제한된 범주부터 시작한 것이었다.[477] 1923년 조사는 조선 전체적으로 이루어졌다. 이전 조사가 지역의 감염 정도가 심하다는 사실을 밝혀냈기 때문이다.[478] 1923년 조사에 따르면, 조사 인원 100명 중 폐디스토마 감염자는 9.4%에 이르렀다. 전라남도가 가장 심했다. 조사 인원의 46%, 지역에 따라서는 82.1%에 달하는 곳도 있었다.[479] 일제는 1923년부터 전염병 및 지방병 연구비를 정규 예산에 포함하였다.[480]

---

473 「조선전염병급지방병조사위원회규정」, 『朝鮮總督府官報』, 1920.7.14.

474 『芳賀榮次郎自敍傳』, 1950, 255쪽.

475 『朝鮮總督府施政年報(1918~1920)』, 1922, 280쪽.

476 『朝鮮總督府施政年報(1922)』, 1924, 378쪽.

477 「휘보」, 『警務彙報』, 1922, 206호, 145쪽.

478 「제51회 제국의회 설명자료」, 『朝鮮總督府 帝國議會說明資料』, 1998) 13, 東京: 不二出版, 42쪽.

479 『朝鮮警察の槪要』, 1925, 朝鮮總督府 警務局, 195쪽.

480 「1935년 제69회 제국의회 설명자료」, 『朝鮮總督府 帝國議會說明資料』 1, 1994, 東

지방에 따라 구체적인 예방법을 법령으로 반포하는 곳이 있었다. 함경남도는 1922년 도령으로 폐디스토마예방규칙을 반포하였다. 내용은 의료인과 호주의 환자 신고 의무, 치료를 위한 공비 지출 등이었다. 처벌 규정도 있었다. 금지된 어패류를 먹거나 물을 끓이지 않고 마시면 벌금 혹은 구류나 과태료 처분을 받았다.[481] 다른 지방에도 관련 법령이 제정되었다. 평안남도는 1923년 5월, 전라남도는 1923년 8월에 도령으로 어패류의 채취 및 반포를 금지하였다.[482]

1924년에는 전국을 포괄하는 법령이 반포되었다. 폐디스토마 예방에 관한 건이었다. 그 법령에 따라 당분간 가재 및 참게의 채취 및 수수가 금지되었고, 규정을 어길 경우 벌금이나 과태료 처분을 받았다.[483] 가재나 게에 대한 규제가 이루어진 이유는 폐디스토마의 숙주로 확인되었기 때문이다. 따라서 예방법은 간단했다. 가재나 게를 생식하지 않거나, 먹더라도 충분히 익히면 되었다.[484] 하지만 일제에 따르면, 조선인들의 위생사상은 자발적인 규제가 가능할 정도로 발달해있지 않았다. 예방을 느슨하게 해서는 충분하지 않았다. 일제는 "강력한 권위 있는 방법"을 채택했다. 관련 법령이 반포된 이유였다.[485]

京: 不二出版, 179쪽.

481 「조선총독부함경남도령제구호 - 肺ヂストマ豫防規則」, 『朝鮮總督府官報』, 1922.5.15.

482 岸上繁次郎(경무국 기사), 1924, 「肺ヂストマ豫防に取て」, 『警務彙報』 231호(원본은 222호), 30쪽.

483 「肺ヂストマ豫防ニ關スル件」, 『朝鮮總督府官報』, 1924.4.30.

484 小林晴治郎(이학박사), 1923, 「肺ヂストマ病の豫防法」, 『警務彙報』, 223호, 23쪽.

485 岸上繁次郎(경무국 기사), 1924, 「肺ヂストマ豫防に取て」, 『警務彙報』, 231호(원본은 222호), 30쪽.

② 치료

예방을 넘어 치료를 위한 노력도 시작되었다. 에메틴 주사였다. 1910년대 중반부터 개발되기 시작한 에메틴 주사는 1920년대에 접어들어 본격적으로 사용되었다.[486] 비용을 처리해 주는 방법도 마련되었다. 치료를 위해 계속 주사를 맞을 경우 실비를 지불해야 했지만, 빈민 환자의 경우 위생조합 등이 대신 지불하게 하였다.[487] 에메틴 주사의 효과에 대해서는 공감대가 형성되어 있었다. 일제뿐 아니라 조선인 세균학자도 폐디스토마 감염자에게 에메틴 주사를 장려했다.[488]

다만, 에메틴 주사는 부작용이 있었다. 유행성 감기 같은 증세가 나타나기도 했고, 중독성도 있었다.[489] 계속 주사를 맞을 경우 전신권태, 식욕부진, 통증 등이 찾아왔다. 이런 증상이 나타날 경우 환자는 회복될 때까지 주사를 맞지 말아야 했다.[490] 일본인 세균학자 역시 에메틴 주사에 일정한 경계를 요구했다. 치료법으로 상당한 효과가 있지만 그 방법을 신뢰하기보다 오히려 이 병에 걸리지 않도록 조심해야 한다는 경계였다.[491]

일본도 마찬가지였다. 일본 야마나시(山梨) 지방의 폐디스토마 대책이 그랬다. 이 지역에서는 에메틴보다 독성이 약한 주석산(酒石酸) 안티몬 나트륨(sodium antimony tartrate)을 제조하여 치료에 사용하였다. 에메틴의

---

486 신규환, 2009, 「지방병 연구와 식민지배: 1927년 영흥 및 해남지역 에메틴 중독사건을 중심으로」, 『醫史學』 18권 2호, 177쪽.

487 「폐디쓰도마」, 『朝鮮日報』, 1924.8.24.

488 유일준(兪日濬), 1931, 「朝鮮の風土病に就て」, 『朝鮮』 3호, 34쪽.

489 「過去成績은 良好 최근의 불행도 중독은 아니오」, 『東亞日報』, 1927.4.12.

490 臨時土地調査局 衛生室, 1918, 「肺ヂストマ蟲病に對するエメチンの治療實驗」, 『朝鮮彙報』 4호, 132쪽.

491 小林晴治郎(이학박사), 1923, 「肺ヂストマ病の豫防法」, 『警務彙報』, 223호, 19쪽.

〈그림 2-10〉 폐흡충증의 치료를 위한 에메틴 주사(1928년)

사용보다 중간숙주 박멸에 치중하는 모습도 보였다.[492]

하지만 일제는 조선에서 에메틴 주사를 공격적으로 활용하였다. 1927년 함경남도 영흥에서 발생한 소위 에메틴 중독사건은 그 결과였다. 상황을 살펴보면, 함경남도 위생과는 1927년 3월 초부터 중반까지 영흥군에 거주하는 100여 명의 환자에게 에메틴 주사를 접종하였다. 예상하지 못한 결과는 며칠 후 나타났다. 접종자 중 반수 정도에게 중독 증상이 나타났고 6명이 사망하였다.

일제는 갑자기 추워진 날씨에 책임을 돌렸다. 추위가 환자의 건강을 해쳤고, 그 결과 감기가 급성 폐렴으로 악화하였다는 해명이었다. 하지만

492 飯島涉, 2006,「宮入貝の物語」,『帝國 日本の學知』7, 岩波書店, 148~149쪽.

에메틴 주사가 원인일 가능성은 높았다.[493] 에메틴 주사는 연속으로 맞았을 때 효과가 더 높았다. 5~6회 이상 연속으로 주사할 필요가 있었다. 접종 횟수가 많으면 많을수록 살충 목적을 더 수월하게 달성할 수 있었다. 접종 후 짙은 색의 담이나 충란(蟲卵)이 없어졌을 때라도 주사를 중지해서는 안 되었다.[494]

연속 접종의 중요성이 강조된다면, 환자가 겪는 부작용을 무시하면서 에메틴 주사를 연속으로 접종할 가능성은 높았다. 폐디스토마를 박멸하려는 의지가 강할수록 그 가능성은 더 높았다. 나아가 용량을 과도하게 투여했을 가능성도 존재했다. 당시 접종에 참여한 공의 중 1명은 보통 주사 1회 사용량의 2~3배가 사용되었다고 증언하였다. 이 공의는 사용량이 지나치지 않느냐고 항의했지만 담당 위생과장에 의해 무시당했다고 덧붙였다. 도중에 접종을 중지하면 무료였던 주사 비용을 청구하겠다는 위협까지 있었다.[495] 중독 가능성은 충분히 높았다.

중독의 다른 배경에는 위생경찰제도가 있었다. 접종에 참여한 공의의 증언에 따르면, 에메틴 주사 접종 역시 경찰이 지휘하였다. 위생과장이 주사액의 분량을 정한 것이었다.[496] 의료인이 아닌 경찰이 접종 행위를 지도한 것이었다. 전문 의료지식이 아닌 행정적 요청에 따라 접종과 같은 의료행위가 이루어질 가능성은 높았다. 그 결과 중 하나가 영흥 에메틴 중

493 Park Yunjae, 2010b, "The 1927 'Emetine Injection Incident' in Colonial Korea and the Intervention of Korean Western - Trained Doctors," *Korea Journal* Vol. 50, No. 1. pp.164 - 165.

494 臨時土地調査局 衛生室, 1918, 「肺ヂストマ蟲病に對するエメチンの治療實驗」, 『朝鮮彙報』 4호, 141쪽.

495 「영흥주사 대책강구회」, 『朝鮮日報』, 1927.3.25.

496 「영흥 토질환자 중독사건」, 『東亞日報』, 1927.3.24.

독사건일 가능성 역시 높았다.

③ 결과

대안이 필요했다. 예를 들면, 상수도 시설이었다. 이미 1910년대 초 폐디스토마 예방을 위해서는 환경개선이 중요하다는 점이 지적되고 있었다. 반드시 개량해야 할 것은 상수도 시설이라는 지적이었다.[497]

영흥지역의 경우 에메틴 중독사건 이후 상수도 시설이 개선되었다. 1936년 영흥지방의 주민 58명을 조사한 바에 따르면, 폐디스토마 환자는 2명이었다. 환자가 거의 없는 것이나 마찬가지였고, 아주 기뻐할 현상이었다. 이런 일이 가능했던 이유는 상수도 설비에 있었다.[498] 환경이 개선되면서 폐디스토마 환자가 감소한 것이었다. 전국적인 폐디스토마 환자 수도 감소하고 있었다. 다음 표는 그 사실을 알려준다.

〈표 2-15〉 폐디스토마 환자 및 사망자 수

	1920	1921	1922	1923	1924	1925	1926	1927	1928	1929
환자	5,910	4,195	7,549	26,083	12,068	4,893	3,657	3,830	4,002	3,348
사망자	1,443	784	690	979	831	823	768	922	647	625
	1930	**1931**	**1932**	**1933**	**1934**	**1935**	**1936**	**1937**	**1938**	**1939**
환자	3,778	4,529	3,989	4,741	3,856	3,608	2,713	2,637	4,232	2,951
사망자	509	739	832	692	552	594	551	480	357	363

출처: 『朝鮮防疫統計(昭和九年)』, 1935, 朝鮮總督府警務局, 134쪽; 朝鮮防疫統計(昭和十六年)』, 1943, 朝鮮總督府警務局, 282~283쪽.

497 山根正次, 1913, 「朝鮮に於ける現下の衛生狀態」, 『朝鮮及滿洲』, 74호, 22쪽.

498 「상수도 시설 후 군민 보건 향상」, 『每日申報』, 1936.7.9.

1923년과 1924년에 걸쳐 1~2만에 달했던 환자 수는 이후 낮게는 2천 명, 많으면 4천 명을 유지하였다. 반면 사망자 수는 지속적으로 감소하였다. 1920년 1,400명대였던 사망자 수는 1930년대 말에 이르면 300명대로 감소하였다. 이미 1920년대 말 경무국장은 폐디스토마에 대해 "예방 및 치료방법의 적정을 얻으면 점차 감소할 것이 불가능하지 않다"라고 판단했다.[499]

다만, 검사대상을 확대하면, 그만큼 더 많은 환자가 나올 가능성은 충분했다. 조선인 세균학자의 추정에 따르면, 폐디스토마 환자는 수십만 이상이었다.[500] 나아가 폐디스토마의 근본적인 원인이라고 할 수 있는 가난과 결핍의 문제는 방역과 관련하여 고려의 대상이 되지 않았다.[501] 궁핍했기에 어쩔 수 없이 폐디스토마에 감염된 가재나 참게를 잡아먹는 상황을 막아야 했다. 하지만 그런 고려가 없었기에, 아니 할 수 없었기에 에메틴 주사와 같은 직접적인 치료법이 사용되었을 것이다.

그럼에도 폐디스토마가 주는 실질적인 위협은 사라지고 있었다. 그 반영으로 일제는 1934년 8월 게 식용을 금지하는 법령을 폐지하였다.[502] 게를 구워 먹으면 폐디스토마에 감염될 우려가 없다는 사실이 밝혀졌기 때문이다. 게는 피폐한 농촌에 먹거리로 활용될 수 있었다. 경제적 가치가 적지 않았다. 지방에 따라 게를 구워 먹으라고 교육하는 경우도 있었다.[503]

---

499 「道衛生課長事務打合會ニ於ケル警務局長ノ訓示」, 『警務彙報』, 1928, 270호, 5쪽.

500 유일준(兪日濬), 1931, 「朝鮮の風土病に就て」, 『朝鮮』 3호, 33쪽.

501 John Farley, 1988, "Bilharzia: a problem of 'Native Health', 1900 – 1950," *Imperial medicine and indigenous societies*, Manchester University Press, p.203.

502 「조선총독부령 제팔십일호」, 『朝鮮總督府官報』, 1934.7.31.

503 『朝鮮總督府施政年報(1934)』, 1936, 464쪽.

하지만 에메틴 주사 접종은 지속되었다. 영흥을 비롯하여 다른 곳에서 중독사건이 발생하면서 잠시 중지되기도 하였지만, 오래가지 않았다.[504] 일제는 에메틴 주사라는 대책을 포기하지 않았다. 다른 대안도 없었다. 영흥 에메틴 사건이 발병했을 당시에도 총독부 위생과장은 에메틴 주사를 제외하면 "아무 도리가 업고 당분간은 아무 방침도 명할 수가 업습니다"라고 고백한 바 있었다.[505] 위생과장의 고백은 사실일 가능성이 높았다. 에메틴 중독사건을 조사한 조선인 의사도 에메틴 주사가 치료에 효과가 있다는 점은 인정하고 있었다.[506]

그러나 신뢰가 부족했다. 영흥 에메틴 중독사건이 발생했을 때 언론 중 하나는 일제의 정책에 대해 우호적인 평가를 내렸다. 이 사건이 진보된 문명의술에 의해 민중의 건강을 증진하고 생활을 즐기게 하려는 의도에서 발생했다고 평가했다. 폐디스토마를 막고자 한 일제의 성의를 인정한 것이었다. 다만, 이 언론은 조선인이 그 성의를 믿지 못했다는 점을 지적했다. 민중의 신뢰를 얻지 못한 정치는 민중을 행복하게 할 수 없다는 지적이었다.[507]

나아가 언론은 이 사건이 위생경찰제도에 기인하였음도 지적하였다. 조선인의 생명에 대해 평상시에 신중한 태도를 가지지 않은 것이 원인이라는 지적이었다. 그 결과 "경관의 위력"에 질식해있던 조선인은 저항했다. 편의에 따라 조선인에 대한 의료정책을 펼치는 경찰에 대해 누적되

---

504 홍순원, 1981, 『조선보건사』, 과학백과출판사, 337쪽.

505 「병균 전매(傳媒)는 해류(蟹類) 삼개월 후에 발병」, 『朝鮮日報』, 1927.4.28.

506 「에메징의 약성과 치료법 여하」, 『東亞日報』, 1927.3.22.

507 하산생(霞山生), 1927, 「시사만평」, 『신민』 24호.

었던 불만을 폭발시켰다.[508] 영흥 에메틴 사건은 주민의 경찰서 습격을 낳았다.

위생경찰제도가 지속되는 한 신뢰 회복의 길은 쉽게 찾을 수 없었다. 그 제도가 조선인에 대한 무의식적인 모멸, 즉 민족차별에 기인하고 있었다면 그 길은 더 멀었다.[509] 일제는 폐디스토마와 관련해서도 조선인의 열악한 위생사상을 비판한 바 있었다. 위생사상이 유치한 조선인이 폐디스토마에 걸려도 거의 무시하기 때문에 병균이 만연한다는 비판이었다.[510] 불신의 벽은 높았다. 폐디스토마 박멸에 이르는 길도 멀었다.

508 「영흥사건과 조선경찰」, 『東亞日報』, 1927.3.22.

509 「영흥사건 판정」, 『朝鮮日報』, 1927.4.6.

510 『朝鮮總督府施政年報(1916)』, 1918, 324쪽.

제3장

전시 의료체계로 재편(1937~1945)

1. 전시 동원과 의료제도의 변화

1) 전쟁의 확대와 후생국 설치

① 배경

1937년 일제는 중일전쟁을 일으켰다. 전쟁이 중국 전역으로 확대되었다. 인적 자원의 전쟁 동원 문제가 중요하게 부각되면서 건강에 대한 관심이 높아졌다. 반대되는 현상에 대해서는 우려가 제기되었다. 국민이 건강하지 못하다는 증거가 여러 곳에서 발견되었기 때문이다. 청장년의 체력저하, 결핵·화류병의 만연, 출생률의 저하, 유유아(乳幼兒) 사망률의 증가 등이었다. "진실로 우려할 현상"이었다.[1] 개선이 필요했다.

질병은 막아야 했고, 체력은 향상시켜야 했다. 더 강조된 것은 체력의 향상, 즉 건강이었다. 이전의 위생은 질병의 예방치료에 편중된 측면이 있었다. 변화가 필요했다. 앞으로는 건강 증진을 도모할 수 있는 시설의 확충에 뜻을 두어야 했다.[2] 그때까지 일본의 의료정책에서 표방된 적이 없던 목표였다.[3] 총독도 동의했다. 질병예방에서 나아가 건강증진의 방도를 강구하는 것이 국운의 융성, 민중복지 증진의 기초라고 말했다.[4] 전염병의 예방이나 박멸은 위생행정의 궁극적 목표가 될 수 없었다.

---

1 「도경찰부장회의他局部지시」, 『警務彙報』 434호, 1942, 8쪽.

2 「道警察部長會議に於ける總督訓示(1937.5.3)」, 『朝鮮總督諭告·訓示集成』4, 2001, 綠蔭書房, 540쪽.

3 후쿠나가 하지메, 2017, 『일본 병원사』, 한울아카데미, 256쪽.

4 「暮迫る警察部長會議」, 『朝鮮總督諭告·訓示集成』 6, 2001, 綠蔭書房, 618쪽.

건강증진의 목적은 전쟁 동원이었다. 생산에 참여할 노동력, 나아가 전쟁에 참여할 전투력이 필요했다. 그 능력을 양성하기 위해 건강의 증진, 심신의 단련, 질병의 예방이 요구되었다.[5] 위생의 대체 용어도 나타났다. 보건이었다. 문명국이 전력을 기울여야 할 대상은 "국민의 보건"이었다.[6] 보건이야말로 "전쟁 완수의 기저로서 긴 국가의 생명을 배양하는 것"이었다.[7] 이 시기를 거치면서 의료는 더 정치화되어 정신적이고 육체적으로 강한 국가를 건설하기 위한 중요 요소로 부각되었다.[8]

1938년 일본 후생성의 신설도 국민 체력의 향상이라는 목적과 관련되어 있었다. 비상시국의 모든 부문에서 유효하고 적절한 기능이 발휘되기 위해서는 국민의 체력이 충실히 향상될 필요가 있었다.[9] 여기서 체력이란 전쟁 수행 능력이었다. 국민의 체력 향상이란 국방력 내지 전투력의 향상을 의미하였다.[10] 체력이 중요했던 만큼 담당 부서인 체력국의 위상 역시 높았다. 체력국은 후생성의 골격이라고 할 수 있는 중추기관이었다.[11]

② 설치

일본에서 후생성이 탄생하면서 식민지 조선에도 유사한 기구인 후생국 설립을 추진하였다. 후생국 설립에 대한 논의는 1938년부터 시작되

---

5 厚生省, 1938, 「銃後の健康保國」, 『同胞愛』 16권 6호, 76~77쪽.

6 『朝鮮文化と警察』, 1930, 朝鮮警察新聞社, 53쪽.

7 「警察部長會議の訓示(1943)」, 『朝鮮總督諭告 · 訓示集成』 6, 2001, 綠蔭書房, 252쪽.

8 Hans Pols, 2018, *Nurturing Indonesia - Medicine and Decolonization in the Dutch East Indies*, Cambridge University Press, 179쪽.

9 「厚生省の誕生」, 『朝鮮行政』 2호, 1938, 62~63쪽.

10 「厚生局 設置와 厚生運動」, 『東亞日報』, 1938.12.3.

11 藤野豊, 2003, 『厚生省の誕生』, かもがわ出版, 62쪽.

었다. 설립이 총독부 여러 부서의 업무를 이관받는 방식으로 이루어질 것이라는 전망이 나왔다. 이관 대상은 내무국 사회과와 경무국 위생과의 대부분, 체신국 간이보험사업과, 사회교육과의 체육행정이었다.[12]

하지만 예산 문제가 발생했다. 새로운 기구가 탄생하기 위해서는 예산이 뒷받침되어야 했다.[13] 그 문제가 풀리지 않으면서 후생국의 실현이 어려울 것이라는 전망이 나오고 있었다. 일본 본국도 새로운 기구의 신설을 인정하지 않는 분위기였다. "임전(臨戰) 체제의 확립과 관청 사무의 재편성"이란 명목 때문이었다. 식민지라고 해서 예외는 될 수 없었다.[14]

1941년 일종의 정치적 절충이 시도되었다. 후생국 신설, 그에 따른 칙임 국장 증원에 대해 반대가 있는 만큼 후생국을 후생부로 한다는 절충이었다. 부장의 경우 일본 각 성(省)의 국장 정도 지위이므로 일본 본국도 허용하리라는 기대가 있었다.[15] 하지만 결론은 칙임관의 신설이었다. 식민지 조선에 규모는 작지만 후생성 같은 것,[16] 즉 후생국이 신설되었다.

초대 후생국장으로 전직 평남도지사가 임명되었다. 전문가는 아니었다. 국장 스스로도 자신이 업무에 사실상 백지상태여서 공부해야 한다고 다짐할 정도였다.[17] 내부에는 보건과, 위생과, 사회과, 노무과를 두었다.[18] 각 과는 기존 총독부 내무사회과의 주택, 경무국 위생과의 보건,

12 「厚生省機構와 同樣의 厚生局設置計劃」, 『每日申報』, 1938.2.27.

13 「總督府機構改革」, 『東亞日報』, 1938.11.27.

14 「厚生局의 實現」, 『每日申報』, 1941.10.12.

15 「厚生局을 部로 變更?」, 『每日申報』, 1941.9.28.

16 「厚生局と鑛山部の新設は大體決った」, 『釜山日報』, 1941.10.16.

17 「虛心坦懷로 勉勵」, 『每日新報』, 1941.11.23.

18 「훈령」, 『朝鮮總督府官報』, 1941.11.9.

학무국 사회교육과의 체육 등 세 가지 사무를 관할하기 시작하였다.[19]

후생국의 신설은 그동안 총독부의 위생활동이 소극적, 방어적이었음을 자인하는 것이었다. 총독부 위생과가 방역에만 주력하였고, 그 방역도 질병 발생 후 처리에 주력하는 것이었다면, 변화가 필요했다. 질병을 방지하거나 나아가 질병에 걸리지 않도록 체력을 증진·향상시킬 필요가 있었다. 일제는 그 변화를 후생(厚生)이라는 단어로 집약했다.

후생국은 민중의 보건위생을 지도할 방침을 구체적으로 수립하였다. 체력 관리, 결핵 퇴치, 유아 사망 방지, 임산부 지도, 화류병 예방, 영양경제식의 연구 등이었다.[20] 그중에서 체력 관리, 특히 청소년 체력 관리는 중요했다. 전쟁과 연관이 있었기 때문이다. 문제는 어떻게 국방훈련체제로 지도할 것이냐였다.[21] 그 방법으로 신체검사를 실시하되 검사 결과 질병이 확인될 경우 부모나 소속 단체에 강제적으로 치료를 요구하는 방식이 구상되었다.[22]

보건소 설립 계획도 입안되었다. 보건소는 보건 지도, 조기 진단, 상담 사업을 실행하는 공간으로 오랫동안 체위 향상의 지도기관으로 구상되었다. 주요 도시에 설립되어 보건상담소로서 역할을 담당하게 되어 있었다. 활동과정에서 대민 접촉을 늘리는 방안으로 보건부가 가정을 방문하여 건강 관련 지도를 하였다. 보건부란 모자 보호, 결핵예방 및 요양 지도, 영양 지도를 담당하는 의료인이었다.[23] 보건소는 인구 증가를 위한 노력도

---

19 「후생국의 신설」, 『每日申報』, 1940.11.2.

20 「銃後保健의 參謀部」, 『每日申報』, 1940.11.6.

21 「學校體育과 一般競技 今後指導權을 注目」, 『每日申報』, 1941.5.14.

22 「總力戰에는 爲先健康 體力을 國家에서 管理」, 『每日申報』, 1941.5.20.

23 「조선에도 보건부」, 『每日申報』, 1944.5.25.

〈그림 3-1〉 체격검사서(1944년)

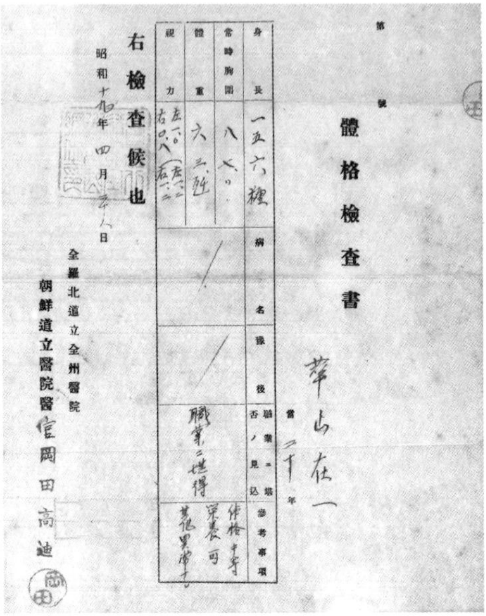

병행하였다. 임산부 지도를 통해 인구를 늘리고자 하였다.[24]

후생국의 주도 아래 건강 증진을 위한 여러 운동도 전개되었다. 국민건강주간이 정해지고 각종 건강증진운동이 실시되었다. 목적은 "국가 활력의 원천인 인적자원의 증강을 이루고 국가의 번성과 국위의 선양에 힘쓰는 것"에 있었다.[25] 조선에 국민체력법이 실시되리라는 전망도 나왔다. 일본 본국에서 성과가 좋다는 판단이 있었기 때문이다. 법의 목적은 인적 자원에서 국력의 충실함을 도모하는 동시에 체력 저하의 근본적 교정 시

24 「國民保健所新設」, 『每日申報』, 1941.5.16.

25 「위생과통신」, 『警務彙報』 409호, 1940, 84쪽.

책을 시행하는 데 있었다.[26] 법률의 차원에서 국가가 국민 전체의 체력을 관리하는 체제가 만들어지기 시작하였다.

③ 결과

건강 증진을 위해 제도적 차원의 다른 노력도 진행되었다. 건강보험법의 실시였다. 건강보험법은 1938년 일본 본국에서 시행되었다. 전쟁이 확대되는 과정에서 국민의 건강과 체위 향상 문제를 해결하는 데 목적을 둔 법률이었다. 핵심적인 내용은 질병이 발생했을 경우 무료로 치료하는 것이었다.[27] 조합비를 내야 한다는 부담은 있었지만, 진료비의 무료 혹은 감액은 건강의 보호 나아가 증진을 위한 유력한 방법이었다.

건강보험법 실시에 대해서는 늦은 감이 있다는 평가가 나오고 있었다. 국가 구성원으로 국민의 건강은 중요했기 때문이다.[28] 일본에서 건강보험법의 시행은 식민지 조선에도 같은 제도의 시행을 전망하게 하였다. 구체적으로 1939년에 관련 법령이 조선에 반포되리라는 전망,[29] 나아가 노동자 건강 보호를 위한 노동자건강보험이 실시될 것이라는 전망도 나오고 있었다.

하지만 예산이 문제였다. 당시 언론은 노동자건강보험의 실시 가능성을 보도하면서 이 제도를 실시하기 위해서는 상당한 예산이 있어야 한다고 지적했다.[30] 예산문제가 해결되지 않으면 건강보험 관련 법령은 시행될 수 없었다. 예산에 대한 우려는 건강보험에 국한된 것이 아니었다. 전

---

26 「政務總監 訓示要旨(1943.4.6)」, 『朝鮮總督諭告 · 訓示集成』 5, 2001, 綠蔭書房, 567쪽.

27 「국민건강보험법 등의 사회사업 법체계 정비」, 『朝鮮日報』, 1938.5.25.

28 「건강보험법과 모자보건법」, 『朝鮮日報』, 1938.5.26.

29 「국민건강보험법령」, 『朝鮮日報』, 1938.12.26.

30 「노동자건강보험」, 『朝鮮日報』, 1939.5.4.

쟁 수행을 위한 고도 국방국가체제 확립을 위해서도 예산은 중요했다. 인적 자원의 확보와 원활한 국민동원을 위한 정책은 전시재정이 가능한 범위 내에서 추진될 수 있었다.[31]

활용할 수 있는 인력도 문제였다. 의료정책의 목적이 위생에서 후생으로, 즉 건강으로 바뀌었다 해도 그 목적을 위해 활용할 수 있는 인력은 경찰 그대로였다. 후생국은 도 경찰부로 상징되는 지방기구의 변화, 나아가 협력 없이 자신의 업무를 총괄할 수 없었다.[32] 구체적으로 경찰의 협력 없이 후생국은 목적을 달성할 수 없었다.[33] 경찰의 협력이 불가피하다면, 건강 증진이라는 적극적 목적의 실현도 쉽지 않을 것이었다. 경찰은 건강 보호라는 소극적 차원의 활동에 익숙해져 있었다.

우려는 현실이 되었다. 1942년 8월 행정 간소화를 이유로 후생국이 폐지되었다.[34] 행정 간소화가 관련 공무원 숫자의 축소로 구체화된 점을 고려하면,[35] 결국 예산의 부족이 후생국 폐지로 이어졌다고 이해할 수 있다.

후생국 폐지는 경찰에게 반가운 소식이었다. 경찰은 후생국을 떠나 종래 소속되었던 경무국으로 돌아갔다. 그들은 경무국 복귀가 결정되었을 때 "무언가 안도와 비슷한 것"을 느꼈고, "그리워하던 모친의 품으로 돌아왔다는 느낌"을 가졌다.[36]

---

31 石田千太郎, 1942, 「厚生局の誕生に際して」, 『朝鮮』 1호, 22~23쪽.

32 백선례, 2023, 「1940년대 초 조선총독부 후생국의 신설과 폐지」, 『역사문제연구』, 50호, 86~87쪽.

33 「西龜衛生課長及同衛生課員を送る」, 『警務彙報』 428호, 1941, 90쪽.

34 「후생국, 기획부 폐지」, 『每日申報』, 1942.8.22.

35 이방원, 2021, 「일제시기 도립의원(道立醫院)의 설립과 운영(1925~1945)」, 『이화사학연구』, 63호, 93쪽.

36 「경무국 각과통신」, 『警務彙報』 440호, 1942, 49쪽.

일본 명치유신(明治維新) 후 내무성에 위생국이 설치되어 중앙 행정기관으로 활동하였고, 1938년 설립된 후생성은 노동력 및 사회문제에 대한 행정까지 포괄하여 관리하였다.[37] 하지만 조선은 달랐다. 1911년 내무부 위생과가 폐지된 후 1940년대 초반 후생국이 활동했던 1년 정도의 시기를 제외하면 식민지 전 기간 중앙과 지방의 모든 위생행정은 경찰의 관할하에 있었다. 같은 위생경찰제도를 채택하면서도 위생 관련 중앙 행정기관이 지속적으로 유지되었던 일본과 대비되는 모습이었다. 1941년 조선에서 시도된 후생, 즉 건강의 증진은 현실적으로 구현되기 어려운 과제였다.

2) 의료인력 동원과 조선의료령

① 증원

1937년 중일전쟁, 1941년 태평양전쟁 등 전쟁의 규모가 확대되면서 의료인에 대한 관심이 높아졌다. 의료인은 전쟁의 지속과 승리를 위해 반드시 필요한 존재였다. 전방의 군인뿐 아니라 후방 국민의 생명과 건강을 지키는 역할을 하기 때문이었다. 일제의 관심은 의료인을 양적으로 증가시키는 방향으로 먼저 나타났다.

의료인 중 관심은 먼저 의사에게 있었다. 1938년 의사시험에서 합격점을 얻은 과목에 대해 영구히 그 효력을 인정하였다. 이전은 만 3년이 기한이었다.[38] 합격률을 높이려는 조치였다. 다만, 1943년 이 제도는 폐지

---

37 『醫制百年史(記述編)』, 1976, 東京: 厚生省 醫務局, 44~51쪽, 190~193쪽, 281 ~ 287쪽.

38 「동위생과통신」, 『警務彙報』 390호, 1938, 101쪽.

〈그림 3-2〉 세브란스연합의학전문학교 학생 교련(1941년)

되었다. 유효기간이 다시 3년으로 제한되었다.[39] 과목 합격자를 유예기간 없이 다음 시험에 응하도록 유도하는 조치인 것으로 생각된다.

1941년 고등교육기관인 대학부터 실업전문학교에 이르기까지 6개월 이내에서 수업 기간이 단축되었다.[40] 의학교육기관도 예외가 아니었다. 태평양전쟁으로 인해 전선이 동남아와 태평양지역으로 확장되면서 부상병을 치료할 군의관이 부족했기 때문이다. 당시 대학 의학부 출신은 중위로, 전문학교 출신은 소위로 임관하였다.[41]

---

39 「仁術을 널리 求한다」, 『每日申報』, 1943.4.14.

40 「大學學部等在學年限又ハ條業年限ノ臨時短縮ニ關スル件」, 『朝鮮總督府官報』, 1941.10.22.

41 이흥기, 2010, 『한국 근대 의사직의 형성과정』, 서울대 국사학과 박사논문, 240쪽.

1943년 의사를 비롯한 의료인 수험자격이 확장되었다. 5년 이상 의술을 닦은 자로서 중등학교 4년 이상의 과정을 마쳤거나 동등 이상의 학력을 가졌다고 인정된 자는 의사시험을 치를 수 있었다. 치과의사와 약제사도 마찬가지였다. 1934년 일제는 의사시험 자격을 강화한 바 있었다. 자격을 중학교 혹은 고등보통학교, 즉 중등학교 졸업 후 수업연한 4년 이상의 의학교를 졸업한 자로 한정하였다.[42] 이 제한을 완화한 것이었다. 임상경험이 있는 사람은 학력의 유무와 무관하게 시험에 응시할 수 있게 되었다. 치과의사와 약제사 시험에도 유사한 규정이 적용된 점을 고려하면, 의료인 양성의 기준이 전체적으로 완화되었음을 알 수 있다.

의료기술을 넘어 정신적 측면에 대한 평가도 이루어졌다. 인격을 중시한다는 목적 아래 일본어, 일본사, 작문 과목이 추가되었다. 의사의 경우 의사법령, 치과의사의 경우 물리학, 화학, 의사법령, 교정학, 약제사의 경우 약사법령이 개별적으로 더 추가되었다.[43] 일본어와 일본사의 추가에서 알 수 있듯이 전쟁에 임하는 정신적 측면을 고려한 조치였다.

1944년에는 중등학교 4년 이상의 과정을 마쳤거나 동등 이상의 학력을 가졌다고 인정된 자도 의사시험을 치를 수 있게 되었다.[44] 1943년 의사규칙에서 제시한 5년 이상 의술을 닦은 자라는 단서도 없어진 것이었다.[45] 의사를 비롯한 의료인의 숫자를 증가시키려는 노력은 규제의 완화를 통해 이루어지고 있었다.

---

42 「醫師試驗規則 改正」, 『朝鮮總督府官報』, 1934.11.16.

43 「仁術을 널리 求한다」, 『每日申報』, 1943.4.14.

44 「醫師試驗 , 齒科醫師試驗及藥劑師試驗ノ受驗資格ノ特例ニ關スル件」, 『朝鮮總督府官報』, 1944.10.15.

45 이흥기, 2010, 앞의 책, 239쪽.

② 동원

1938년 8월 의료관계자 직업능력신고령이 반포되었다. 의사, 치과의사, 약제사 및 간호부의 정기적인 신고를 통해 그들의 지역적 분포상황, 국민의료와 관계, 각 개인적 사정 등을 조사해 두는 것이 목적이었다.[46] 전쟁으로 인한 부상병 구호 등 의료인에 대한 수요가 생겼을 때 이 신고사항은 활용되었다. 종사할 업무는 군사(軍事), 군인 원호, 방공, 후방 의료, 방공대책, 군사공장 종업원의 보건위생 등이었다.[47]

1942년 10월에는 의료관계자 징용령이 반포되었다. 국가총동원법에 따라 의료관계자, 즉 의사, 치과의사, 약제사 및 간호부를 징용하기 위한 법령이었다. 1938년부터 시행된 의료관계자 직업능력신고령은 징용령을 반포하기 위한 사전 준비조치였다.[48] 징용된 의료인은 군사적 혹은 군인 원호를 위해 필요한 위생 관련 업무 등을 담당해야 했다.[49] 의료관계자를 동원하여 필요한 분야에 배치하는 것은 전면적 전시체제의 정비강화라는 측면에서 중요했다.[50]

다만, 징용의 대상은 의사, 치과의사, 약제사, 간호부 등 서양의료인력이었다. 일본 제국의 차원에서 의생의 활용은 이루어지지 않았다. 하지만 전쟁은 그런 여유를 허용하지 않았다.

1944년 조선의료령이 반포되었다. 국민의료의 적정을 기하고 국민체

---

46 三橋 警務局長 談, 1938,「醫療關係者職業能力申告令施行に就て」,『警務彙報』390호, 97쪽.

47 「道警察部長會議他局部指示」,『警務彙報』434호, 1942, 9쪽.

48 「醫療關係者徵用令 施行規則公布實施」,『每日新報』, 1942.10.15.

49 「의료관계자징용령」,『朝鮮總督府官報』, 1942.10.15.

50 「의료관계자징용령시행규칙 공포」,『朝鮮』11호, 1942, 103쪽.

력을 향상할 목적의 법령이었다. 구체적으로 "대동아공영권 내의 어느 지역에서도 용기 있게 싸울 수 있고 흔들리거나 굽히지 않을 국민을 다수 보유·유지하는 것"이 목적이었다.[51] 이 목적 수행을 위해 활용할 의료관계자는 의사, 치과의사, 의생, 보건부, 조산사 및 간호부였다. 의생을 포함하여 모든 의료인에 대한 활용이 도모된 것이었다. 나아가 의생의 소질 향상을 위해 그동안 각 도에서 시행하던 의생시험을 총독부에서 관할하게 되었다.[52] 의생에 관한 규정은 조선의료령이 일본의 국민의료법과 차이를 이루는 지점 중 하나였다.[53]

의생에 대한 제도적 활용이 1940년대에 접어들어 시작된 것은 아니었다. 1930년대 말부터 지역에 따라 의생을 활용하는 정책은 이미 시행되고 있었다. 예를 들면, 1939년 5월 함경남도령으로 공의생규칙(公醫生規則)이 반포되었다. 도에 공의생을 둔다는 내용이었다. 서양의사들이 담당하던 공의의 역할을 의생에게 맡긴 것이었다. 공의생 활용을 통해 1면 1공의주의를 실현하자는 주장도 있었다.[54] 공의생은 전염병 예방, 종두, 행려병자의 진료 및 변사상자의 검안, 그 외 공중위생 및 의료에 관해 특별히 명해진 사항을 맡도록 규정하였다.[55]

일제는 공의생 제도를 조선 전역으로 확충할 방침이었다. 서양의료인

51 「朝鮮醫療令公布さる」, 『朝鮮』 10호, 1944, 82쪽.

52 「朝鮮醫療令」, 『毎日申報』, 1944.9.3.

53 「1944년 제86회 제국의회 설명자료」, 『朝鮮總督府 帝國議會說明資料』 10, 1994, 東京: 不二出版, 133쪽.

54 「제4회 경기도회 회의록(1936)」, 『日帝下支配政策資料集』 10, 1993, 고려서림, 327쪽.

55 「공의생규칙」, 『朝鮮總督府官報』, 1939.5.24.

력이 포괄하지 못하는 의료수요에 대처하기 위해서였다.[56] 이전에도 의생은 공중위생 업무를 담당하였다. 하지만 공의생규칙은 법적으로 그 업무를 공식화했다는 점에 의미가 있다. 일제가 그동안 한의학에 대해 비판적인 입장을 취해왔다는 점을 고려하면, 이런 공식화는 의료인력의 부족에서 기인한 것이지만 한의학에 대한 재평가라는 의미도 지니고 있었다.

③ 결과

조선의료령은 식민지 조선의 의료체계에 커다란 변화를 가져왔다. 우선 개원허가제가 실시되었다. 조선의료령의 반포에 따라 병원, 진료소 혹은 산원을 개설하려는 자는 총독이 정한 바에 따라 총독 또는 도지사의 허가를 받아야 했다.

허가제는 도시가 아닌 지방에 개업을 유도하여 무의촌을 없애고자 한 시도였다.[57] "개업의의 도시집중의 폐해가 일소되고 지방에도 의료기관의 적정 분포"가 이루어질 수 있는 시도였다.[58] 정규 의료인이 지방에 배치된다면 지역적 제한을 받은 채 활동하던 한지의업자(限地醫業者), 입치영업자(入齒營業者)는 사라질 수 있었다.[59] 허가제가 개업에만 한정된 조치는 아니었다. 폐업 혹은 영업을 일시 중지할 때도 허가를 받아야 했다.

업무종사제 역시 의료공급을 원활히 하려는 방법이었다. 조선의료령

56 「公醫生制度實施」, 『東亞日報』, 1939.6.5.

57 「1943년 제84회 제국의회 설명자료」, 『朝鮮總督府 帝國議會說明資料』 8, 1994, 東京: 不二出版, 163쪽.

58 「彙報 – 朝鮮醫療令公布さる」, 『朝鮮』 10호, 1944, 83쪽.

59 「1943년 제84회 제국의회 설명자료」, 『朝鮮總督府 帝國議會說明資料』 8, 1994, 東京: 不二出版, 164쪽.

에 따라 총독은 의료관계자가 되려는 자에게 2년 이내라는 제한을 두고 일정한 업무에 종사하도록 명령할 수 있었다. 비슷한 맥락에서 의사가 되려는 사람은 총독이 인정하거나 지정하는 병원에서 1년 이상 수련을 받아야 했다.[60] 수련 기간에 강제적으로 특정 병원에 근무하게 한 것이었다.

의료인이 받는 급여도 총독이 결정할 수 있었다. 의료, 조산 및 간호의 보수 또는 의료관계자가 받는 급여에 관해 필요한 명령을 발하거나 처분할 수 있게 되었다.[61] 명분은 고율의 진료비를 억제함으로써 의료인으로 하여금 국민의 체력향상과 보건확보를 위해 헌신하게 한다는 데 있었다.[62] 이외에도 의사가 환자를 진료할 때는 치료를 넘어 요양방법, 기타 체력의 향상에 필요한 지도를 해야 했다.[63]

한마디로 조선의료령은 전시체제라는 특수한 상황에서 의료인을 국가가 강제적으로 동원, 활용하기 위해 만든 법률이었다. 법률을 통해 의료 공급을 확대하고자 한 것이었다. 일본의 국민의료법 역시 민간 주도의 의료체계를 공영 중심으로 전환하려는 도전이었다.[64] 국가의 입장에서는 매력적인 법률이었다. 그 매력을 대한민국도 공유했다. 1951년 반포된 국민의료법에서 대한민국은 진료지정제 등 조선의료령의 일부 조항을 활용하였다.[65]

---

60 「決戰下의 醫道確立」, 『每日申報』, 1944.9.14.

61 「朝鮮醫療令」, 『朝鮮總督府官報』, 1944.8.21.

62 「醫師開業에 許可制」, 『每日申報』, 1944.8.13.

63 「朝鮮醫療令」, 『每日申報』, 1944.9.3.

64 후쿠나가 하지메, 2017, 앞의 책, 262쪽.

65 박윤재, 2021, 『한국현대의료사』, 들녘, 49~51쪽.

2. 전쟁의 확대와 인적 자원 확보

1) 대동아공영권과 한약약국방 제정

① 배경

1937년 중일전쟁의 발발은 한의학에 대해 보다 적극적인 의미가 부여되는 계기였다. 우선 현실적으로 전쟁의 확대로 인해 약품의 품귀 현상이 더욱 빈발할 수밖에 없었다.[66] 재정 상황도 좋지 않았다. 임시군사비특별회계 전입금, 광물생산 보조장려금, 기반시설 건설개량비, 시국대책비 등 새로운 지출 경비가 증가하였다.[67]

대안은 한의학의 활용이었다. 명분도 있었다. 한의학은 오랫동안 민간의 치료를 담당해왔으므로 장려·조장할 필요가 있었다.[68] 구체적으로 1930년대에 접어들면서 의생을 양성하여 의료기관을 보충하자는 주장이 제기되기 시작하였다.[69] 한의학 인력의 배출을 위해 의생과 약종상 시험을 간소하게 하자는 주장도 제기되었다. 시험이 어려워 임상경험을 풍부히 가진 자라도 불합격하는 경우가 생긴다는 이유 때문이었다.[70] 검정고시가 존재하던 당시 상황에서 의료인 수를 증대시키는 가장 좋은 방법은 합격 기준을 낮추는 것이었다.

---

66 「警察部長會議の訓示」, 『朝鮮總督諭告 · 訓示集成』 6, 2001, 綠蔭書房, 255쪽.

67 金玉根, 1994, 『日帝下 朝鮮財政史論攷』, 一潮閣, 186쪽.

68 「한방의 과학화운동 성숙」, 『東亞日報』, 1938.9.23.

69 「제5회 경기도회 회의록(1937)」, 『日帝下支配政策資料集』 10, 1993, 고려서림, 692쪽.

70 「제4회 경기도회 회의록(1936)」, 『日帝下支配政策資料集』 10, 1993, 고려서림, 315쪽.

〈그림 3-3〉 충청북도보건협회 제2회 특별의생강습회

1937년 4월에는 경기도 위생과에서 1년을 수업 기간으로 하는 의생 강습회를 설치하고 의생의 본격적인 양성에 나섰다.[71] 이 강습소의 특징은 서양의학과 한의학을 동시에 교수한다는 데 있었다. 그동안 의생들의 학습 과목이 주로 서양의학이었다면, 한의학을 동시에 교수하기 시작하였다. 특히 도립으로 강습소가 설립되었다는 점은 의생 교육기관을 총독부가 공식적으로 인정하였다는 의미를 지녔다.[72]

---

71 「경기도에 의생강습소」, 『漢方醫藥』 12호, 1937, 69쪽.

72 신동원, 2003, 「조선총독부의 한의학 정책: 1930년대 이후의 변화를 중심으로」, 『醫史學』 12권 2호 122쪽.

나아가 한약에 관한 관심이 더 높아졌다. 전쟁으로 외국에서 약재를 수입할 통로가 더 좁아졌기 때문이다. 조선의 의약자원을 개발할 필요성이 높아졌다.[73] 일제는 한약에 관한 조사연구와 원료증산 그리고 응용 보급이 매우 중요하다는 사실을 통감하고 있었다.[74] 1930년대 전반 농가소득의 증대를 위해 농촌진흥운동의 일환으로 한약 장려가 이루어졌다면, 1937년 이후는 의료의 자급자족을 위한 목적이 부각되는 상황이었다.

하지만 한약은 그 자체로 주목받지 못했다. 비과학성은 여전히 한약, 나아가 한의학에 대한 주요 비판 내용이었다. 1937년 설립된 경성제대 약초연구소의 목적도 한약의 신비성을 과학적으로 분석하고 실험하는 데 있었다.[75] 그중에서도 인삼의 과학적 연구가 가장 중요한 목적이었다.[76]

한약의 과학화가 필요한 이유는 한의학이 "과학의 체계를 이루기에 이르지 못"했기 때문이다.[77] 한의학은 "의학의 직접적 지식이라기보다 다년의 경험을 그대로 하는 것"이었다. 나아가 한의학의 대부분은 "현대과학과 거의 교섭이 없었던 선조 민족에 의해 선택된 것"이었다.[78] 이런 비판은 이미 1910년대부터 제기되었다. 예를 들면, 한약은 유효성분이 불분명했고, 함량이 완전하지 않았으며, 사용법이 번잡스러웠다.[79] 따라서

---

73 「의약자원을 개발」, 『東亞日報』, 1938.9.23.

74 西龜三圭, 1939, 「동양의약부흥의 시국적 의의」, 『東洋醫藥』 1호, 18쪽.

75 「城大藥草硏究所 開城에 設置」, 『東亞日報』, 1937.10.16.

76 「城大の藥草園」, 『京城日報』, 1936.12.24.

77 「한약재의 재검토」, 『每日申報』, 1939.2.10.

78 石戶谷勉, 1931, 「朝鮮の藥用植物の過去と將來」, 『朝鮮』 8호, 62쪽.

79 吉木彌三, 1919, 「朝鮮産漢藥の狀況」, 『朝鮮及滿洲』, 147호, 69~70쪽.

과학적 지식과 전문가의 지도가 필요했고,[80] 성분, 용량, 용법에 대한 연구가 진행되어야 했다.

연구와 지도는 미래에 대한 기대를 낳았다. 총독부 위생과장은 과학적 방법으로 약학적·의학적·식물학적 개별 연구, 나아가 종합적 연구가 진행된다면 한약에서 양약에 뒤지지 않는 다수 효과를 발견하리라고 기대하였다.[81] 의생들도 동의했다. 동양의약협회는 자신의 창립 목적 중 하나로 한약의 과학적 연구를 제시하였다.[82] 과학화는 의생이 자신의 열악한 환경을 개선하기 위해 받아들여야 할 대상이었는지 모른다.

② 제정

한약에 대한 과학적 연구는 1937년 한약조사위원회의 구성과 한약약국방 제정으로 구체화되었다. 한약조사위원회는 약재의 재료 조사, 현미경 조사, 성능·성분·효능·용법의 시험규격 제정 등을 목적으로 설립되었다. 위원은 동경제대와 경성제대의 교수, 약학전문학교 교수, 총독부 위생과 기사 등으로 구성되었다.[83] 한약약국방은 양약의 약국방에 해당했다. 한약에 적용될 통일된 법률이 한약약국방이었다.[84]

한약에 대한 조사, 분석, 실험계획도 만들어졌다. 5년 계획 중에 첫 3년

---

80 「당국에 전문가 두고」, 『每日申報』, 1936.7.15.

81 西龜三圭, 1939, 「동양의약부흥의 시국적 의의」, 『東洋醫藥』 1호, 18쪽.

82 「한약을 재인식」, 『每日申報』, 1939.1.15.

83 「오개년 계속사업으로 한약 약국방을 제정」, 『每日申報』, 1937.5.30; 「漢藥調査會議」, 『東亞日報』, 1937.9.16.

84 「각 도경찰부장회의의견희망사항 (1937)」, 『日帝下支配政策資料集』 7, 1993, 고려서림, 83~84쪽.

은 식물성, 4년째 되는 해는 동물성, 5년째에는 광물성 한약의 조사를 마칠 예정이었다. 구체적인 활동은 의생이 사용하는 한약의 종류 조사, 명칭 통일, 약재의 원식물 조사, 외관과 현미경에 의한 성질·상태 구명, 실성반응(實性反應), 성분 조사, 위조물·협잡물·수분·휘발유분·엑키스분·유효성분의 시험, 용법과 용량 조사, 동물실험에 의한 효능 실험, 재료 채취·제조법, 포장 및 저장법, 산지 및 생산액 조사 등이었다.[85] 조사과정에서 참고한 도서는 중국의 『본초강목』, 조선의 『향약집성방(鄕藥集成方)』이었다.

1938년 한약약국방의 첫 내용이 발표되었다. 동아시아에서 처음으로 한약에 대한 통일 규정이 만들어짐으로써 한약을 보전할 수 있게 되었다는 반응이 나왔다.[86] 한약약국방을 만주국에서 활용한다는 보도가 나오기도 하였다.[87]

나아가 한약의 유효성분 추출과 활용은 한약의 발전을 기대할 수 있게 하였다. 그동안 경험에 따라 사용하던 한약에서 성분을 추출·활용할 수 있게 되었고,[88] 그 결과 일본약국방에 의한 활용, 즉 서양의학에서 활용이 가능하게 된 것이었다.[89] 한약의 활용 범위도 넓어졌다. 한약이 양약이 가지지 못한 "절대한 효과"를 가지고 있고, 따라서 애국반원의 70%가 한약을 쓰고 있다는 조사도 나왔다.[90]

한약약국방의 제정 효과는 분명했다. 한약약국방이 제정되면 한약의

85 「한약개발 5년계획」, 『每日申報』, 1938.2.23.

86 「한약재에 과학의 메스」, 『東亞日報』, 1938.10.19.

87 「선만일여 약초도 악수!」, 『每日申報』, 1939.2.10.

88 「한방약의 신비연구」, 『每日申報』, 1941.1.4.

89 「한약재에 새분석」, 『每日申報』, 1941.1.23.

90 「漢藥에 時代의 脚光」, 『每日申報』, 1943.6.3.

제조, 처방, 배급이 체계화할 수 있었다. 한약약국방에 게재된 한약들은 일본약국방과 같은 효능과 품질을 갖춘 것으로 인정받았다.[91] 종래 한약은 표준화와 체계화가 이루어지지 않아 제조와 유통에서 많은 문제점을 야기한다고 비판받았다. 그 한약이 양약과 동일한 대우를 받는 방법은 한약약국방의 제정이었다. 한약 과학화의 핵심은 한약약국방 제정에 있었다.[92]

그러나 과학화를 거친 한약은 전통 한의학에서 사용하던 한약이 아니었다. "현대과학의 시험관"을 거친 한약의 "순전한 엑기스"였다.[93] 한약약국방에 기재되는 내용은 이름, 모양, 시험 반응, 시험 결과, 저장법, 용량 등이었다. 특히 한약약국방에 게재되기 위해서는 시험을 거치는데, 그 시험은 특별한 경우를 제외하고는 일본약국방의 규정을 따르게 되어 있었다. 이미 서양의학으로 일원화된 일본의 시험방식을 채용한 것이었다. 그 결과 시험을 거친 한약은 수분(水分), 회분(灰分), 산불용성(酸不溶性) 회분, 엑기스분 등으로 나누어졌다.[94] 한약 그 자체가 아닌 화학 성분으로 분류된 것이었다.

양약의 원료로서 화학적 분석을 한다는 표현처럼 일제가 원했던 것은 서양의학의 검증을 거친 한약이었고, 구체적으로는 한약의 성분이었다.[95] 전통 한의학에 기원을 두고 있었지만, 한의학의 체계를 벗어난 새로운 한약이었다.

한약의 변화는 한의학에 대한 평가 변화로 이어졌다. 1940년대 총독의

---

91 「구십칠종이 완전」, 『每日申報』, 1939.9.25.

92 「한약에 시대의 각광」, 『每日申報』, 1943.6.3.

93 「한약재에 새분석」, 『每日申報』, 1941.1.23.

94 川口利一, 1939, 「朝鮮漢藥局方(一)」, 『東洋醫藥』 2호, 54~56쪽.

95 「반도산 한약재 85종」, 『每日申報』, 1939.2.10.

한의학에 대한 평가는 달라졌다. 한의학이 그동안 의료공급에서 큰 공헌을 하였다고 평가하고, 나아가 조장·육성을 요청했다.[96] 1920년대 서양의학의 성장을 긍정적으로 평가하면서 종래 "유치한 의생"만 있던 상황이 극복되고 의료가 "비상한 진보"를 보였다는 총독의 이해와 대비되었다.[97]

총독의 요청은 구체적으로 이루어졌다. 의생을 위한 강습회를 개최하고, 한약재의 배급에 노력하라는 요청이 이어졌다.[98] 더욱 구체적인 방법은 후생국에서 연구해달라는 요청도 함께했다.[99] 1940년대 한의학은 조선 최고 통치자의 지지를 받았다. 전쟁이 만든 변화였다.

③ 활용

한약, 나아가 한의학의 과학화에 모두가 동의한 것은 아니었다. 한의학 내부의 비판이 있었다. 일제가 주도하는 한약 장려가, 한마디로 정리하면, 한의학은 버리고 한약만 취하자는 것이라는 비판이었다.[100]

소수이지만 일본 학자 중에도 일제의 한의학 정책에 대해 비판적 시각을 가진 사람이 있었다. 경성제대 약물학교실의 교수 스기하라 노리유키(杉原德行)였다. 스기하라의 한의학 연구는 1930년대 이전부터 진행되었다. 하지만 1930년대 후반부터 확대된 전쟁은 그에게 대동아라는 한의

96 「漢方醫 育成을 要望」, 『每日申報』, 1942.7.22.

97 「正に是れ一轉機の秋(1925.10.1)」, 『朝鮮總督諭告·訓示集成』 3, 2001, 綠蔭書房, 270쪽.

98 「漢方醫를 徹底히 指導」, 『每日申報』, 1942.7.23.

99 「七月二十一日の定例局長會議 (1942)」, 『朝鮮總督諭告·訓示集成』6, 2001, 綠蔭書房, 45쪽.

100 趙憲泳, 1939, 「洋醫學徒의 한방의학관」, 『東洋醫藥』 3호, 23쪽.

학 연구의 새로운 명분을 제공하였다. 새로운 동아시아를 만드는데 동양의학, 즉 한의학은 구심점이 될 수 있었다. 한의학이 대동아공영권을 만드는 데 하나의 수단으로 활용되었던 것이다.

스기하라에 따르면, 새로운 동아시아란 그동안의 경로와 다른 방식으로 만들어지는 것이었다. 동양인이 동양식으로 만들어야 했다. 대동아란 이전에 흡수·소화한 서양문화를 날줄로, 재래 동양문화를 씨줄로 하여 짠 새로운 동양문화를 바탕으로 하였다. 따라서 서양의학의 일방적인 수용은 올바르지 않았다. 새로운 문화의 형성을 위해서는 "동아(東亞) 대륙의 현존 한방의는 마땅히 선도되지 않으면 안" 되었다.[101] 한의학은 한약이라는 물질적 면에서나 동양문화라는 정신적 면에서나, 새로운 문명, 즉 동서양이 절충된 문명의 주요한 요소로 각광받을 수 있었다.

스기하라는 한약약국방 제정으로 상징되는 한약 연구를 한의학 연구가 아니라고 평가했다. 한의학에는 한약을 제외하고도 특수한 진단법이 있고, 침구술이라는 치료술이 있으며, 고유한 의학이론에 입각한 독자적인 질병분류가 있었다. 따라서 한의학은 서양의학이 아닌 한의학 그 자체의 이론적 기반 위에서 활용되어야 했다. 한의학의 근거는 생리현상과 음양의 체질에 있었다.[102] 한의학은 서양의학과 달랐다. 서양의학의 방법, 즉 과학으로 한약과 한의학에 접근해서는 안된다.

스기하라는 한의학이 서양의학과 다른 만큼 한약이 아니라 한의학 자체를 연구하는 연구기관이 필요하다고 주장했다.[103] 한약에 한정하지 말

---

101 杉原德行, 1940,「漢方醫學想念に就て」,『大陸文化硏究』, 岩波書店, 390~393쪽.

102 「漢藥에 時代의 脚光」,『每日申報』, 1943.6.3.

103 杉原德行, 1939,「漢方醫學の科學的檢討」,『朝鮮及滿洲』374호, 42~43쪽.

고 한의학 전반에 대해 연구를 진행하자는 주장이었다. 한약 연구는 한의학 연구의 일부분일 뿐이었다.

스기하라의 접근법은 서양이 일반적으로 전통의학에 대해 보였던 관심과 차이가 있었다. 서양이 전통의학에서 주목한 대상은 물질이었다. 진단과정이나 치료가 아니라 약이었다.[104] 일제도 마찬가지였다. 한약에 주목했다. 하지만 스기하라는 달랐다. 한약이 아닌 한의학 그 자체에 주목할 것을 요청했다.

그렇다고 하여 스기하라가 한의학의 모든 것을 포용한 것은 아니었다. 그 역시 서양의학의 편에 서 있었다. 그는 "현대의학자가 한방의학을 검토하고 취사선택하여 현존 한방의를 한방의학류로 선도"해야 한다고 주장했다.[105] 그가 인정한 한의학은 서양의학의 검증을 받은, 즉 검증된 한의학이었다. 다만, 검증의 기준으로 한의학 이론에 대한 검토를 요구했다는 점에서 일제가 주도한 한약의 과학화와 차이가 있었다.

1940년대에 접어들어 한약의 과학화, 한의학에 대한 이해 등 새로운 변화가 이루어졌다. 그럼에도 한의학에 대한 불신은 여전히 존재했다. 의생의 다수가 의학지식이 부족하다는 평가는 이어지고 있었다. 서양의사가 증가하면서 의생의 수가 감소하리라는 전망도 여전히 존재했다.[106]

다만, 한의학은 변화·성장하고 있었다. 그 변화를 근대화라고 말할 수

---

104 Deepak Kumar, 1997, "Unequal contenders, uneven ground: medical encounters in British India, 1820 – 1920," *Western Medicine as contested knowledge*, Manchester and New York: Manchester University, 176쪽.

105 杉原德行, 1940, 「漢方醫學想念に就て」, 『大陸文化研究』, 岩波書店, 390 ~ 393쪽.

106 「1941년 제79회 제국의회 설명자료」, 『朝鮮總督府 帝國議會說明資料』 5, 1994, 東京: 不二出版, 371쪽.

있을 것이다. 자신의 고유성을 강조하는 동시에 서양의학의 수용을 통해 자신의 변화와 성장을 모색하고 있었다. 정기적인 교육도 이루어지고 있었다. 정기적인 교육은 의생들이 전문적인 지위와 존경을 받는 기반이 될 수 있었다. 중국에서도 그런 변화가 나타나고 있었다.[107]

나아가 수동적이지만, 일제가 요구하는 과학을 수용하면서 자신의 의학 역시 근대의 그것이라고 주장할 수 있었다. 인도의 전통의학도 받아들인 과학적 전제, 관찰, 실험, 귀납과 연역 그리고 추론 등이었다.[108] 식민지배가 끝난다면 이렇게 형성된 근대성은 새로운 공간에서 한의학의 성장과 발전을 만드는 자양분이 될 수 있었다. 한국의 한의학이 그랬다.

2) 결핵 대책과 청장년의 전쟁 동원

① 배경

식민지 시기 결핵에 대한 공포는 외모 때문에 차별 대상이 되었던 한센병보다 컸다. 환자가 많았고, 전염력이 강했기 때문이다. 결핵은 조선에서 "가장 무서운 병"이었다.[109] 경찰도 그 공포를 공유했다. 경기도 경무부장에 따르면, 결핵은 다른 법정 전염병을 다 합친 것보다 피해가 컸다.[110] 대표적인 급성전염병인 콜레라의 피해도 결핵의 참화보다는 크지 않다는

---

107 Bridie Andrew, 2014, *The Making of Modern Chinese Medicine, 1850-1960*, UBC press: Vancouver, Toronto, p.170.

108 Neshat Quaiser, 2001, "Politics, Culture and Colonialism: Unani's Debate with Doctory," *Health, Medicine and Empire*, Sangam Books, 352쪽.

109 「나병보다 무서운 폐결핵 전문요양원 실현」, 『中外日報』, 1929.10.15.

110 「일일브터 실시된 폐결핵예방법(이)」, 『每日申報』, 1918.3.6.

평가가 있었다.[111] 1930년대 통계에 따르면, 결핵으로 인한 경제적 손실, 즉 환자 요양비와 노동능력의 감소에 따른 금액을 합치면 6억 원에 달했다.[112] 지금으로 치면 조 단위의 손실이 있다는 통계였다.

나아가 한센병 환자의 경우 외모 때문에 사람들이 피하고, 급성전염병의 경우 환자 신고 의무 때문에 전파 방지가 가능했다면, 결핵의 경우 그런 방어가 힘들었다. 결핵환자는 아무런 제지를 받지 않고 공공장소에 병균을 전파하고 다닐 수 있었다.[113] 치료제도 없었다. 매독에 사용되는 살바르산 606호와 같은 특효약이 없었다.[114] 치료 가능성이 낮은 만큼 결핵에 대한 공포는 더 컸다.

식민지 시기 결핵환자는 40만 명으로 추정되었다. 각 도 보고만으로도 1년 사망자는 1만 명이 넘었다. 그 숫자는 축소되었을 가능성이 높았다. 일본의 예에 비추어 추측하면 4만 명이었다.[115] 사망자가 4만 명이라면, 역시 일본의 예에 따를 경우, 그 10배가 환자 수였다.[116] 다만, 그 숫자는 더 증가할 가능성이 있었다. 의생의 진단을 믿을 수 없고, 사망진단서나 시체검안서에 질병 이름으로 결핵을 쓰지 않는 경우가 다수였기 때문이다. 더 문제는 환자의 다수가 청장년층이라는 데 있었다. 국민보건에

111 정석태(鄭錫泰), 1929, 「民族保健의 恐怖時代」, 『三千里』 2호, 40쪽.

112 西龜三圭(총독부 위생과장), 1938, 「時局と結核豫防」, 『警務彙報』 384호, 91쪽.

113 S. H. Martin, 1933, "The Tubercular Problem in Korea and Japan," *Korea Mission Field*, Vol. 29, No. 12, p.259.

114 鄭錫泰, 1934, 「肺結核과 性慾」, 『三千里』 6권 11호, 177쪽.

115 西龜三圭, 1939, 「結核豫防に就て」, 『朝鮮及滿洲』 382호, 41쪽.

116 「1944년 제86회 제국의회 설명자료」, 『朝鮮總督府 帝國議會說明資料』 10, 1994, 東京: 不二出版, 136~137쪽.

미치는 참담함이 크다는 평가가 나올 수밖에 없었다.[117] 결핵에 대한 대책이 필요했다.

② 1910~1930년대 대책

1913년 일본적십자사 조선본부는 각 도 자혜의원장 회의에서 결핵 예방 및 박멸 방법에 대해 의견을 밝혔다. 결핵환자에 대한 조기 진단, 예방 및 섭생법 전달, 관련 서적 배급, 임시요양소 개설 등이었다.[118] 환자도 개인위생에 주의를 기울여야 했다. 외출을 할 경우 항상 손수건이나 종이를 준비하여 객담이 퍼지지 않도록 주의해야 했다. 특히 습하고 햇볕이 통하지 않는 곳에 객담을 뱉지 않도록 신경을 써야 했다.[119]

객담에 주의해야 하는 이유는 거기에 결핵균이 존재하기 때문이었다. 결핵균은 객담이나 비말로 확산하였다. 실험에 따르면, 결핵균은 환자와 3척, 즉 반경 1미터 범위에 전파될 수 있었다. 또한 전파력이 높았다.[120] 가장 중요한 전염경로는 환자의 객담이었다.[121] 하지만 조선에서 객담에 대한 주의는 이루어지지 않고 있었다. 환자가 객담을 함부로 뱉고 방치했다.[122]

일제의 결핵에 대한 조치는 1918년 반포된 폐결핵예방령으로 구체화

---

117 「1941년 제79회 제국의회 설명자료」, 『朝鮮總督府 帝國議會說明資料』 5, 1994, 東京: 不二出版, 363쪽.

118 「적십자사의 시설」, 『每日申報』, 1913.5.21.

119 森安連吉, 1917, 「可恐 肺結核の話」, 『朝鮮及滿洲』 125호, 73쪽.

120 北里 의학박사 談, 1920, 「戰慄すべき肺結核」, 『朝鮮及滿洲』 161호, 42~43쪽.

121 「肺結核豫防規則の制定」, 『朝鮮彙報』 2호, 1918, 8쪽.

122 伊野宮貢, 1909, 「남한 醫事」, 『同仁』 38호, 36쪽.

했다. 1904년 일본에서 반포된 폐결핵예방에 관한 내무성령을 그대로 전재한 것이었다.[123] 내용은 크게 두 가지였다. 하나는 주요 공공장소에 적당한 수의 담통을 배치하여야 한다는 것, 객담이 말라 날아가는 것을 막기 위해 담통에 소독약이나 물을 넣어 두어야 한다는 것이었다.[124] 즉, 주요 공공장소에 가래를 뱉는 타구(唾具)를 설치하고 정기적으로 소독함으로써 혹시 있을지 모를 가래 속 결핵균이 전파되지 못하도록 막자는 내용이었다.

폐결핵예방령은 우호적인 기대를 낳았다. 폐결핵 예방에 대해 다대한 효과를 낳으리라는 기대였다.[125] 하지만 지나친 기대였다. 일본에서 반포된 내무성령은 이미 조롱의 대상이 되고 있었다. 담호령(痰壺令)이라고 조롱받은 것이었다. 전국 공공시설에 다수의 타구가 설치되는 결과만 낳았다는 조롱이었다. 내무성령은 결핵예방에 대한 초보적인 법령으로 환자에 대한 효과적인 대책이 되지 못했다.[126]

조선의 평가도 다르지 않았다. 1930년대 경성부는 결핵 예방과 관련하여 "아직 적극적인 시설로 볼만한 것은 없고 실제로도 그다지 효과를 거두지 못했던 일은 유감"이라고 평가했다.[127] 폐결핵예방령은 결핵에 대한 법령을 반포했다는 의미 정도를 지니고 있었다.

실제로 결핵에 대한 총독부의 관심은 높지 않았다. 결핵은 1918~1920년판 『조선총독부시정연보』에서야 페디스토마, 십이지장충, 말라리

123 「일일브터 실시된 폐결핵예방법(일)」, 『每日申報』, 1918.3.5.

124 「肺結核豫防ニ關スル件」, 『朝鮮總督府官報』, 1918.1.15.

125 「肺結核豫防規則の制定」, 『朝鮮彙報』, 1918, 3호, 9쪽.

126 福田眞人, 1995, 『結核の文化史』, 名古屋: 名古屋大學出版會, 326쪽.

127 『京城府史』 3, 1936, 京城府, 591쪽.

아에 이어 기타 나병, 옴과 함께 거론되었을 뿐이다.[128] 만성전염병 중에서도 순위가 떨어졌다. 1920년대에도 계몽활동 정도가 진행되었다. 선전 포스터 등을 통해 민중의 위생사상 향상을 도모했다.[129] 결핵에 대한 대처는 1930년대를 기다려야 했다.

③ 1930년대 이후 대책

일제가 결핵에 대한 관심을 적극적으로 표명한 계기는 전쟁으로 인해 찾아왔다. 결핵은 산업과 교육을 넘어 국방의 견지에서 막대한 손해를 입히고 있었다. 국민의 체력을 저하하는 가장 주요한 원인이었다.[130] 건강하지 못한 국민은 전쟁에 활용할 수 없었다. 신체적으로 정신적으로 건강한 국민을 증가시켜야 했다. 전쟁의 목표인 "흥아의 대업을 완성함에 가장 중요한 것은 인적 자원의 증강"이었다.[131]

건강한 국민이 전방에서만 필요한 것은 아니었다. 후방의 인적 자원도 중요했다. 전쟁에 참여한 군인에게 정신적, 물질적 후원을 하는 동시에 국내 산업에 종사해야 했다.[132] 나아가 징병제의 실시가 예견되고 있었다. 조선 청년의 체력에 대한 관심은 더 높아질 수박에 없었다. "반도의 청년들로 하여금 훌륭한 황군이 되게 할 체질을 연성"할 필요가 있었다.[133]

결핵은 국민의 체력을 저하시킨다는 점에서 국가와 사회의 큰 고민으

128 『朝鮮總督府施政年報(1918~1920)』, 1922, 287쪽.

129 『朝鮮總督府施政年報(1923)』, 1925, 349쪽.

130 西龜三圭, 1938, 「銃後の結核豫防施設に就て」, 『朝鮮及滿洲』 366호, 35쪽.

131 三橋 警務局長, 1939, 「結核豫防の急務」, 『同胞愛』 17권 9호, 7~8쪽.

132 西龜三圭(총독부 위생과장), 1938, 「時局と結核豫防」, 『警務彙報』 384호, 89쪽.

133 「豫防 診療의 施設擴充」, 『每日申報』, 1943.5.5.

로 부각되었다.[134] 일반적으로 식민권력은 피식민인의 노동력에 관심이 있기 마련이었고, 따라서 의료적 관심의 대상이 청장년 남성에 집중되는 경향이 있었다.[135] 이 경향이 식민지 조선의 경우 1930년대 후반에 본격적으로 나타난 것이었다. 다음 표를 통해 1920~1930년대 결핵 사망자 숫자를 확인할 수 있다.

〈표 3-1〉 1921~1940년 결핵 사망자 수

	폐결핵(肺結核)				기타결핵(其他結核)				합계			
	일본인	조선인	외국인	합계	일본인	조선인	외국인	합계	일본인	조선인	외국인	합계
1921	469	2,365	2	2,836	133	614	-	747	602	2,979	2	3,583
1922	529	2,374	6	2,909	107	594	-	701	636	2,968	6	3,610
1923	557	2,145	3	2,705	205	794	-	999	762	2,939	3	3,704
1924	706	2,119	18	2,843	187	983	9	1,179	893	3,102	27	4,022
1925	607	2,246	7	2,860	204	968	8	1,180	811	3,214	15	4,040
1926	637	2,377	12	3,026	210	1,062	1	1,273	847	3,439	13	4,299
1927	674	2,666	11	3,351	222	1,306	4	1,532	896	3,972	15	4,883
1928	981	3,097	10	4,088	288	1,470	2	1,760	1,269	4,567	12	5,848
1929	841	3,354	16	4,211	232	1,406	6	1,644	1,073	4,760	22	5,855
1930	730	3,422	16	4,168	261	1,368	7	1,636	991	4,790	23	5,804
1931	1,229	3,770	7	5,006	422	1,511	5	1,938	1,651	5,281	12	6,944
1932	1,247	4,347	15	5,609	436	2,000	8	2,444	1,683	6,347	23	8,053
1933	1,221	4,412	14	5,647	416	2,010	7	2,433	1,637	6,422	21	8,080

134 綿引朝光, 1930, 「結核の豫防」, 『朝鮮及滿洲』 272호, 50쪽.

135 David Arnold, 1988a, "Introduction," *Imperial medicine and indigenous societies*, Manchester University Press, p.15.

1934	1,400	5,062	25	6,487	520	2,386	6	2,912	1,920	7,448	31	9,399
1935	1,422	6,232	31	7,685	656	2,934	18	3,617	2,078	9,175	49	11,302
1936	1,707	5,876	79	7,662	866	2,752	27	3,645	2,573	8,628	106	11,307
1937	1,333	5,973	49	7,355	590	2,695	12	3,297	1,923	8,668	61	10,652
1938	1,223	5,504	22	6,749	526	2,618	3	3,147	1,749	8,122	25	9,896
1939	1,288	6,101	26	7,415	659	3,622	10	4,291	1,947	9,723	36	11,706
1940	1,204	6,158	47	7,409	639	3,035	17	3,691	1,843	9,193	64	11,100

출처: 『朝鮮防疫統計(1934)』 121쪽. 『朝鮮防疫統計(1941)』 263쪽.

1920년대까지 6천 명 미만에 머물던 결핵 사망자 수가 1931년을 기점으로 증가하여 1930년대 중반에 이르러 1만 명을 넘게 되었다. 급증이라고 이야기할 정도는 아니었다. 그래프로 그린다면 일정한 기울기를 유지하고 있었다. 따라서 1930년대 결핵에 대한 주목은 실질적인 환자나 사망자의 증가보다 인적 자원 확보를 위한 일제의 관심에서 이루어졌다고 평가할 수 있다.

일제는 전쟁에 동원할 인적 자원 확보를 위해 결핵 예방과 치료를 위한 조치를 취해 나갔다. 1938년 일본에 후생성을 설치하고, 1941년 조선에 후생국을 설치한 이유도 거기에 있었다.[136] 결핵예방국민운동도 전개하였다. 결핵예방에 관한 계몽과 함께 결핵예방생활의 실천을 목적으로 한 운동이었다. 구체적인 실천 내용은 건강진단 실행, 환경 개선, 규칙적

136 藤野豊, 2003, 앞의 책, 50쪽; 石田千太郎, 1942, 「厚生局の誕生に際して」, 『朝鮮』 1호, 23쪽.

인 생활 실천, 영양 개선, 적정한 심신 단련, 요양생활 개선 등이었다.[137]

1939년 일제는 결핵예방회 조선지방본부를 설립하였다. 본부장에 정무총감, 부본부장에 경무국장, 상무이사에 위생과장, 지부장에 도지사, 부지부장에 도경찰부장이 임명되었다.[138] 총독부 차원에서 결핵예방 활동을 진행하는 기구였다. 구체적인 활동으로는 결핵예방대책의 조사·연구, 결핵예방사상의 보급, 결핵예방을 위한 생활 지도, 결핵예방 모범지구 설정, 결핵예방 및 치료 사업의 조성 등이 있었다.[139]

결핵예방을 위한 의료 조치도 취해졌다. 1942년 BCG 접종이 시작되었다. 첫 접종은 중앙철도종사원양성소 생도들에게 이루어졌다.[140] 하지만 치료와 관련된 진전은 없었다. 요양소가 예방책으로 논의된 이유였다.

④ 요양소

결핵에는 분명한 치료책이 없었다. 의사들이 조기 검진을 강조한 것은 역설적으로 치료가 그만큼 어려웠다는 방증이다.[141] 이런 상황에서 결핵균의 전파를 막기 위한 최선의 방법은 예방이었다. 우선 전파의 위험을 가진 보균자를 파악하기 위해 보건소가 필요했다. 보건소에서 조기진단 사업을 진행함으로써 보균자가 주위에 결핵을 감염시킬 기회를 차단할 수 있었다. 실현의 가능성과 무관하게 보건소를 550개소 설치하자는 제

---

137 「위생과통신」, 『警務彙報』 404호, 1939, 114쪽.

138 「財團法人 結核豫防會 朝鮮地方本部の機構と使命」, 『警務彙報』, 1940, 413호, 56~57쪽.

139 「위생과통신」, 『警務彙報』 405호, 1940, 95~96쪽.

140 「B.C.G와 와수찐」, 『每日新報』, 1942.12.16.

141 Allen D. Clark, 1940, "Book Chat," *Korea Mission Field*, Vol. 36, No. 10, p.160.

〈그림 3-4〉 결핵예방 책자(1938년)

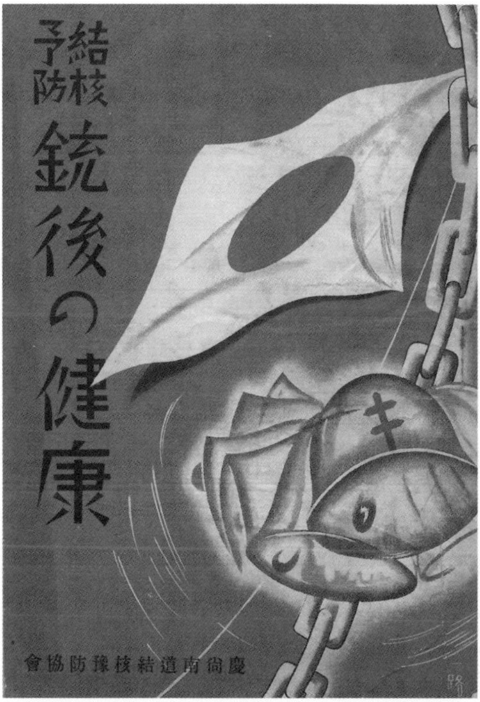

안이 나왔다.[142]

다음으로는 결핵환자를 수용할 수 있는 공간, 즉 요양소가 필요했다.[143] 요양소는 환자의 건강을 회복시키는 공간이기도 했다. 요양소에서 신선한 공기를 마시고, 일광욕을 하고, 충분히 영양을 취함으로써 결핵

142 荻野正俊, 1939, 「朝鮮に結核豫防法施行の促進を希望す」, 『朝鮮及滿洲』 374호, 44쪽.

143 鄭求忠, 1938, 「肺結核과 外科」, 『三千里』 10권 1호, 40쪽.

에 대한 저항력을 강하게 할 수 있었다.[144] 계몽활동이나 객담 검사가 결핵예방을 위한 소극적인 활동이라면, 환자의 요양소 수용은 결핵 예방에서 나아가 박멸에 이르는 길이라 여겨졌다.[145] "조선의 폐결핵 절멸책으로는 이 결핵요양소의 설치가 급선무"였다.[146]

다만, 요양소 입원비가 높았다. 1930년대 중반 해주구세요양원을 방문한 한 기자는 50명의 남녀 환자 중 시료 환자, 즉 무료 환자가 7~8명이고 나머지는 유료 환자라고 전했다. 유료 환자가 지불하는 비용은 매일 2~3원 정도였다.[147] 한 달에 60~80원 정도의 진료비를 납부해야 했다.

1930년대 안정적인 생활을 영위하기 위해 최소한 50원 정도의 생활비가 필요하다는 지적이 있었음을 고려할 때,[148] 60~80원의 진료비는 일반인이 감당하기 쉽지 않은 비용이었다. 결핵에 걸리면 환자 자신의 육체적, 정신적 고민이 큰 것은 물론 가족에게 상당한 경제적 부담을 줄 수 있었다.[149] 요양소는 부유한 소수의 계층이 사용하는 공간이 될 수밖에 없었다.[150] 따라서 저렴하거나 무료 입원이 가능한 요양소를 설립할 필요가 있었다.[151] 빈곤한 환자까지 수용할 수 있는 관공립 요양소였다.

---

144 綿引朝光, 1930, 「結核の豫防」, 『朝鮮及滿洲』 272호, 52쪽.

145 「제17회 경상남도회 회의록(1942)」, 『日帝下支配政策資料集』 13, 1993, 고려서림, 72쪽.

146 김동익(金東益), 1933, 「조선의 폐결핵 절멸책」, 『新東亞』 3권 3호, 17쪽.

147 「結核患者의 파라다이스 海州療養院」, 『三千里』 7권 1호, 1935, 138쪽.

148 「내가 이상(理想)하는 신랑후(新郎候) 조건」 『三千里』 1호, 1935, 138쪽.

149 成田夫介(경성의학전문학교 교수, 의학박사), 1934, 「若き人人の健康のため」, 『朝鮮社會事業』 12권 1호, 16~17쪽.

150 「결핵환자 사십오만」, 『東亞日報』, 1936.1.14.

151 정석태(鄭錫泰), 1929, 「民族保健의 恐怖時代」, 『三千里』 2호, 42쪽.

일제도 동의했다. 일본 본국은 1910년대부터 결핵요양소 건설을 위한 노력을 본격화하고 있었다. 1914년 폐결핵요양소의 설치 및 국고보조에 관한 법률을 반포하였다. 이 법률은 인구 30만 이상의 도시에 공립 요양소를 설치하여 요양할 방법이 없는 결핵환자를 수용하는 내용이었다. 1919년에는 결핵예방법이 제정되었다. 내용은 결핵환자가 소유한 물건에 대한 소독 등 예방법과 함께 인구 5만 이상의 시 또는 필요하다고 인정되는 공공단체에 결핵요양소 설치를 명령하고, 이들 단체에 대해서는 국고보조를 한다는 것이었다.[152] 단순히 병균 전파 방지를 목적으로 한 예방활동 이외에 결핵환자를 치료할 요양소 설치가 동시에 추진되었다. 나아가 1938년 기존의 1만 병상을 넘어 10만 병상 설립이 계획되었다.[153]

반면, 요양소와 관련된 조선의 상황은 열악했다. 1939년 3개소의 사립 요양원과 도립의원을 합쳐 3백여 병상이 있을 뿐이었다.[154] 결핵 예방과 관련하여 "아직 이렇다 할 정도의 기관이 설치되어 있지 않"았고, 이런 상황은 총독부 담당자인 위생과장이 "매우 유감이다"라고 자평할 정도였다.[155] 요양소 증설이라는 대안이 필요했다.

일제의 노력은 1936년 조선결핵예방협회의 결성으로 나타났다. 조선결핵예방협회는 건강상담소 확장, 허약아 보호, 가옥 구조와 영양문제, 학교·공장의 위생문제 등을 협의하는 동시에 4만 명을 수용할 결핵요양소 건설을 계획하였다.[156] 1년 결핵 사망자가 4만 명이라고 할 때, 최소한 그

---

152 管谷章, 1976,『日本醫療制度史』, 東京: 原書房, 33쪽, 107쪽.

153 西龜三圭, 1938,「銃後の結核豫防施設に就て」,『朝鮮及滿洲』366호, 37쪽.

154 三橋 警務局長, 1939,「結核豫防の急務」,『同胞愛』17권 9호, 10쪽.

155 西龜三圭, 1938, 위의 글, 38쪽.

156 「조선결핵예방협회 발회식」,『朝鮮』5호, 1936, 140쪽.

숫자만큼의 병상이 필요했다.[157] 계획이 실현된다면, 조선의 현상에 비추어 "큰 광명"이 될 수 있었다.[158] 기대를 가질만한 계획이었다.

하지만 재정이 문제였다. 식민지 시기 결핵요양소 건설에는 대체로 1병상당 약 1만 원의 예산이 필요했다. 1943년 설립 계획이 발표된 결핵요양소의 경우 250명 수용에 건설비용으로 250만 원이 책정되었다. 1만 원은 규모에서나 설비에서나 가장 이상적인 요양소를 건설하기 위해 필요한 비용이었다.[159] 따라서 조선결핵예방협회의 목표대로 4만 명 수용의 요양소를 건설하기 위해서는 4억 원의 예산이 필요했다. 1937년 총독부의 총 세출규모가 4억 2천 2백여만 원이었던 점을 고려하면,[160] 4만 명 수용의 결핵요양소 설립은 구호에 그칠 가능성이 높았다.

결국 일제가 선택한 것은 현실이었다. 재정이 감당할 수 있는 범위 내에서 요양소를 설립하겠다는 것이었다. 총독부 위생과장에 따르면, 요양소 같이 많은 설립 경비가 필요한 기관은 재정이 허락하는 범위 내에서 점차 실현하지 않으면 안 되었다.[161] 1939년 일제는 2백만 원의 예산으로 서울에 3백 명, 이남과 이북에 각각 1백 명 수용 규모의 요양소를 설립하겠다는 계획을 발표하였다.[162] 1943년에는 다시 226만 원의 예산으로 250명을 수용할 요양소 설립 계획을 세웠다. 당시 조선에 있는 요양소는

157 西龜三圭, 1939,「結核豫防に就て」,『朝鮮及滿洲』382호, 42쪽.

158 「新結核療養所」,『每日申報』, 1940.2.16.

159 「결핵마 구축에 철성」,『每日申報』, 1943.4.14.

160 金玉根, 1994, 앞의 책, 186쪽.

161 西龜三圭(조선총독부 위생과장), 1936,「都市に於ける結核豫防施設」,『警務彙報』, 363호, 4쪽.

162 「結核豫防運動 本格化」,『每日申報』, 1939.10.7.

관립과 사립을 합쳐 마산에 2개소, 해주, 평강, 인천, 원산의 1개소가 있었다. 총수용 환자 수는 약 4백 명이었다.[163] 조선결핵예방협회가 계획한 숫자의 1/100이었다.

⑤ 결과

요양소가 결핵 예방과 치료를 위한 근본적인 방법이 아니라는 것도 문제였다. 19세기 이후 결핵은 감소하고 있었다. 이유는 환경적, 사회적 변화에 있었다.[164] 요양소의 기여는 크지 않았다. 일제도 알고 있었다. 결핵을 위한 근본적인 해결책은 사회에서 찾아야 했다.

> "도시의 팽창으로 인한 밀집된 주거 및 불량한 건물이 증가하는 것, 기타 사정으로 인해 도시 생활환경이 현저히 나빠지고 있는 것, 산업의 발흥에 따라 비위생적인 조건이 증가하는 것, 교육이 활발해져 청소년의 신심과로를 가져오는 것, 기타 생존경쟁과 생활난이 증가하는 것 등 … 예방방법은 사회 전반의 시설 특히 도시계획, 산업, 교육의 생활안정 등 시설에 깊은 관계가 있기 때문에 이 방면의 개선을 도모할 필요가 있는 것은 물론입니다."[165]

산업화와 도시화에 따른 비위생적 환경 조성, 경쟁과 생활난에 따른 피로 급증 등 결핵 확산의 원인은 보다 근본적인 차원에 있었다. 이런 이해가

---

163 「結核療養所 또 新設」, 『每日申報』, 1943.1.9.

164 J. N. Hays, 2003, *The Burdens of Disease*, Rutgers University Press, p.176.

165 三橋 警務局長, 1939, 「結核豫防の急務」, 『同胞愛』 17권 9호, 9쪽.

1930년대에 출현한 것은 아니었다. 일본에서는 1920년대부터 사회개혁이 결핵 치료의 유일한 길이라는 생각이 확산하고 있었다. 의학 연구의 진전에 따라 결핵과 사회적 조건 사이의 연관성은 더 분명해졌다.[166]

조선에서도 마찬가지였다. 1920년대 중등학생들 사이에서 결핵이 증가하는 경향과 관련하여 원인을 위생시설의 결핍, 좁은 하숙집, 과도한 공부, 적당한 옷차림과 먹거리의 불충분에서 찾고 있었다.[167] 영양에 대한 강조 역시 마찬가지였다. 이미 1910년대부터 영양이 가장 중요하다는 점은 지적되고 있었다. 결핵에 걸리지 않기 위해서는 첫째로 영양 섭취를 잘하여 체력을 강건하게 해야 한다는 지적이 제기되었다.[168] 하지만 실천은 어려웠다. 식민지 조선의 조건이 그랬다.

> "폐결핵 치료에는 의례히 일, 절대 안정하라, 이, 영양분 만흔 음식들을 취하라, 삼, 공기 조흔대로 전지(轉地)를 가라 … 조선사람으로 우 말한 세 가지 선양조건을 반 년 동안이라마 충분히 실행할 자력이 잇는 사람이 몇이나 되겟읍니까. 무리히 빗을 낸다 해서 그러케 하다가 반년 이상만 지나면 그 대다수가 왼 집안이 파산의 구렁으로 들어가서 병든 사람이 낫기 전에 성한 사람마자 굶을 지경(이 될 것입니다.)"[169]

---

166 William Johnston, 1995, *The Modern Epidemic: A History of Tuberculosis in Japan*, Cambridge and London: Council on East Asian Studies, Harvard University, p.261, p.264.

167 棟山齊之助(총무과), 1928,「朝鮮の結核に就て」,『警務彙報』274호, 39쪽.

168 森安連吉, 1917,「可恐 肺結核の話」,『朝鮮及滿洲』125호, 72쪽.

169 조헌영,「사망통계를 통해서 본 폐결핵환자(상)」,『東亞日報』, 1938.7.2.

영양 차원에서 추천된 근본적 방안은 식민지 조선에서 집안의 파산을 낳을 수 있었다. 개인은 물론 가족까지 그 피해에서 자유로울 수 없었다. 방안이라 할 수 없었다. 예방이나 치료시설을 완비하지 않은 채 환자 개인의 섭생과 주의만을 기대한다는 것은 말 그대로 무대책이었다. 그 결과는 결핵의 만연이었다.[170]

일제가 처한 곤궁한 처지는 1940년 충남도회에서 벌어진 논의를 통해 확인할 수 있다. 결핵예방을 위한 완전무결한 예방책은 없는가라는 질문에 대해 담당자는 경비 부족으로 예방이나 박멸을 위한 기관을 설치하지 못해 유감이라고 대답하였다. 그나마 설치된 기관은 건강상담소였고, 결핵예방을 위해 도립병원의 확장을 계획하고 있다는 대답이 이어졌다.[171] 미봉적인 조치 이상을 취하기 힘든 상황이었다.

결국 일제가 선택한 조치는 폐결핵예방령의 반복이었다. 사람들이 많이 이용하는 공공장소에 담통을 설치하겠다는 것이었다.[172] 결핵예방을 위해 가장 중요한 조치는 폐결핵환자가 가래침 뱉는 습관을 고치는 것과 그 가래침을 적당히 처치하는 것이라는 변호도 뒤따랐다.[173] 재정 문제는 결핵예방을 위한 여러 조치를 막는 근본적 원인이었다.

일본 정부라고 해서 재정이 풍족하지는 않았다. 그럼에도 일본에서는 여러 예방조치가 취해지고 있었다. 1931년부터 공장 환경을 조사하고, BCG를 접종했으며, 사회 개혁 등 사회정치적 변화를 시도하고 있었다. 그 변화가 일본에서만 일어날 필요는 없었다. 총독부도 기대를 하고 있

170 「결핵병 환자의 급증」, 『朝鮮中央日報』, 1935.3.30.

171 「결핵예방, 이민실정 등과 교원대우 개선 요망」, 『東亞日報』, 1940.3.12.

172 「타구가 가두로 진출」, 『東亞日報』, 1938.6.9.

173 차균현(車均鉉), 1942, 「戰時保健과 肺結核」, 『三千里』 14권 1호, 121쪽.

었다. 일본뿐 아니라 같은 식민지였던 타이완에도 결핵예방법이 실시되고 있었기 때문이다.[174]

하지만 조선에서는 식민 지배가 종식되는 날까지 결핵요양소의 설치를 규정하는 결핵예방법이 반포되지 않았다. 일본은 유럽이나 북미보다 이르게 결핵 예방조치를 취한 것으로 알려져 있다. 문명국이라면 결핵환자 수가 많아서는 안 되었기 때문이다.[175] 나아가 미개를 넘어 문명으로 전진하고자 한 지향이 그런 이른 조치를 가능하게 하였다.[176] 그러나 식민지 조선에서 그런 조치는 이루어지지 않았다.

---

174 荻野正俊, 1939,「朝鮮に結核豫防法施行の促進を希望す」,『朝鮮及滿洲』374호, 44쪽.

175 「道警察部長會議に於ける總督訓示(1937.5.3)」,『朝鮮總督諭告·訓示集成』4, 2001, 綠蔭書房, 540쪽.

176 William Johnston, 1995, *The Modern Epidemic: A History of Tuberculosis in Japan*, Cambridge and London: Council on East Asian Studies, Harvard University, p.220, p.253.

결론

① 성장

식민지 시기를 거치면서 의료는 성장하였다. 의학교육이 확대되었고, 관공립병원이 설립되었다. 서울에 총독부의원이 있었다면 지방에 자혜의원이 있었다. 자혜의원은 1925년 도립의원으로 개칭되었고, 숫자는 식민 말기에 46개로 증가하였다. 지방에 서양식 병원이 설치된 것은 이전에 없던 모습이었다. 일제의 지방에 대한 관심은 지속되었다. 공의가 배치되었고, 순회 진료가 이루어졌다. 식민 지배의 안정화라는 정치적 목적이 있었지만, 시기가 내려오면서 조선인이 받는 진료의 범위는 넓어졌다.

서양의학도 확산되었다. 서양의학은 식민지 시기 의료의 중심에 있었다. 총독부의원이나 지방의 관공립병원에서 시행되는 의료는 한의학과 구별되는 서양의학이었다. 서양의학은 자혜의원이 시행하는 순회 진료, 지방에 설치된 공의의 진료를 통해 그 범위가 확대되었다. 나아가 식민지 시기 설립된 의학교육기관은 모두 서양의학을 가르쳤다. 1930년대 말 경기도에서 의생강습소를 열었지만 단기간이었고, 지방 차원에서 설치한 기관이었다.

서양의학을 공부한 의료인의 숫자도 증가하였다. 시험을 통해 의료인이 되는 경우도 있었지만, 정식 교육을 통하는 경우도 증가하였다. 1910년대 관립 의학전문학교가 설립되었고, 1930년대를 거치면서 지방에 공립 의학전문학교가 설립되었다. 1930년대 후반에는 여자의사 양성을 위한 의학교육기관도 설립되었다. 1924년에는 제국대학이 설립되었다. 경성제대 의학부는 진료라는 실용을 넘어 학문적 연구를 목적으로 했다. 다른 의학교육기관과 차이가 있었다. 식민지에 고등 의학교육기관을 설치한 일제의 선택은 다른 서양 제국주의와 다른 것이었다.

전염병에 대한 대처도 이루어졌다. 일제는 식민 지배와 함께 두창 방역을 위해 대대적인 우두접종에 나섰다. 1910년을 예로 들면, 조선인의 10%가 넘는 인구가 우두접종을 받았다. 대한제국 시기에 비교하면 열 배가 넘는 증가였다. 우두는 인류가 가진 가장 확실한 예방법이라는 점에서 일제에게 활용의 가치는 충분히 있었다. 나아가 일제는 다른 급성전염병과 만성전염병의 방역에도 노력을 기울였다. 한센병 환자를 위한 수용소를 설립하고 확대하였다. 계획이 충분히 실현되지는 않았지만 결핵 환자를 위한 수용소 역시 설립하기 시작하였다. 폐디스토마의 경우 조사, 연구 나아가 치료까지 진행하였다.

② 비판

일제는 문명화를 조선 지배의 목표로 제시하였다. 서양의학은 일제의 문명화라는 목적과 연관하여 강조하였다. 일제는 서양이 제시한 미개와 문명이라는 구도를 식민 지배를 위해 활용하였다. 서양의학을 선차적으로 수용한 자신은 문명이고 반대로, 한의학이라는 전통의학을 활용하는 조선은 미개라는 구도였다.

서양의학을 통한 문명화 구도는 한의학을 넘어 다른 분야에도 적용되었다. 예를 들면, 의학교육이었다. 서양의학을 교수하는 과정에서 일본인 교수, 조선인 학생의 구도가 만들어졌다. 일본의 문명을 조선이 수용한다는 구도였다. 질병에도 적용되었다. 한센병이었다. 일제가 소록도에 수천 명을 수용할 수 있는 한센병 수용소를 세운 이유는 문명국으로 일본의 위상을 확립하는 데 목적이 있었다. 한센병 환자가 거리에서 목격되는 모습은 문명국에 어울리지 않는다는 판단이 있었던 것이었다.

문명화라는 목표에 부합하기 위해서는 의사로 상징되는 서양의료인력의 양성이 필요했다. 현실은 그 목표가 구현되지 못했다는 사실을 알려준다. 조선은 인구수 대비 일본이나 타이완보다 더 적은 의사를 가지고 있었다. 일제는 부족한 의료공급 문제를 해소하기 위해 편법을 사용했다. 정규 의료인이 아닌 사람들을 활용했다. 한지의사가 대표적인 예였다. 비정규 의료인이지만 지역과 기한을 한정하여 이용하였다.

의료인의 공급도 일제의 직접적인 투자보다 간접적인 지원을 통해 이루어졌다. 경의전이나 경성제대 의학부와 같이 관립 의학교육기관을 설립하지 않은 것은 아니다. 하지만 대구나 평양의 의학전문학교 설립 과정이 보여주듯이 일제는 지방의 의학교육기관 설립 노력을 검증하고 인정할 뿐이었다. 경성여자의학전문학교의 경우 개인의 기부로 설립할 수 있었다. 중앙 차원의 재정 투입과 같은 노력은 보이지 않았다. 그 결과는 의료인의 부족으로 나타났다.

한의사인 의생도 지속적으로 활용하였다. 같은 식민지였던 타이완과 비교되는 모습이었다. 타이완에서 의생은 한시적으로 활용되었다. 1930년대를 거치면서 일제의 한의학 활용은 적극적으로 이루어졌다. 서양의학의 우위를 상징하던 방역에서도 한의학은 활용되었다. 1930년대 말 한약약국방 제정은 일제가 한의학 활용 범위를 확대하겠다는 의도를 보인 상징적 조치였다. 일제는 현실과 타협할 수밖에 없었다. 공식적인 차원에서 시혜나 문명을 제시하였지만, 현실적인 차원에서 일제가 보인 모습은 타협, 아니면 굴복이었다.

재정 부족은 식민지 시기 의료의 확대를 막는 근본적인 조건이었다. 의료시설이 갖추어지지 않은 상황에 대해 재정 부족을 언급하는 일은 일상이었다. 1929년 대공황에 연이어 발생한 전쟁은 일제가 의료에 충분한 재정을 투여하기 어렵게 만드는 조건들이었다. 일제가 의료공급을 통해 포괄할 수 있는 영역은 제한적이었다.

예산 부족은 일본 본국도 마찬가지로 겪는 문제였다. 하지만 식민지는 정도에서 차이가 나타났다. 결핵 예방조치가 예였다. 조선에는 결핵요양소의 설치를 규정하는 결핵예방법이 제정되지 않았다. 요양소 설치에는 재정 투입이 필수적으로 요구되었기 때문이다. 같은 식민지였던 타이완과도 차이가 났다. 타이완에는 결핵예방법이 실시되었다. 결핵예방법은 시간이 지체될 뿐 장기적인 관점에서 조선에 시행될 수 있었다. 하지만 식민지에서는 그 시행이 언제든지 다음 순위로 미뤄질 수 있었다. 정도의 차이는 있지만, 기반시설의 확대에 재정투여를 소극적으로 했다는 점에서 일제는 다른 제국주의 국가와 유사했다.

식민 초기 일제가 가졌던 시혜자로서 모습은 사라져갔다. 역시 재정 부족이 문제였다. 그 모습이 명료하게 약화되는 시점은 1925년이었다. 이 해 자혜의원은 도립의원으로 개칭되었다. 자혜라는 시혜적 용어를 더 이상 사용할 수 없게 된 것이었다. 하지만 시혜는 이미 1910년대부터 제한적으로 이루어지고 있었다. 총독부의원의 경우 시료과라는 제한된 공간에서 무료 환자진료가 이루어지고 있었고 자혜의원의 무료 진료혜택은 축소되고 있었다. 시혜의 범위는 재정의 운용에 따라 변화될 수 있는 대상이었다.

나아가 도립의원의 영리화 경향에서 찾을 수 있듯이 의료는 구매의 대상으로 변해 갔다. 그 경향이 바뀐 시기가 1940년대였다. 일제는 전시체제에 걸맞은 의료체계를 구축하고자 하였다. 전쟁 동원이 목적이었다. 그 목적 구현을 위해 의료에 대한 전면적인 통제에 나섰다. 의료업에 대한 허가제와 의료인에 대한 강제근무제를 시행하였다. 하지만 그 시행은 전쟁이 벌어지는 특수한 시기이기에 가능하였다. 식민지 시기를 거치면서 의료는 경제력을 가진 사람이 소비할 수 있는 대상으로 변해 갔다. 그 변화를 감당할 수 있는 제도적 장치는 마련되지 않았다. 예를 들면, 건강보험법이었다. 일제의 시혜는 제한적이었다.

재정은 항상 부족했다. 일제는 한정된 재정 속에서 가능한 성과를 거두고자 했다. 재정이 부족할 때 기대할 수 있는 것은 사람들의 노력이었다. 노력에는 재정이 들지 않았다. 따라서 일제의 의료정책은 강제성의 강화로 나아갈 수밖에 없었다. 일본과 달리 조선에 위생경찰제도가 강화된 이유였다. 일본에서 위생경찰제도는 민간의 통제는 아니어도, 적어도, 협조 아래 운영되고 있었다.

1910년대 조선의 의료체계가 군의 중심으로 운영된 이유도 마찬가지였다. 군의는 민간 의사에 비해 부담할 비용이 적었고 통제에 익숙하다는 장점이 있었다. 통감부 시기 민간과 군대가 보조를 맞추며 조선의 지배를 강화해 나갔다면, 식민지 시기 민간은 지배기구에서 배제되었다. 통치 기반은 협소화되었고 지배는 불안정해졌다. 하지만 일제는 군사적이라는 평가까지 받았던 강제적인 방역의 성격을 약화하지 않았다. 1920년 콜레라 방역에 대해 조선인의 저항이 일어난 이유였다.

경찰이 중심에 서면서 의료정책은 구조 개선이 아닌 행정 조치에 집중되었다. 방역의 경우 경찰이 중심에 있었고, 예방 방법으로 백신이 강조되었다. 방역에서 강제적 조치는 효과를 발휘할 수 있었다. 예를 들면, 급성전염병이었다. 페스트는 식민지 시기 동안 감염자가 발생하지 않았고, 콜레라의 경우 1920년대를 지나면서 약화되었다. 위생경찰로 상징되는 강력한 통제와 격리는 효과가 있었다.

하지만 행정적 조치를 넘어 구조적 개선이 필요한 전염병이 있었다. 예를 들면, 장티푸스였다. 상하수도와 같은 기본 시설을 갖출 필요가 있었다. 그렇지 않으면 장티푸스는 증가할 수밖에 없었다. 두창의 경우 인구

조사가 체계적으로 이루어질 필요가 있었다. 접종 대상자에 대한 정밀한 파악이 이루어지지 않으면 우두라는 확실한 예방법이 있음에도 불구하고 두창은 박멸에 이를 수 없었다. 식민지 조선이 그랬다.

③ 결과

일제는 식민 지배의 안정화, 영구화라는 목적에서 의료에 대한 개입을 강화하였다. 병원 설립과 방역의 실시는 그 예였다. 식민지 시기를 거치면서 관공립병원의 수는 증가하였고 경찰 중심의 방역이 실시되었다. 급성 전염병에 대한 방역은 개인이나 지역의 힘으로 진행하기 힘들었다. 병원의 설립과 증설도 비슷했다. 국가라는 더 넓은 단위의 개입이 필요했다. 그 결과 국가 기능이 강화되었다. 비록 식민국가라 해도 의료가 확대되고 방역이 시행되는 과정에서 그 역할은 강화될 수밖에 없었다.

여기에 조선인도 동의했다. 경찰 위주의 일방적인 활동에 반대하는 조선인도 있었다. 그들은 계몽의 중요성을 강조했다. 식민 지배에 대한 비판이라고 이해할 수 있다. 하지만 다른 면에서는 식민 지배에 대한 동의라고도 평가할 수 있다. 권력의 부드러운 개입을 요구하고 있었기 때문이다. 개인이나 사회의 자율에 대한 고려도 있었지만, 국가의 개입에 대한 요청도 포함되어 있었다. 조선인은 식민 의료정책의 기조에 익숙해졌다. 그 결과 조선인은 의료에서 수동적인 객체로 만들어져 갔다. 방역을 예로 든다면, 강제성은 필요했고, 다른 사항은 고려되기 힘들었다. 민간 전문가의 개입조차 쉽지 않았다.

변화의 계기는 있었다. 3·1운동이었다. '문화통치'가 시작되면서 지방관의 의료업무 개입 범위가 확대되었고, 군의가 의료체계에서 배제되기 시작하였다. 1920년대 시작된 군의의 배제는 식민지 조선의 의료체계에서 민간, 즉 사회의 참여 범위가 확대될 수 있음을 의미했다. 1920년 설립된 조선중앙위생회는 대표적인 예였다. 일본인이 중심이었다 해도 민간의 참여 확대는 조선인의 활동 범위 역시 넓힐 수 있었다.

하지만 조선중앙위생회는 뚜렷한 활동 없이 폐지되었다. 일본에 중앙위생회, 타이완에 타이완중앙위생회가 활동했던 점과 비교가 된다. 일본에서 자치적 성격을 지녔던 위생조합은 식민지 조선에서 비슷한 활동을 하지 못했다. 식민지 조선에서 자치는 이루어지지 않거나 제한적으로 이루어졌다. 다른 식민지에 비해서도 제한적으로 이루어졌다. 일본 민간인의 참여조차 제한될 정도로 식민지 조선의 의료체계는 경직되어 있었다.

전시체제기 일제는 건강한 국민의 육성을 의료정책의 우선 순위에 놓았다. 하지만 그 건강은 전쟁 동원을 위해 필요한 것이었다. 그 건강의 성취 역시 미완에 그쳤다. 후생국은 1년 만에 폐지되었다. 후생, 즉 건강이라는 목적은 식민지 시기 동안 구현되기 어려웠다. 경찰이 위생업무의 중심에 선 위생경찰제도 역시 변하지 않았다. 경찰은 식민 지배가 종료되는 시점까지 청결과 방역을 주도하였다. 의료는 마지막까지 경찰의 통제 아래 있었다. 경찰이 주도하는 의료는 능동적으로 건강한 주체를 육성하기보다 소극적으로 건강을 보호받는 객체를 만들어 갔다.

해방으로 조선인은 자신의 선택에 따라 자신의 의료를 만들어 나갈 수 있게 되었다. 식민지 시기에 달성하지 못한 성취를 스스로 주체가 되어 이룰 기회를 가지게 되었다. 그동안 경찰이 담당했던 역할을 대신할 새로운 주체가 필요했다. 위생을 대체하는 새로운 개념도 필요했다. 해방은 그 목표를 구현해 나가는 실천의 시간이 될 것이었다.

부록

연표

연월일	주요 법령·정책 및 주요 사건
1909.12.	자혜의원 개원(전주, 청주, 함흥)
1910.9.	조선총독부의원 개원
1910.10.	북만주에서 페스트 발생
1911.1.21.	해항검역에 관한 건 반포
1911.2.20.	조선총독부의원 부속 의학강습소규칙 반포
1911.4.29.	조선의학회 개회
1911.4.	내무부 위생과 폐지(위생경찰제도 강화)
1911.8.	서울에 전염병원으로 순화원(順化院) 개원
1912.2.26.	청결방법에 대한 규정 반포
1912.3.28.	약품 및 약품영업 취체령 반포
1912.4.	탁지부 주관의 해항검역 및 이출우검역에 관한 사무가 경무총감부로 이속(위생경찰제도 강화)
1913.11.15.	의사규칙.치과의사규칙.의생규칙.공의규칙 반포
1914.4.1.	공의 배치 시작
1914.7.20.	의사시험규칙 반포
1915.6.5.	전염병예방령 반포
1915.7.12.	청결방법 및 소독방법, 전염병예방령 시행규칙, 선박.기차.여객 검역규칙 반포
1915.7.26.	이출우(移出牛)검역규칙 반포
1916.2.24.	전라남도소록도자혜의원 설립

1916.4.1.	경성의학전문학교규정 반포
1916.4.28.	약제사시험규칙 반포
1916.5.	조선총독부의원에 전염병지방병연구과 설치
1917.11.3.	전염병예방령 시행규칙 개정(위생조합이 시행하던 주요 사무가 면으로 이관)
1918.1.15.	폐결핵예방령 반포
1918.9.	독감 발생(환자 7,556,693명, 사망자 140,527명)
1919.4.7.	사립병원취체규칙 반포(사립병원 설립 허가를 위한 요건으로 전염병실의 강화 규정)
1919.4.8.	부면(府面)이 시행할 전염병 예방시설 및 비용 부담에 관한 규정 제정
1919.4.8.	학교 전염병 예방 및 소독방법 반포
1919.8.	경찰제도 개편(각 도에 제3부가 설치되어 경찰사무를 처리)
1919.8.	콜레라 발생(환자 16,991명, 사망자 11,084명)
1919.8.20.	공의규칙 개정(공의에 대한 감독, 수당 지급, 진료비 허가 등의 주체가 경무총장에서 도지사로 변경)
1919.9.11.	전염병예방시행규칙 개정(경무부장이 맡던 주요 방역업무가 도지사의 권한으로 이동)
1920.6.	콜레라 발생(환자 24,229명, 사망자 13,570명)
1920.7.14.	조선 전염병 및 지방병 조사위원회 규정 반포
1920.7.14.	조선중앙위생회 규정 반포
1920.10.7.	사립 피병원(避病院) 설립기성회 설립
1921.2.	지방관 관제 개정(각 도에 위생기술원 배치, 위생시험실 설치, 항무의관 및 의관보 증원 배치)
1922.5.15.	함경남도, 페디스토마예방규칙 반포
1923.1.	평양자혜의원에 사립의학강습회 부설
1923.7.	대구자혜의원에 사립의학강습소 부설
1923.4.2.	경상북도립의학강습소 규정 반포
1923.4.2.	조선종두령 반포

1923.4.9.	(평안남도)도립의학강습소 규정 반포
1924.4.30.	폐디스토마 예방에 관한 건 반포(가재 및 참게의 채취 및 수수 금지)
1924.5.2.	경성제국대학 관제 반포
1924.6.2.	전염병예방령 개정(방역과 관련된 각종 조치를 취할 수 있는 권한이 경무부장에서 도지사로 이관)
1924.12.25.	조선중앙위생회 폐지
1925.2.28.	공의규칙 개정(공의의 임명 주체가 총독에서 도지사로 변경)
1925.4.1.	조선도립의원 관제 반포(자혜의원 폐지)
1927.3.	함경남도 영흥 에메틴 중독사건 발생
1928.4.27.	전염병예방규칙 개정(보균자에 대한 단속 포함)
1928.5.17.	지방공공단체의 의무에 관한 건 개정(방역을 위한 제반 시설의 완비를 지시하는 주체가 경찰부장에서 도지사로 변경)
1928.5.19.	여자의학전문학교 창립발기회 개최
1928.9.4.	경성여자의학강습소 개교
1930.6.1.	순화원에 한방부 설치
1932.1.	조선나병근절책연구회 취지 소개
1932.7.	장티푸스 예방내복약 제조
1932.12.3.	나남도립의원에서 한방의학강습회 개최
1932.12.4.	조선나예방협회 발기인회 개최
1933.3.	대구와 평양의 도립의학강습소가 공립 의학전문학교로 승격
1933.8.20.	조선보건협회 조직(방역에 관심이 있는 사회 유지들의 모임)
1934.7.31.	폐디스토마 예방을 위해 게 식용을 금지했던 법령 폐지
1934.9.19.	조선총독부 나요양소 관제 공포(소록도자혜의원이 소록도갱생원으로 개칭)
1935.4.20.	조선나예방령 공포(한센병 환자에 대한 강제수용)
1936.4.7.	조선결핵예방협회 창립총회 개최
1936.6.5.	조선오물소제령 반포

1936.12.5.	조선오물소제령시행규칙 반포
1937.4.	경기도 위생과에서 의생강습회 설치
1938.4.11.	경성여자의학전문학교 설치 인가
1938.8.31.	의료관계자 직업능력신고령 반포
1938.10.	한약약국방 내용 발표
1939.5.24.	공의생(公醫生)규칙 반포
1939.11.30.	재단법인 결핵예방회 조선지방본부 설립 허가 취득
1941.3.29.	조선총독부 상이군인 요양소 관제 반포
1941.10.22.	고등교육기관 6개월 이내에서 수업기간 단축
1941.11.22.	후생국 개국식 개최
1942.10.1.	후생국 폐지
1942.10.15.	의료관계자 징용령 반포
1944.8.21.	조선의료령 반포

법령

「조선총독부 지방관 관제」,『조선총독부관보』, 1910.9.30.

도장관(道長官)은 지방경찰사무에 대해 도경무부장(道警務部長)에게 필요한 명령을 하게 하거나 그에 대해 필요한 처분을 명할 수 있다.

「조선총독부 훈령 제2호」,『조선총독부관보』, 1910.10.1.

지방국에 지방과, 토목과 및 위생과를 둔다.

위생과에서는 아래의 사무를 맡는다.

一. 공중위생에 관한 사항

二. 의사, 약제사, 산파 및 간호부 업무에 관한 사항

三. 병원 및 위생회에 관한 사항

四. 두묘(痘苗)에 관한 사항

五 .병원(病源) 검색 및 분석 검사 기타 위생시험에 관한 사항

「조선총독부 경무총감부 사무분장 규정」,『조선총독부관보』, 1910.10.1.

제1조 경무총감부에는 서무과, 고등경찰과, 경무과, 보안과 및 위생과를 둔다.

위생과에 보건계 및 방역계를 둔다.

보건계에서는 아래의 사무를 맡는다.

一. 상수 및 하수의 취체에 관한 사항

二. 음식물 음식기구(飮食器具) 및 약품취체에 관한 사항

三. 오물 소제에 관한 사항

四 .묘지 및 매화장(埋火葬)에 관한 사항

五. 의사, 약제사, 산파, 간호부 업무 취체에 관한 사항

六. 약종상, 제약자, 입치(入齒), 침구영업에 관한 사항

七. 아편연(阿片煙)의 흡용(吸用), 모르핀주사 금지에 관한 사항

八. 행려병인 및 사망인에 관한 사항

九. 정신병자에 관한 사항

十. 도축에 관한 사항

十一. 검미(檢黴)에 관한 사항

十二. 이외에 공중위생 취체에 관한 사항

방역계에서는 아래의 사무를 맡는다

一. 전염병 및 지방병에 관한 사항

二. 종두에 관한 사항

三. 수축(獸畜)위생에 관한 사항

「페스트 예방에 관한 건」, 『조선총독부관보』, 1911.2.16.

이 병독의 맹렬함은 진정 전율할 것이다. 한 번 감염되면 곧 죽는다. 세상에 두려운 것이 많지만 이와 같이 격렬한 악역(惡疫)보다 두려운 것은 없다. … 방역 노력은 이 병에 대해서 전혀 효과가 없어 그것이 오기 이전에 예방하는 외에는 방어할 수단이 없다고 말해야 할 것이다.

「약품 및 약품영업 단속령」, 『조선총독부관보』, 1912.3. 8.

본령에서 약제사라 칭하는 것은 의사의 처방전에 따라 약제를 조합(調

合)하는 자를 말하고, 약종상이라 칭하는 것은 약품을 판매하는 자를 말하고, 제약자라 칭하는 것은 약품을 제조하여 판매하는 자를 말하고, 매약업자라고 칭하는 것은 매약을 조제(調製), 이입(移入) 또는 수입하여 판매하는 자를 말한다. … 약제사는 약품의 제조 및 판매를 하고, 의사는 진료를 위해 환자에게 약품을 판매·수여할 수 있다

「조선의원급제생원특별회계법」, 『조선총독부관보』, 1912.4.4.

제1조 조선총독부의원, 조선총독부도자혜의원 및 조선총독부제생원의 회계를 모아 하나의 특별회계로 자금을 가지게 하고 정부지출금, 자금에서 생기는 수입, 원(院) 수입, 기부금, 기타 수입으로 세출에 충당한다.

제2조 정부 지출금은 연액(年額) 45만 원을 한도로 하여 매년 예산이 정하는 바에 따라 조선총독부특별회계로부터 이월하여야 한다.

「의사규칙」, 『조선총독부관보』, 1913.11.15.

제1조 의사가 되려는 자는 아래 자격을 가지고 조선총독의 면허를 받아야 한다.

一. 의사법 제1조 제1항 제1호, 제2호에 해당하는 자 또는 의술개업시험에 합격한 자

二. 조선총독이 지정한 의학교를 졸업한 자

三. 조선총독이 정한 의사시험에 합격한 자

四. 외국 의학교를 졸업하거나 외국에서 의사면허를 받은 일본인으로 의업을 하기에 적당하다고 인정된 자

五. 조선총독이 지정한 외국 국적을 가지고 그 나라에서 의사 면허를 얻은 자로서 의업을 하기에 적당하다고 인정된 자

「의생규칙」, 『조선총독부관보』, 1913.11.15.

제1조 의생은 본령의 규정에 의해 면허를 받아 의업을 하는 자를 말한다.

제2조 아래 자격을 가진 자로서 의생 면허를 받고자 할 때는 이력서 및 민적등본 또는 초본을 첨부하여 본령 시행일로부터 3개월 이내에 경무총장에게 신청하여야 한다.

一. 조선인으로서 20세 이상인 자

二. 본령 시행 전 조선에서 2년 이상 의업을 한 자 …

의생에게서 3년 이상 의업을 배운 조선인으로 적당하다고 인정된 자에 대해서는 당분간 5년 이내의 기한으로 의생의 면허를 줄 수 있다.

「의사시험규칙」, 『조선총독부관보』, 1914.7.20.

제1조 의사시험은 매년 2회 경성에서 시행한다. 시험일은 고시한다.

제2조 의사시험은 수업연한 4년 이상의 의학교를 졸업하거나 5년 이상 의술을 습득한 자가 아니면 치를 수 없다.

제3조 의사시험은 아래 4부로 나누어 1부부터 순서대로 행한다.

제1부 물리학, 화학, 해부학(조직학 포함), 생리학

제2부 병리학(병리해부학, 법의학 포함), 약물학, 외과학(이비인후과학 및 피부과학, 매독학 포함), 내과학(소아과학 및 정신병학 포함)

제3부 안과학, 산과학·부인과학, 위생학(세균학 포함)

제4부 임상시험

임상시험은 외과학, 내과학, 산과학, 안과학으로 한다. 단, 산과학, 안과학은 생략할 수 있다.

「전염병예방령」, 『조선총독부관보』, 1915.6.5.

제1조 본령에서 전염병이라 칭하는 것은 콜레라, 이질, 장티푸스, 파라티푸스, 두창, 발진티푸스, 성홍열, 디프테리아 및 페스트를 말한다. 전항에 게재된 것 외에 본령에 의해 예방 방법의 시행이 필요한 전염병이 있을 때는 조선총독이 지정한다.

「경성의학전문학교에서 교육상 주의할 사항」, 『조선총독부관보』, 1916.4.1.

一. 독일어는 의학상 특히 필요한 언어, 문장을 이해하고 거기에 숙련되는 것을 목적으로 한다. 오로지 실용을 지향하여 실제적으로 필요 없는 난해한 문장, 자구를 가르치지 말아야 한다.

一. 수학, 물리학, 화학은 주로 의학 습득의 기초가 될 것으로 한다. 특히 이 점에 뜻을 기울여 함부로 번다한 사항을 가르치거나 형식에 흐르는 일 없이 정확히 뜻을 이해하여 응용할 것을 목적으로 한다.

「폐결핵예방에 관한 건」, 『조선총독부관보』, 1918.1.15.

제1조 학교, 병원, 제조소, 항구 대합실, 철도 정거장, 극장, 대중공연장, 여관, 요리점, 음식점, 유곽, 이발소, 기타 경무부장이 지시하는 장소에는 적당한 수의 담통을 배치하여야 한다. …

제2조 담통에는 담이 말라 날아가는 것을 막기 위해 소독약이나 물을 넣어 두어야 한다.

「조선중앙위생회 규정」, 『조선총독부관보』, 1920.7.14.

제1조 조선총독부에 조선중앙위생회를 둔다.

조선중앙위생회는 조선의 공중위생에 관한 사항에 대해 조선총독의 자문에 응해 의견을 개진한다.

「조선종두령」, 『조선총독부관보』, 1923.4.2.

제1조 종두는 아래 시기에 시행한다. 단 두창을 앓은 사람에게는 이 제한을 두지 않는다.

一. 제1기 생후 1년 내 二. 제2기 6세 三. 제3기 12세 …

제2조 정기 종두를 받지 않거나 종두를 받은 증거가 불명확한 자에 대해서는 연령에 관계없이 종두를 행한다.

「폐디스토마 예방에 관한 건」, 『朝鮮總督府官報』, 1924.4.30.

제1조 폐디스토마 예방을 위해 당분간 가재게 및 참게의 채취 및 수수를 금지한다.

「전염병예방령 개정」, 『조선총독부관보』, 1924.6.2.

제2조의 2 전염병 병원체 보유자는 본령의 적용과 관련하여 전염병 환자로 간주한다.

「조선도립의원 관제」, 『조선총독부관보』, 1925.4.1.

제1조 본령에서 말하는 도립의원은 조선 도지방비(道地方費)로 설립·유지하는 의원을 말한다.

「도립평양의학강습소 규정 개정」, 『조선총독부관보』, 1929.4.30.

제1조 도립평양의학강습소는 의사 양성 및 의학 연구를 목적으로 한다.

「경상북도립의학강습소 규정」, 『조선총독부관보』, 1929.5.27.

제1조 본소는 의사가 되려는 자에게 필요한 학술 및 기능을 가르치고 품성의 도약에 노력하는 것을 목적으로 한다.

「조선총독부나요양소 관제」, 『조선총독부관보』, 1934.9.19.

제1조 나요양소는 조선총독의 관리에 속하고, 나환자의 구호 및 요양에 관한 일을 담당한다.

「조선나예방령」, 『朝鮮總督府官報』, 1935.4.20.

제5조 행정관청은 나 예방을 위해 필요하다고 생각하면 나환자를 조선총독부 나요양소에 입소시킬 수 있다.

제6조 조선총독부 나요양소장은 조선총독이 정하는 바에 따라 입소환자에 대해 필요한 징계 또는 검속을 가할 수 있다.

「공의생(公醫生)규칙」, 『조선총독부관보』, 1939.5.24.

제1조 도에 공의생을 둔다. 공의생은 도지사가 임명한다.

제2조 공의생은 배치된 곳에 거주하며 오로지 의업에만 종사한다. 또한 도지사의 지휘를 받아 아래 사무에 종사해야 한다.

一. 전염병 예방

二. 종두

三. 행려병자의 진료 및 변사상자의 검안

四. 이외 공중위생 및 의사(醫事)에 관해 특별히 명해진 사항

「대학 학부 등 재학연한 또는 수업연한의 임시단축에 관한 건」, 『朝鮮總督府官報』, 1941.10.22.

대학 학부의 재학연한 또는 대학 예과, 고등학교 고등과, 전문학교 혹은 실업전문학교의 수업연한은 당분간 각각 6개월 이내로 단축할 수 있다.

「조선총독부 사무분장 규정」, 『조선총독부관보』, 1941.11.19.

제12조 후생국에 보건과, 위생과, 사회과 및 노무과를 둔다.

「의료관계자징용령」, 『조선총독부관보』, 1942.10.15.

제1조 국가총동원법 제4조의 규정에 기초하여 의사, 치과의사, 약제사 및 간호부(이하 의료관계자라고 총칭한다)의 징용 및 국가총동원법 제6조 규정에 기초하여 피징용자의 사용 또는 급료 기타 업무 조건에 관한 명령은 본령이 정하는 바에 따른다. …

제4조 본령에 의해 징용되는 자는 아래에 게재된 업무에 종사한다.

一. 국가가 행하는 군사적 또는 군인원호상 필요한 위생에 관한 총동원 업무

二. 국가, 지방공동단체 또는 방공법 제2조 제1항이 규정한 방공계획의 결정자(이하 방공계획설정자라고 칭한다)가 행하는 방공상 필요한 위생에 관한 총동원 업무

三. 국가 또는 지방공공단체가 행하는 위생에 관한 총동원 업무로서 명령으로 정한 것

四. 공장사업장 관리령에 의해 정부가 관리하는 공장사업장 기타 시설 및 후생대신이 지정한 공장사업장 기타 시설(이하 공장사업장이라 총칭한다)에서 위생에 관한 총동원 업무

「조선의료령」, 『조선총독부관보』, 1944.8.21.

제1조 본령은 국민의료의 적정을 기하고 국민체력의 향상을 도모하는 것을 목적으로 한다.

제2조 본령에서 의료관계자는 의사, 치과의사, 의생, 보건부, 조산부 및 간호부를 말한다. …

제12조 의사가 진료를 할 때는 본인 또는 그 보호자에 대해 요양의 방법, 기타 체력 향상에 필요한 사항을 지도하여야 한다. …

제28조 병원, 진료소 또는 산원을 개설하려는 자는 조선총독이 정한 바에 따라 조선총독 또는 도지사의 허가를 받아야 한다.

제29조 의료관계자가 되려는 자에게 2년 이내로 조선총독이 지정하는 업무에 종사하도록 명령할 수 있다.

제32조 조선총독은 정한 바에 따라, 의료, 조산 및 간호의 보수 또는 의료관계자가 받는 급여에 관해 필요한 명령을 발하거나 또는 처분을 할 수 있다.

제75조 조선총독 또는 도지사는 의료 보수에 관해 적정하지 않다고 생각될 때는 병원 또는 진료소의 개설자 또는 의사나 치과의사에 대해 그 변경을 명할 수 있다.

참고문헌

1. 자료

1) 신문

『京城日報』『東亞日報』『每日申報』『釜山日報』『시대일보』『朝鮮日報』『朝鮮新聞』『朝鮮中央日報』『中外日報』『皇城新聞』

2) 잡지

『官報』『大日本私立衛生會雜誌』『대한자강회월보』『東明』『同仁』『東西醫學硏究會月報』『東洋醫藥』『東醫報鑑』『同胞愛』『文敎の朝鮮』『三千里』『西友』『신민』『의약월보』『朝鮮及滿洲』『朝鮮社會事業』『朝鮮醫學會雜誌』『朝鮮行政』『漢方醫藥』『漢城醫師會報』*Korea Mission Field*

3) 조선총독부 간행 자료

『江原道衛生要覽』, 1937, 江原道 衛生課

『大正九年コレラ病防疫誌』, 1921, 朝鮮總督府

『大正十五年コレラ防疫ニ關スル記錄』, 1927, 朝鮮總督府

『大正八年虎列剌病防疫誌』, 1920, 朝鮮總督府

『施政三十年史』, 1940, 朝鮮總督府

『衛生槪要』, 1939, 京畿道衛生課

『衛生一般』, 1929, 慶尙北道

『朝鮮警察の槪要』, 1925, 朝鮮總督府 警務局

『朝鮮警察の槪要』, 1927, 朝鮮總督府 警務局

『朝鮮關係 帝國議會議事經過摘要』, 1915, 朝鮮總督府

『朝鮮教育要覽』, 1928, 朝鮮總督府學務局

『朝鮮道立醫院概況』, 1930, 朝鮮總督府

『朝鮮道立醫院要覽』, 1938, 朝鮮總督府警務局衛生課

『朝鮮道立醫院要覽』, 1939, 朝鮮總督府警務局衛生課

『朝鮮道立醫院要覽』, 1941, 朝鮮總督府警務局衛生課

『朝鮮施政ノ方針及實績』, 1915, 朝鮮總督府

『朝鮮衛生事情要覽』, 1922, 朝鮮總督府

『朝鮮總督府救濟機關』, 1913, 朝鮮總督府

『朝鮮總督府道府郡書記講習會講義錄』

『朝鮮統治三年間成績』, 1914, 朝鮮總督府

『總督訓示集』, 1916) 第二輯, 朝鮮總督府

4) 조선총독부 간행 잡지

『警務月報』『警務彙報』『朝鮮』『朝鮮總督府官報』『朝鮮總督府醫院年報』『朝鮮總督府統計年報』『朝鮮總督府施政年報』『朝鮮總督府月報』『朝鮮彙報』

5) 일반 자료

『慶北衛生の概要(昭和14年度)』, 1940, 慶尙北道 警察部

『京城府史』, 1936.3, 京城府

『京城醫師會二十五年誌』, 1932.

京城帝國大學創立五十周年記念誌編纂委員會, 1974, 『紺碧遙かに』, 京城帝國大學同窓會

『대구의학전문학교개요』, 1937

『臺灣衛生要覽』, 1925, 臺北: 臺灣總督府警務局

大野謙一, 1936, 『朝鮮教育問題管見』, 朝鮮教育會

藤沼武南, 1916, 『朝鮮行政警察法總論』, 巖松堂書店

李如星 外, 1933, 『數字朝鮮硏究』 4, 世光社

白石保成, 1918, 『朝鮮衛生要義』, 發行者不明]

小串政治, 1921, 『朝鮮衛生行政法要論』, 自家出版

小松綠, 1920, 『朝鮮併合之裏面』, 東京: 中外新論社

『衛生警察講義一斑』, 1913, 平安南道 警務部
『醫方綱要』, 1917, 朝鮮總督府警務總監部衛生課
印貞植, 1943, 『朝鮮農村雜記』, 東都書籍
『賊徒情勢 道別管內狀況一覽表』, 1911
『朝鮮文化と警察』, 1930, 朝鮮警察新聞社
『朝鮮總督府醫院二十年史』, 1928, 朝鮮總督府醫院
千葉了, 1925, 『朝鮮獨立運動祕話』, 제국지방행정학회
『평양의학전문학교일람』, 1934
행림서원 편집부 편찬, 1934, 『최근 전선 의생시험문제해답집』, 행림서원

6) 일본 국립공문서관 자료

「朝鮮總督府地方官官制中ヲ改正ス」, 日本 國立公文書館 문서번호 2A-12-類1529
「朝鮮醫療令ヲ定ム」 日本公文書館 2A-13-類 2884

7) 회고록

『芳賀榮次郎自敍傳』, 1950
山田三良, 1957, 『회고록』, 東京: 山田三良先生米壽祝賀會
『松井茂自傳』, 1952, 東京: 松井茂先生自傳刊行會
『水野博士古稀記念 論策と隨筆』, 1937, 東京: 水野練太郎先生古稀祝賀會事務所
올리버 R. 에비슨, 2010, 『올리버 R. 에비슨이 지켜본 근대 한국 42년(1893-1935)』 청년의사
전종휘, 1994, 『남기고 싶은 이야기 醫窓夜話』, 의학출판사
佐藤剛藏, 1956, 『朝鮮醫育史』, 茨木: 佐藤先生喜壽祝賀會, 『朝鮮醫育史』
『朝鮮統治祕話』, 1993, 형설출판사

8) 자료집

琴秉洞 編, 1999, 『資料 雜誌にみる近代日本の朝鮮認識』 4, 綠蔭書房
『帝國議會日本衆議員議事速記錄(朝鮮關係拔萃)』, 1991, 太山
『日帝下支配政策資料集』, 1993, 고려서림

『朝鮮總督府 帝國議會說明資料』, 1994, 不二出版
『朝鮮總督諭告 · 訓示集成』, 2001, 綠蔭書房
『韓國警察史』, 1989, 高麗書林 影印

2. 연구서

1) 저서
국립소록도병원, 2017, 『한센병 그리고 백년의 성찰: 역사편』, 국립소록도병원
奇昌德, 1995, 『韓國近代醫學敎育史』, 아카데미아
金玉根, 1994, 『日帝下 朝鮮財政史論攷』, 一潮閣
김재형, 2019b, 『한센인의 격리와 낙인 · 차별에 관한 연구』, 서울대 사회학과 박사논문
대한감염학회, 2009, 『한국전염병사』 1, 군자출판사
__________, 2018, 『한국전염병사』 2, 군자출판사
마쓰다 도시히코, 2020, 『일본의 조선 식민지 지배와 경찰』, 경인문화사
馬越徹, 2001, 『한국 근대대학의 성립과 전개』, 교육과학사
박윤재, 2005, 『한국 근대의학의 기원』, 혜안
_____, 2021, 『한국현대의료사』, 들녘
백선례, 2021, 『조선총독부의 급성전염병 예방 대책 변화』, 한양대 사학과 박사논문
신동원, 1997, 『한국근대보건의료사』, 한울
신재의, 2004a, 『한국근대치의학사』, 참윤퍼블리싱
이꽃메, 2002, 『한국근대간호사』, 한울아카데미
이주연, 2006, 『한국 근현대 치과의료체계의 형성과 발전』, 혜안
이흥기, 2010, 『한국 근대 의사직의 형성과정』, 서울대 국사학과 박사논문
全鍾暉, 1965, 『韓國急性傳染病槪觀』, 醫藥界社
정준영, 2009, 『경성제국대학과 식민지 헤게모니』, 서울대 사회학과 박사논문
홍순원, 1981, 『조선보건사』, 과학백과출판사
洪鉉五, 1972, 『韓國藥業史』, 韓獨藥品工業株式會社
후쿠나가 하지메, 2017, 『일본 병원사』, 한울아카데미

『한국약학사』, 2017, 한국약학사발간위원회

『檢疫制度百年史』, 1980, 厚生省公衆衛生局
管谷章, 1976, 『日本醫療制度史』, 東京: 原書房
藤野豊, 2003, 『厚生省の誕生』, かもがわ出版
笠原英彦, 1999, 『日本の醫療行政』, 慶應義塾大學出版會
福田眞人, 1995, 『結核の文化史』, 名古屋: 名古屋大學出版會
山本俊一, 1982, 『日本コレラ史』, 東京大學出版會
神谷昭典, 1979, 『日本近代醫學のあけぼの』, 東京: 醫療圖書出版社
『醫制百年史(記述編)』, 1976, 東京: 厚生省 醫務局
『醫制百年史(資料編)』, 1976, 東京: 厚生省 醫務局
「朝鮮の救癩事業について」, 『朝鮮の救癩事業と小鹿島更生園』, 우방협회
酒井シヅ, 1982, 『日本の醫療史』, 東京書籍
川上武, 1965, 『現代日本醫療史』, 勁草書房

Adas, Michael, 2009, *Dominance by Design*, The Belknap Press of Harvard University Press
Anderson, Warwick, 2006, *Colonial Pathologies: American Tropical Medicine, Race and Hygiene in the Philippines*, Durhan and London: Duke University Press
Andrew, Bridie, 2014, *The Making of Modern Chinese Medicine, 1850-1960*, UBC press: Vancouver, Toronto
Arnold, David, 1993, *Colonizing the Body*, University of California Press
Bashfod, Alison, 2003, *Imperial Hygiene: A Critical History of Colonialism, Nationalism and Public Health*, palgrave macmillan
Chakrabarti, Pratik, 2014, *Medicine and Empire*, Palgrave macmillan
Harrison, Mark, 1994, *Public Health in British India*, Cambridge University Press
Hays, J. N., 2003, *The Burdens of Disease*, Rutgers University Press
Jeffery, Roger, 1988, *The Politics of Health in India*, University of California
Johnston, William, 1995, *The Modern Epidemic: A History of Tuberculosis in Japan*,

Cambridge and London: Council on East Asian Studies, Harvard University

Nathan, Carl F., 1967, *PLAGUE PREVENTION AND POLITCIS IN MANCHURIA 1910-1931*, Harvard University Press

Peckham, Robert, 2016, *Epidemics in Modern Asia*, Cambridge University Press

Liu, Michael Shiyung, 2009, *Prescribing Colonization: The Role of Medical Practices and Polices in Japan-Ruled Taiwan, 1895-1945*, Association for Asian Studies, INC.

Pols, Hans, 2018, *Nurturing Indonesia-Medicine and Decolonization in the Dutch East Indies*, Cambridge University Press

Rosen, George, 1974, *From Medical Police to Social Medicine*, New York: Science History Publications

2) 논문

김근배, 2014, 「일제강점기 조선인들의 의사되기: 해방 직후 북한의 의과대학 교원들을 중심으로」, 『醫史學』, 23권 3호

김기주, 2011, 「소록도 자혜의원 나환자정책의 성격」, 『역사학연구』, 44호

金南一, 2006, 「醫書의 刊行을 중심으로 살펴본 日帝時代 한의학의 학술적 경향」, 『醫史學』, 15권 1호

김미정, 2012, 「나 환자에 대한 일반대중의 인식과 조선총독부의 나병정책: 1930-40년대 소록도 갱생원을 중심으로」, 『지방사와 지방문화』, 15권 1호

김병인, 2010, 「'慈惠醫院 계승론'과 대학 '開校紀年' 조정 문제」, 『호남문화연구』, 48호

김영수, 2015, 「일본의 방역경험 축적을 통해 본 조선총독부의 방역사업: 1911년 페스트 유행 대응을 중심으로」, 『한림일본학』, 26호

김옥주, 2008, 「경성제대 의학부의 체질인류학 연구」, 『醫史學』 17권 2호

김재형, 2019a, 「부랑나환자 문제를 둘러싼 조선총독부와 조선 사회의 경쟁과 협력」, 『민주주의와 인권』, 19권 1호

김택중, 2017, 「1918년 독감과 조선총독부 방역정책」, 『인문논총』, 74권 1호

마쓰다 도시히코, 2014, 「시가 기요시(志賀潔)와 식민지 조선」, 『한림일본학』, 25호

______________, 2019, 「무단정치기 조선의 헌병경찰과 위생행정」, 『3·1운동 100년』 3, 휴머니스트

마쓰모토 다케노리, 2011, 「식민지 시기 조선 농촌에서의 위생·의료사업의 전개」, 『조선 농촌의 식민지 근대 경험』, 논형

마쓰모토 다케노리 외, 2018, 「호남 지역의 위생·의료문제: 일제 '위생규율'의 식민지 지역사회에 대한 침투와 한계」, 『醫史學』, 27권 3호

문명기, 2013, 「식민지 '문명화'의 격차와 그 함의: 의료부문의 비교를 통해 보는 대만·조선의 '식민지근대'」, 『한국학연구』, 고려대학교 한국학연구소, 46호

______, 2014a, 「일제하 대만 조선 공의(公醫)제도 비교연구-제도 운영과 그 효과」, 『醫史學』, 23권 2호

______, 2014b, 「일제하 대만·조선 공의제도에 대한 비교사적 접근 – 제도외적 측면을 중심으로」, 『한국학논총』, 42호

박윤재, 2000, 「1910年代 初 日帝의 페스트 防疫活動과 朝鮮 支配」, 『韓國史의 構造와 展開』, 혜안

______, 2004, 「한말·일제 초 방역법규의 반포와 방역체계의 형성」, 『일제의 식민지 지배와 일상 생활』, 혜안

______, 2008a, 「일제의 한의학 정책과 조선 지배」, 『醫史學』, 17권 1호

______, 2008b, 「조선총독부의 결핵 인식과 대책」, 『한국근현대사연구』, 47호

______, 2009, 「조선총독부의 지방 의료정책과 의료 소비」, 『역사문제연구』, 21호

______, 2010, 「한국 근대 의학사 연구의 성과와 전망」, 『醫史學』 19권 1호

______, 2011, 「해방 후 한의학의 재건과 한의사제도의 성립」, 『동방학지』, 154호

______, 2012, 「조선총독부의 우두정책과 두창의 지속」, 『醫史學』, 21권 3호

______, 2020, 「한국근현대의료사 연구동향과 전망(2010-2019)」, 『醫史學』 29권 2호

박정애, 2016, 「조선총독부의 성병예방정책과 〈화류병예방령〉」, 『사림』, 55호

박지영, 2019, 「통계와 식민의학: 식민지 시기 조선인 결핵 실태를 둘러싼 논란을 중심으로」, 『醫史學』, 28권 2호

박지현, 2019, 「식민지기 醫生 제도와 정책의 운영」, 『대동문화연구』, 106호

백선례, 2011, 「1919·20년 식민지 조선의 콜레라 방역활동: 방역당국과 조선인의 대응을 중심으로」, 『사학연구』, 101호

______, 2019, 「1928년 경성의 장티푸스 유행과 상수도 수질 논쟁」, 『서울과 역사』, 101호

______, 2020, 「전시체제기 전염병 예방접종의 강화-장티푸스를 중심으로」, 『역사문제연

구』, 43호
______, 2023, 「1940년대 초 조선총독부 후생국의 신설과 폐지」, 『역사문제연구』, 50호
서기재, 2017, 「한센병을 둘러싼 제국의학의 근대사 -일본어 미디어를 통해 본 대중관리 전략-」, 『醫史學』, 26권 3호
신규환, 2009, 「지방병 연구와 식민지배: 1927년 영흥 및 해남지역 에메틴 중독사건을 중심으로」, 『醫史學』, 18권 2호
______, 2012, 「제1·2차 만주 폐페스트의 유행과 일제의 방역행정(1910-1921)」, 『醫史學』, 21권 3호
신동원, 2002, 「1910년대 일제의 보건의료 정책-한의학 정책을 중심으로-」, 『韓國文化』, 30호
______, 2003, 「조선총독부의 한의학 정책: 1930년대 이후의 변화를 중심으로」, 『醫史學』, 12권 2호
______, 2023, 「한국 근대 시기 대상 의사학 연구의 지형: 신체·위생·방역·병·의(醫)·한의·약 전반을 대상으로」, 『한국과학사학회지』, 45권 1호
신재의, 2004b, 「일제강점기의 치의학과 그 제도의 운영」, 『醫史學』, 13권 2호
양정필, 2006, 「한말-일제초 근대적 약업 환경의 대두와 한약업자의 대응: '매약' 제조업자의 등장과 성장을 중심으로」, 『醫史學』, 15권 2호
이기훈 외, 2021, 「식민지근대성론의 역사와 현재」, 『역사비평』, 136호
이방원, 2021, 「일제시기 도립의원(道立醫院)의 설립과 운영(1925-1945)」, 『이화사학연구』, 63호
______, 2022, 「사이토 총독 시기 신설 도립의원에 관한 지정학적 고찰」, 『醫史學』, 31권 2호
이방현, 2012, 「일제의 정신질환자에 대한 인식과 태도」, 『이화사학연구』, 45호
______, 2013, 「식민지 조선에서의 정신병자에 대한 근대적 접근」, 『醫史學』, 22권 2호
이이지마 와타루, 2008, 「의료·위생사업의 제도화와 근대화」, 『동아시아와 한일교류』, 아연출판부
이정, 2019, 「제국 신민의 전염병 도시 경성」, 『梨花史學研究』, 58호
이형식, 2012, 「1910년대 식민지제국일본의 전염병 방역대책-조선전염병예방령을 중심으로-」, 『일본학보』, 92호

정근식, 1997a,「'식민지적 근대'와 신체의 정치: 일제하 나(癩) 요양원을 중심으로」,『한국사회사학회논문집』, 51호

______, 1997b,「한국에서의 근대적 나구료의 형성」,『보건과 사회과학』, 1호

정준영, 2010,「식민지 의학교육과 헤게모니 경쟁」,『사회와 역사』, 85호

______, 2012,「피의 인종주의와 식민지의학-경성제대 법의학교실의 혈액형인류학」,『醫史學』, 21권 3호

정혜경·김혜숙, 2005,「1910년대 식민지조선에 구현된 위생정책」,『일제의 식민지 지배정책과 매일신보』, 두리미디어

조형근, 1997,「식민지체제와 의료적 규율화」,『근대주체와 식민지 규율권력』, 문화과학사

______, 2009,「일제의 공식의료와 개신교 선교의료간 헤게모니 경쟁과 그 사회적 효과」,『사회와 역사』, 82호

최규진, 2014,「대만과 조선의 종두정책을 통해 본 일본 제국의 식민 통치」,『국제고려학』, 15호

______, 2016,「후지타 쓰구아키라의 생애를 통해 본 식민지 조선의 의학/의료/위생」,『醫史學』, 25권 1호

최은경, 2013,「일제강점기 조선총독부의 결핵 정책(1910-1945)」,『醫史學』, 22권 3호

尾崎耕司, 1994,「'傳染病豫防法'考」,『新しい歷史學のために』213

飯島涉, 1997,「近代中國における'衛生'の展開」『歷史學研究』, 703호

______, 1998,「近代中國の衛生行政」,『東洋學報』, 80권 2호

______, 2006,「宮入貝の物語」,『帝國 日本の學知』7, 岩波書店

飯島涉 外, 2001,「近代アジアにおける帝國主義と醫療·公衆衛生」,『疾病·開發·帝國醫療』, 東京: 東京大學出版會

三木榮, 1936,「京畿道立水原醫院二十五年史」『中外醫事新報』, 5호

石塚裕道, 1976,「明治初期の東京におけるコレラ病對策と民衆」,『人文學報』, 東京都立大學人文學部, 114호

辛圭煥, 2007,「20世紀前半, 京城と北京における衛生·醫療制度の形成と衛生統計」,『歷史學研究』, 834호

安保則夫, 1997,「都市衛生システムの構築と社會的差別」,『歷史學研究』, 703호

劉士永, 2001,「臺灣における植民地醫學の形成とその特質」,『疾病·開發·帝國醫療』, 東京: 東京大學出版會

村上陽一郎, 1996,「前史としての戰前の醫療」,『醫療』, 讀賣新聞社

脇村孝平, 1997,「植民地統治と公衆衛生」,『思想』, 878호

Arnold, David, 1986, "Cholera and Colonialism in British India," *PAST & PRESENT*, No. 113

____________, 1988a, "Introduction," *Imperial medicine and indigenous societies*, Manchester University Press

____________, 1988b, "smallpox and colonial medicine in nineteenth-century in India," *Imperial medicine and indigenous societies*, Manchester University Press

Ernst, Waltraud, 1988, "The European insane in British India, 1800-1858," *Imperial medicine and indigenous societies*, Manchester University Press

Farley, John, 1988, "Bilharzia: a problem of 'Native Health', 1900-1950," *Imperial medicine and indigenous societies*, Manchester University Press

Kumar, Deepak, 1997, "Unequal contenders, uneven ground: medical encounters in British India, 1820-1920," *Western Medicine as contested knowledge*, Manchester and New York: MANCHESTER UNIVERSITY

Hume, J. C., 1977, "Rival Traditions: Western Medicine and Yuna-i Tibb in the Punjab, 1849-1889," *Bulletin of the History of Medicine*, Vol. 51

Ileto, Reynaldo C., 1988, "Cholera and the origins of the American sanitary order in the Philippines," *Imperial medicine and indigenous societies*, Manchester University Press

LIM Chaisung, 2011, "The Pandemic of the Spanish Influenza in Colonial Korea," *Korea Journal*, Vol. 51. No. 4

Lyons, Maryinez, 1988, "Sleeping sickness epidemics and public health in the Belgian Congo," *Imperial medicine and indigenous societies*, Manchester University Press

Nair, Sunitha B., 2001, "Social History of Western Medical Practice in Travancore," *Disease and Medicine in India*, Indian History Congress

SCHOFIELD, FRANK W. et al, 1919, "PANDEMIC INFLUENZA IN KOREA," *Journal of American Medical Association*, Vol. 72, No. 14

Park Yunjae, 2005, "Anti-Cholera Measures by the Japanese Colonial Government and the Reaction of Koreans in the Early 1920s," *The Review of Korean Studies*, Vol. 8, No. 4

__________, 2010a, "Sanitizing Korea: Anti-Cholera Activities of the Police in Early Colonial Korea," *Seoul Journal of Korean Studies*, Vol. 23, No. 2

__________, 2010b, "The 1927 'Emetine Injection Incident' in Colonial Korea and the Intervention of Korean Western-Trained Doctors," *Korea Journal* Vol. 50, No. 1

Quaiser, Neshat, 2001, "Politics, Culture and Colonialism: Unani's Debate with Doctory," *Health, Medicine and Empire*, Sangam Books

Ramasubban, Radhika, 1988, "Imperial health in British India, 1857-1900," *DISEASE, MEDICINE, AND EMPIRE*, Routledge

Rogaski, Ruth, 2010, "Vampires in Plagueland-The Multiple Meanings of Weisheng in Manchuria," *Health and Hygiene in Chinese East Asia: Policies and Publics in the Long Twentieth Century*, Durham and London: Duke University Press

Shepherd, John R., 2001, "Smallpox and the Pattern of Mortality in Late Nineteenth-Century Taiwan," *Asian Population History*, Oxford: Oxford University Press

Sihn Kyu-hwan, 2009, "Unexpected Success: The Spread of Manchurian Plague and the Response of Japanese Colonial Rule in Korea, 1910-1911," *Korea Journal*, Vol. 49, No. 2

Yu Xinzhong, 2010, "The Treatment of Night Soil and Waste in Modern China," *Health and Hygiene in Chinese East Asia: Policies and Publics in the Long Twentieth Century*, Durham and London: Duke University Press

찾아보기

ㅇ

ㅈ

ㅊ

ㅋ

ㅌ

ㅍ

동북아역사재단 일제침탈사 연구총서 31

일제의 의료정책과 조선 지배

초판 1쇄 발행 2023년 12월 27일
초판 2쇄 발행 2025년 11월 25일

지은이 박윤재
펴낸이 박지향
펴낸곳 동북아역사재단

등 록 제312－2004－050호(2004년 10월 18일)
주 소 서울시 서대문구 통일로 81 NH농협생명빌딩
전 화 02－2012－6065
홈페이지 www.nahf.or.kr
제작·인쇄 청아출판사

ISBN 979 - 11 - 7161 - 050 - 1 94910
978 - 89 - 6187 - 669 - 8 (세트)